ne coloured boxes show the extents
nd page numbers for all maps in this
oad Atlas.

he box colours correspond to the
ap page trim colours, representing
fferent scales and types of map.

9

1:2,500,
Cover the remo
Jammu & Kashmii, and the
Andaman & Nicobar Islands.

und Bhutun, ut u scule ideul for journeys
on and off the beaten track

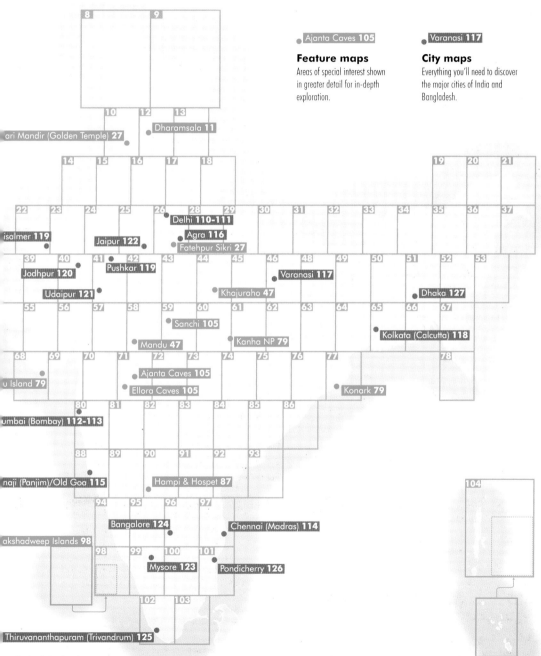

Ajanta Caves **105**

Feature maps
Areas of special interest shown
in greater detail for in-depth
exploration.

Varanasi **117**

City maps
Everything you'll need to discover
the major cities of India and
Bangladesh.

8 9

10 12 13
Dharamsala **11**

ari Mandir (Golden Temple) **27**

14 15 16 17 18   19 20 21

22 23 24 25 26 28 29 30 31 32 33 34 35 36 37
Delhi **110-111**
isalmer **119**   Jaipur **122**   Agra **116**
Fatehpur Sikri **27**

39 40 41 42 43 44 45 46 48 49 50 51 52 53
Jodhpur **120**   Pushkar **119**   Varanasi **117**
Udaipur **121**   Khajuraho **47**   Dhaka **127**

55 56 57 58 59 60 61 62 63 64 65 66 67
Sanchi **105**
Mandu **47**   Kanha NP **79**   Kolkata (Calcutta) **118**

68 69 70 71 72 73 74 75 76 77   78
u Island **79**
Ajanta Caves **105**
Ellora Caves **105**   Konark **79**

80 81 82 83 84 85 86
umbai (Bombay) **112-113**

88 89 90 91 92 93
naji (Panjim)/Old Goa **115**   Hampi & Hospet **87**   104

94 95 96 97
Bangalore **124**   Chennai (Madras) **114**
akshadweep Islands **98**

98 99 100 101
Mysore **123**   Pondicherry **126**

102 103

Thiruvananthapuram (Trivandrum) **125**

xternal boundaries of India on this map have not
authenticated and may not be correct.

ELEVATION

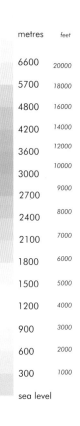

metres	feet
6600	20000
5700	18000
4800	16000
4200	14000
3600	12000
3000	10000
2700	9000
2400	8000
2100	7000
1800	6000
1500	5000
1200	4000
900	3000
600	2000
300	1000
sea level	

BOUNDARIES

International Boundary
Limites Internationales
Straatsgrenze
Frontera Internacional

State/Territory Boundary
Limites del'Etat/Territoire
Landesgrenze/Gebietsgrenze
Frontera del Estado/Territorio

Disputed Boundary
Frontière Contestée
Umstrittene Grenze
Frontera Disputada

Line of Control
Ligne de cessez-le-feu
Waffenstillstandslinie
Linea de control real

*The external boundaries of India in this Road Atlas
have not been authenticated and may not be correct*

Projection: Lambert Conformal Conic

TRANSPORTATION

Freeway
Autoroute
Autobahn
Autovía

Primary Road
Route Principale
Femstraße
Carretera Principal

Secondary Road
Route Secondaire
Nebenstraße
Carretera Secundaria

Other roads
Autres Routes
Übrige Straße
Otras Carreteras

Track
Sentier
Fahrspur
Senda

⎢ 25 ⎢ Distance in Kilometres
Distance en Kilomètres
Entfernung in Kilometern
Distancia en Kilómetros

Railway
Voie de chemin de fer
Eisenbahn
Ferrocarril

Ferry Route; Ferry Terminal
Route de ferry; Terminal du ferry
Fährroute; Fähranlegestelle
Transbordador; Estación Marítima

MAP LINES

Gridlines
Grille
Gitternetzlinien
Barras

Latitude/Longitude
Latitude/Longitude
Breitengrad/Längengrad
Latitud/ Longitud

Tropics
Tropiques
Tropen
Los Trópicos

NATURAL FEATURES

River
Fleuv
Flu
Ri

Creek, Irrigation Chann
Ruisseau; Canal d'irrigatio
Flußarm; Bewässerungskanc
Riachuelo; Acequi

Intermittent River or Cre
Rivière, ruisseau intermitter
zeitweise wasserführender Fluß oder Bac
Rio o Riachuelo Intermiten

Lake; Intermittent Lake
Lac; Lac intermitter
See; zeitweise wasserführender Se
Lago; Lago Intermiten

Salt Lake
Lac Sa
Salzse
Lago de Se

Salt Pan
Lac de se
Salzpfann
Salin

Reef
Réci
Ri
Arreci

Swamp, Mangrove
Marais, Palétuvie
Sumpf, Mangrovensum
Pantan

Mudflats
Plage de vas
Wattenme
Planicie Anegadiz

Glacier
Glaci
Gletsch
Glaci

Spring; Waterfall
Source; Cascade
Quelle; Wasserfa
Manantial; Catara

Arnalang
4709m
Mountain
Montagr
Be
Montañ

SYMBOLS

Airfield	Airport
Aérodrome	Aéroport
Flugplarz	Flughafen
Pista de Aterrizaje	Aeropuerto

Beach	Bird Sanctuary
Plage	Rèserve d'oiseaux
Strand	Vogelschutzgebiet
Playa	Reserva Ornitológica

Buddhist Temple	Cave
Temple Bouddhiste	Grotte
Buddistischer Tempel	Höhle
Templo Budista	Cueva

Church	Fort
Église	Château Fort
Kirche	Festung
Iglesia	Fuerte

Hindu Temple	Information Centre
Temple Hindouiste	Centre d'information
Hindu Tempel	Informationszentrum
Templo Hindú	Centro de Información

Jain Temple	Lighthouse
Temple Jäin	Phare
Jain Tempel	Leuchtturm
Templo Jain	Faro

Lookout	Marine Park
Point de Vue	Parc Maritime
Aussicht	Marine Park
Mirador	Parque Marino

Monument	Mosque
Monument	Mosquée
Denkmal	Moschee
Monumento	Mezquita

National Park	Pass
Parc National	Col
Nationalpark	Paß
Parque Nacional	Desfiladero

Point of Interest	Route Numbers
Curiosités	Numéro de Route
Sehenswerter Ort	Straße Nummer
Punto de Interés	Número de Autopista

Ruins	Sikh Temple
Ruines	Ruines
Ruinen	Ruinen
Ruinas	Ruinas

Stupa	Zoo
Stupa	Jardine Zoologique
Stupa	Zoo
Stupa	Parque Zoológico

POPULATION

• Ooru	0 - 25,000
• Mahendragarh	25,000 - 50,000
○ Bhadravati	50,000 - 100,000
○ Siliguri	100,000 - 250,000
○ Kharagpur	250,000 - 500,000
○ Vijayawada	500,000 - 1,000,000
○ Kalyan	1,000,000 - 2,500,000
○ BANGALORE	> 2,500,000

National Capital
Capitale
Hauptstadt
Capital

○ Khulna	State/Territory Capital
	Capital d'Etat/Territoire
	Landeshauptstadt/Gebiethauptstadt
	Capital del Estado/Territorio

○ Vellore	District Capital
	Capitale du District
	Berzirkshauptstadt
	Capital de Distrito

Urban Area
Zone urbanisée
Stadtgebiet
Zona Urbana

USING THIS ROAD ATLAS

Kanha NP Map79

Extents of Larger Scale Map, with Page No.

Renvoi sur une carte à plus grande échelle
Ausdehnung von Karten größeren Maßstabs mit Seitenzahl
Extensiones de mapa a escala mayor con número de página

Adjoining Map Indicator

Repère indiquant la présence d'une carte adjacente
Anzeiger angrenzender Karten
Indicador de Mapa Colindante

▲52▲

No Adjoining Map

Pas de carte adjacente
keine angrenzende Karte
Sin Mapa Colindante

INDIAN STATES & UNION TERRITORIES
BANGLADESHI DIVISIONS

1 Dhaka
2 Sylhet
3 Chittagong
4 Barisal
5 Khulna
6 Rajshahi

Andaman & Nicobar Islands

The external boundaries of India on this map have not been authenticated and may not be correct.

CHINA

Tibet

Xinjiang

TAKLAMAKAN DESERT

KARAKORAM RANGE

GREAT HIMALAYA RANGE

AFGHANISTAN

TAJIKISTAN

PAKISTAN

NEPAL

BHUTAN

BANGLADESH

INDIA

MYANMAR (BURMA)

Tropic of Cancer

Mouths of The Ganges

Kabul
Dushanbe
Kunduz
Mazar-i-Sharif
Termiz
Ayni
Khorughi
Alichur
Peshawar
Rawalpindi
Islamabad
Jalalabad
Chitral
Khyber
Gilgit
Kashgar
Karghilik
Goma (Pishan)
Hotan (Hetian)
Yutian
Minfeng
Qiemo
Ruoqiang
Qarqan
Qaqikaztugou
Ali
Gar
Qagcaka
Saga
Lhatze
Gyantse
Yangpachen
Lhasa
Rawu
Kongpo Gyamda
Everest
Kathmandu
Pokhara
Butwal
Nepalganj
Dhangarhi
Dandeldhura
Tulsipur
Thimphu
Gangtok
Sikkim
Ilam
Dharan
Biratnagar
Rangpur
Dinajpur
Rajshahi
Guwahati
Shillong
Tezpur
Jorhat
Kohima
Dispur
Imphal
Aizawl
Mizoram
Silchar
Agartala
Comilla
Dhaka
Khulna
Barisal
Jamalpur
KOLKATA (CALCUTTA)
Asansol
Kharagpur
Cuttack
DELHI
Srinagar
Jammu
Leh
Kargil
Pathankot
Dharamsala
Amritsar
Sialkot
Hafizabad
Lahore
Kasur
Multan
Bhatinda
Chandigarh
Simla
Dehra Dun
Haridwar
Haldwani
Moradabad
Pilibhit
Aligarh
Agra
Gwalior
Jhansi
Lucknow
Kanpur
Gorakhpur
Faizabad
Bahraich
Sitapur
Varanasi
Patna
Muzaffarpur
Gaya
Ranchi
Jamshedpur
Rourkela
Raipur
Bilaspur
Jabalpur
Satna
Sagar
Bhopal
Indore
Dewas
Ujjain
Ratlam
Khandwa
Akola
Nagpur
Wardha
Gondia
Malegaon
Dhulia
Navsari
Surat
Ahmedabad
Gandhinagar
Vadodara (Baroda)
Bhavnagar
Rajkot
Jamnagar
Porbandar
Veraval
Bhuj
Bhilwara
Udaipur
Ajmer
Jaipur
Beawar
Kota
Sikar
Bikaner
Jodhpur
Jaisalmer
Sirsa
Hisar
Ganganagar
Bahawalpur
Dera Ghazi Khan
Sukkur
Nawabshah
Shikarpur
Karachi
Hyderabad
Quetta
Dera Ghazi Khan
Mandalay
Meiktila
Magwe
Sittwe
Chittagong
Myitkyina
Tinsukia
Tezu

GREAT HIMALAYA RANGE

INDIAN STATES:
Jammu & Kashmir
Himachal Pradesh
Punjab
Haryana
Uttaranchal
Uttar Pradesh
Rajasthan
Gujarat
Madhya Pradesh
Chhattisgarh
Bihar
Jharkhand
West Bengal
Sikkim
Assam
Arunachal Pradesh
Nagaland
Manipur
Mizoram
Tripura
Meghalaya
Orissa
Maharashtra
Goa
Karnataka
Andhra Pradesh
Tamil Nadu
Kerala
Lakshadweep
Pondicherry
Chandigarh
Delhi
Daman & Diu
Dadra & Nagar Haveli

Distance is measured in kilometres and assumes travel on the most direct route using main roads and highways.

Driving in India

Car

If you plan to drive your own vehicle in India, be wary. There are more than 70,000 road deaths every year. M fatalities are pedestrians, victims of hit-and-run accidents. To drive safely you must be patient, extremely cautious ever-vigilant. Driving in India is seldom described as pleasant. The road network hasn't been improved in many pl for 50 years, while the volume of traffic is booming. With chaotic urban streets and narrow, bumpy country ro driving is a slow, stop-start process - hard on you, the vehicle and fuel economy.

Don't count on travelling more than about 250km a day. Petrol and diesel are readily available in larger towns on main roads, so in most cases you don't need to carry extra fuel. Avoid driving after dark, as many vehicles d have lights and potential obstacles are much harder to discern.

By law, vehicles drive on the left (as in the UK, Australia and Japan), but don't be surprised to see most driving d the middle. Apparently there are fewer potholes in the centre, and more room to swerve if necessary (it often is). U this method, you must give way to the greater vehicle (eg. truck meets tiny sedan, sedan pulls over to the left si Overtaking is often done on steep hills, blind corners and towards oncoming traffic.

Few people bring their own vehicles to India, but if you do it must be brought in under a carnet, a customs docum guaranteeing the vehicles removal at the end of your stay. Failing to do so will be very expensive.

Motorcycle

Travelling around India by motorcycle is increasingly popular. But with such poor road conditions, motorcycling reasonably hazardous endeavour, best done by experienced riders only. Helmets are required in major cities. The q ity of helmets on sale in India can be suspect, so bring one from home. A wide range of modern motorbikes are bou and resold across the country.

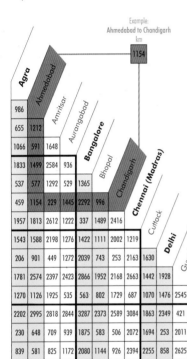

Example:
Ahmedabad to Chandigarh
km
1154

India — Distances (km)

	Agra	Ahmedabad	Amritsar	Aurangabad	Bangalore	Bhopal	Chandigarh	Chennai (Madras)	Cuttack	Delhi	Guwahati (Gauhati)	Hyderabad	Imphal	Jaipur	Jaisalmer	Jodhpur	Jorhat	Kolkata (Calcutta)	Kozhikode	Lucknow	Madurai	Mumbai (Bombay)	Nagpur	Panaji (Panjim)	Patna	Raipur	Siliguri	Srinagar	Thiruvananthapuram (Trivandrum)	Varanasi	Vijayawada
Ahmedabad	986																														
Amritsar	655	1212																													
Aurangabad	1066	591	1648																												
Bangalore	1833	1499	2584	936																											
Bhopal	537	577	1292	529	1365																										
Chandigarh	459	1154	229	1445	2292	996																									
Chennai (Madras)	1957	1813	2612	1222	337	1489	2416																								
Cuttack	1543	1588	2198	1276	1422	1111	2002	1219																							
Delhi	206	901	449	1272	2039	743	253	2163	1630																						
Guwahati (Gauhati)	1781	2574	2397	2423	2866	1952	2168	2663	1442	1928																					
Hyderabad	1270	1126	1925	535	563	802	1729	687	1070	1476	2545																				
Imphal	2202	2995	2818	2844	3287	2373	2589	3084	1863	2349	421	2966																			
Jaipur	230	648	709	939	1875	583	506	2072	1694	253	2011	1474	2432																		
Jaisalmer	839	581	825	1172	2080	1144	926	2394	2255	858	2625	1707	3046	614																	
Jodhpur	562	462	750	1053	1961	867	830	2275	1978	585	2343	1588	2764	332	277																
Jorhat	2088	2881	2704	2730	3173	2259	2475	2970	1749	2235	307	2852	306	2318	2932	2650															
Kolkata (Calcutta)	1285	2133	1940	1540	1824	1556	1744	1621	402	1491	1042	1472	1463	1515	2129	2423	1349														
Kozhikode	2167	1624	2836	1318	334	1896	2626	671	1756	2373	3200	897	3621	2272	2205	2086	3507	2158													
Lucknow	355	1148	951	1137	1838	608	742	1962	1104	502	1426	1275	1847	585	1194	917	1733	965	2172												
Madurai	2238	2104	3316	1341	405	1770	2697	486	1705	2444	3149	968	3570	2280	2685	2566	3456	2107	480	2243											
Mumbai (Bombay)	1196	504	1716	376	995	776	1658	1332	1652	1405	2799	707	3220	1152	1085	966	3106	1916	1120	1355	1600										
Nagpur	796	805	1451	493	1037	328	1255	1161	783	1002	1930	474	2351	911	1472	1195	2237	1047	1371	801	1442	869									
Panaji (Panjim)	1736	1044	2256	738	576	1316	2198	913	1718	1945	3193	648	3614	1692	1625	1506	3500	2120	580	1875	1060	540	1093								
Patna	865	1567	1520	1461	2331	990	1287	2260	731	1071	962	1768	1383	1095	1704	1427	1269	580	2665	545	2436	1766	968	2061							
Raipur	1002	1075	1657	763	1273	598	1461	1202	513	1208	1835	710	2256	1181	1742	1465	2142	777	1607	1096	1688	1139	270	1358	970						
Siliguri	1333	2126	1949	1975	2418	1504	1720	2215	994	1480	448	2097	869	1563	2177	1895	755	594	2752	978	2701	2351	1482	2745	514	1387					
Srinagar	1043	1667	455	2103	2876	1580	590	3006	2592	837	2758	2319	3179	1164	1280	1205	3065	2334	3291	1332	3287	2171	1845	2711	1877	2051	2310				
Thiruvananthapuram (Trivandrum)	2468	2030	3242	1724	635	2302	2927	716	1935	2674	3379	1198	3800	2678	2611	2492	3686	2337	406	2473	230	1526	1672	986	2666	1918	2931	3517			
Varanasi	607	1309	1262	1261	1747	732	1029	2002	817	813	1220	1510	1641	837	1446	1169	1527	678	2407	287	2488	1579	710	1803	258	800	772	1619	2718		
Vijayawada	1534	1390	1534	799	631	1066	1993	428	791	1740	2235	264	2656	1738	2056	1852	2542	1193	965	1870	914	971	738	858	1522	774	1787	2583	1144	1574	
Visakhapatnam	1728	1568	2383	1123	982	1091	2018	779	440	1765	1884	588	2305	1674	2235	1958	2191	842	1316	1822	1265	1295	763	1236	1171	726	1436	2608	1495	357	351

Distances within Banglades
Some ferry trips required

	Barisal	Chittagong	Dhaka	Khulna	Rajshahi	Rangpur
Chittagong	387					
Dhaka	150	237				
Khulna	113	424	187			
Rajshahi	284	441	204	246		
Rangpur	372	533	296	394	212	
Sylhet	397	358	247	434	451	543

Great variations in climate are experienced between the northern and southern regions of the Indian Subcontinent. A three-season year consisting of the hot, the wet and the cool, sees a buildup of dry and dusty heat in the north around February, followed by the damp and humid conditions of the monsoon period between June and October. After October, temperatures are generally pleasant and skies are clear.

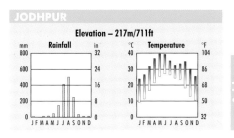

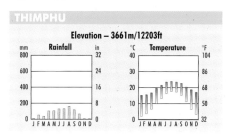

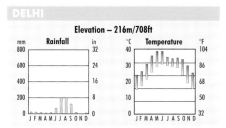

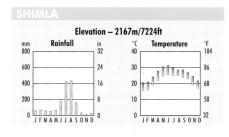

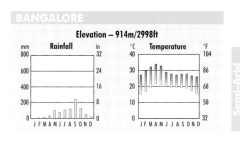

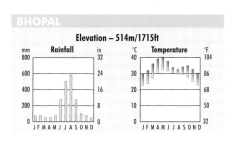

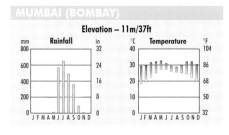

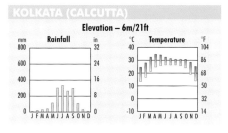

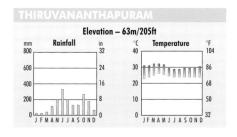

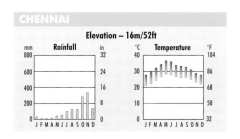

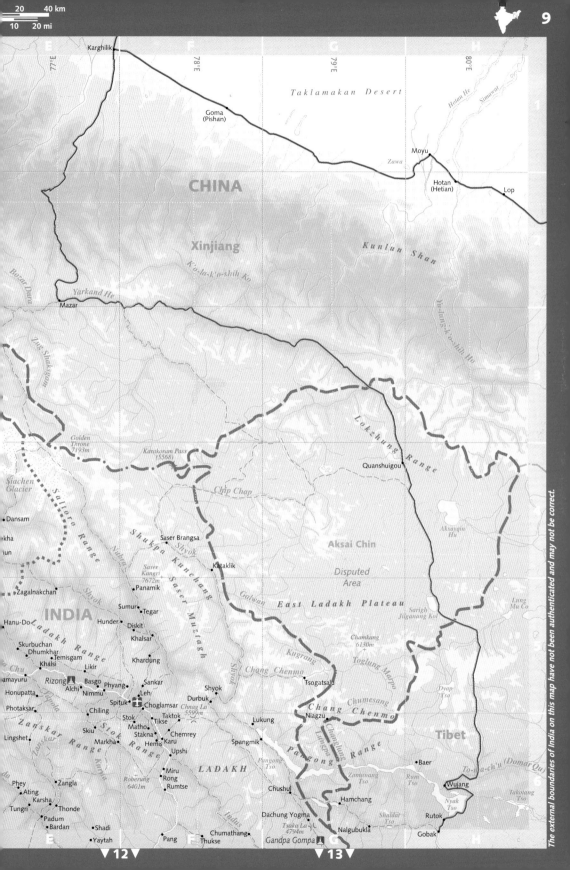

20   40 km
10   20 mi

E   F   G   H

Karghilik

Taklamakan Desert

Goma
(Pishan)

CHINA

Moyu

Zawa

Xinjiang

Hotan
(Hetian)   Lop

Kunlun   Shan

K o-la-k'o-shih Ko

Bozai Dara

Yarkand He

Mazar

Yu-lung-k'o-shih Ho

Simrawat

Hotan He

Zog Shaksgam

Golden
Throne
7193m

Lokzhung Range

Karakoram Pass
(5568)

Quanshuigou

Chip Chap

Siachen
Glacier

*Aksayqin
Hu*

Dansam

Saltoro Range

Saser Brangsa

Aksai Chin

kha

Kataklik

iun

Disputed
Area

Zagalnakchan

Nubra

Saser
Kangri
7672m

Panamik

East Ladakh Plateau

Galwan

*Lung
Ma Co*

INDIA

Shyok

Sumur   Tegar

Hanu-Do

Ladakh Range

Hunder   Diskit

Khalsar

Skurbuchan

Dhumkar   Temisgam

Khardung

Khalsi

Likir

Sankar

*Chamkang
6130m*

*Sarigh
Jilganang Kol*

Kugrang

Toglung Marpo

amayuru

Rizong   Basgo   Phyang

Alchi   Nimmu

Leh

Chang Chenmo

Tsogatsalu

*Dyap
Tso*

Honupatta

Spituk

Choglamsar

Shyok

Durbuk

Photaksar

Chiling

Stok

Taktok

Chumesang

*Chnag La
5599m*

Tikse

Matho

Lukung

Niagzu

Chang   Chenmo

Zanskar

Skiu

Stakna
Hemis

Chemrey

Karu

Spangmik

Changlung

Tibet

Lingshet

Zanskar Range

Markha

Upshi

*Pangong
Tso*

Baer

Lungnak

LADAKH

Pangong Range

*Zamanang
Tso*

Rum Tso

Ta-ma-ch'u (Domar Qu)

Phey

Zangla

*Roberung
6401m*

Miru
Rong

Rumtse

Chushul

Hamchang

Wujang

*Nyak
Tso*

*Takolang
Tso*

Ating
Karsha

Tungri

Thonde

Dachung Yogma

*Shaldat
Tso*

Padum
Bardan

Shadi

Pang

Chumathang

*Tsaka La
4794m*

Nalgubukla

Rutok

Gobak

Yaytah

Thukse

Gandpa Gompa

Indus

E   F   G   H

▼ **12** ▼   ▼ **13** ▼

The external boundaries of India on this map have not been authenticated and may not be correct.

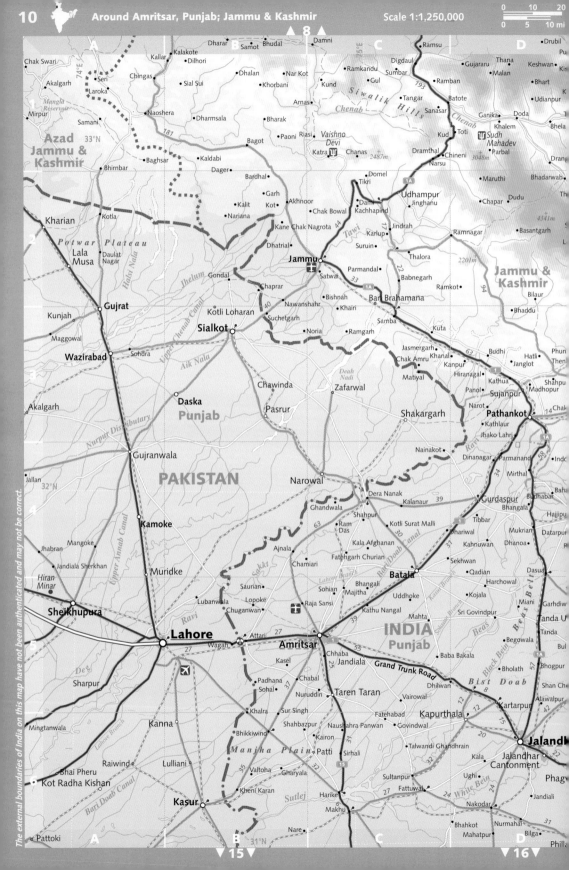

0   10   20
0   5   10 mi

A   **B**   ▼ 8 ▲   **C**   **D**

Chak Swari
Akalgarh
74°E
Seri
Kallar
Kalakote
Dilhori
Dharar
Samot
Bhudal
Damni
Ramsu
Drubil
Pu
Laroka
Chingas
Sial Sui
Dhalan
Khorbani
Nar Kot
Ramkandu
Digdaul
Sumbar
Gujraru
Thana
Keshwan
Kis
Mirpur
Mangla Reservoir
Samani
Naoshera
Dharmsala
33°N
Bharak
Paoni
Riasi
Vaishno Devi
Chanas
Katra
Siwalik Hills
Chenab
Gul
Tangar
Sanasar
Ramban
Batote
Malan
Bhart
Udinpur
Doda
Khalem
Bhela

Azad Jammu & Kashmir
Bhirnbar
Baghsar
Kaldabi
Dager
Bagot
2487m
Kud
Toti
Sudh Mahadev
Parbal
Drang

Kharian
Kotla
Bardhal
Garh
Kalit
Kot
Akhnoor
Chak Bowal
Dami Kachhapind
Udhampur
Jinghanu
3048m
Chapar
Dudu
Bhadarwah

Potwar Plateau
Lala Musa
Daulat Nagar
Nariana
Kane Chak Nagrota
44
Karlup
Ramnagar
4341m
Basantgarh

Gujrat
Kunjah
Maggowal
Gondal
Dhatrial
Jammu
Satwai
Parmandal
33
1A
Babnegari
Ramkot
94
Jammu & Kashmir
Bhaddu
2201m

Wazirabad
Sohdra
Kotli Loharan
Chaprar
Nawanshahr
Bishnah
Khairi
Bari Brahamana
Samba
Kuta
Budhi
Hatli
Janglot
Phun
Then
Bilaur

Akalgarh
Sialkot
40
Suchetgarh
Noria
Ramgarh
63
Jasmergarh
Khanal
Kanpur
Hiranagal
Panol
Kathua
Shahpu
Madhopur

Jallan
32°N
Daska
Punjab
Chawinda
Pasrur
Zafarwal
Deah Nadi
Chak Amru
Matiyal
Shakargarh
Narot
Sujanpur
Kathlaur
Jhako Lahri
Pathankot
14
1A
Indc

Kamoke
Gujranwala
PAKISTAN
Narowal
Dera Nanak
Kalanaur
39
Nainakot
Dinanagar
Parmanand
Mirthal
58
Baha

Jhabran
Mangoke
Jandiala Sherkhan
Muridke
Ghandwala
Shahpur
Ram Das
Kotli Surat Malli
Dhariwal
Gurdaspur
Tibbar
Bhangala
Budhabat
Hajjipu
Datarpur

Hiran Minar
Sheikhupura
Lahore
Saurian
Lubanwala
Lopoke
Chuganwan
Ajnala
Chamiari
Fatehgarh Churian
Kala Afghanan
Sohian
Bhangali
Majitha
Uddhoke
Batala
Qadian
Harchowal
Kojala
Dhanoa
Miani
Garhdiw
Tanda Ea
Tanda

Deg
Sharpur
Wagah
Attari
Khalra
Padhana
Sohal
Kasel
Chabal
Nuruddin
Raja Sansi
Amritsar
Jandiala
Grand Trunk Road
Kathu Nangal
Mahta
Sri Govindpur
INDIA
Punjab
Baba Bakala
Bholath
Bis t Doab
Bhogpur

Mingtanwala
Kanna
Sur Singh
Bhikkiwind
Shahbazpur
Kairon
Naushahra Panwan
Govindwal
Taren Taran
Vairowal
Dhilwan
Kala
Ughi
Kapurthala
Jalandhar Cantonment
Phag
Jaland

Raiwind
Lulliani
Valtoha
Gharyala
Patti
Sirhali
Sultanpur
Fattuwal
Talwandi Ghandhrain
Nurmahal
Bilga
Philla

Bhai Pheru
Kot Radha Kishan
Pattoki
Kasur
Kheni Karan
Nare
Harike
Makhu
Sutlej
White Bein
Nakodar
Bhakot
Mahatpur
Jandiali

A   ▼ 15 ▼   **B**   31°N   **C**   ▼ 16 ▼   **D**

The external boundaries of India on this map have not been authenticated and may not be correct.

Scale 1:25,000

250 ⌐ 500 m
250 ⌐ 500 yd

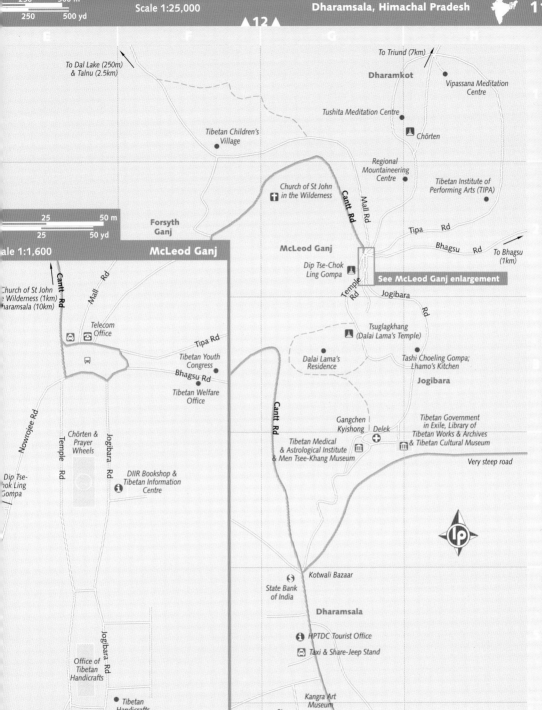

To Dal Lake (250m)
& Talnu (2.5km)

Dharamkot

To Triund (7km)

Vipassana Meditation
Centre

Tushita Meditation Centre

Tibetan Children's
Village

Chörten

Regional
Mountaineering
Centre

Tibetan Institute of
Performing Arts (TIPA)

Church of St John
in the Wilderness

**Forsyth
Ganj**

Tipa   Rd

Bhagsu   Rd

To Bhagsu
(1km)

McLeod Ganj

Dip Tse-Chok
Ling Gompa

See McLeod Ganj enlargement

Temple Rd

Jogibara   Rd

25 ⌐ 50 m
25 ⌐ 50 yd

Sale 1:1,600

McLeod Ganj

Tsuglagkhang
(Dalai Lama's Temple)

Church of St John
e Wilderness (1km)
haramsala (10km)

Cantt Rd

Mall   Rd

Telecom
Office

Tibetan Youth
Congress

Tibetan Welfare
Office

Tipa Rd

Bhagsu Rd

Dalai Lama's
Residence

Tashi Choeling Gompa;
Lhamo's Kitchen

Jogibara

Nowrojee Rd

Temple   Rd

Jogibara   Rd

Chörten &
Prayer
Wheels

Dip Tse-
hok Ling
Gompa

DIIR Bookshop &
Tibetan Information
Centre

Cantt   Rd

Gangchen
Kyishong

Delek

Tibetan Government
in Exile, Library of
Tibetan Works & Archives
& Tibetan Cultural Museum

Tibetan Medical
& Astrological Institute
& Men Tsee-Khang Museum

Very steep road

Kotwali Bazaar

State Bank
of India

Dharamsala

HPTDC Tourist Office

Taxi & Share-Jeep Stand

Office of
Tibetan
Handicrafts

Jogibara   Rd

Tibetan
Handicrafts
Cooperative

Kangra Art
Museum

Steps

State Bank
of India

HPTDC
Tourist
Office

Temple   Rd

To Tsuglagkhang
(800m)

To Library of Tibetan Works
& Archives (2km)
& Dharamsala (4km)

To Ghurkur

To Norbulingka
Institute (4km)

GREAT HIMALAYA RANGE

Pir Panjal Range

Pangi Valley

Chenab Range

Pattan Valley

Miyar Nala

Dhaula Dhar Range

Chamba Valley

Ravi

Chenab

Bhaga

Kullu Valley

Parvati Valley

Lahaul Valley

Chandra

Kangra Valley

Beas Valley

Sola Singhi Range

Hoshiarpur Choaland

Chandigarh Choaland

Siwalik Range

Mahasu Valley

Sutlej Valley

Tirthan

INDIA

Punjab

Himachal Pradesh

Dharamsala, Map 11

Kalatope Wildlife Sanctuary

Pushal, Kishtwar, Kutal, Kanini, Thatri, Jangalwar, Jauta, Bhargi, Bhadarwah, Thanala, Bhandel, Langera, Killar, Kundolu, Tisa, Sartal, Sunu Kothi, Thanela, Tikri Khas, Loang, Kilor, Kalhel, Bagai Kothi, Suala, Tunguna, Sherpur, Bhagot, Sahoo, Banikhet, Saluni, Chamba, Khajiar, Almai, Bhadra, Basoll, Bakloh, Dalhousie, Lahri, Tipri, Rakh, Drakund, Ghitrari, Brahmour, Hadsar, Kugti, Phungotah, Then, Dunera, Chuari Khas, Dhar, Sulial, Tikri, Kuarsi, San, Holi, Nurpur, Sihunta, Minkiani, Chakki, Talarah, Kotla, McLeod Ganj, Dharamsala, Gangtha, Bharmar, Chari, Gaggal, Ghurkur, Yol, Nagrota Khas, Jawali, Masrur, Paror, Palampur, Fatehpur, Bahadpur, Nagrota, Mangwal, Goler, Ranital, Kangra, Hajipur, Datarpur, Talwara, Balta, Dera Gopipur, Malehr, Daroh Khas, Rakri, Radia, Dado Siba, Khundian, Jawalamukhi, Chintpurni, Garli, Lambagraon, Dharmal, Bharwain, Nadaun, Tira Sujanpur, Utpur, Daulatpur, Mubarkapur, Garhdiwala, Amb, Gagret, Chauki Maniar, Barsar, Bhoranj, Bhunga, Hariana, Daultatpur, Bangana, Hamirpur, Sarkaghat, Bulhowal, Shan Churasi, Ajram, Gobindpur, Una, Basoli, Raipur, Ghamarwin, Dehar, Hoshiarpur, Phuglana, Bham, Mahalpur, Haroli, Dehlan, Panchat, Jaijon, Binewal, Bhalan, Anandpur Sahib, Swarghat, Bilaspur, Phagwara, Kot Fatuhi, Marwali, Garhshankar, Bhaddi, Nurpur, Kundlu, Namoli, Birk, Banga, Mukandpur, Nawanshahr, Kiratpur, Ramshahr, Nalagarh, Urpaar, Rahon, Balachor, Phillaur

Atholi, Reru, Char, Phugtal Monastery, Mone Leh, Tetha, Tanze, Sutak, Lachlung La 5060m, Takh, Kargyak, Kyonon, Tuan, Khanjar, Gumba, Bhotaor, Chamrat, Baralacha La 4883m, Namu, Udaipur, Triloknath, Thirot, Shansha, Darcha, Rangyo, Suraj Tal, Patsio, Rashil, Jispa, Kulang, Keylong, Gondhla, Tandi, Sissu, Khoksar, Gramphu, Rohtang La 3978m, Solang Nullah, Palchan, Manali, Prini, Jagatsukh, Patlikuhl, Naggar, Katrain, Raison, Kukri Ser, Jari, Malana, Kullu, Manikaran, Kasol, Chhorang, Pulga, Bhuntar, Bajaura, Dhara, Bahl, Kandi, Kataula, Aut, Larji, Sainj, Mandi, Hongi, Bali Chowki, Banjar, Bathad, Manglaor, Pandoh, Malther, Gohar, Sundernagar, Chachot, Ghiri, Kandi, Khanag, Rohanglu, Thunag, Ani, Nermand, Jhungi, Karsog, Baragaon, Dalash, Nirath, Kandar, Alsindhi, Kumharsain, Kanethi, Bagi, Seoni, Tattapani, Naldera, Narkanda, Halog, Naldehra, Dhampur, Sallaghat, Mashobra, Fagu, Kot Khai, Arki, Shimla, Kufri, Shogi, Junga, Theog, Ghund, Ghodra

A   B   72°E   C   73°E   D

31°N

Samundari
Tandlianwala

1

Shorkot

Kamalia

Gugera Branch

Lower Bari Doab Canal

Ga

Jhelum

Ravi

⊞ *Harappa*

Sahiwal

2

Chichawatni

Mian
Channun

Khanwah Branch

Pakpatta

Khanewal

PAKISTAN

Arifwala

Multan

Mandi Burewala

Dipalpur Canal

Punjab

3

Vehari

Upper Sohag Branch

Sutlej

30°N

Bahawalnagar

Lower Sohag Branch

Mailsi

Chistian

Dunga Bunga

Ka

Pakpattan Canal

Khatan

Gajsin

Hasilpur

Harunabed

Hakro Branch

Raisinghi

4

Lodhran

Lalpur

S

Bahawalpur

⌂ *Lal Suhanra
National Park*

Sukhé

Desal Branch

5

Fort Abbas

Anupgarh

Bala

Yazman

Marot

Mirgarh ⌂

29°N

⊞ *Dingarh
Fort*

Hisamki

Khal

Adamwala Kera

Sur

Phulan

Dhaba

Kamrana

Kharbara

Channan Pir

Sakhi

6

Danda

Raner

Da

Phulsar

Ruju

Anandgarh

A   B   •Beriwala   C   Awa   D

▼ **23** ▼   ▼ **24** ▼

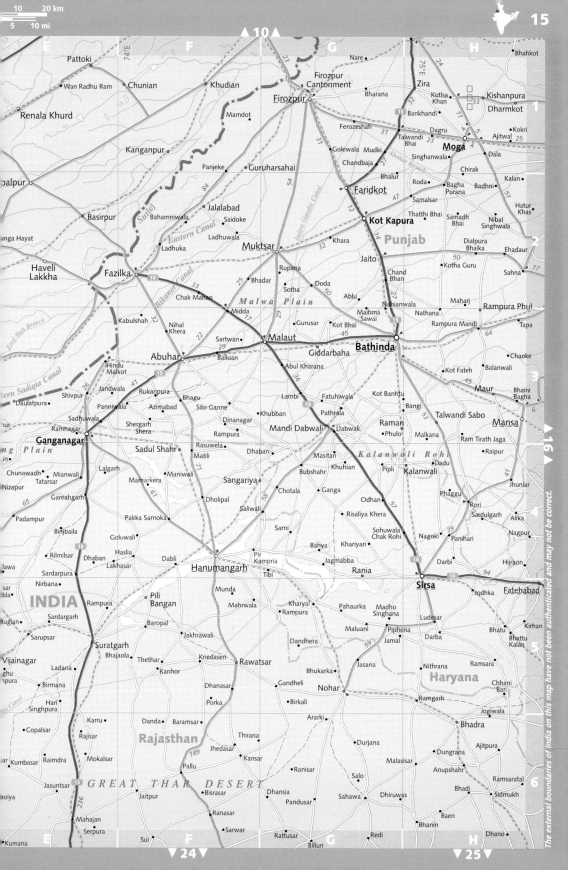

▲ 10 ▲ ▲ 12 ▲

A B C D

Shim

Nurmahal
Bhahkot
Mahatpur 31°N Bilga
Phillaur Urpaar Rahon Balachor Kiratpur Ramshahr
Shogi
Dharmkot Sutlej Nalagarh Sabathu Kandaghat Ch
Bhundri Kum Machhiwara Ropar Ghanauli Patta Solan
Sidhwan Khas Patiala Branch Bela Kurali Kasauli Dagshai
Kokri Sawaddi Ludhiana Doraha Samrala Chamkor Khizrabad Lohgarh Barog Nahna
Ajitwal Raipur Murinda Pinjore Man
Jagraon Abohar Branch Dehlen Ghurani Pail Khanna Fatehgarh Bassi Pathana Sas Kalka Yadavindra Gardens
Kalan Halwara Lohat Ahmadgarh Dahmot Gobindgarh Sirhind Nager Chandigarh Morni
Bassian Raikot Baddy Malaudh Amloh Manakpur Panchkula Raipur
Hatur Khas Fatehgarh Bhatinda Branch Chhaundan Bhadson Chanarthal Banur Basi Narayangarh
Basidka Maler Kotla Bagrian Kauli Rajpura Jatwar Shahzadpur Badhauli
Sahna Sirhind Plain (Pawadh) Harpalpur Ambala Ghanaur Balana Ambala Cantonment Saha
Barnala Dhuri Nabha Patiala Branch Patiala Sanaur Ambala Sadar Markanda
Tapa Dhanaula Sangrur Bhawanigarh Talwandi Malak Bhunarheri Massigah Shahabad Dhoa Barara Mustafabad
Bhandher 30°N Laungonal Sunam Kularan Samana Ghurain Ismailabad Thaska Miranji Babain Singhaur
Bhaini Bagha Bhikhi Dirba Bhagal Guhla Pehowa Gumthala Gadhu Thanesar Kurukshetra Ladwa Radau
Mansa Harau Chhajli Ghaggar Doga Agaundh Amin Bhadson Indri
Barah Budhlada Lehragaga Shatrana Siwan Kaul Nilokheri Pambha Ghiar Lakh
Jhunjar Bareta Lahail Jakhal Dhanauri Pharal Tirawari
Jhandoke Ratia Dharsul Dhamtan Ujhana Kaithal Pundri Pai Habri Nisang Baras Karnal Kunjpura Chausa
Nagpur Tohana Kalait Deoban Jakhauli Jalmana Jundla Bidauli
Aharwan Bithmara Balu Rajaund Kathana Gharaunda Jhinjhana
Hijraon Bhirrana Bahuna Danauda Narwana Asandh Salwan Munak Faridpur
Fatehabad Uklanamandi Uchana Nikuran Alewah Moana Sherah Kairana
Kirhan Gorakhpur Nahala Madlauda Khot Dhatrat Budha Khera Safidon Urlana Panipat Jaito
Badopal Kirmara Barwala Haryana Israna Bapauli
Bhattu Kalan Agroha Lohari Ragho Jind Kinana Siwana Mal Naultha Manana Samalkha Chhaprauli
Sadalpur Rhatla Narnaund Butana Mundlana Ganaur Kish
Adampur 29°N Sisai Lajwana Baranda Gohana Purkhas Kutan
Hisar Hansi Bas Julana Sanghi Juan Sarur
Balsamand Sorkhi Mundahal Kalan Bainai Kiloi Mohana Sonepat
Serra Mangali Umra Bawani Khera Maham Madina Farmanah Silana Rai Baghpat
Barwa Jamalpur Baliyali Busana Bohar Sisanah Kharkhauda Narela
Ramsaratal Siwani Shaharwa Tosbara Chang Lahli Sampla Bawana Alipur
Mirau Pataudi Kharak Rohtak Kalanaur Asaudah Todran Delhi
Dhano Kalaud Sandawwa Sungarpur Bhiwani Baund Kahnaur Dighal Badli
Jhunpa

▼ 25 ▼ ▼ 26 ▼

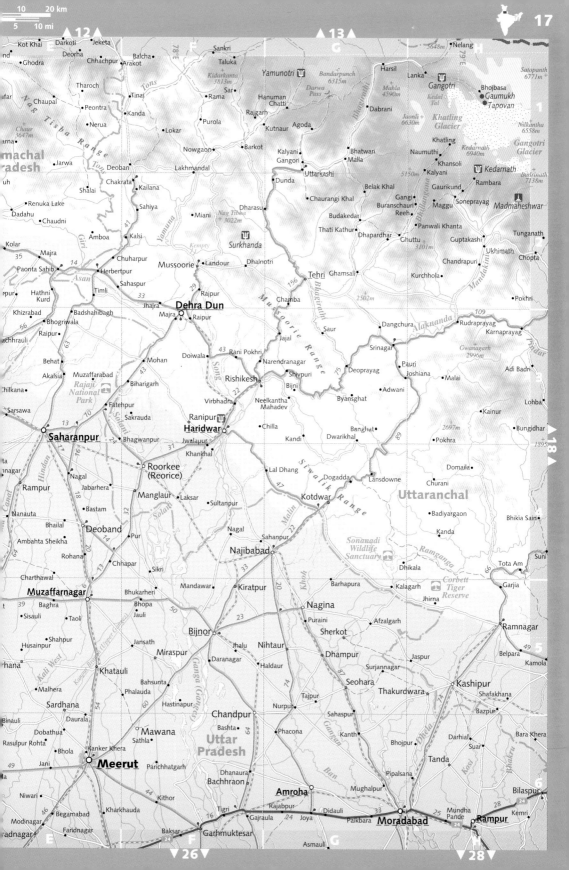

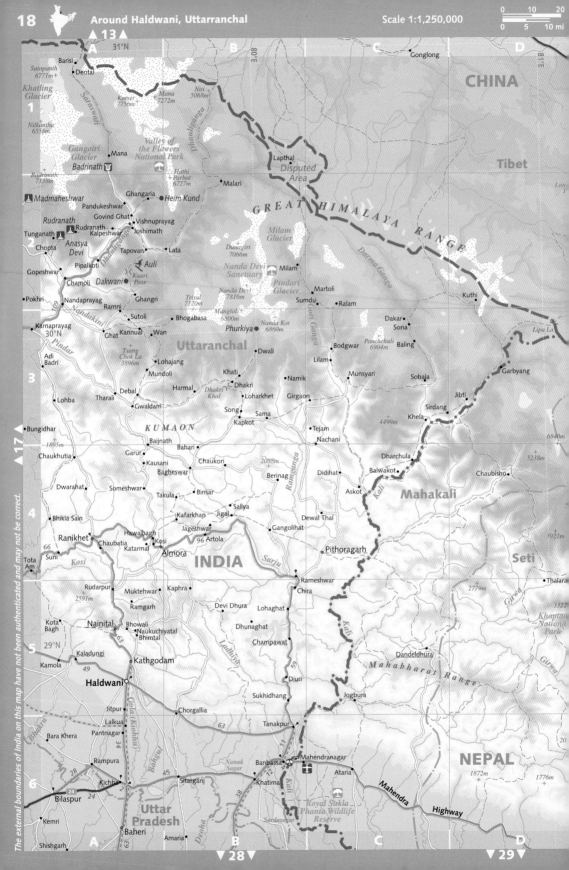

10   20 km

5   10 mi

E   F   93°E   G   H   94°E

1

Drukla Chu

Draksum Lake

Giamda

Kongpo Gyamda

2

Kam Chu

Metoma

• Rito

CHINA

3

Wokar •

Tibet

6534m +

Yarlung Tsangbo

▼ 20 ▼

Gyatso Qu •

Yarlung Tsangbo

4

Tsalung Chu

Kyimpong •

Chen Tso

5

+ 6632m

Takpa Shiri 6816m

+ 4920m

INDIA

Sangngaqoling •

GREAT HIMALAYA RANGE

Subansiri

Arunachal Pradesh

Subansiri

Lhuntse •

Subansiri

6923m

6

Chayul •

Kangto 7087m

Kamla

Sartam •

Taji •

E   F   G   H

Northern Arunachal Pradesh — map

CHINA

INDIA

Arunachal Pradesh

GREAT HIMALAYA RANGE

Miri Hills

Draksum Lake

Tongmai

Po Tsangpo

Poto Chu

Kang Chu

Gyala Peri 7150m

Pasum Tso

Lunang

Giamda

Tumbatse

Namche Barwa 7755m

Bayi • Nyingchi

Yarlung Tsangbo

5891m

5966m

5408m

Korbo

Siang

Tuting

Jido

Nyereng

Ninging

Singing

Yang Song Chu

4639m

Tamid

Arung

Miging

Rikor

Emro

Bomdo

Gette

Asom

Ramsing

Chepwe

Ashaliu

Lhatsa

Tato

Gasheng

Karko

Dalbuing

Ardai

Yiyu

Shol

Yingku

Riga

Damroh

Alonung

Nyeying

Mega

Pareng

Sibbum

Angatsi

Vorjing 3992m

Rangku

Mopung

Riu

Subbuk

Siyom

Along

Silli

Bomai

Boru

Jining

Dhismaknagar

Mebu

Kambeng

Kebang

Rotung

Mara

Kombong

Yamsing

Pasighat

Bang

Yomcha

Nyorak

Dosing

Yagrung

Berung

Rajja

Mukki

Mesheng

Sagong

Daporijo

Kalom

Basar

Taji • Sartam

Subansiri

Sike

Siang (Dihang)

Yamne

Sesseri

▲19

▼36▼

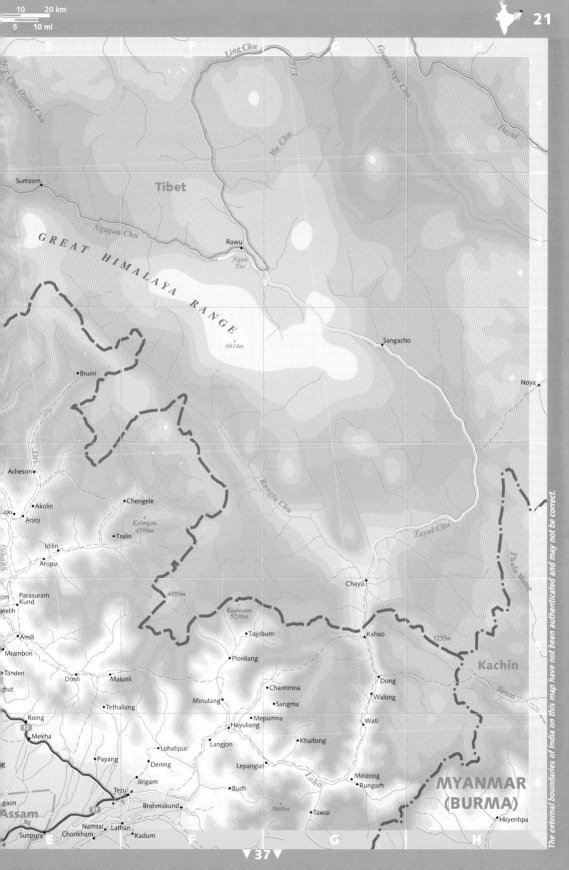

10 20 km

5 10 mi

Tibet

Sumzom

Ngagon Chu

Rawu

Ngan Tso

G R E A T   H I M A L A Y A   R A N G E

+
6614m

Sangacho

Noya

Bruini

Ngan Tso

Di

Acheson

Akolin

Chengele

upu

Anjini

+
Kelingon
4599m

Idilin

Tralin

Aropu

Rongtu Chu

Zuyul Chu

Chayü

4889m

Parasuram
Kund

*Kadusam
5230m*

Kahao

5255m

Amili

Tojobum

Mrambon

Plonliang

Tanden

Donli

Maiunli

Dong

ghat

Chareimna

Walong

Roing

Tethaliang

Minutang

Sangma

Wati

52

Mekha

Hayuliang

Mepumna

Payang

Lohatipur

Langjon

Khaitong

Dening

Lepanglat

Minzong

Tezu

Jirigam

Rungarh

5

Budh

Assam

37

Brahmakund

3606m

Tawai

96

Namsai

Lathan

MYANMAR
(BURMA)

Sunpura

Chonkham

Kadum

Hkyenhpa

Ling Chu

Wa Chu

Gyanu Ngu Chu

Doyul

Thalu Wang

Lohit

Tenal

Kachin

Chu Drong Chu

Ngagon Chu

nelih

on

gaon

a

The external boundaries of India on this map have not been authenticated and may not be correct.

PAKISTAN

Khanpur

Kashmor

Indus

Rahimyar Khan

Kandhkot

28°N

Ghotki

Shahpur

Kishangarh

Ropahar

Tanot

Bhuttewala

Sar

Ranao

52

Sadhan

Hadda

Piarewaro Tar

Ghotaru

Ramgarh

Diga

Manda

Khinyan

Kadanwari

Garsia

53

Sanu

56

Kandiala

Shahgarh

Khuiala

Habur

Mokal

Kathori

27°N **Sind**

Bhadasar

Kuchchri

Siambar

Rupsi

Lodhruva

Biramsar

Bada Bag

Muhar

Amar Sagar

14

Babuhri

Bhuana

Desert National Park & Sanctuary

Kinol

Mool Sagar

Jaisalme

Damadara

Sowar

Sam

Khabha

Khuldana

Akal Wo Fossil Pa

Dedha

Rajar

Biloi

Dhanana

Murhar

Lunar

Khuri

Kotri

Petro

Murad Kari

Karara

Daw

Bersi

Satangar

Deora

70°E

Surtanahu

71°E

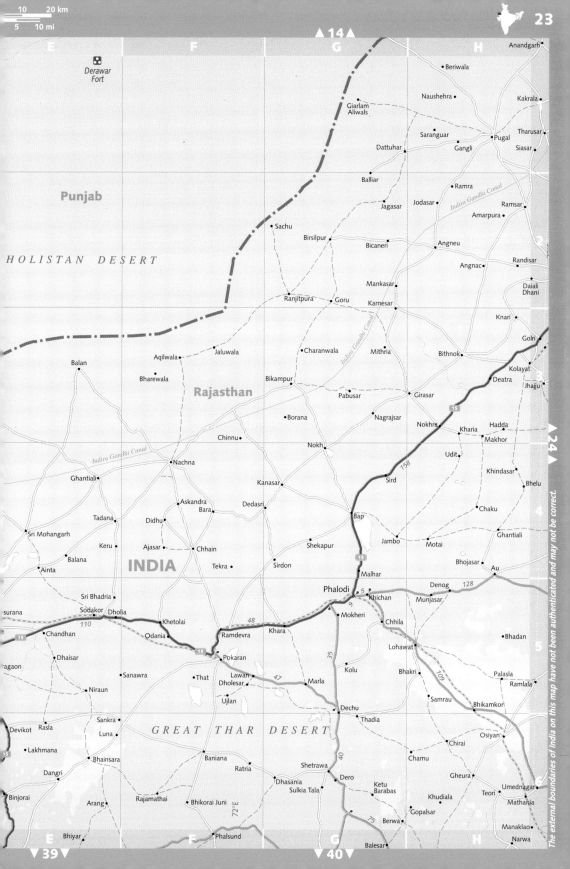

10   20 km
5   10 mi

▲ 14 ▲

E   F   G   H

☙ Derawar
Fort

Anandgarh

Beriwala

Naushehra

Kakrala

Giarlam
Aliwals

Saranguar

Gangli

Pugal

Tharusar

Siasar

Dattuhar

Punjab

Balliar

Jagasar

Jodasar

Ramra

Ramsar

Amarpura

HOLISTAN DESERT

Sachu

Birsilpur

Bicaneri

Angneu

Angnac

Randisar

Ranjitpura

Goru

Mankasar

Karnesar

Daiali
Dhani

Indira Gandhi Canal

Balan

Aqilwala

Jaluwala

Charanwala

Mithria

Knari

Golri

Bharewala

Bithnok

Kolayat

Deatra

Jhajju

Rajasthan

Bikampur

Pabusar

Girasar

Nokhra

Kharia

Hadda

Makhor

Borana

Nagrajsar

158

Udit

Khindasar

Bhelu

Chinnu

Nokh

Sird

Indira Gandhi Canal

Nachna

Kanasar

Bap

Chaku

Ghantiali

Ghantiali

Askandra
Bara

Dedasri

Jambo

Motai

Au

Sri Mohangarh

Tadana

Didhu

Chhain

Shekapur

Sirdon

Bhojasar

Keru

Ajasar

Tekra

INDIA

Balana

Ainta

Malhar

Phalodi

Denog

128

Sri Bhadria

Khichan

Munjasar

surana

Sodakor

Dholia

Khetolai

Mokheri

Chhila

Bhadan

Chandhan

Odania

Ramdevra

48

Khara

Lohawat

110

Pokaran

15

35

Kolu

Bhakri

109

Palasla

Dhaisar

Sanawra

Lawan

Marla

Ramlala

agaon

Niraun

That

Dholesar

47

Dechu

Samrau

Bhikamkor

Devikot

Rasla

Sankra

Ujlan

Thadia

Chirai

Osiyan

Lakhmana

Luna

40

Chamu

Dangri

Bhainsara

Baniana

Ratria

Shetrawa

Gheura

Umednagar

Binjorai

Arang

Rajamathai

Bhikorai Juni

Dhasania
Sulkia Tala

Dero

Ketu
Barabas

Khudiala

Teori

Mathania

72°E

Gopalsar

Manaklao

Narwa

E   F   G   H

▼ 39 ▼

Bhiyar

Phalsund

▼ 40 ▼

Balesar

Berwa

75

1

2

3

4

5

The external boundaries of India on this map have not been authenticated and may not be correct.

▲ 24 ▲

▲ **14** ▲   ▲ **15** ▲

A   **B**   **C**   **D**

Anandgarh

Awa

Chattargarh
Madiali
Kumana
Mahajan
Serpura
Ranasar
Sarwar
Rattusar
Billun

Kakrala
Sadolai
Raemalwali
Mokampur
Sui
Sadasar
Shimla
Koh

Tharusar
Manna
Bara Delana
Bhadera
Kapurisar
Chodia
Hardesar
Khejra
Rajawas
Dhani

Siasar
Motigarh
Kelasar
Khera
Lunkaransar
Rajasar
Pachar
Narsro
Hariasar
Ursar
Pulasar

1

Karnisar
Rajasar
Uchaira
Rajpura Hudan
Garabdenar
Sardarshahr
Garsisar
Mitasar

Ramsar
Jalwali
Bharro
Jagdevwala
Saijarasar
Kalu
Patmdesar
Bandnau
Na

Randisar
Jaimalsar
Merasar
Molaman
Punrasar
Binjasar
Dalwa
Bhadasar
Malusar

28°N
Dhirera
Gersar
Seruna
Jodasar
Toliasar
Mummasar
Gaorisar

2

Daiali Dhani
Sobasar
Naorangdesar
Lachharsar
Binnadesar

Gainer Wildlife Sanctuary
Dhaia
Devi Kund
Bigga
Ratangar

Knari
Gajner
Bikaner
Napasar
Derasar
Sri Dungargarh
Rajaldesar

Golri
Bachasar
Udramsar
Kesardesar
Mundsar
Badno
Upni
Jaitasar
Parihara
Manas

Chandni
Palana
Meramsar
Likhmisar
Bapeo
Mungsaria
Chhapar
Hirasar
Khuri

Kolayat
Lalamdesar
Deshnok
Soa
Sadasar
Kanwarpalsar
Bidasar

3

Jhajju
Parwa
Kertasar
Sheriala
Jasrasar
Tahindesar
Sandwa
Gopalpura
Sujangarh
Maglona

Siana
Desilsar
Inwara
Gundusar
Ladnun
Taonra
Salas

Satiko
Kudsu
Somalsar
Baksheu
Jakh
Nimbi Jodhan
Sardi
Dhiawa

Khindasar
Nathusar
Panchun
Nokha
Bosuri
Dudu
Surpalia
Karnaota
Sanwrad

Bhelu
Kaku
Bhagu
Gorera
Chau
Kameria
Gorau
Didwan Basin
Sewa

4

Rohina
Saduna
Alai
Rohini
Mandeli
Chhapra
Silanwad
Didwana
Daulatpura
Dha

Champasar
Sarunda
Kalri
Kaonlesar
Aiwad
Kathoti
Kerap
Rajasthan

27°N
Tantwas
Gurha
Singar
Nagaur
Rol Qazian
Somran
Jayal
Tosina

Chadi
Panchori
Madpura
Pharod
Rohina
Khathu
Ranigaon
Bursu

5

Panasar
Achina
Bhakrod
Mundwa
Borwa
Chui
Ramsia
Mori
Jusri

Jakhan
Akla
Tankla
Lunsira
Sanju
Makrana

Kapuria
Birlokha
Khimsar
Khajwana
Kuchera
Khuri
Degana
Besroli
Gachhipura
Parbatsar

Ramlala
Kurchi
Sankhwai
Nimri
Butati
Punas

Soila
Asop
Run
Deswal
Dawa
Ren

Bara
Palri
Dadwara
Kheduli
Jaola
Palri
Harsor
Bhakri
Kharka

6

Umednagar
Danwro
Kherapa
Barlu
Narsar
Gotan
Phalodi
Mokala
Bharunda
Pilwa

Mathania
Khari
Artia
Rathkuria
Khangta
Pondlo
Indawar
Merta
Pi
Narwar

Manaklao
Kasti
Dhanaria
Rian
Alniawas
Thaola
Pushkar

Narwa
Daikra
Salwa
Kosana
Madlia
Kurki
Srinagar
Ajmer

▼ **40** ▼   ▼ **41** ▼

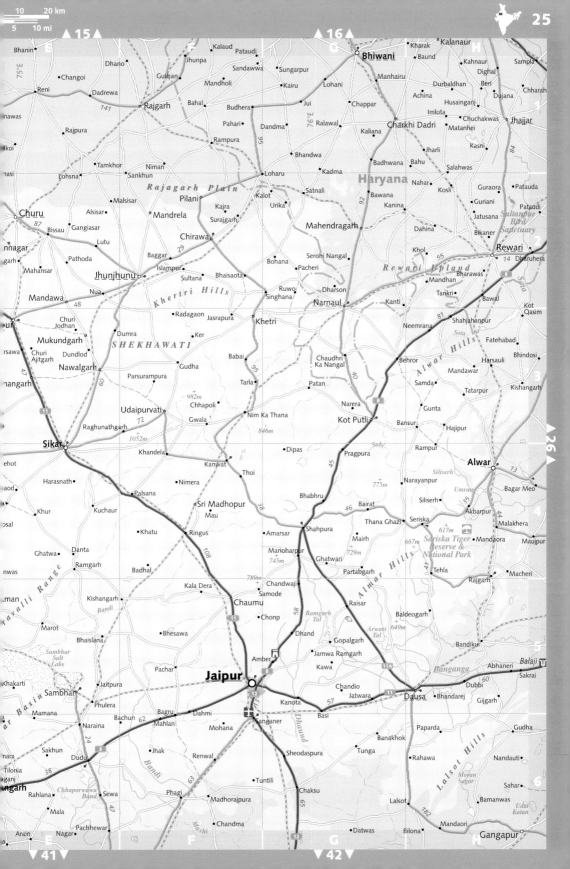

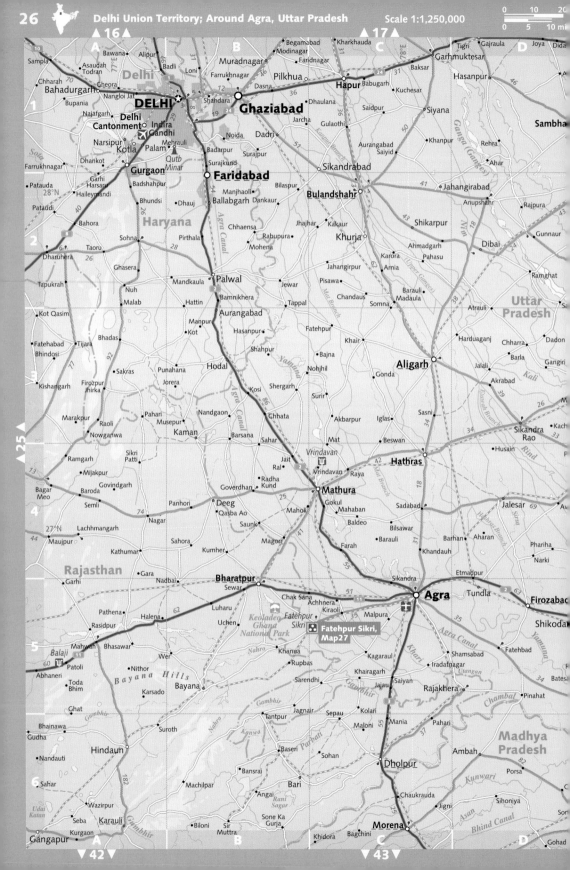

▲ 16 ▲   B   ▲ 17 ▲   C   D

Delhi

DELHI

Delhi Cantonment

Indira Gandhi

Ghaziabad

Hapur

Sambha

Faridabad

Haryana

Bulandshahr

Qutb Minar

Ballabgarh

Palwal

Aurangabad

Uttar Pradesh

Aligarh

Hodal

Yamuna

Hathras

Kaman

Vrindavan

Vrindavan

Mathura

Sikandra Rao

Deeg

Gokul

Jalesar

Goverdhan

Rajasthan

Bharatpur

Agra

Firozabac

Sewar

Fatehpur Sikri

Shikoda

Keoladeo Ghana National Park

🏛 **Fatehpur Sikri, Map27**

Bayana Hills

Bayana

Madhya Pradesh

Dholpur

Hindaun

Karauli

Morena

Gangapur   ▼ 42 ▼   B   ▼ 43 ▼   C   D

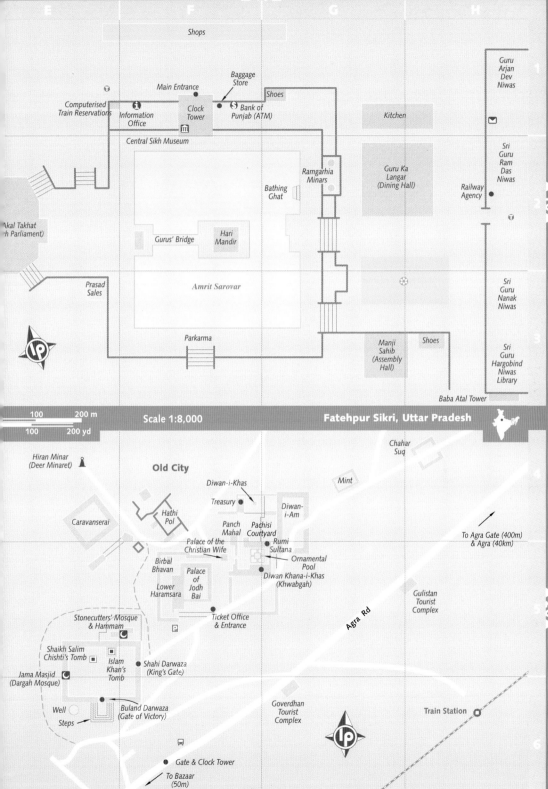

25   50 m
25   50 yd

▲ 10 ▲

Shops

Baggage
Store

Main Entrance

Shoes

Computerised
Train Reservations

Information
Office

Clock
Tower

Bank of
Punjab (ATM)

Kitchen

Central Sikh Museum

Ramgarhia
Minars

Guru Ka
Langar
(Dining Hall)

▲ 10 ▲

Bathing
Ghat

Akal Takhat
(Sikh Parliament)

Gurus' Bridge

Hari
Mandir

Railway
Agency

Sri
Guru
Ram
Das
Niwas

Guru
Arjan
Dev
Niwas

Prasad
Sales

Amrit Sarovar

Sri
Guru
Nanak
Niwas

Parkarma

Manji
Sahib
(Assembly
Hall)

Shoes

Sri
Guru
Hargobind
Niwas
Library

Baba Atal Tower

---

100   200 m
100   200 yd

Scale 1:8,000   **Fatehpur Sikri, Uttar Pradesh**

Chahar
Suq

Hiran Minar
(Deer Minaret)

Old City

Diwan-i-Khas

Mint

Treasury

Diwan-
i-Am

Hathi
Pol

Caravanserai

Panch
Mahal

Pachisi
Courtyard

Palace of the
Christian Wife

Rumi
Sultana

To Agra Gate (400m)
& Agra (40km)

Birbal
Bhavan

Ornamental
Pool

Lower
Haramsara

Palace
of
Jodh
Bai

Diwan Khana-i-Khas
(Khwabgah)

Gulistan
Tourist
Complex

▲ 26 ▲

Ticket Office
& Entrance

Stonecutters' Mosque
& Hammam

Agra Rd

Shaikh Salim
Chishti's Tomb

Islam
Khan's
Tomb

Shahi Darwaza
(King's Gate)

Jama Masjid
(Dargah Mosque)

Goverdhan
Tourist
Complex

Train Station

Well
Steps

Buland Darwaza
(Gate of Victory)

Gate & Clock Tower

To Bazaar
(50m)

▼ 26 ▼

The external boundaries of India on this map have not been authenticated and may not be correct.

A ▲ 17 ▲ **B** ▲ 18 ▲ **C** **D**

Paikbara
Mundha Pande
Rampur
Baheri
Amaria
Neoria Husainpur
Madho Tanda
Manjhr
Mah

Asmauli
Shishgarh
Richha
Kandarkhi
Patwai
Milak
Pilibhit
Jamania
Kalinagar
Sirsi
Bilari
Sahabad
Deoranian
Jahanabad
Puranpur
Sherpur
Kab

Sambhal
Seondara
Mirganj
Shahi
Senthal
Khamaria Pul
Nawabganj
Ghungchiai

Sarai Tarin
Sarauli
Bhojupura
Nawabganj

Narauli
Chandausi
Fatehganj West
Clutterbuckganj
Uttar Pradesh
Deoria
Deokali
Mailani

Bahjoi
Lachhmipur
Ramnagar
Izatnagar
Gaini
Umedpur
Islamnagar
Bisauli
Basharatganj
Bareilly
Bisalpur
Bilsanda
Khutar

Wazirganj
Bhamora Sadullahganj
Faridpur
Bamroli
Nahil
Sundarpur

Bilsi
Binawar
Khudaganj
Nigohi
Bamroli

Sankra
Sahaswan
Budaun
Dataganj
Fatehganj Sharki
Katra
Baragaon
Pawayan

Ujhani
Jagat
Jaitipur
Tilhar
Sindhauli
Muhamdi

Soron
Kakora
Alapur
Miaon
Baksena
Banthra
Muhammadpur

Kasganj
Sahawar
Qadirganj
Usehat
Kundaria
Barwa
Madnapur
Rosa
Unchaulia
Aurangabad

Marahra
Marahchi
Amanpur
Dundwaraganj
Patiali
Rafiabad
Khandar
Yarpur
Sehramau

Pilwa
Sidhpura
Bhargain
Raipur Khas
Jalalabad
Shahabad
Pihani

Etah
Dhumri
Jaithra
Aliganj
Kampil
Amritpur
Allahganj
Behta Gokul
Gopam
Quta

Awa
Malawan
Sarauth Pawayan
Nawabganj
Kaundha
Barhali

Sakit
Kurauli
Ali Khera
Sarai Aghat
Fatehgarh
Farrukhabad
Harpalpur
Sandi
Hardoi

Akbarpur Aunchha
Sultanganj
Bhongaon
Bewar
Muhammadabad
Kamalganj
Bilgram
Kachhauna

Jasrana
Ghiror
Tindauli
Madanpur
Patti
Madhoganj
Ghausganj

Shikodabad
Sirsaganj
Mainpuri
Kasmara
Chhibramau
Khudaganj
Gursahaiganj
Jalalabad
Mallanwan

Bhadan
Karhal
Kurra Jarawan
Kishni
Khera Jagispur
Kannauj
Nawada
Ganj Muradabad

Rapri
Batesar
Jaswantnagar
Chaubia
Usrahar
Saurikh
Talgram
Mundarwa
Makanpur
Araul
Bangarmau

Bah
Kachaura
Airwa
Indergarh
Bilhaur

Ater
Etawah
Kudarkot
Bela
Rasulabad
Asalatganj
Kakwan
Safipur

Debipura
Udi
Sarai Ekdil
Bharthana
Achalda
Bidhuna
Debiapur
Jhinjhak
Sheoli
Bithur

Jawassa
Lakhna
Bakewar
Phaphund
Mahgalpur
Rura
Kanpur

Gormi
Madhya Pradesh
Bhind
Umri
Sarai Ajitmal
Auraiya
Derapur
Kalianpur

Soni
Mahgawan
Bhind Canal

A ▼ 43 ▼ **B** **C** ▼ 44 ▼ **D**

81°E

NEPAL

Seti

Dhangadhi

Chisopani
+1108m

Bheri

Mahabharat Range
2679m

2262m

Rapti
2639m

Sani Bhevi

Dudwa

Banbirpur

INDIA

Sarkhana

Singabi

Tikunia

Parewa
Odar

Royal Bardia
National Park

Mahendra Highway

Kohalpur

Chure Hills

2412m

Sallyan

Birendranagar
(Surkhet)

Tulsipur

Nighasan

Rakehti

Sujauli

Gularia

Harkhapur

Kohalpur

Babai

1256m

Phulbihar

Dulhi

Kafara

Manjhra

Motipur

Gaighath

Nepalganj

Rupidiha

Bhakla

Dundwa Hills

Rapti

Gokarannath

Bhura

Lakhimpur

Dhaurahra

Godh

Nawabganj
Aliabad

Patna

Bhojpur

Kaykuiyan

Bilaspur

+870m

Kheri

Isanagar

Nanpara

Behra

Matera
Bazar

Bhangaha

Bankatwa

Bhadwar

Oel
Thakwa

Lagcha

Mallanpur

Garwa

Sonwan

Bhinga

Gugauli

Hargam

Laharpur

Sisaiya
Thana

Bahraich

Sarjupar Plain

Mathura

Rapti

Sitapur

Khairabad

Parsendi

Maharajnagar

Biswan

Bahraich

Ikauna
Shravasti

Katra

Ramkot

Saderpur

Thanagaon

Chilwaria

Balrampur

Misrikh

Machhrehta

Kamlapur

Bansura

Baundi

Fakharpur

Huzurpur

Payagpur

Khargurpur

Itiathok

Chamrupur

Sidhauli

Mahmudabad

Bilehra

Kaisarganj

Dhanepur

Rehra
Bazar

Bari

Nilgaon

Suratganj

Birpur
Katra

Fatehpur

Jarwal

Colonelganj

Gonda

Khurasa

Sadullahnagar

Atrauli

Ramnagar

Paraspur

Raniganj

Dhakauni

Itaunja

Kursi

Dewa

Bado Sarai

Bilsar

Sandila

Mal

Bheta

Bhauli

Nawabganj

Tikaitnagar

Tarabganj

Chauri

Malihabad

Kakori

Bara Banki

Satrikh

Daryabad

Uttar
Pradesh

Avadh Plains

Nawabganj

Lucknow

Chinhat

Zaidpur

Ram
Sanehighat

Faizabad

Ayodhya

Mohan

Gosainganj

Siddhaur

Rauzagaon

Rudauli

Sohwal

Sathri

Hasanganj

Banthra
Sikandarpur

Bijnaur

Bhilwal

Mirmau

Bani

Mohanlalganj

Haidargarh

Dhanesa

Amaniganj

Milkipur

Bikapur

Maya
Bhikhi

Ajgain

Kantha

Nigohau

Nagram

Shiugarh

Inhauna

Haliapur

Khajurhat

Unnao

Purwa

Bachhrawan

Simrauta

Jagdispur

Isauli

Kurebhat

Haidarganj

Achalganj

Maurawan

Kundanganj

Maharajganj

Musafirkhana

26°N

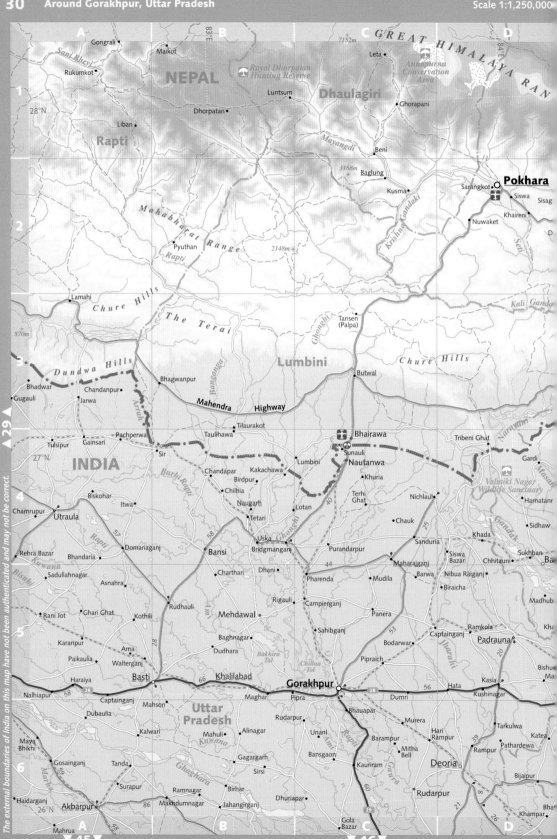

A B C D

NEPAL

Gongrali
Maikot
Rukumkot
Sani Bheri
Leta
Annapurna Conservation Area
GREAT HIMALAYA RANGE
7152m

1

28°N

Liban
Dhorpatan
Luntsum
Royal Dhorpatan Hunting Reserve
Dhaulagiri
Ghorapani

Rapti

Mayangdi
Beni
3168m
Baglung
Kusma
Sarangkot
Pokhara
Siswa
Sisag

2

Mahabharat Range
Pyuthan
Rapti
2148m
Krishna Gandaki
Khaireni
Nuwaket
Seti

Lamahi
870m
Chure Hills
The Terai
Ghonghi
Tansen (Palpa)
Kali Ganda
Chure Hills

3

Bhadwar
Gugauli
Chandanpur
Jarwa
Dundawa Hills
Bhagwanpur
Banganga
Lumbini
Butwal
Mahendra   Highway
Arrah
Narayam

29

Tulsipur
Gainsari
Pachperwa
Sir
Taulihawa
Tilaurakot
Bhairawa
Tribeni Ghat
Gardi
Masan

27°N

INDIA
Biskohar
Itwa
Chandapar
Birdpur
Chilhia
Kakachawa
Lumbini
Nautanwa
Sunauli
Khuria
Terhi Ghat
Nichlaul
Valmiki Nagar Wildlife Sanctuary
Harnatan

4

Chamrupur
Utraula
Domariaganj
Naugarh
Tetari
Lotan
Chauk
Sanduria
Khada
Sidhaw
Burhi Rapti
Rapti
57
58
Ghonghi
40
25
Gandak

Rehra Bazar
Bhandaria
Asnahra
Charthari
Dhani
Purandarpur
Pharenda
Mudila
Maharajganj
Barwa
Siswa Bazar
Nibua Raiganj
Chhitauni
Sukhban
Ba
Bisuhi
Sadullahnagar
Uska
Bridgmanganj
44
Biraicha
Madhub

5

Rani Jot
Ghari Ghat
Kothili
Mehdawal
Rigauli
Campierganj
Panera
Bodarwar
Captainganj
Ramkola
Padrauna
Karanpur
Ama
Walterganj
Baghnagar
Dudhara
Bakhira Tal
Sahibganj
53
Pipraich
20
Jharahi
Bishu
Ma
Paikaulia
28
Kuwana

Haraiya
Nalhiapur
58
28
Basti
66
Khalilabad
Maghar
Gorakhpur
Pipra
28
Dumri
56
Hata
Kasia
Kushinagar
Captainganj
Chillua Tol
Rapti

6

Maya Bhikhi
Gosainganj
Tanda
Dubaulia
Mahson
Kalwari
Mahuli
Alinagar
Rudrapur
Unanl
Bhauapar
Barampur
Murera
Hari Rampur
Mitha Bell
Rampur
Tarkulwa
Katea
Pathardewa
Uttar Pradesh
Kuwana
Gagargarh
Sirsi
Bansgaon
Kauriram
29
60
21
26
Bijaipur
Khampar
Bha

26°N
Haidarganj
Akbarpur
Mahrua
Surapur
Ramnagar
Makhdumnagar
Birhar
Jahangirganj
Dhuriapar
Gola Bazar
Deoria
Rudarpur
Mahru
Ghaghara
86
48
60
29

A
▼ 45 ▼
B
C
▼ 46 ▼
D

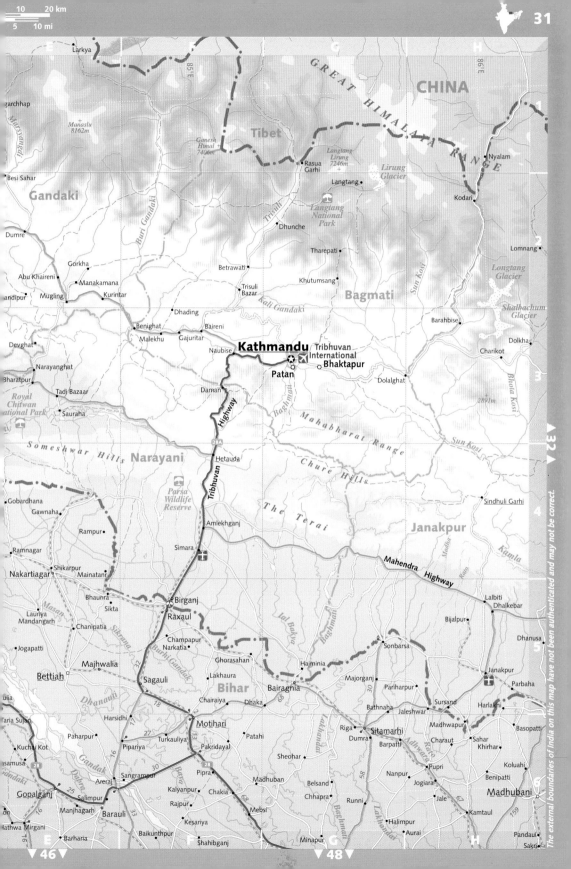

10 20 km
5 10 mi

Larkya

garchhap

Manaslu
8162m

CHINA

GREAT HIMALAYA RANGE

Tibet

Ganesh
Himal
7406m

Rasua
Garhi

Langtang
Lirung
7246m

Lirung
Glacier

Nyalam

Langtang

Kodari

Besi Sahar

Gandaki

Dumre

Gorkha

Abu Khaireni

Manakamana

Kurintar

Dhunche

Langtang
National
Park

Tharepati

Khutumsang

Bagmati

Sun Kosi

Lomnang

Longtang
Glacier

Shalbachum
Glacier

andipur

Mugling

Betrawati

Trisuli
Bazar

Devghat

Benighat

Baireni

Dhading

Gajuritar

Malekhu

Barahbise

Charikot

Dolkha

Narayanghat

Naubise

Kathmandu

Tribhuvan
International

Bhaktapur

Patan

Bharatpur

Tadi Bazaar

Royal
Chitwan
ational Park

Daman

Highway

Dolalghat

2891m

Bhola Kosi

Sun Kosi

Sauraha

Baghmati

Mahabharat Range

Someshwar Hills

Narayani

Hetauda

Chure Hills

Sindhuli Garhi

Gobardhana

Parsa
Wildlife
Reserve

Amlekhganj

The Terai

Janakpur

Kamla

Gawnaha

Rampur

Tribhuvan

Simara

Mahendra Highway

Madhu

Rato

Ramnagar

Nakartiagar

Shikarpur

Mainatari

Lalbiti
Dhalkebar

Laurya
Mandangarh

Bhaunra

Sikta

Birganj

Bijalpur

Dhanusa

Chanipatia

Raxaul

Jogapatti

Majhwalia

Champapur
Narkatia

Ghorasahan

Lakhaura

Sonbarsa

Hajminia

Janakpur

Parbaha

Bettiah

Sagauli

Bihar

Bairagnia

Majorganj

Pariharpur

Sursand

Harlakhi

Basopatti

Dhaka

Bathnaha

Jaleshwar

Madhwapur

Sahar
Khirhar

Harsidhi

Chairaiya

Riga

Dumra

Sitamarhi

Charaut

Pupri

Koluahi

Paharpur

Turkauliya

Motihari

Patahi

Sheohar

Barpatti

Nanpur

Jogiara

Jale

Benipatti

Kuchai Kot

Piparia

Pakridayal

Madhuban

Belsand

Chhapra

Runni

Madhubani

asamusa

Sangrampur

Pipra

Areraj

Kalyanpur

Chakia

Mebsi

Halimpur

Aurai

Pandaul

Gopalganj

Salimpur

Rajpur

Kesariya

Baikunthpur

Minapur

Sakri

Kamtaul

athwa Mirgani

Manjhagarh

Barauli

Barharia

Shahibganj

Baruali

The external boundaries of India on this map have not been authenticated and may not be correct.

A   B   87°E   C   D

28°N

Tingri   Tingche

Sar

CHINA

GREAT HIMALAYA RANGE

2   Cho Oyu
8153m

Lomnang   Lunak   Sagarmatha
National
Park   Everest
(Qomolangma;
Sagarmatha)
8848m

Gauri
Shankar
7146m   Everest
Base Camp   Dingboche   Makalu
8475m   Chyamtang

Longtang
Glacier   KHUMBU   Walungchung Gola

Namche Bazar   Tengpoche
Gompa

Dolkha   Arun

Jiri   Lukla

Deorali La   SOLU

3   Lamjura La
4736m   3664m   Taplejung

27°N   Singalila Ra

Likhu Khola   Okhaldhunga   4256m

NEPAL

3547m

31   Basantapur

Manebhanjyang   Tumlingtar

4   Dudh Kosi   Kosi   Tamur   2423m

Janakpur   Sagarmatha   Mechi

Mahabharat Range   2833m   Hile

Kamla   2463m   Sun Kosi   Dhankuta

Nepaltar   Arun

The Terai   Chatara

5   Dhanusa   Sisbani   Dharan
Bazar

Balan   Koshi Tappu
Wildlife
Reserve   Mahendra Highway

Parbaha   Kosi   Sunsari   Itahari   Lohandara   Bakra   Kankai

Baidehi   Kusaha   Laukhi

Khajuri   Bhagwanpur   Raj

Jaynagar   Ladania   Laukaha   Birpur   Ghurna   Biratnagar   Sikti   Terhagachh   Jhapa

Basopatti   Pato   Rajbiraj   Jogbani   Dig

Koluahi   Khutauna   Kosi
Barrage   Bihar   Kursakatta

Maniarwa   Barhi   26°N   Laukahi   Dagmara   Bathnaha   Forbesganj   Bahadurganj

6   Maripur   Rajnagar   Andhra Tharhi   Narahia   Narpatganj   Madhura   Amhara   Palasi   Koch

Madhubani   Rampatti   Nirmali   Bhaptiahi   Baghopur   Parwaha   Madanpur   Haldikhora

Sakri   Jhanjharpur   Ghogardiha   Kishanpur   Tharbitia   Chhatapur   Araria   Joki Hat

Pandaul   Tamoria   Bahurdanji

A   48   B   49   C   D

10 20 km
5 10 mi

Tibet

Kampa

Somotelituu
Hu

Dzanak
Dolma
Sampa

Nepal Peak
6910m

Zemu
Glacier

chenjunga
8598m
m

Goecha La

Kanchenjunga
ibru
438m

Jemathang

Thangshing

auririkhiang

zongri
Lam Pokha

Pethang

Yuksam
5m

Tashiding

Yuksom

hang La

rkhey

Soren

Sombare

Jorethang

dakphu

Pokhari

Ghoom

Mirik

Pankhaban

amod

Kharibari

adrapun

Thakurganj

Phultola

Panjipara

Dhantola

Pothia

Islampur

kalasan

Kerang

Donkung

Zakhung

Thanggu

Muguthang

Yumthang

Jakthang

Hema

Lachen

Chubha

Tsetang

Chhubakha

Lakha
Pharma

Lachung

Chungthang

Teesta

Mangan

Phodong

Sikkim

Rumtek

Rabang

Yangang

Sirwani

Singtam

Kyongnosla
Alpine
Sanctuary

Fambong Lho
Wildlife
Sanctuary

Gangtok

Ranipul

Jelep La
4040m

Kupup

Natu La

Doka La

Tsomgo
Tso

Pakhyong

Rangli

Rhenok

Thode

Dzongsa

Shiuji

Kaffer

Sibsu

Kumai

Lava

Gorubathan

Matiali

Samtse

Dorokha

Daphu

Nagrakara

Samtse

Chengmari

Rinchending

Jaigaon

Totpara

Rangamati

Sinchula

Lankapara
Hat

Banarhat

Hasimara

Jainti

Buxa
Duar

Sarpang

Kalikhola

Buxa
Tiger
Reserve

Madarihat

Birpara

Kalchini

Rahimabad

Rajabhat
Khawa

Kumargram

Mahakalguri

Chopra

Ramganj

Panchagarh

Rajshahi

BANGLADESH

Atwari

Boda

Sakowa

Raniganj

Ruhea

Chilahati

Darajganj

Debiganj

Domar

Dimla

Baura

Tista
Barrage

Sitalkuchi

Hatibandha

Sitai

Matbhanga

Dinhata

Karnapur

Cooch
Behar

Dewar Hat

Baman
Hat

Chilakhana

Balarampur

Tufanganj

Agamani

Bhurungamari

Golakganj

Sonahat

Tamarhat

Bhainskuchi

Natabari Hat

Chakchoka

Thimphu

Barshong

Dodina

Tashithang

Hongtsho

Paro

Dechenchholing

Phuntsho La
4210m

Punakha

Dawakha

Punakha

Wangdue
Phodrang
(Wandi)

Dochu La

Jili La
3490m

Thimphu

Simtokha
Dzong

Khasadrapchhu

Kharibje

Isuna

Ama

Wangdue
Phodrang

Chhuzom

Dobji
Dzong

Genekha

Chapcha

Bunakha

Tarka La
4736m

Dagana

Taga

Dagana

Chimakha

Chhukha

Gedu

Jumbja

Damji

Tala

Doronagaon

Bachap

Gnimthenla

Phuentsholing

4066m

Rapley

Dungna

Ha

BHUTAN

Sele La
4039m

Ha

Torsa Strict
National
Reserve

Zele La

Gom La

Yatung

Chang
Zampa

Drukgyel
Dzong

Cheli La
3780m

4107m

Kyichu
Lhakhang

Paro

Jhomolhari
7314m

Phari

Tremo La

Jichu Drake
6989m

Tserim Kang
6789m

Kung Phu
6532m

Bhonte La
4890m

Thombu La
4520m

Yeli La
4820m

Chhebisa
3880m

Lingzhi

Nile La
4890m

Jhari La
4747m

Kang Taung
+ 6526m

Gombu La
4440m

Gieu Gang
7200m

Laya

Army Post

Sinche La
5003m

Gangchhenta
6840m

Masagang 7165m

Tsomo La
4780m

Tsenda
Kang
~7100m

Karchung La
5210m

Bari La
3900m

Gasa

Gasa

Jigme Dorji
National
Park

Wagye La

Teri
Gang
7300m

Ya La

6090m

5475m

Gala

Amo

Kalimpong

Darjeeling

Tiger
Hill
+2590m

Melli
Bazaar

Teesta
Bazaar

Mongpong

Bangrakot

Mal

Samthar
Plateau

Darjeeling Hills

Sinon

Pelling

Gezing

Ravangla

Dentam

Namchi

Damthang

Kewzing

Rangpo

Namthang

91

Siliguri

Bagdogra

New
Jalpaiguri

Naksalbari

Raniganj

akarbhitta

Bangabandhu

Belakoba

Rajganj

Baruapara

Phansidewa

Tetulia

Jorpakuri

Haldibari

Mekhliganj

Patgram

West
Bengal

Neora
Nadi

Ramshai

Goyerkata

Joteswar
Hat

Dhupagari

Falakata

Mainaguri

Domohani

Jalpaiguri

Chengrabandha

INDIA

Kurseong

Ghoom

Thande

Soreng

Baktim

Lam Pokha

Thangshing

Jemathang

Arnalang
4709m

Thepa La
5064m

Madaju

Jaigaon

Totpara

Hasimara

Rahimabad

Alipur
Duar

Jaldhapara
Wildlife
Sanctuary

Dhupagari

Rangamati

Phuentsholing

Tala

Raigye Chhu

Torsa Chhu

Ha Chhu

Wang Chhu

Jana Chhu

Mo Chhu

Thimphu Chhu

Do Chhu

Paro Chhu

Amo Chhu

Teesta

Jaldhaka

Torsa

Raidak

Rajshahi

Gasa

Jelekangphu Gang 7300m

Kangphu Gang 7212m

Zongphu Gang (Table Mountain) 7100m

Kula Kangri 7554m

Keche La 4940m

Thega

Chozo

Thanza

Kanari 7239m

Ganghar Puensum 7541m

Melunghi Gang 7000m

Chisangang Ri 6050m

Mon La Karchung

Chura Gang 6500m

Dhobrak La

Kharchang La

Phomeje La

Mt La

Shingbe

Singye Dzong

Dogsar

Tosuman

Lao

Tampe Chhu

Si Chhu

Jaze La 5050m

Rife

Lhedang

Thowada Goemba

Saidu

Lhuentse

Dungkhar

Tse Kang

Yangtse

Shegaria

Dawakha

Teshinang

Loju La 4940m

Rinchen Zoe La 5140m

Gokhong La

Juli La 4700m

Phephe La 3360m

Sangsangma

Wobtang

Sawang

Shabling

Kulong Chuu Wildlife Sanctuary

Bomdeling

Shapang

Jimkhar

Bumthang

Gamling

Ugyen Chholing

Tang

Lhuentse

Chorten Kora

Trashi Yangtse

Punakha

Tikke Zampa

Ritang

Nobding

Thampe La 5140m

Nab Chote

Duer

Khurje Lhakhang 4131m

Kunzandrak

Mesitang

Rodang La 4160m

Donkar

Sang Sangbe

Tangmachu

Taupang 2450m

Dong La 3900m

Trashi Yangtse

Shali

Chhuzomsa

Tashila

Gangte Goemba

Rubuki

Longte

Pele La 3400m

Sephu

Tamshing Goemba

Jakar

Zungney

Gyetsa

Tume

Shuri

Tangsibi

Ura

Shertang La 3573m

Yotang La 3573m

Pimi

Ungaar

Gorsam

Sherichhu

Tshenkarla

Duksum

Ngalangka

Wangdue Phodrang (Wangdi)

Ama

Giala

27°N

Phobjikha

Jhomolhari 7219m

Trongsa

Tangsibji

Kuenga Rabtan

Lamti

Torma Shong

Autsho

Thrumshing La 3750m

Shingkhor

Monka

Rewan

Chali

Sengor

BHUTAN

Drametse Goemba

Yadi

Damotse

Kanglung

Chazam

Pam

Rongthong

Trashigang

Bartsam

Khaling

Kamganka

Bhangbarai

Black Mountain 4915m

Zhemgang

Nimgong

Shongar Dzong

Ligmethang

Gangola

Sherichhu

Yongphu La 2190m

Mongar

Wamrong

Riserboo

Sankosh

Thrumching La National Park

Trongsa

Nabji

Black Mountain National Park

Wangdue Phodrang

Mongar

Kengklan

Pemagatshel

Dagana

Lana

Chirang

Maigabo

Damphu

Gongchuandgaon

Tsirang

Lamidranga

Dhaje

Sarpang

Gonphu

Tingtibi

Zhemgang

+2645m

Panka

Pieksao

Sufali

Domka

Naitola

Yongla

Narphung 1698m

Narphung La

Tunka La 2119m

Deothang

Pemagatshel

Samdrup Jong

Goiba

Baychap

Dagapela

Gnimthenla

Doronagaon

Taga

Phipsoo Wildlife Sanctuary

Phisugaon

Pengkhua

Bhurgaon

Gelephu

Saralpara

Amtika

Royal Manas National Park

Manas Wildlife Sanctuary

Nganglam

Subankhata

Kumrikhata

Darranga

Tamul

Kalikhola

Raimana

Deosari

Kunda

Hajua

Kumguri

Assam

Kumargram

Patgaon

Kochugaon

Garubhasa

Sidli

Ranikhata

Amgura Bazar

Agrong

Buri Khamar

Hudukhata

Jagdala

Rihabari

Patacharkuchi

Barjhar

Dhamdhama

Barpeta Road

Bhawanipur

Bangaon

Nalbari

Rangi

Datma

Haltugaon

Bongaigaon

Basugaon

Bijni

Sorbhog

Raha

Howli

Maroa

Gossaigaon

Chakchoka

Kokrajhar

Sapatgram

North Salmara

Pakhriguri

Abhayapuri

Barpeta

Korila

Bartala

Mukalmua

Hajo

North Gu

Pan

Bhainskuchi

Tamarhat

26°N

Tipkai

Bilasipara

Chapar

Jogighopa

Bagbor

Tarabari

Sualkuchi

Palasbari

Agamani

Basbari

Bagribari

Salkocha

Kharmauza

Goalpara

Mornai

Dalgoma

Nagarbera

Tiplai

Boko

Madan Kamdev

Chhagaon

Loharghat

Gofakganj

Gauripur

Dhubri

Lakhipur

Chunari

Agia

Urpad

Krishnai

Rangjuli

Dudhnai

Tilapara

Damra

Dhupdhara

Nalapara

Barduar

Ranigodal

Rani

10   20 km
5   10 mi

92°E

E

CHINA

Tibet

Ya
Tso

Loro Nakpo Chu

Tawang

Nyuri   Chuniba

Jang

Se La
(4249m)

sang La   Nyukmadong

Garpo
Galmo La

Sakteng
Wildlife
Sanctuary   Lagam

shigang   Dirang Dzong   Bichom

Bomdila   Sachida

Talung Dzong   Rupa   Jamiri

Dhansiri   Shergaon   Tipi

Louri   Kalaktang   Bhalukpong

Diptsang

Dhansiri

ndrup   Tashtanje,   Doimara
gkhar   Dalfam   Amatulla

Khaling   Khoirabari
gtar   Wildlife
Sanctuary

F

GREAT HIMALAYA RANGE

19

93°E

Kameng

G

Kamla

Sartam
Taji
Yoba

Yomtain   Khru   Bindula

2972m   Dui Yambi   Takum

INDIA

Kherewa   Toku

Norang

Riang   Londa

**Arunachal
Pradesh**

Bakong   Seppa

Dijungania   Yengji   Noju   Shikhi
Dirji

Karangania   Semma

Kameng   Kelangkania   Tamaso   Tagengs   Itanagar
38   Mayapur
Bharali   32A   3
Assam   Shiwalik   Kamarpur

1521m   Dafla   Hills   Gohpur
Nameri   Pabhoi
Wildlife   Gushria
Sanctuary   Mijika   Marangaon   Chuk   36
Ginjia   Helem

Charduar   Thowbanga   170   Behali   Dhansirimukh
Balipara   Chutia   Kaziranga
Misamari   Jamuguri   National   Bokakhat
Pachnai   Rangapara   Park
Majbat   Rindukuri   Bishnath   Kohora   Diphlu
Udalguri   Nagaon   24   Silghat   86   Hatikhuli   Phangchogaon
Dhekiajuli   46   Bihuguri   **Tezpur**   Jakhalabandha   Amguri   37
Orang   Bagjan

F

51

G

52

H

1

2

3

4

5

6

H

Atharikhat   Paneri   Hapagaon   Rowta
Tangla   12   Orang
Khoirabari   Burigaon   National
Kalaigaon   Dalgaon   Park   Totlabasti
42   Kanpati   Lower   Assam   Valley
Patharughat   Kharupatia   75   Dhing   Bar   Rupahihat
Mangaldai   Lahorighat   Dhoa   Samaguri
39   Rangamati   25   **Nagaon**   Puranigudam
Dumnichauki   Goromari   Mikirbheta   47   Chapanalla
Mikirgaon
Marigaon   60   Raha   36   Abongkethe
+852m
uwahati   Bura Mayang   Aujari   Chaparmukh   37   Kathiatali
(auhati)   Raja   Topangtoli   Dharamtul   Kampur
Mayang   Khetri   Jagi   Balikuchi   Buragaon
347m   Ulubari   Road   Nakhola   Mariagaon   Dabaka
Dispur   36   Jamunamukh
Barni   South   Brahmaputra   Hills   Singmarigaon   Hojai
Hat   Umling   735m   Baithalangso   Habaipur
Meghalaya   Mynser   Hang Habai   Lanka
59
Nongpoh   40   Ksehkma Bazar   Kseh Kynthang   Sirtiso   Doiangmukh

Misa   Lengteng   Sarhed
Salana   Hansbini
Mikir   Hills   Rengma   Hills
29   Chenghehishom
Erdangkramsa
Senarijagaon   Longkamgaon
1363m   Dambukso
Tumpung
27   Himaigaon
Baguliaghat   32
Maudanga
Jinthanggaon   Murajhar
Burakek   34   Amlakhi
Sarkher   36
Diphu
Kopili   45
84
Lumding

The external boundaries of India on this map have not been authenticated and may not be correct.

▲ 20 ▲

Arunachal Pradesh

INDIA

Assam

Nagaland

Sartam
Taji
Yoba
Niktak
Nioku
Daporijo
Kalom
Mesheng
Basar
Sagong
Berung
Kobo
Saikho
Mane
Daring
Mohmaragaon
Dighaltarang
Par
Pemir
Hachi
Marniu
Gasigaon
Taipudia
Upper Assam Valley
Laimakuri
Rangagora
Mak
Bindula
Tado
Hong
Ziro
Toku
Potin
Chodo
Kimin
Diju
Bini
Dolungmukh
Pathalipam
Bordoloni
Sisi Bargaon
Sonarigaon
Dijmur
Barbaru
Dibrugarh
Dikam
Chabua
Balijan
Dinjan
Tinsukia
Bardubi
Duliagaon
Jaipur
Kherkutia
Siajuli
Lilabari
North Lakhimpur
Bachagaon
Chetiagaon
Dhemaji
Turibari
Machkhoa
Khowang
Silpata
Moranhat
Tipamia
Tinkhang
Namrup
Barhat
Shikhi
Bandardewa
Itanagar
Nij Laluk
Bihpuriagaon
Nagargaon
Garamur
Majuli
Borduttighat
Auniati
Neamati
Kokilamukh
Majuli Island
Dhakuakhana
Bebejia
Gejeragaon
Abhaipur
Chaorokiagaon
Disangmukh
Tengapania
Dihajan
Chakalia
Sibsagar Plain
Dipling
Bhojo
Sonari
Sapekhati
Lu
Longting
Nia
Niaunyu
Kamarpur
Gohpur
Ahataguri
Sibsagar
Dikhumukh
Namdang
Jhanzi
Teok
Jorhat
Nakachari
Gargaon Palace
Charaideo
Mathurapur
Simaluguri
Nazira
Rajabari
Lapa
Wangla
Nyasia
Maingkwan
Dergaon
Dhalarkia
Mariani
Amguri
Geleki
Borjan
Kongnyu
Wakching
Mon
Chen
Dhansirimukh
Numaligarh
Titabar
Lokhuni
Kanching
Tamlu
Marangkong
Chantongia
Tamkhung
Tsaplaw
Bokakhat
Golaghat
Furkating
Baruagaon
Chonghymsen
Chungtia
Mokokchung
Ungma
Tuensang
Chingmei
Noklak
Kaliani
Garampani
Jamuguri
Bhandari
Sanis
Wokha
Longsa
Baril Range
Aichisagami
Cheshorr
Yakko 2700m
Jengpata
Barpathar
Saru Pathar
Baimho
Purorr
Tinmaung
Dambukso
Naojan
Bokajan
Rangazumi
Kitagha
Tseminyu
Sakhai
Zulhami
Chipoketami
Khuzami
Zunheboto
Sakhalu
Sirire
Sampurre
Amlakhi
Dimapur
Shedhumi
Nichuguard
Nerhema
Phek
Meluri
Laruri
Yawpani
Priphema
Razephena
Kohima
Chizami
Jessami

▼ 52 ▼   ▼ 53 ▼

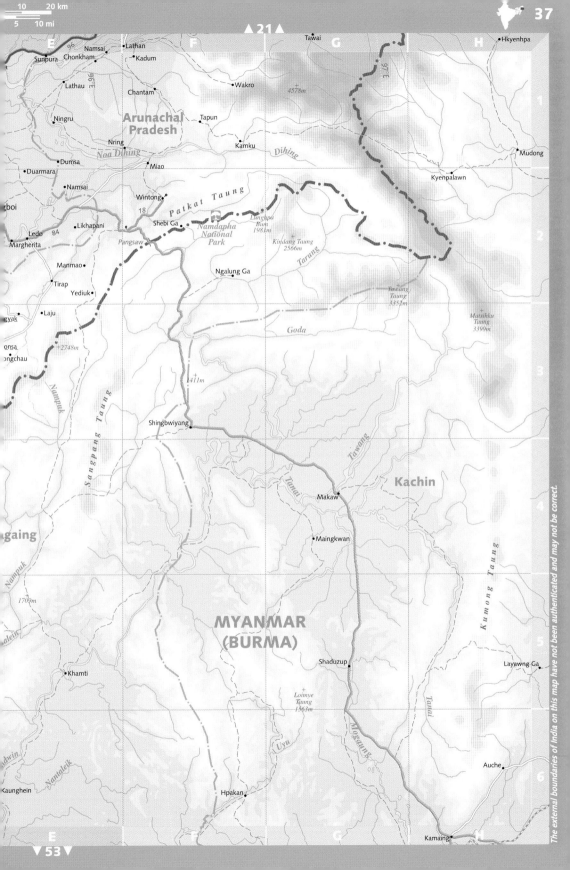

10 20 km
5 10 mi

E 96 **F** **G** **H**

Hkyenhpa •

Tawai •

Sunpura • Namsai • Lathan
Chonkham • • Kadum

Lathau • Chantam •
Ningru • Tapun •
Wakro •

Arunachal Pradesh

Mudong •

Kamku •
Nring • Kyenpalawn •
Dumsa • Noa Dihing Miao • Dihing

Duarmara •
Namsai • Wintong • Patkat Taung

boi • Shebi Ga • Langkpa Bum 1981m
Ledo • 84 Likhapani • Namdapha National Park
Margherita • Pangsaw 18 Kinjang Taung 2566m

Manmao • Ngalung Ga • Tarung
Tirap • Tawang Taung 3352m
Yediuk • Matsihku Taung 3399m

gyak • Laju • Goda
onsa • +2748m +411m
ngchau • Sangpang Taung Nampuk

Shingbwiyang •

Kachin
Tawang

Makaw •

Maingkwan •

Kumong Taung

MYANMAR (BURMA)

Nampuk

1709m

Khamti • Shaduzup • Layawng Ga •

Tawai

Loimye Taung 1363m Mosaung

Uyu

Kaunghein • Auche •

Hpakan •
Kamaing •

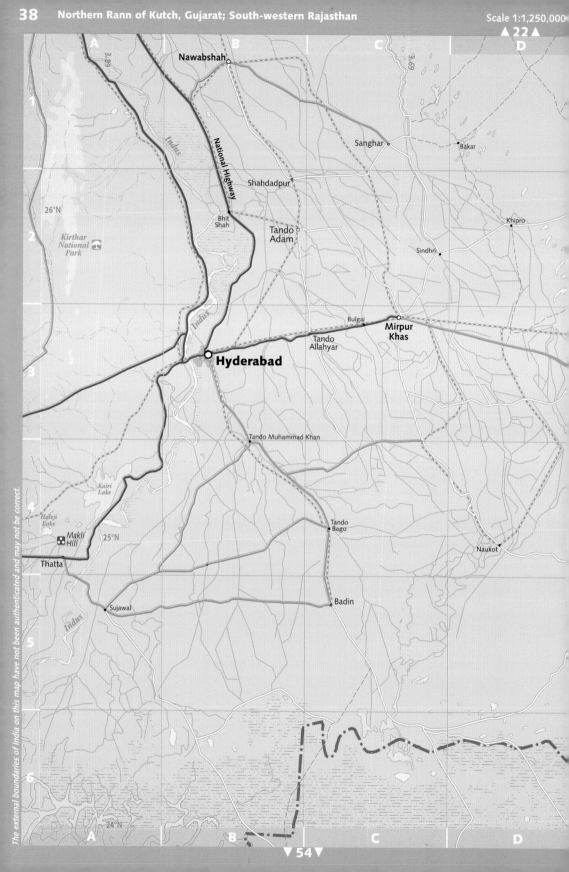

A   B   C   D

3.89

Indus

National Highway

Nawabshah

Sanghar

Bakar

1

Shahdadpur

Khipro

26°N

Bhit
Shah

Tando
Adam

Sindhri

2

Kirthar
National
Park

3.69

Indus

Bulgai

Mirpur
Khas

Tando
Allahyar

3

Hyderabad

Tando Muhammad Khan

4

Kairi
Lake

Haleji
Lake

Makli
Hill

Tando
Bago

Naukot

25°N

Thatta

Sujawal

Badin

5

Indus

6

24°N

A   B   C   D

10 20 km
5   10 mi

E   F   G   H

70°E   71°E

• Surtanahu

Deora •   Mandai •   Bhiyar •

Biau •   Kanasan •
137
Mukhab •

101

Gunga •

1

• Miajlar   Tejrawa •   Jinjhiniali •

Jhanfli •   Shiv •   **Rajasthan**

• Bachal Rajpar

• Nuriala   Bundra •   Lakha •

• Salehji Wand   • Sundra   Indaror •   Balasar •

Bhadka •

• Boha   Jhinkali •

• Ranahu   • Panchla   • Girab
Chaitrori •   Harsani •   Dudaberi •
Bisala •

Sar Ka Par

• Ranakdhar   • Bijawal   Balewa •

2

• Ranasar   Badana •

227

• Bhitala   • Jaisindhar   Gadra   Ramsar •   **Barmer**
• Munabao   Tamlor •   Road   Sheokar •

Gadra •   Udka •

Jmarkot   • Bukar   Akora •   Ramderia •

Rattasar •   Sanawara •

3

Chohtan •

PAKISTAN   Baori •

Kelnor •   Alamsar •   Bamnor •   Rohla •

Sind   Rabasar •

Dhorimanna •
40

Bhania •   **INDIA**

• Sirwa   Kabuli •

Purasa •   4

THARPARKAR DESERT   Gangasara •   Agrawa •

Jaton Ki •   Duthwa •
Dhani

Luni

Bakhasar •   Luni Delta

Sami •   Bhawatra •   5
Veri

Kudalia •   Bhorol •

Dhima •

Karunjhar Hills   Tharad •

Vav •

15   Madka •

Gujarat   Bharduva •   6

71

Vajapur •

GREAT RANN OF KUTCH   Suigam •   Asara •

Bhabbar •

E   F   G   H

▼55▼

▲ **23** ▲ ▲ **24** ▲

A B C D

Rajasthan

Bhiyar · Phalsund · Berwa · Manaklao · Narwa · Daikra

Kanasan · Undu · 137 · Balesar · Baorli · Daijar

Mukhab · 72°E · Shergarh · Baorli Hills · Mandore · Banar

Khimsar · Kharra · Sointhra · Udesar · Jodhpur

Khimsar · Harwa · Semarkhia · Agolai · Balasmand Lake · Dangiawas

Bataru · Lapundra · Patodi · Korna · Karoni · Jhanwar · Mogra · Palasr · Kakelao

Kolu · Utarni · Madli · Dhawa Doli Wildlife Sanctuary · Salawas · Kakani · Bhetnanda

26°N · Thob · Doli · Barlia · Phinch · Sar · Luni · Rohat

Chhitar Ka Par · Akdara · Pachpadra · Kalanpur · Sarbari · Depura · Sutlana · Rosia

Akdara · 150 · Surpura · Dunara · Diwanji · Khairla

Sar Ka Par · Baetu · Chandsera · Tilwara · Middle Luni Plain · Samuja · Vaed · 39

Samesra · Jasol · Balotra · Luni · Karmawas · Ghona · Basi · Pali Plain

Bawatsar · Nagar Mewa · Asotra · Siwana · Bhawari

Sheokar · Sanya Manji · Sinli · Tapra · Muthli · Rakhi · Nilkant · Bhadrajan

Hodu · Bhukan · Dakhan · Indrana · Siwana · Mokalsar · 742m · Bharwani · Nosra · Chanod · Gurha Andla · Kh

Sarli · Sindari · Siwana Hills · 975m · Bharwani · Sankwali · Dhola Ka Gaon

Nokhra · Sadhu Ki Dhani · Padru · Chhapanka Pahar 834m · Betu · Balwara · 53 · Padarri

Rohla · Khundala · Sarana · Mandwala · Keswana · Ahor · Garah · Umedpura · Takhatgarh · Sanderao

Jesawas · Bautra · Gol · Jalor · 15 · Israna 358m · Harji · Falna

39 · Nagar Khas · Megalwa · Surana · Punawas · Saila · Bakra · Manadar · Erinpura

Gura · Bagora · Pantheri · Sena · Las · Sheoganj

Moraim · Nandia · Narsana · Dungarwatal · Mandoli · Palri · Jawai Bandh · Bijapur

Purasa · Beri · Gandap · Jhab · Bhinmal · Ramsen · Zawal · Bera

Santa Kuni · Duda · Punas · Gajipura · Bilar · Kalandri · Nana

Agrawa · Chitalwana · Karwara · Marri · Padiv · Sirohi

Duthwa · Amli · Hariyali · Selwasan · Mundwara · Mero · Pindwara · Moro · Wekria

Janvi · Jaswantpura · Kham

Sanchor · Sewara · Riwara · Malwara · Sundra 991m · Dantrai · Sanwara · Mount Abu Wildlife Sanctuary · Wasa

Karban · Raha · Duva · Bargaon · Revdar · Achalgarh · Guru Shikhar 1722m · Tilarwan · Bikarni

Bhorol · Daidarda · Lelava · Garh Anapur · Warman · Anadra · Mount Abu 1158m · Dilwara · Kivarli · Khajuria

Dhima · Dhanera · Mandar · Bhatana · Kapasia · Abu Road · Posina · Kotra

Tharad · Gujarat · Khemat · Pathavada · Mawal · Banas Valley · Jamhuri · Dilwara

Ramsan · Kherala · Bharat · Dantivada · Sarotra · Jairaj 1090m · Danta Hills · Talati · Hirad

Madka · Kotada · Jherda · Dama · Vagrol · 49 · Jalotra

Makdala · Lakhni · 57 · Deesa · Chandisar · Danta Dandarmal 859m · Dholia · Jhanjwa · Manpur

Vajapur · Vatam · Bhilari · Old Deesa · Palanpur · Marangadh · Samou Motawas · Kanodar

Diyodar · Mudetha · Khoda · 67 · Bhabbar

24°N

▼ **56** ▼

10 20 km
5 10 mi

▲ 24 ▲   ▲ 25 ▲

E   F   G   H

Ajmer

Pipar
Kosana
Hariadhana
Madlia
Alniawas
Kurki
Pushkar
885m
785m+
29
Srinagar
Dadhia
Arain
Nagar
Hariadhana
Lambia
Pisangan
Bir
Kanpura
Gothiana
Akoria
Morla
Bapunda
Sodra

Khejarla
Balunda
Balara
Ras
Nagelao
Jethana
Mangliawas
Rajgarh
801m
Nasirabad
Ramsar
Shokla
Goela
Sarwar
Junia
Lamba
Uniara
Deogaon
Fatehgarh

Rawar
Bhawi
Latoti
727
Garnia
Jaitaran
Nimaj
Girri
Chitar
Kharwa
Masuda
Dai Nearan
Bandanwara
Bhinai
Champaneri
Kekri

Bilara
Patwa
Deoli
Raipur
Sendra
731m+
Beawar
Kotra
Sheopura
Jiwana
Sathana
Bijainagar
Barli
Hurra
Deolia
Kairot
Pranhera
Para
Malara

Hariara
Rupawas
Chandawal
Barr
24
Kalalia
Jawaja
Patan
Hanotia
713m+
Rupaheli
Kothian
Kanesan
Nahar Sagar
Kadera
Sawar
Khari

Sojat
86
Sojat Road
Bali
846m
Khera
Roriawan
Bhim
Badnor
Shambugarh
Asind
Kotri
Shahpura
Amli
94
Gondher
Jahazpur

Bagawas
Khardi
Manda
Saran
Siriari
Todgarh
Barar
Tal
Raghunathpura
Sareri
Raila
Umed Sagar
Paroli
Sakargarh
Banas

Kharchi
Awa
Banta
122
Deogarh
968m
Karera
Bhagwanpura
Rampura
Banera
North Meawar Plain
Dhikola
Kotri
Kachola
Dhamnia

Khinwara
Nipal
Kot
Dewair
Khera
Raipur
Lasaria
Mandal
Meja
Bhilwara
Kothari
Rerwas
▲ 42 ▲

Desuri
Narlai
Amet
Sardargarh
Kosithal
Rajasthan
Pur
Banas
Akola
51
Bigod
Barlias
Shampura

Ghanerao
Dhanin
Gangapur
Karuj
Sahara
Lakhora
Garlamarla
Mangrup
54
Mandalgarh
72
Padampura

Kumbhalgarh
Kelwa
759m
1206m+
Kelwara
Rajnagar
Kankroli
Rajsamand
Rajsamand Lake
Potlan
Koaria
87
Chappan
Rashmi
Rud
Gangrar
Soniand
Berach
Bhichor
72
Parsoli
Katoda
Begun
Tukrai
Singoli Plateau
Chechi
Bamani
Singoli

Sadri
Galund
Dariba
Jasma
Singpura
Nagri
Basi
Anwalkhera
Nandwai
Gwalior

1181m
Haldighati
Banas
722m+
Pipli
Goanra
93
Kapasan
Chittorgarh (Chittor)
Ghatiaoli
Jat
Ratangarh

Kama
Nathdwara
Sunwar
Fatehnagar
Gosunda
Baroli
Makhera
Chittor Hills
Dekan
Baktuni

Gogunda
Gurach
Nagda
Detwara
Eklingji
Mavli
Hathiana
Kanauj
Arnoda
Nimbahera
Kanera
Morwan
Kanjarda
Gunjali

Iswal
Rama
Thur
Badla
Tarawat
Vallabhnagar
Bhatewar
Tana
Bhadaura
Bhadesar
Lasrawan
58
Dhamnia
Manasa
Kukdeshwar
Idar Plateau

Sajjan Garh
Dabok
Debari
16
Bhaurasa
91
Mangarwar
Chikara
Nimach
Jawad
Nayagaon
Bhatkheri
Kanjarda Plateau

Udaipur
Gobardhan Vilas
Ahar
Lakawas
Kotra
785m+
Udai Sagar
Kheroda
Bhindar
Dungla
Semlia
Binota
Madhya Pradesh
95
Mahagarh

1046m+
Guman
Keora
Kurabar
Mandakla
Kanor
Bari Sadri
Karunda
Chappan Hills
Lunda
Satola
Chhoti Sadri
Jiran
Malhargarh
135
Narayangarh
Sanjit

Paduna
64
Bamora
Gomati
Gingla
Bansi
Sitamata
Dholapani
Barria
Panth Pipla
Nahargarh
Retam

Parsad
Jaisamand (Dhebar) Lake
Lasaria
Ambapani
Jaisamand Sanctuary
Bedawal Ki Pal
Barawarda
Dhamotar

Chawand
Sarada
Salara
Salumbar
Sitamata Wildlife Sanctuary
Dhariyawad

▼ 57 ▼

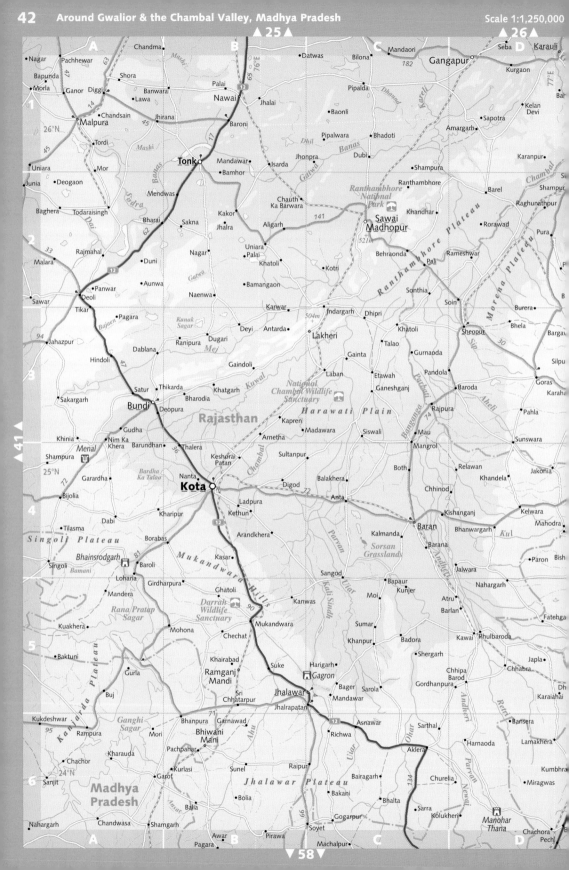

▲ 25 ▲   ▲ 26 ▲

A   **B**   **C**   **D**

Nagar •   • Pachhewar   Chandma •   • Datwas   Bilona •   Mandaori •   Seba •   **Karauli**
Bapunda •   • Morla   Ganor •   Diggi •   Shora •   Palai •   Pipalda •   **Gangapur**   Kurgaon •   Bah
Banwara •   Nawai •   Jhalai •   Baonli •   Kelan Devi •
Malpura   Chandsain •   Lawa •   Jhirana •   Baroni •   Pipalwara •   Bhadoti •   Amargarh •   Sapotra •

26°N   Tordi •   Mendwas •   Mandawar •   Isarda •   Jhonpra •   Dubi •   Shampura •   Karanpur •
Uniara •   Deogaon •   Mor •   **Tonk** •   Bamhor •   Chauth Ka Barwara •   Ranthambhore National Park   Ranthambhore •   Raghunathpur •
Junia •   Bharai •   Sakna •   Jhalra •   Kakor •   Aligarh •   141   Khandar •   Pura •
Baghera •   Todaraisingh •   Nagar •   Uniara •   **Sawai Madhopur**   Rorawad •   S

Malara •   Rajmahal •   Duni •   Aunwa •   Palai •   Khatoli •   521m   Behraonda •   Pali •   Rameshwar •   Burera •   Shampur
33   Naenwa •   Kotri •   Sonthia •   Soin •   Bhela •   Barga
Sawar •   Panwar •   Deoli   Bamangaon •   Karwar •   504m   Indargarh •   Dhipri •   Khatoli •   Sheopur   Silpu •
Tikar •   Pagara •   Deyi •   Antarda •   **Lakheri** •   Talao •   Gurnaoda •   Goras •
94   Jahazpur •   Hindoli •   Dablana •   Ranipura •   Dugari •   Gaindoli •   Laban •   Gainta •   Etawah •   Ganeshganj •   Pandola •   Baroda •   Pahla •   Karaha

Sakargarh •   Satur •   Thikarda •   Khatgarh •   Bharodia •   National Chambal Wildlife Sanctuary   **Harawati Plain**   Rajpura •   Aheli
Bundi •   Deopura •   **Rajasthan**   Kapren •   Madawara •   Siswali •   Mau •   Sunswara •
Khinia •   Gudha •   Arnetha •   Mangrol •   Relawan •   Jakonia •
Menal   Nim Ka Khera •   Barundhan •   Thalera •   Sultanpur •   Both •   Khandela •
Shampura •   36   Keshorai Patan •   Chhinod •   Mahodra •
25°N   Garardha •   Bardha Ka Talao   Nanta •   Digod •   Balakhera •   Kelwara •
Bijolia •   **Kota**   Ladpura •   **Anta** •   Kishanganj •   Paron •
72   Dabi •   Kharipur •   Kethun •   Arandkhera •   Kalmanda •   **Baran**   Bhanwargarh •   Bish
Tilasma •   Borabas •   Kasar •   Barana •   Jalwara •
Singoli Plateau   **Mukandwara Hills**   Sorsan Grasslands   Bapaur •   Nahargarh •
Bhainsrodgarh   Baroli •   Girdharpura •   Ghatoli •   Sangod •   Kunjer •   Atru •   Fatehga
Singoli •   Loharia •   Bamani   Darrah Wildlife Sanctuary   Kanwas •   Moi •   Barlan •
Mandera •   Kuakhera •   Rana Pratap Sagar   Mohona •   Chechat •   Mukandwara •   Sumar •   Badora •   Kawai •   Phulbaroda •
Baktuni •   Khairabad •   Khanpur •   Shergarh •   Chhipa Barod •   Japla •   Chhabra •
Gurla •   Suke •   Harigarh •   Gordhanpura •   Dh
Buj •   **Ramganj Mandi**   **Gagron**   Bager •   Sarola •   Karaiahai •
Kukdeshwar •   Sri Chhatarpur •   **Jhalawar** •   Mandawar •   Bansera •
95   Rampura •   Ghanghi Sagar   Jhalrapatan •   Asnawar •   Sarthal •   Lamakhera •
Chachor •   Kharauda •   Bhanpura •   Garnawad •   Richwa •   Harnaoda •   Kumbhra
Sanjit •   Mori •   **Bhiwani Mani**   Aklera •   Churelia •   Miragwas •
24°N   Pachpahar •   Sunel •   Raipur •   Bairagarh •   Kolukheri •
Kurlasi •   Garot •   Bolia •   Bakani •   Bhalta •   Sarra •   **Manohar Thana**
Nahargarh •   **Madhya Pradesh**   Chandwasa •   Shamgarh •   Balia •   **Jhalawar Plateau**   Gogarpur •   Soyet •   Chachora
Awar •   Pagara •   Pirawa •   Machalpur •   Pech

◄ 41 ◄

A   **B**   **C**   **D**

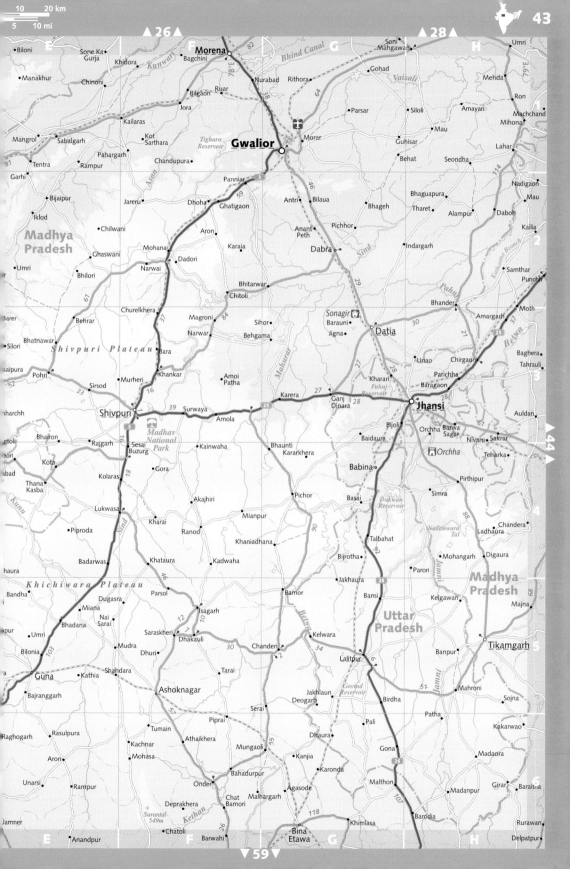

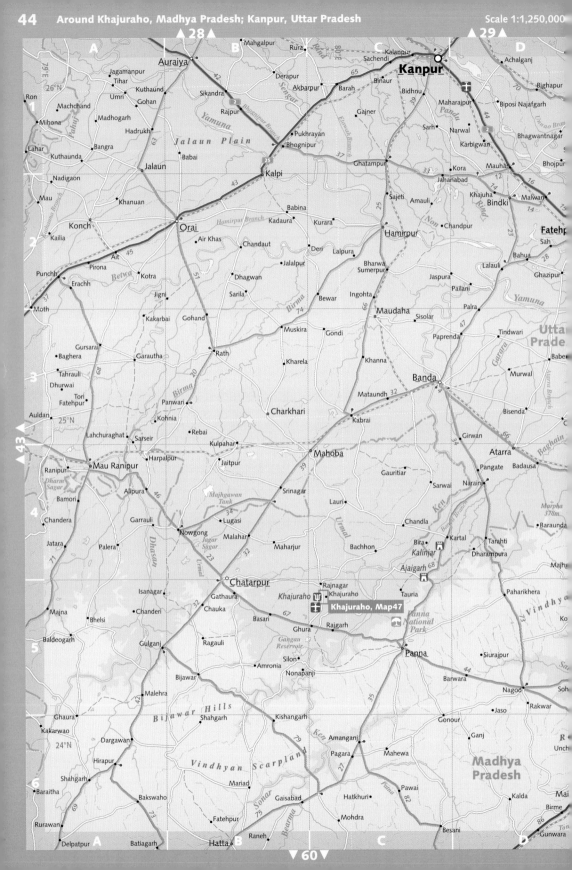

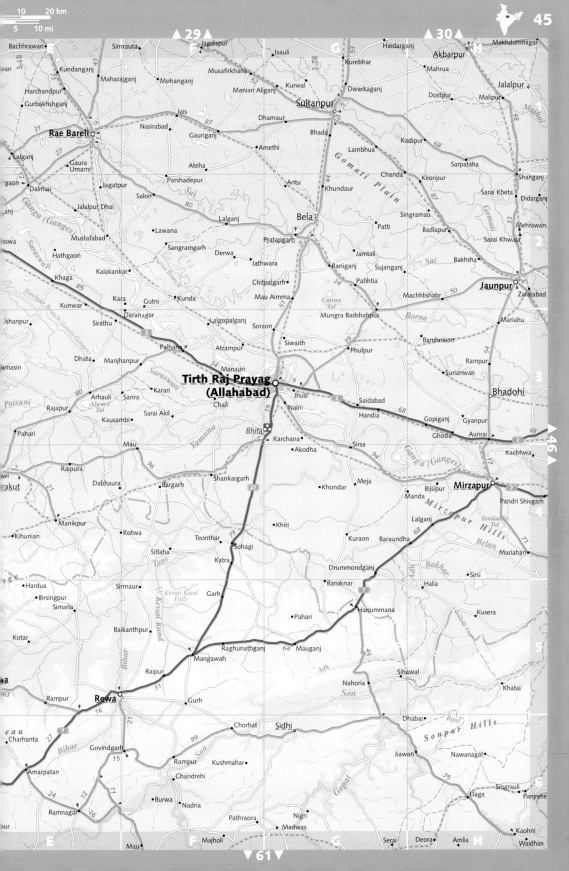

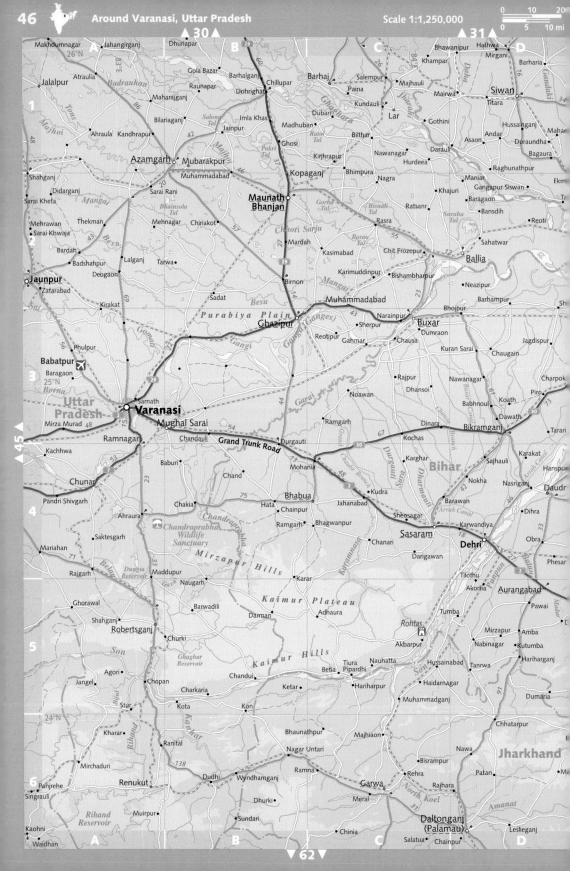

250   500 m
250   500 yd

▲ 44 ▲

E   F   G   H

Khajuraho Village

Vamana
Javari
Jain
Adinath
Parsvanath
Shanti Nath

Narora Sagar

Brahma

Duladeo

Khodar

River

Ghantai

Bypass Rd
Basti Rd
Hanuman
Jain Temples Rd
Bypass Rd
Link Rd No 2

Io Yogi Sharma
Ashram Lodge (2km)

Link Rd No 1

Chandela Cultural Centre

Government of India Tourist Office

Prem Sagar

State Bank of India

Chhatri

Jain Temples Rd

Cole
Archaeological Museum

Main Rd

Vishvanath
Nandi
Parvati
Lakshmi
Lakshmana
Varaha
Matangesvara

Shiv Sagar

Chitragupta

Devi Jagadamba
Mahadeva
Kandariya
Mahadev

Chausath Yogini

To Lalguan Mahadev Temple (500m)

Hotel Jass Oberoi
Hotel Chandela
Holiday Inn

Jhansi Rd

To Airport (5km),
Orchha (175km)
& Jhansi (188km)

Indian Airlines
Hotel Clarks Bundela

▲ 44 ▲

▲ 44 ▲

0.5   1 km
0.25   0.5 mi

E   F   G   H

Rampol

Mandu Village

Ram Mandir & Dharamsala
Ashrafi Mahal

Bus Stop;
Tourist Rest House

Darya Khan's Tomb
Hathi Mahal
Malik Mughith
Dai-ka-Mahal

Bhagwanla Gate

Baz Bahadur's Palace
Rupmati's Pavilion

Rewa Kund Group
Rewa Kund

Alamgir (Delhi) Gate
Bhang Gate
Tiger Balcony
Hindola Mahal
Jahaz Mahal
Munja Taveli Talao Mahal
Gate
Jama Masjid
Hoshang's Tomb
Jain Temple & Dharamsala

Champa Baodi
Royal Enclave
Suraj Talao

Sagar Talao

Nil Kanth Palace

▲ 58 ▲

▼ 58 ▼

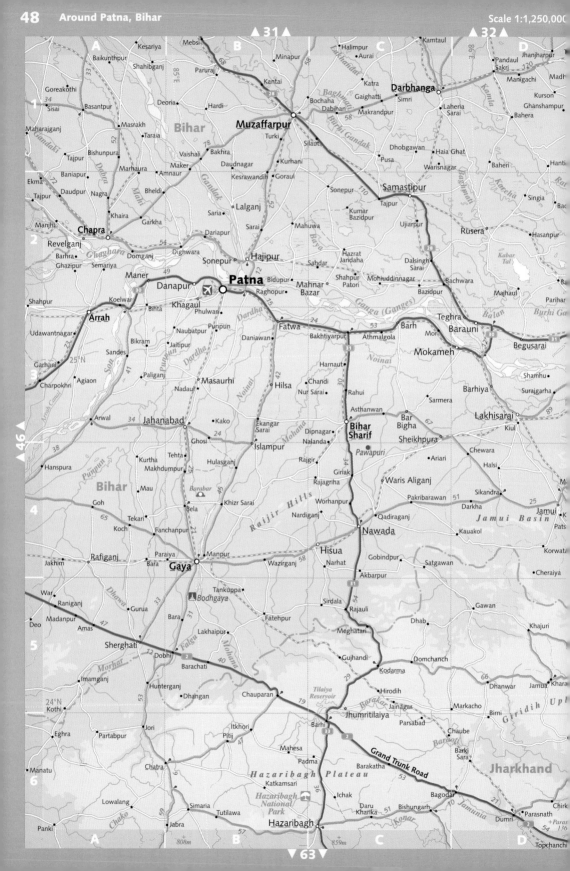

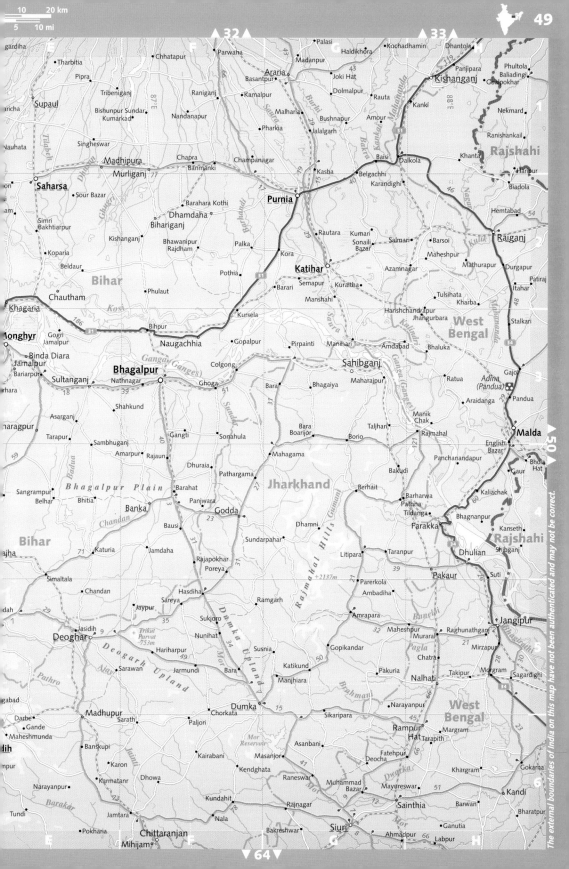

▲ 33 ▲ ▲ 34 ▲

The external boundaries of India on this map have not been authenticated and may not be correct.

A **B** **C** **D**

Ruhea
Phultola
Baliadingi
Hariharpur
Nekmard
Ranishankail
Pirganj
Haripur
Hemtabad
Kaliyaganj
Kushmandi
Itahar
Patiraj
Gangarampur
Bansihari
Badimpur
Daulatpur
Gajol
Bamangola
Malda
Bhola Hat
Bangahari
Rohanpur
Gomastapur
Kanseth
Shibganj
Niamatpur
Nichole
Nawabganj
Godagari
Lalgola
Krishnapur
Bhagwangola
Sagardighi
Azimganj
Murshidabad
Islampur
Hetanpur
Bhagiratpur
Cossimbazar
Berhampore (Baharampur)
Gokarna
Beldanga
Bharatpur
Sakripur
Palashi (Plassey)

Debiganj
Gareya
Jayganj
Khansama
Darwani
Birganj
Kaharole
Kantanagar
Khosalpur
Doshmile
Tajpur
Samjhia
Kumarganj
Tapan
Lashkarhat
Rangamati
Nischintapur
Porsha
Rijapur
Ghatnagar
Atura
Patnitala
Mohadebpur
Badalgachhi
Manda
Dubalhati Palace
Nandalali
Kusumbha
Raninagar
Talanda
Panor
Mohanpur
Bagmara
Tahirpur
Basudebpur
Durgapur
Naohata
Paba
Rajshahi
Sardah
Charghat
Debipur
Bagha
Sagarpara
Hurshi
Bagatipara
Abdulpur
Lalpur
Raita
Hariharpara
Karimpur
Shikarpur
Andharkotha
Jalangi
Meherpur
Nawada
Kathuli
Gangni
Amla
Mirpur
Daulatpur
Bheramara
Kumarkhali
Poradaha
Alampur
Khoksa
Pangsha

Dimla
Domar
Nilphamari
Kishoreganj
Sayra
Taraganj
Saidpur
Parbatipur
Chirirbandar
Dinajpur
Biral
Phulbari
Chintanian
Birampur
Hakimpur
Hili
Patiram
Hilli
Dhamoirhat
Jaipurhat
Paharpur
Khetlal
Akkelpur
Gopalpur
Adamdighi
Santahar
Naogaon
Chhatardighi
Atrai
Brikutsa
Singra
Natore
Puthia
Baraigram
Walia
Sara
Ishurdi
Paksey
Tagore Lodge
Kushtia
Sujanagar
Pabna
Alamdanga
Baharpur

Hatibandha
Jaldhaka
Bhotemari
Kaliganj
Kishoreganj
Paglapir
Gangachara
Rangpur
Mahiganj
Mithapukur
Mansinghpur
Nawabganj
Sitakot Vihara
Chorkai
Tajhat Palace
Bhaduria
Bauna
Saidpur
Ghoraghat
Panchbibi
Gobindganj
Kalai
Vasu Bihar
Shibganj
Mahasthangarh
Narhatta
Gabtali
Dhupchanchia
Kundagram
Kahaloo
Durgapur
Madia
Sherpur
Nandigram
Ranbagha
Pakuria
Nimgachhi
Taras
Gurudaspur
Chatmohar
Bhangura
Rajshahi
Uttar Piatata
Ullapara
Bhawanipur
Uttar Syampur
Simla
Bagbari
Shahzadpur
Faridpur
Sithal
Atghoria
Dasuria
Raghunathpur
Bera
Dulai
Nagarbari
Barkhanpur

Gauripur
Baman Hat
Sonahat
Dhubri
South Salmara
Karnapur
Fulbari
Nageshwari
Noonkha
Patakata
Lamonirhat
Aditman
Kalidaha
Kaliganj
Rajarhat
Kurigram
Kauria
Rowmari
Mankachar
Chilmari
Baradarga
Pirganj
Sadullapur
Kamanjani
Rajibpur
Diwanganj
Bakshiganj
Sundarganj
Gaibandha
Phulchhari
Mahendraganj
Uttarpara
Bharatkhali
Tistamukh Ghat
Bahadurabad Ghat
Islampur
Saghatta
Jumabari
Sonatala
Melandaha
Sherpur
Jamalpur
Sariakandi
Chandanbaisa
Bangali
Digpait
Madarganj
Gunerbari
Jagannathganj
Bogra
Dhanbari Nawab
Dhunat
Kazipur
Sarishabari
Pingna
Gopalpur
Sonamukhi
Ranjganj
Kamarkhanda
Nagarbari
Magra
Belkuchi
Salap
Sirajganj
Tangail
Chauhali
Atia
Betil
Pachh Elasin
Nagarpur
Bhangura
Nagarbari Ghat
Teota
Aricha Ghat
Daulatdia (Goalundo)
Rajbari
Hariria

INDIA
West Bengal
Khulna
Rajshahi
Dharka

25°N
24°N
25°N
90°E
89°E

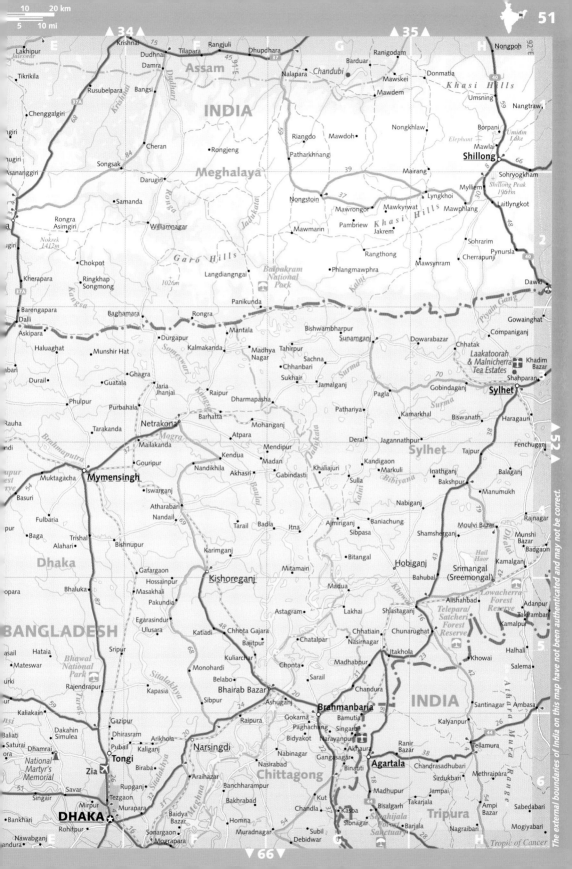

▲ 35 ▲   ▲ 36 ▲

92°E

A   **B**   **C**   **D**

1

Ksehkma Bazar • Kseh Kynthang
Mawhati
• Sirtiso
Doiangmukh
Lumding
Razephena
Nangtraw
Baut Bazar
Amring
Longku
84
Masabdisa
Lakema
Moshrot
Siklangso Arda
Thaijuari
Lungding
Khelma
Tasangki
Phuitani
Barato
52
Psiar
Shillong Plateau
Thadlaskein
Nartiang
Garampant
Lobang
Baga
38 Lama Disa
Bara Digar
Henima
Chaton
Mawlyngkneng
66
Langting
73
Darangibra
Mupa
Leike
Sohryogkham
Shangpung
Laskein
Derebara
Maibong
175
Jowai
Bapung
Muphlang
Sutnga
Kliehriat
986m
Gunjong
20
Laisong
Hangrum
Tamei
Jarain
Nongthymmai
Jaintia Hills
North Cachar Hills
18
Chaikambao
Mahur
Tousem

2

Pynursla
Amlarem
25°N
Lakadong
Malangpa
Haflong
7
Phellong
44
83
Barail Range
Lower Haflong
Gopikat
16
30
Treng
Dawki
Tamabil
Jaflang
Jaintiapur
Lubha
Kushiyara
Jatinga
Molong
Tamenglong

3

Gowainghat
Jalalpur
Lalsong
Pabram
Khebuching
Hao
BANGLADESH
Chandghat
Kanairghat
Chargram
Kalain
Barakhola
63
Kumbhir
Lukhamui
27
40
Khadim Bazar
Charhav
Katigara
Badarpur
Udarband
Raja Bazar
55
Shahparan
Latu
25
Barak
Lakhipur
Jirighat
Kaiphundai
Nungba
Sylhet
Golapganj
Grantala
Bhanga
23
Silchar
Banskandi
Lalpani
70
Oinamlong
Lagairong
Dhakadakshin
Beani Bazar
Nilambazar
Sonbarighat
Tairengpokpi
Haragauri
Barlekha
Cachar Plain
Sonaimukh
Rambagar
Longpi
Pulain
Dakshinbagh
Silkuri
Nagdirgram
Palanghat

4

Fenchuganj
Juri
Hailakandi
Moragang
Rosekadi
Ganganagar
Henglep
Songsang
Than 210
Silua
Pathpakandi
Monachara
Dwarband
Rajhat
Kulaura
Ratabari
Lala
Umednagar
Sylhet
Bara Dahai
Lathi
Umednagar
Rengte
Tamunga 1026m
Churachanc
Munshi Bazar
Badgaon
Bara Bazan
Katlichara
Chhimluang
Teidukhan
Parbung
Thanlon
Manipur
Dharmanagar
Kailasahar
Pathpakandi
Kukiehara
133
Molnom
Singngh
Kamalganj

5

Adanpur
Takirambari
Unakoti
Damchara
Chutchara 632m
Hriphaw
Bilkhawtlir
Purvachal
Kolosib
Phaiphengmun
Kamalpur
Fatikrai
Khalyabari
Thingsat
Hanship
He
Halhali
24°N
Kumarghat
44
Manpui
Rengdil
Mizoram
Senvon
Ratu
Vanbawng
Chiahpui
Haicin
Salema
Mainoraipara
Kanchanpur
Vanghmun
Mamit
Mualvum
Bualpui
1259m Darlawn
Phusibuang
Zawngin
Phullen
Manu
Badhuppara
Tukkath
Saitlaw
Tawitaw
Nauzuarzo Tlang 2140m
Ambasa
Dhanyacharanbari
Nisapui
Tawkzawl
Phaileng
Zawngin

6

Gunamanipara
Rabiraipara
Phuldungsei
1253m
Neibbawi
1535m
Sairang
1866m
Singgel
Sakhan
Serhmun
Phaileng
Reiek
Aizawl
Seling
Sniebal
1622m
Hmawngzaw
Hnahlan
Murlen
Zopui
Lallen
Paikhai
Sibutalung
Khawthlir
Kawlkulli
1896m
Ngur
Sabedabari
Mogiyabari
Chittagong
733m
Lungtian
Kanghmun
Thiak
Zobawk
Hualtu
1887m
Hmuntha
Tuisen
Neihdawn
Champai
Jari Mura 413m
Vandheng

Tripura

Meghalaya

Assam

INDIA

93°E

◄ 51 ◄

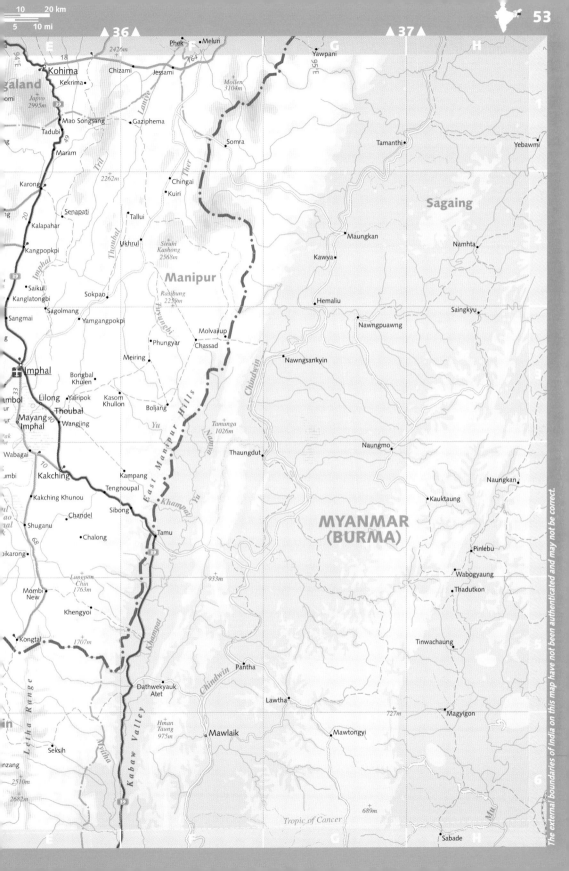

10   20 km
5   10 mi

▲ 36 ▲
▲ 37 ▲

Phek   ● Meluri
2426m
18
94°E
Kohima
Gaoland
Kekrima   Chizami   Jessami   164
Japvo
2995m   39
Mao Songsang   Gaziphema   Somra   Yawpani   95°E

Tamanthi   ● Yebawmi

Sagaing

Tadubi   49   Namhta
Maram   Chingai   Kawya
Karong   ● Kuiri   Maungkan
20   2262m   Saingkyu
Senapati   Tallui   Siruhi
Kashong   Hemaliu
Kalapahar   Ukhrul   2568m   Nawngpuawng
Kangpokpi   Manipur   Nawngsankyin
39   Sokpao   Razibung
Saikul   2239m
Kanglatongbi   Yamgangpokpi   Molvailup
Sangmai   Sagolmang   Phungyar   Chassad   Chindwin
Imphal   Bongbal   Meiring
Lilong   Khulen
Mayang   Yairipok   Kasom   Thaungdut   Naungmo
Imphal   Khullon   Boljang
Wangjing   Yu   Tamunga
Wabagai   1026m   Naungkan
10   Tamu   Kauktaung
Kakching   Kampang   Khampat   MYANMAR
Tengnoupal   Yu   (BURMA)
Kakching Khunou   Sibong   Tamu   Pinlebu
Chandel   39
Shuganu   Chalong   933m   Wabogyaung
68   Thadutkon
Lungpon
Chin
Mombi   1763m
New   Khengyoi   Tinwachaung
Kongtal   1707m   Pantha
Dathwekyauk   Magyigon
Atet   Lawtha   727m
Letha Range   Hman
Taung   Mawtongyi
975m
Seksih   Mawlaik   689m   Sabade
2510m   Kabaw Valley
2682m   39   Tropic of Cancer

Mollen
3104m

▲ 38 ▲

A   **B**   **C**   **D**

24°N

PAKISTAN
Sind

1

Lakhpat

Koteshwar   Panadra

Lakhpat Hills

Luna   Hodka
                                                      Jho

Mudia   Umia   Jara   Bherane

Baranda

Matanomadh   Bebar

Tropic of Cancer   Rawapur   Niruna

Ber   Bhadra   Khombhadi   Dhinodhar   Jhura
                                                      388m
Kheri   Bandia   124   Than
Akri   Netra   Virani   Monastery   Jhura
Uker   316m
2   Wadsar   Tera   Nakhtarana   Varar
Kosa   Rampur   344m
Naliya   Chaduva Kairh

Jakhau   Mitt   Niwra   Kutch Hills   Mankuwa   B

Wadapadhar   Mothala   Roha   Dhola Range
                        Magwana   Bh
Kothara   Kankawati   Bharap
Sisagadh   Daisara
Vinjhan   Kera
23°N   Dumra   Kotadi   79   Beraja
Sothri   Sandhan   Nangarecha   Khojachora
Sabhrai   Asambia   Faradi   Kanta P
                                                54
Baet   Kodae
Bada   Bidada   Bhujpu
Laeja   Bhadia   Mundra
3   Mandvi
                                        Mundra Banda

4

GULF OF KUT

A R A B I A N   Nora
S E A   Island   Karumbhar
                        Baida   Island
Island
Okha   Gandhia
Aranta   Island of Bet   Island
Mithapur   Jar   Panera
Gadechi   Pantra   Island   Island
                        Salaya
Warwala

5   Dwarka   Asota   Ghi
Gorgat   Varthara
Bhatia   Khambhaliya
111   Gadhka   Movan
22°N   Madhi   Bhadthar

Bhogat   Sani
                                                67
Kalyanpur   Adwana   Bhar
Lamba   Rawal
Misni   Modhwara   Venu
Ranpur   637m
6   Khambhodar   Barda
                                        Kile

Bakharia
                                        R
A   **B**   **C**   **D**
▼ 68 ▼

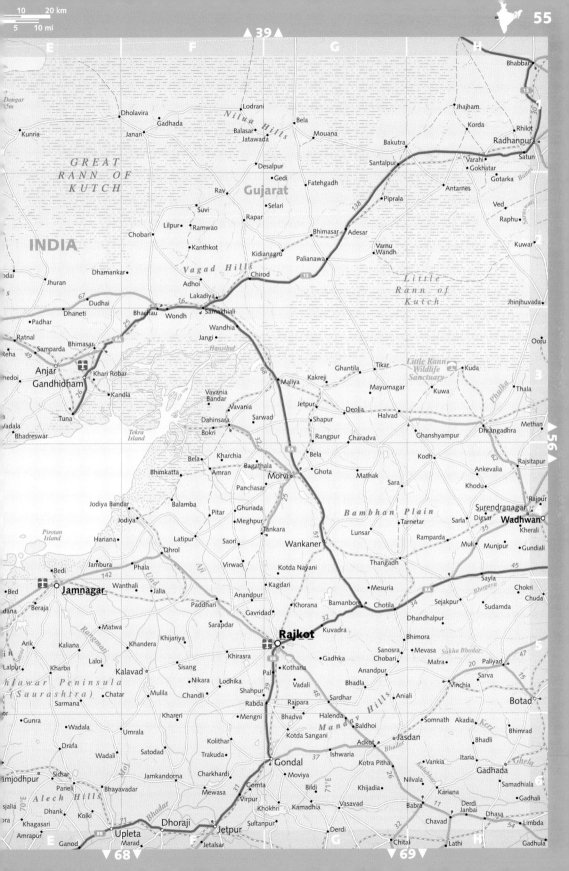

Ahmedabad
Vadodara (Baroda)
Gandhinagar
Patan
Mehsana
Himatnagar
Palanpur
Radhanpur
Viramgam
Surendranagar
Wadhwan
Nadiad
Anand
Cambay
Bhavnagar
Botad

Gujarat

Palanpur Plain
Kadi Plain
Charottar Plain
Vadodara Plain
East Kathiawar Plains
Nal Sarovar Bird Sanctuary
Nal Lake
Velavadar National Park
Ranghola
Ghela
Sukha Bhadar
Tropic of Cancer
GULF OF CAMBAY
Saraswati
Rupen
Saraswati
Rupen
Sabarmati
Hathmati
Meshwa
Majham
Varrak
Shedhi
Mahi
Dhadhar
Bhogava
Sabarmati

Diyodar, Mudetha, Samou, Motawas, Marangadh, Kanodar, Jalotra, Dholia, Som
Khoda, Sihori, Raner, Umari, Sudasna, Mahmadpur, Sarwa
Bhabbar, Tervada, Warsara, Thara, Sampra, Morpa, Wagrod, Kakoshi, Taranga Hill, Hadol, Valasna, Idar, Khed Brahma, Vijayan, Chorivad, Ch
Rhilot, Satun, Mandvi, Sankra, Gokalpura, Aria, Chanasma, Bhandu, Dhinoj, Visnagar, Chandarni, Bhiloda, Samli
Raphu, Sami, Harij, Jamanpur, Modhera, Gothva, Ilol, Himatnagar, Tit
Kuwar, Dudkha, Munjpur, Chandrora, Mehsana, Jagudan, Wasai, Vijapur, Derol, Rupal, Modasa
Sankeshwar, Adriana, Panchasar, Vanod, Katosan, Langhnaj, Mansa, Parantij, Ranasan, Mohanpur
Jhinjhuvada, Wargam, Mithapur, Vitnalapur, Nandasan, Sadra, Chandrala, Talod, Harsol, Varagam, Dhansura
Wisawari, Dasada, Zainabad, Mandal, Daslana, Kadi, Kalol, Gandhinagar, Nandol, Amliyara, Choila, Deroli
Ooru, Patdi, Goria, Khawad, Thol, Adalaj, Dabhoda, Dehgam, Bayad, Dehemai, Sat
Thala, Bajana, Karakthal, Narora, Punadra, Ataraumba, Kapadvanj, Guthli
Methan, Vithalgadh, Sanand, Sarkhej, Batwa, Ghorasar, Lasundra, Vac
Vana, Lakhtar, Bhalala, Rupawati, Bareja, Kanij, Kathlal, Para
Rajsitapur, Rajpur, Dedadra, Talsana, Devlia, Ranagadh, Bavia, Mehmadabad, Thasra, Dakor, Seváliya
Surendranagar, Wadhwan, Palali, Dholka, Nalka, Kheda, Matar, Umreth
Kherali, Shiani, Gedi, Bagodara, Koth, Rardhu, Pihij, Nadiad, Od, Mewali
Gundiali, Samla, Libasi, Bhalaj, Savli
Baldanu, Boria, Ralol, Pansina, Sojitra, Vaso, Vidyanagar, Bhadarwa
Chokri, Chuda, Bhoika, Kamalpur, Limbdi, Lothal, Wataman, Anand, Nahapa, Vasad, Jarod
Chhalala, Adwal, Kantharia, Tarapur, Naf, Petlad, Vidyanagar
Ranpur, Dhandhuka, Lothal, Dharmaj, Bofsad, Anghad, Umeta
Bhimnath, Bhariad, Dholera, Nagra, Udel, Bhadran, Vadodara (Baroda), Waghoria
Botad, Barvala, Hebatpur, Cambay, Dewan, Dabka, Padra
Panvi, Bharkodra, Kural, Sarod, Dabhc
Alampur, Shianagar, Velavadar, Jambusar, Amod, Karjan, Choranda, Sadhli, Mandala
Pachhegam, Tankari, Walan, Sinor, Panetha
Gadhali, Valabhipur, Savaikot, Kerwada, Tankaria, Shahabad, Moti Koral, Bhalod
Dhola, Umrala, Chamardi, Vagra, Bhavnagar, Vartej
Limbda, Gadhula

73°E, 72°E, 23°N, 22°N

10 20 km
5 10 mi

E **F** **G** **H**

Parsad Chawand Salara Bedawal Ki Pal Barria Panth Piplia Nahargarh
Sarada Salumbar Dhariyawad Barawarda *Kauntel Plateau*
Khera Sitamata Wildlife Sanctuary Dhamotar **Mandsaur** Digau Malia

Iwara Rakhabh Dev Deolia Pratapgarh *Sheona* Laduna

Dewal Aspur Natau Parsola Sohagpura Arnaud Nimbod Bhaogarh Dalabda Kuchrod Kachnara

Dungarpur Bankora Sabla Motagaon Khamera Sagthali Dhodhar

wara Baneshwar Loharia Salimgarh Sukhera Ringnod

Antri **Rajasthan** Ghatol Sodwara Plateau **Jaora**

Sagwara 105 Bhongra Piploda Sirsi Barauda

ghraj Semarwara Dhambola Garhi Partapur Talwara Danpur Nawabganj Namli Bhesola
Raivada Galiakot Arthuna Lokia **Banswara** 72 Sarwan Khachrod

Bakor Chikhli Wagidora Khandu Seogarh **Ratlam** Bangrod

Kadana Khedapada Shergarh Kalinjara 95 Bajna Raoti Runija

Santrampur Fatehpura Tambesra Kushalgarh Sarwa Karwar Sarangi Dotria Badnawar

Madhwas Rampur Sallopat Dungra Bamnia 27

Lunavada Jhalod Sarangi Rajod

Sanjeli Petlawad Jamli Bidwal Kanun

Randhikpur Dungri Limdi Chhaen Thandla Umarte Nagda

Shehera Dudhia **Dohad** Rambhapur Seogarh Mohankot 22

Limkhera 37 Agral Bhagor Jhaknawad Rajgarh Dasai

Godhra Katwara 86 Jhabua Rama Datigaon Sardarpur Ringnod Ahu

Vejalpur Jesawara Kundanpur 78 **Dhar**

Gholau Devgad Baria Ranapur **Madhya Pradesh** Kalmora Amjhera Tirla 18

Rajgarh Wadbhet Dhanpur 49 *Chota Udaipur Hills* Bhabra Kanas 43 Nimkhera

Sagtala Tanda 751m

Champaner (Pavagadh) Kadval Deohati Borjhar 40 Jobat Balwari Umarband

vagarh Pani Mines Chandpur Khatali Kherwan Bagh Dehri 90

Jambughoda Sihod 30 *Orsang* Alirajpur *Bagh Hills* Bagh Manawar

Bodeli Jhabugam **Chota Udaipur** Sorwa Nanpur 43 Kukshi Bakaner

Sankheda Karali Panwad Warwania Dharampuri

Bhalpur Wasna Chhaktala Sondwa Nisarpur 67 Gangli Brahmangaon

Naswadi Palasni Gad Boriad Kawant Mathwar Hills Barwani Anjad Mandwara Khurampura

Songir Nawagam Mathwar *Narmada* Talwara

Vajiria Sankal *Mathwar Hills* Pendra Bawangaja 644m Rajpur Pipri 47

Tilakwada *Narmada* 1017m **Maharashtra** Pati Silawad

haras 997m Akrani Sindvani Bokhrata 41 Julwania 43

ipla Juna Raj 13 Kathi Palsud Segaon 24

▲ 42 ▲

A   B   C   D

• Nahargarh   Chandwasa •   • Shamgarh   • Pirawa   • Gogarpur   Kolukheri •   Chachora
Pagara •   • Awar   Soyet •   • Arnia   Pech
Kauntel Plateau   Rahimgarh •   • Suwasra   Machalpur •   Khilchipur   • Kila
Sitamau •   *Rajasthan*   Umarkot •   Gagurni •   • Kalipith
Laduna •   Gangdhar •   • Dag   Zirapur •   Kachautia •   Rajgarh •   • Patan
• Kuchrod   Susner •   Chhapera •   Chatukhera   Biaora
Sindaota   Sondia   *Malawar Plat*
Tropic of Cancer   Barod •   Mahuria •   Khujner •   Karanwas •   Mal
Alot •   Bolkheraghat •   Agar   • Baragaon   Udankheri   Narsingh
• Panth   Talod •   Kanar   Choma   • Parlia   4 Pachor   Kunwar
Piploda   • Kasari   Tanoria •   Barodia   28   Kotri   • Kotri
• Barauda   Mehidpur •   Sarangpur •   24   Talen •
Bhesola •   *Sipra*   Ghosla •   *Umatwara Plateau*   Mayapur •   Khokara •
Khachrod •   Nagda   Shajapur   Akodiya •   Shujalpur   Sha
Piploda •   Tarana •   Berchha •   Kala Pipal •   Seh
Unhel •   Maksi •   Sundarsi •   Polaia   • Arandia
23°N   Kharsod •   Kaitha •   Tajpur •   Amona •   Kalan   • Maina   Kotri •   Amlaha •
Runija •   Ujjain   Bagana •   • Tonk   Pipalrawan •   Khari •   Ashta   97   Ichhawar •
Barnagar •   Fatehabad   Sia •   Rhonrasa •   Jawar •   Dodi •   Dewaria •   KH
62   Chandrawatiganj   Sanwar •   18   Metwara •   Sonkach •   Parbati   Daulatpur •
Kanun •   Danwara •   Dewas   Sipra   Newari •   Tappa •   • Siddiganj   Jamunia •   • Hirang
Nagda •   24   • Piplu   Hatod •   Manglia •   Hat   Unchawad •   Jaga
22   Depalpur •   Yeshwant Sagar   Indore   Piplia   Chapra   Sundrel •   Kannod   Khategaon •
Dhar   19   Ghat   Betma   Khurel •   Chauki •   Bagli •   99   Sandalpur •
Tirla   Pipalkhera •   Bilod   Sagor   Kampel •   758m   Bahili •   Kantaphor •   Satwas •   Nemawar •
Bagri •   Dikthan •   Mhow   Simrol •   Udainagar •   Punjapura •   *Chankeshar*   Handia •
Nalcha •   Pithampur   Katkut •   Ratanpur •   *Narmada Va*
751m   Manpur   Balwara •   Punasa •   • Bairi   Sontalai •
Mandu   Mandu   881m   • Bagaud   *Narmada*   Machak
Umarband   Gujri •   Godarpura •   H
Dhamnod •   Piplia •   Barwaha   Onkar •   Chhipawar •
Dharampuri •   Maheshwar   Nandra •   Mortakka •   Omkareshwar   Dhamangaon   Sira
90   Khalghat   Mandleshwar •   Sanawad •   Khurd   Charwa •
Brahmangaon •   Phalghat •   Kasrawad •   Beria •   Dhangaon •   Mundi •   Harsud •   110
Thikr •   Dorwa •   Attar •   Bir •
Khurampura •   65   Deshgaon •   Jawar •   Chhanera •   Assapur •
Likhi •   Ghogaon •   Deolari •
Segaon •   Temla •   Bhikangaon •   Barur   Khandwa   Bhamgarh •   Khalwa •
Khargon   Un •   Dival   Muhammadpur   Banmala   Chhegaon   14
Makhan

A   B   C   D
▼ 71 ▼   ▼ 72 ▼

10   20 km
5   10 mi

E   F   G   H

Barodia

Amner

Anandpur
• Chatoli
Barwahi
Korwai
Bina Etawa
Khimlasa
Rurawan
Delpatpur

Sironj
Dehri
• Unarsi
Bamora
Khurai
Bina Plateau
Bandri
Behrol
Banda

Leteri
85
Marwas
Kalianpur 538m
Piklon
Dalpatpur
Jeruwakhera
Naryauli
Bhadrana
Karrapur
69

Vidisha Plateau
Phupher
Jarod
Kulhar
Udayapur
Pahari
Jalandhar
Sagar
Dhana

Agra
Bareth
Basoda
Teonda
Jhilla
Rahatgarh
36
26

Shamsabad
Nateran
Pabai
Gyaraspur
31
Bina
Sagar Plateau 691m
Jaisinghnagar
Surkhi
49

Nazirabad
Satpara
Nawab Basoda
Begamganj
752m
Gourjhamar

Berasia
Pipalkhera
Heliodorus Pillar
43
Hardote
721m
Keshli

Karhaia Khoh
Udaigiri
Salamatpur
Sanchi
Vidisha
Sanchi Hills
Garhi
Ghairatganj
Sodarpur
Sahajpur

Ahmadpur
Diwanganj
Satdhara
Sanchi, Map105
Sonari
Dehgaon
Silvani
Jaithari

Gunaga
Bhopal Plateau
Raisen
Andher
Narwar
Bamhori
Tendoni
Tendukheda

Islamnagar
Ashapuri
Samardha
Deori

Bairagarh
Bhopal
Hathaikheda
Umraoganj
Narmada
Udaipura
Paloha
Khulri

Upper Lake
Bhojpur
Dip
Sultanpur
Bari
Bareli
164
Sainkheda
Gadarwara

Madhya Pradesh
Nurganj
Goharganj
Demra
Sandia
Bankheri
85
Babai
Karapgaon

Obaidullaganj
Barkhera
Sangakhera
Sobhapur
Pipariya
Gotitoria
909m

Lankui
Ginnurgarh
Budni
Shahganj
Semri
Sohagpur
Chaulpani

Rehti
Mardanpur
Hoshangabad
Babai 71
Matkuli
Pagara
Chakhla

Nasrullaganj
Dolaria
Itarsi
Khapa
Pachmarhi
Dhupgarh 1350m
1061m
Lotia

Khapari
Tawa Reservoir
Dhain
Mahadeo Hills

Shohpur
Kesla
Rampur
Gof
1164m
Tamia
Chikali Kalan

Timurni
Seoni Malwa
Bordha
Bhawra
Punji
Chenkatbari
Parasia

Pagdhal
Dhodramou
Shahpur
Tekadhana
Barkuhi
Umreth

Rahatgaon
Dhekna
Chirapatla
891m
Nimpani
Ranipur
Bordehi
Sher Bhatoria
Chhindwara Plateau
Chhindwara

Kalibhit Hills
821m
Chicholi
Betul Plateau
770m
Betul
Kherli
Hirawari
821m Saonli
Linga

Bhimpur
Kheri
Betul Bazar
Amla
44
Dunawa
Mohkher
78

72   73

▲ 44 ▲

A   **B**   **C**   **D**

80°E

Rurawan
Delpatpur
Fatehpur
Raneh
Mohdra
Besani
Gunwara

86
82

Banda
Batiagarh
Hatta
Judpur
Shahnagar
Jukehi
Armarand
Bijeraghor

69
73

Kerbana
Bangaon
Patera
Raipura
Rithi
Deogaon
Kanhwara

1

Satpara
Narsinghgarh
75
Shahnagar
Bhadora

Bhadrana
79°E
Hindoria
Kumhari
Deogaon
Katni
Murwara

Patharia
Shahpur
Damoh
Ghatera
Sagoni
Bilheri
Piprod

Tropic of Cancer
37
34
Sonat
19
Bakal
52
Sleemanabad
Selarpur
Thagwa

Garhakota
Damoh Plateau
Bahuriband
Selarpur
Kauria

Dehar
Hardot
Bhuri
Abhana
Nohta
Mala Tank
Murwara Basin
Hiran
Harawal

49
Kopra
40

2

Rehli
Baleh
Tejgarh
Jabera
Gubra
Majholi
Sihora
Dhimarkhera

Gourjhamar
Jaitpur
752m
Katangi
33
Gosalpur
Majhgawan

75
Tendukheda
81
Kaimori
43
38
Manikpur

Dehori
Kudpura
Belkharu
Panagar
142

23°N
Maharajpur
Taradehi
Hiran
Patan
Pararia
Kundam
Shahpur

26
Bhedaghat
Garha
Jabalpur
Gaur
Gondwara Hills

3

Suatala
12
Belkhera
Marble Rocks
Guwarighat
Barola
Maneri
Bichhia

98
Sankal
Shahpura
Niwas

Brahmand
Kerpani
Narmada
Barola
Piparia

37
Nayagaon
Chhota Chhindwara
47
Bargi
Dhanwahi
Madhya

Khulri
Narsinghpur
7
Srinagar
Hulki
Pradesh

85
Kareli
Singhpur
Bilkheri
Shikara
Tikaria
Narayanganj
100

14
Amgaon
Mungwani
Dhuma
74
Kedarpur
Bara Sagar
Narmada

4

Karapgaon
Kundali
Dhankakri
Mohgaon

Kotra
Shahkur
Ghansor
Mandla
Ramnagar

26
Adegaon
Kahani
Mandla
Anjania

Harrai
Lakhnadon
Ari
Pindra
Bamhni
Bichh

Dithori
Banori
729m
48
Maikala Plat

1061m
Dhanora
120
Khapa
Sunwara
Nainpur
Chiraidongri
Khatia
Kisli

5

Paunar
Bhimgarh
Keolari
Dhanwar
Kanha

Amarwara
Sakhari
Bakhari
Palari
Ugli
Mau
Bishanp

22°N
Kaniwara
Manegaon
Paraswara

Singhori
Hiwarkheri
Mungwani
7
Lamta
Kanha NP, Map79

Kunda
Seoni Chhapara
60
833m
Baihar

Chaurai
Konka
Seoni
Barghat
Charegaon
70
Rupjhar
Mohgaor

6

Chhindwara
Jhilmili
66
Katalbori
Behrai
82
Samuapur

Linga
Chand
Gopalganj
84
Kukrai Plateau
Lalbunra
Bithli

Ubhegaon
Ramrama Tola
Mohgao

Bichhua
Pindkapar
Katangjiri
Balaghat

A   **B**   **C**   **D**

▼ 73 ▼   ▼ 74 ▼

▲ 59 ▲

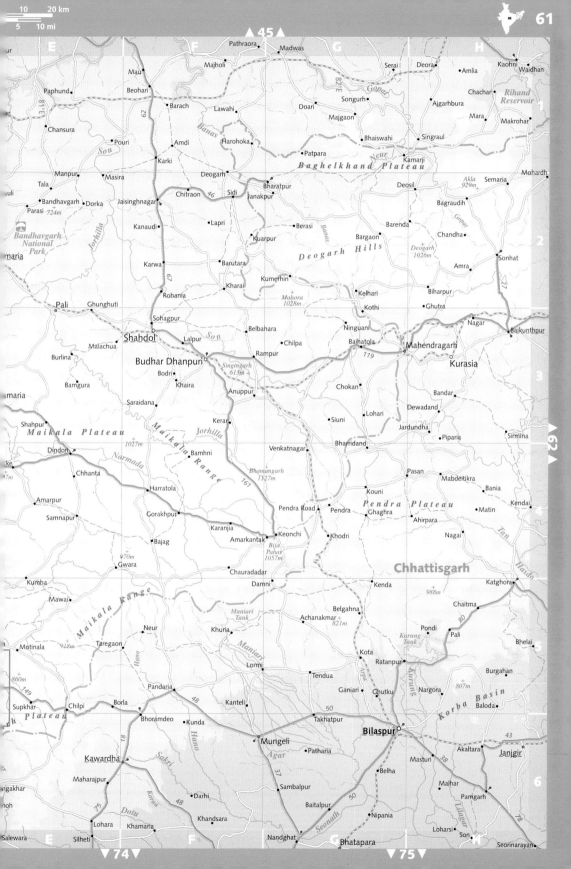

Kaohni
Waidhan
Nimnan
Makrohar
Chiraikund
Torpathar
Mohardh
Khohir
Ramkola
Ghui
Khormul
Dumrahar
Naogai
Churki
Birjnagar
Vadrupnagar
Dhamni
Manpura
Barthi
Partabpur
Palma
Karsi
Paraswar
Jhilmili
Thilgaon
Khopa
Naupara
Naura
Surajpur
Jainagar
Ramanujnagar
Bishrampur
Ambikapur
Siddhma
Darima
Lakshmanpur
Bakalo
Pandridand
Piria
Ramgarh
Parsa
Sair
Parpatia
Bhakurma
Jaldega
Kendai
Lemru
Siang
Bajpar
Satrenga
Labaid
Katghora
Dharmjaygarh
Phulsari
Madanpur
Sithra
Boturakachar
Korba
Bhelai
Karkoma
Kartala
Munund
Gharghoda
Kampara
Dhondhatarai
Khamar
Samaruma
Sohagpur
Jarwe
Gurda
Champa
Janjgir
Sakti
Kharsia
Saragaon
Adbhar
Bamnidihi
Malkhurda
Kotra
Jaijaipur
Dabra
Seorinarayan
Hasaud
Jaspur
Chandarpur
Padigaon
Raigarh
Kotarlia
Dholunda
Mahadeopali
Hirakud Dam
Mura
Kanika
Samra
Rajpur
Khinda
Rengali
Jharsuguda

Muirpur
Sundari
Chinia
Daltonganj (Palamau)
Leslieganj
Salatua
Chainpur
Ranka Kalan
Ramkanda
Barwadih
Satbarwa
Manika
Hariharpur
Ramanuj Ganj
Bairia
Bhandaria
Mandu
Garu
Tattapani
Kutku
Semarsot
Kandra
Gulgulpar 1164m
Turer 944m
Netarhat
Morwai
Chota Nagpur Plateau
Samri
Mahuadanr
Bisambharpur
Manpur
Dipadih
Kusmi
Dhorpur
Jalangpat 1123m
Dumri
Chainpur
Pandrapat
Amakona
Sanna
Sakardih
Chhattisgarh
Tomia
Dumarpara
Kunkuri
Naranpur
Jashpurnagar
Bagicha
Kunkuri
Raikera
Chhuri Hills
Kalnai
Bataikela
Pidikalo
Dhoribahal
Chandagar
Kurdeg
Pathalgaon
Birmitrapur
Bakaruma
Boguldega
Tapkara
Buldega
Loakara
Talsara
Kunjara
Tildega
Tolonga
Sundargarh
Milupara
Sarapgarh
Surgura
Bargaon
Ujalpur
Ghoriajor
Gobindpur
Lifripara
Manjapara
Dharuadih
Taparia
Hingir
Bhasma
Kesa
Laikera
Kolabira

Uttar Pradesh
Rihand Reservoir
Tropic of Cancer
Surguja Basin
Korba Basin
Raigarh Basin
West Palamu Hills
North Koel
Bela (Palamau) National Park
Lohardaga
Sundargarh H
Jharsug
Barkhuar Dongar 1152m
Ramgarh 976m

727m
947m
817m
854m
1225m
1164m
1027m
1027m
912m
974m
1033m
990m
989m
806m
944m
152
73
93
140
30
60
43
704
169
10
1b

23°N
22°N
83°E
84°E

E   F   G   H

Chako

Jabra   Tutilawa   57   Daru   Kharika
Dumri   Parasnath
Grand Trunk Road

Hazaribagh   859m   Churchu   Konar Reservoir   Gomoh   Topchanchi   54   Rajabhita
rhanj   808m   Keredari   Gumia   Nawadih   Salanpur
Balumath   65   Tandwa   Barkagaon   Mandu   Bokaro   Bermo   Bokaro Steel City   Chandrapura   Katras
Amanat   85°E   Barki   975m   26   Damodar   14   23   Bhowra   48
Chandwa   Damodar   Ramgarh   Barka Kana   1050m   18   21   Patarbar   Jaridih   Chas   Chandankiari
Patratu   24   Gola   32   Barlanga   29   Jaipur   25   Bowra
Khamar Put   79   Burmu   Ormanjhi   Hundru   Hundry   Jhalida   Begunkudar   18
961m   Kuru   Chano   Mandar   Angara   Getalsud   Jonha   Silli   Arsha   Purulia
Kisko   52   Ratu   RANCHI   Silwai   68   Suisa   Baghmundi   Purulia Upland   West Bengal
hardaga   Ranchi Plateau   Nagjua   Jagannath   Namkom   Rampur   Ganga Ghats   Sabarnarekha   Balarampur   67
43   Kuru   South Koel   Bero   Nagri   34   Kalamati   Bundu   Sonahatu   Baram   Nimdih
Ghaghra   Bharno   56   Lodhma   Kanchi   Tamar   97   Ichagarh   Chandil   Dalma Range   87
Doisanager   Sisai   Jharkhand   Karra   Khunti   Parasi   Kandra   Gamharia   Golmuri
Murkunda   Lapung   Karo   Erki   Karikari   Baruhatu   Kuchai   Kharsawan   Sindri   Jamshedpur
Kamdara   80   Torpa   Murhu   Porahat Hills   Bandgaon   Mailpir   Sini   Saraikela   Potka   Kalikapur
Palkot   40   Basia   Rania   Hesadi   93   Karaikela   Sanjai   Gobindpur   Haludpukhur   18
Kuruskela   Plateau   Tapkara   Sode   Chakradharpur   918m   Sonua   Khuntpani   789m   39   Kharkai   29   Bahalda   Kulaisila
Kolebira   Baraslioa   Bano   Kutipi   Goilkera   Roro   Chaibasa   Tantnagar   34   Rairangpur   43
Mohatitoli   Singhbhum Plain   Gulu   Jhinkpani   Manjhari   Bharbharia   Komordungi   Kherna
imdega   Jaldega   Anandpur   Patun   Tonto   Hat Gamaria   106   Kolhan Upland   Radampahar   832m   Manda
Thethaitangar   Hathibari   Manoharpur   Marang Ponga   Gua   Jagannathpur   Majhgaon   40
Birmitrapur   Khutgaon   Jaraikela   821m   Jamda   Noamundi   Jaintgarh   Jashipur
Raiboga   27   Bisra   Bada Barabil   Champua   Bodo   Raruan   Khiching   Similipal National Park
Kumarmunda   Panposh   South Koel   Horomoto   Chamakpur   22
Rourkela   Banki   Baljod   74   Parsora   Rajnagar   Karanjia   25
Raj Gangpur   Birkera   Saranda Hills   Bichakhani Pahar   Koira   Palasponga   12   Kendumundi
angpur Basin   Darjin   Karnamacha   Nuakot   Khiraitangri   40   73
713m   Orissa   Sulgura   Rengalbera   1117m   Kendujhargarh   Patna   96
Bonai Hills   Bonaigarh   Balia   Jangra   56   Maholpada   Kusumi   Laimura   Khajurdihi

▲ 49 ▲

A   **B**   **C**   **D**

Jamtara · Nala · Bakreshwar · Siuri · Ganutia · Bharatpur

Rajabhita · Pokharia · Chittaranjan · Mihijam · Panuria · Churulia · Kharrasole · Dubrajpur · Ahmadpur · Labpur · Kirnahar · Daskalgram

Salanpur · Gobindpur · **Dhanbad** · Jamuna · Barabani · Rasuan · Bhimgara · Shantiniketan · Shantiniketan · Nanur · Ketugram · Dainh

Jharia · Baliapur · **Kulti** · Dishergarh · **Asansol** · *Tropic of Cancer* · Fandpur · Ilam Bazar · **Bolpur** · K

Bhowra · Sindri · Nituria · **Burnpur** · **Raniganj** · *Damodar* · Mangalkot · Nigan

Bhojudih · Santaldih · Chelyama · Chandankiari · Raghunathpur · Santuri · Saltora · **Andal** · New Township · Kaksa · Dignagar · Ausgram · Guskhara · Eruar · Bhatar · M

Para · Dubra · Adra · **Durgapur** · Maliara · Barjora · Bud Bud · *Grand Trunk Road* · Khana · Galsi

Kashipur · *Damodar Valley* · Gangajalghati · Beliator · Sonamukhi · **Burwan (Barddhaman)** · Gobindpur

Purulia · Ladhurka · Hura · Chhatna · Panchal · Patrasaer · Indas · Khandaghosh · Sugrai · Jamalpur · Rayna

Purulia · Puruliya Muffasil · Kenda · Bagda · Indpur · Onda · Radhanagar · **West Bengal** · Di

23°N · Bamundiha · Puncha · Biharda · Ratanpur · **Vishnupur** · Jaypur · Kotalpur · Uchalon · Dasghara

Barabhum · Manbazar · Khatra · Taldangra · Panchmura · Badanganj · Balitha · Jairambati · Kamarpukur · Tarakeswar · Char

Baram · Ambikanagar · Laksmisagar · Simlapal · Goghat · Ramjibanpur · **Arambagh** · Pursura · Char

Patamda · Banduan · Ranibandh · Raipur · Sarenga · Humgarh · **Garhbeta** · Tarakeswar

Jharkhand · *Dalma Range* · Jhilimili · Pulkusma · Ramgarh · Chandrakona Road · Chandrakona · Khirpai · Kharar · **Ghatal** · Jagatb

Golmuri · Silda · Lalgarh · Pirakata · Goaltor · Salbani · Keshpur · Daspur · Jhikra · An

Kalikapur · Ghatsila · Binpur · Dahijuri · Chandra · Godapiasal · Nij Narajol · Lowada

Potka · Dhalbumgarh · Ghidni · Jambani · **Midnapore** · Debra · Panskura · **Kolaghat**

Mushabani · Chakulia · Jhargram · **Kharagpur** · Bali Chak · Raghunathbari · **Tamluk**

Dumaria · Manushmuria · Chichra · Beliabera · Mayna · Mahishada

Kulaisila · Baharagora · Sankrail · Kasba Narayangarh · Sabang · Bhagabanpur

Bisai · Bangriposi · Gopiballabhpur · Rohini · Keshiary · Belda · Kasba Pataspur · Kajlagarh · Nandigram

Manda · Kuliana · Deoli · Suliapada · Nayagram · Dantan · Kharai Kotbar · Heria Atmaram Chak · Argoal · Kalagechhia

Talbandh · Balidiha · **Baripada** · Hatigarh · Egra · Nachinda · Gopalpur · Contai

Similipal National Park · Partappur · Lakshmannath · Muruda · **Jaleshwar** · Mohanpur · Basudebpur · Birampur

Orissa · Khejuri · Simlipalgarh · Barasah · Betnoti · Basta · Baliapal · Bhograi · Ramnagar · Depal · Digha

Megasini 1165m · Bara Khunta · Baisinga · Rupsa · Nangaleswar · *Chandaneshwar Siva* · *BAY OF BENGAL*

Kuamara · Udala

10 | 20 km
5 | 10 mi

▲ 50 ▲

E | **F** | **G** | **H**

Alampur
Gangni
Khoksa
Rajbari
Pangsha
Bankhari
Meherpur
Alamdanga
Shailkupa
Daulatdia (Goalundo) Ghat
Goalundo
Harirampur
Palashi (Plassey)
Tehata
Baharpur
Madhukhali
Kunaipur
Faridpur
Char Bhadrasan
Debagram
Natadaha
Chuadanga
Harinakunda
Baliakandi
Madhukhali
Nagarkanda
Sadarpur
Bethuadari
Damurhuda
Sadhuhati
Jhenaidah
Binodepur
Mohammadpur
Boalmari
Bhanga
Nakasipara
Darsana
Andulbaria
Magura
Nahata
Alfadanga
Khandarpara
Muragacha
Chapra
Matiari
Kotchandpur
Baro Bazar
Salikha
Muksudpur
thali
Krishnanagar
Krishnaganj
Jibannagar
Kaliganj
Nahata
Kashiani
Bhatiapara
Nabadwip
Mayapur
Hanskhali
Maheshpur
Salikha
Lohagara
Kotali Para
Dignagar
Bagula
Chaugachha
Bagherpara
Narail
Gopalganj
Shantipur
Badkulla
Dattapulia
Bagdaha
Jessore
Kalia
Kalna
Birnagar
Ranaghat
Ganrapota
Jhikargacha
Khulna
Sridharpur
Abhaynagar
Tungipara
Mollahat
Balagarh
Sharsha
Manirampur
Bhairab
Terakhada
Phultala
Chitalmari
Chakdaha
Bangaon
Haridispur
Benapole
Samta
Keshabpur
Nawapara
Daulatpur
Dighalia
Matibhanga
Madanpur
Chandpara
Gaighata
Chanduria
Kalaroa
Chuknagar
Dumuria
Rupsa
Rupsa
Kalyani
Haringhata
Kancharapara
Gobardanga
Khulna
Halisahar
Naihati
Habra
Swarupnagar
Sankdaha
Tala
Kapilmuni
Batiaghata
Gaurambha
Fakirhat
Ayodhya
Jatrapur
Nazirpur
Bhatpara
Barrackpore
Baduria
Satkhira
Bagerhat
Kachua
andreswari
Titagarh
Barasat
Deganga
Shait Gumbad
Mahesh
Serampore
Panihati
Basirhat
Taki
Budhhata
Paikgachha
Dacope
Ramphal
Kamarhati
North Dum Dum
Harua
Hasnabad
Debhata
Assasuni
Amadi
Mongla
Morrelganj
Bally
Dum Dum
Haora (Howrah)
Baranagar
South Dum Dum
Bhangar
Chaital
Kaliganj
Shyamnagar
Pratapnagar
Koyra
Sarankhola
Tushkhali
Kolkata (Calcutta)
Alipur
Hingalganj
Sandeshkhali
Iswaripur
Gabura
Mathbaria
nchla
Sonarpur
Pratapnagar
Rajbari
Kabadak
Kotka
Budge Budge
Rajpur
Champahati
Dhangmari Forestry Station
Bishnupur
Baruipur
Canning
Basunti
Fatehpur
Dhosha
Gosaba
Sajnekhali
Sunderban
Diamond Harbour
Magra Hat
Barasat
Jaynagar
Sajnekhali Bird Sanctuary
Lakshmikantapur
Mathurapur
Kultali
BANGLADESH
Kulpi
Nalgora
Hiron Point
Digambarpur
Jatar Daul
INDIA
Kotka
Kakdwip
Sagar Collectorganj
Bakkali (Fraserganj)
Namkhana
Sunderbans Wildlife Sanctuary
Dublar Island
Mouths of the Ganges
Lothian Island
Halliday Island
Dalhousie Island
Bangaduni Island
Dublat
Fraserganj
Bijaybati
Balchary Island
New Island

Dhaka
Khulna

A ▲ 51 ▲ B C D

DHAKA
Bankhari
Rohitpur
Murapara
Baidya Bazar
Homna
Muradnagar
Sibnagar
Barjala
Amarpur
Mo

Nawabganj
Narayanganj
Sonargaon
Debidwar
Rajapur
Burichang
Sepahijala Forest Sanctuary
Hirapur
Dulumabari

Dhaka
Dohar
Mograpara
Jafarganj
Mainamati
Melaghar
Udaipur
Dumbur

Char Bhadrasan
Srinagar
Bhagyakul
Serajdikhan
Tongibari
Gazaria
Daudkandi
Elliotganj
Chandina
Mainimati
Comilla
Sonamura
Neermahal
Kakraban

Tropic of Cancer
1

Sadarpur
Matbar Char
Lauhaganj
Rajbari
Mohanpur
Rammohan
Barura
Bhatpara
Kashinagar
Kathalia
Tripura
Palangpha

Chittagong
23
Gandhi Ashram
Laogang Bazar
Diwar

Bhanga
Shibchar
Janjira
Khidirpur
Kachua
Matlab
Galimpur
Joyag
Parshuram
Belonia
Lungthung

18
Kalamrida
Chikandi Shariatpur
Naria
Mahisar
Asikhati
Hajganj
Laksham
Chouddagram
Sripur
Sarishadi
Hindubari

2
Bajoir
Palang
Narasinhapur
Chandpur
Chitosi
Nangolkot
Gunabati
Bakshganj
Chhagalnaiya
Sabrun

Madaripur
Bhedarganj
Damudya
Faridganj
Ramganj
Natherpetua Bipulashar
Sonaimuri
Bajra Shahi
Rajapur
Feni
Fazilpur
Ram

Kalkini
Gosairhat
Haimchar
Joyag
Bajra
Senbag
Sidar Hat

Medakul
Safipur
Badartuni
Raipur
Char Bansi
Lakshmipur
Kalikapur
Chomahani
Daganbhuiyan
Bashar Hat
Kazir Hat
Dhuin
Zoraworganj

Kotali Para
Gournadi
Dadpur
Rajganj
Noakhali
Companiganj
Matbar Hat
Sonagazi
Jujkho
Minsarai

Agailjhara
Gaila
Batajor
Muladi
Hijla
Farashganj
Maijdi
Sonapur
Ramnia

Chitalmari
Matibhanga
Wazirpur
Babuganj
Mehendiganj
Kazir Char
Char Jagabandhu
Miar Hat
Munshir Hat
Akbar Hat
Sitakunda
Barabakunda

Iluhar
Madhabpasa
Banaripara
Chaudhuri Hat
Khaser Hat
Kum

3
Nesarabad
Nazirpur
Barisal
Bhola
Daulat Khan
Char Alexander
Ramgati
Sandwip Island
Jah

Kachua
Jhalakathi
Charamaddi
Jaynagar
Steamerghat
Sandwip

Kaukhali
Nalchhiti
Daulia
Hatiya
Nayamasti
Maitbhanga

Pirojpur
Rajpur
Bakerganj
Burhanuddin
Tajumuddin
Sukhcharer Hat

Umedpur
Bhandaria
Baga
Dakshin Shahbazpur Island
South Hatia Island
BANGLADES

Kathalia
Betagi
Bauphal
Kalaia
Chanchra

Tushkhali
Bamna
Mirzaganj
Lalmohan
Mapura
Manpura Island

4
Mathbaria
Patuakhali
Dashmina
Char Fasson

Barisal
Ularia
Chengar Char
Sagaria

Phuljhuri
Amtali
Galchipa

Barguna
Londa
Char Manika

Doani Patharghata
Chhota Baisdia
BAY OF BENGAL

Kalapara
Lalna

5
Tetulbaria
Barapara
Dhulasar

Kuakata

Mouths of the Ganges

6

A B C D

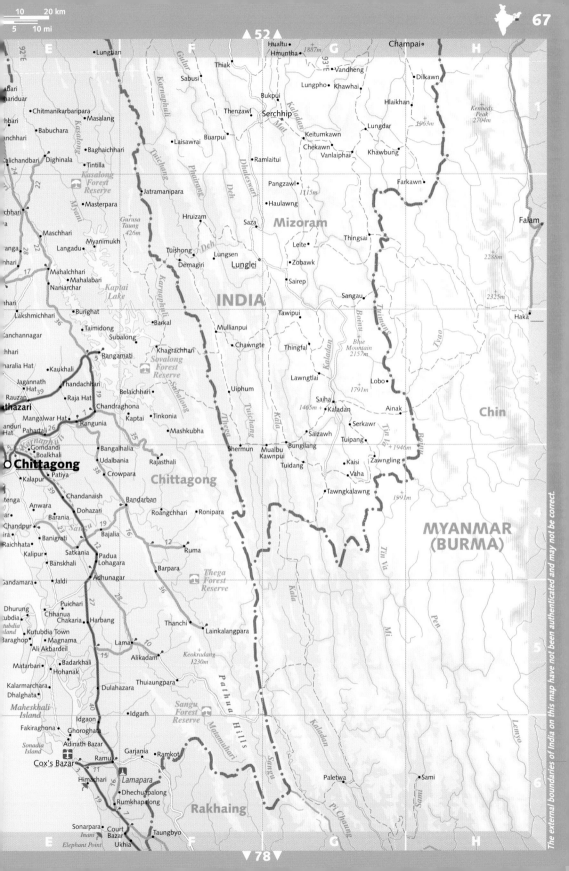

▲ 54 ▲   ▲ 55 ▲

A **B** **C** **D**

Bakharia
Khagasari
Dhank
Deora
Ranavav
Amrapur
Upleta
Marad
Dhoraji
Jetpur
Sultanpur
Derdi
Ra

Porbandar
88 42
Kandorna
Ganod
Osam 314m
Jetalsar
Thana Galol
Vadiya

Mokal
Kutiyana
Marmat
Sardargarh
Kalana
Ubon
Ranpur
Chura
Kunkavay
Akadi

Adodar
Manavadar
46
Junagadh
Bhesan
Damrala
Guja

Bhad
Myari
Bantva
Vanthli
Shapur
Bhilka
Manekwara
Bagsara
Jamka

Navibandar
Mandodra
Kharia
Vinchchavad
Dahi

Kadach
Balagam
Agatrai
Mendarda
Sarsai
Kuba
Lungiya
Ambaldi

Madhavpur
Keshod
Ajab
Shergad
Visavadar
Manvel
Dhari

Sil
Meswan
+Kanara 326m
Chandawari
Sasan Gir
Sarkala 643m
Dalkhania
Gigasaran
112
Ga

Mangrol
Malia
Bhanduri
Sasan Gir
Sasa 480m
Dhundi 482m
Dudhala

Chorwad
Bholawat
Talala
Jambur
Sasan Gir Wildlife Sanctuary
Sodaori
Nandi 529

Veraval
Somnath
Ghantwar
Godhra
Machundri
Sam

21°N
Somnath
Alidar
Una

Sutrapara
Sigsar
Dolasa
36
Delwada

Mul Dwarka
Kodinar
Ahmedpur
Nawa

Vanakbara
Diu
Choghla

Diu Island, Map79
Diu Island
Diu
(Part of Daman and D
Union Territory)

Porbandar Coast

Bhadar
Ojat
Ojat
Megal
Saraswati
Singavada
Gir Range
Girnar Hills
Shetrunji

**ARABIAN
SEA**

20°N

A **B** **C** **D**

10 20 km
5 10 mi

▲ 55 ▲ ▲ 56 ▲

Chavad • • Derdi Dhasa • Dhola Umrala • Chamardi F G H • Vagra
• Janbai Limbda • Bhavnagar
• Lathi Gadbula Sonpuri Vartej Bharuch
• Damnagar Panchavada Sihor Ghogha Dehej (Broach)
Versara Ranghola Noghanvadar Toda • Luhara Narmada
reli 74 Parodi • Hansot 36 Ankleshwar
Liliya Sakhpur Dedarda Shatrunjaya Tansa GULF OF Ilav Kosamba
Mota Gariyadhar 498m Palitana CAMBAY Olpad Velachha
Shetrunji Satapura Vadal Dandi 33 Kathor Tarkeshwar
Akolda Ranigam Chok Tadach Timana Hajira Kamrej
Savarkundla Pah Isves Samadhiala Talaja Rander Surat 32
Gadhagra Dungarpur • Phulsar Suvali 14
Ambaldi Wadal Khuntaora • Datha Jhanjhmer Dumas Sachin Palsana
hamba Bhadrod • Kotada Ubhrat Mahuver Vesma
Rajula Dongar Waghnagar Mahuva Delwara Jalalpur
Barpatoli 87 • Bandar Jegri Matwad Navsari
Lotpuri Albert Victor Island At
Lonsapur Panar Gandevi Gandeva
Nagasari Shail Bilimora Chikli
Jafarabad Island Dharsana
isa Gohelwar Coast Valsad
abandar Tithal 38
Ronvel
Daman Udvada Pardi
(Part of Daman and Diu Delwara
Union Territory) Daman
Jampore Ambheti
Nagar Haveli Vapi Dadra
(Part of Dadra and Nagar Naroli
Haveli Union Territory) Dahikhed
Nargol Silvassa
Umbargaon
Umargam
Govada Bordi
Ghalvad Talasri Kothar
Vankas Udua
Maharashtra
Dahanu Karadoho
Chinchani Vangaon Kasa Parsipada
Tarapur
Boisar Kudan
Manor
Satpati Palghar Gorhe
Mahim
Takmak
610m
Sofale
Agashi Mandvi Vajreshwari
Bay Agashi Umberpada
Arnala Virar Dapivli Akoli
Island

E F G H
▼ 80 ▼

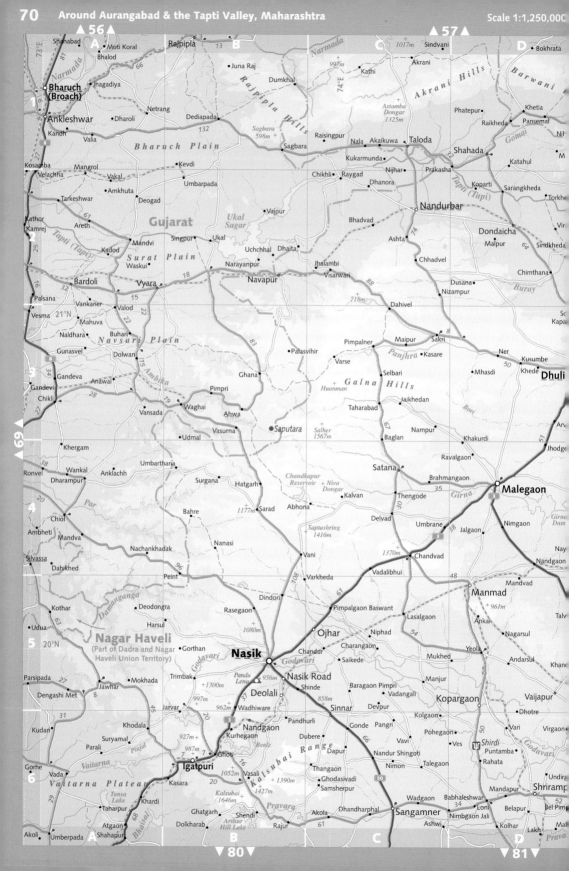

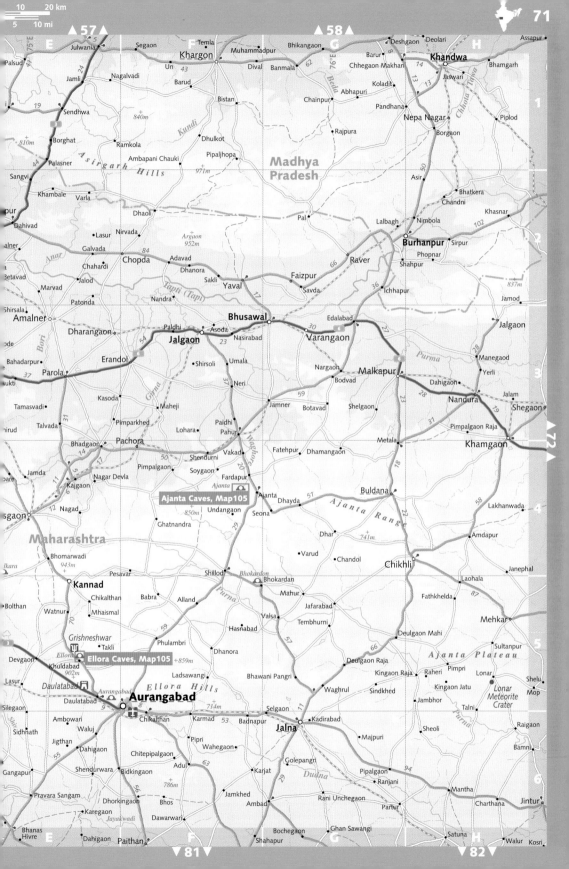

▲ 58 ▲   ▲ 59 ▲

A   **B**   **C**   **D**

Assapur
Khalwa
Sundarpur
Desli
Damjipura
Kunkheri
Tapti (Tapi)
Betul
Kheri
Betul Bazar
Sainkheda
Multai

1
Bairagarh
Butram
Rahu
772m
Jhallar
Atner
Pattan
709r
36
Dharni
702
Bhainsdehi
Gudgaon
75
Masod
Sendurjana
Dhertalai
Tapti (Tapi)
Melghat
Harisal
Sembadeh
54
Khamla
Muktagiri
Benoda
33
Warud
Raitalai
Dolar
Ghatang
Dhar 1115m
945m
Jalal
Thari Kara

2
837m
Gawilgarh Hills
Chikhalda
1103m
Karasgaon
Ambara
Morsi
Sahur
Jamod
21°N
Sonala
Hiwarkhed
Argaon
Akot
Chikhalda
1175m
Melghat Wildlife Sanctuary
56
Paratwada
6
Kolwihir
53
Ashti
Kara
Anjangaon
Pathrot
55
Achalpur
Assegaon
Chandur Bazar
41
Ner Pinglai
Shirkhed
Talegaon
6
Wunna
Nag

3
Bawanbir
Mundgaon
Telhara
Baelgaon
Patsul
Wadner Gangal
Khallar
Takarkhera
44
Walgaon
Nandgaon
12
Kurha
Arvi
Pachegac
100
Paturda
Andura
Hatron
Adul
Daryapur
Khar Talegaon
Kholapur
Bhatkuli
Asra
Purna
Amraoti
9
Malkhed
Chandur
Mangrul
Ro
Shegaon
Payan Ghat
Dahihanda
Lakhpuri
Badnera
Dattapur
Dhamangaon
Jalam
71
Puras
Akola
KotaPurna
Man
Kuram
19
Loni
Nandgaon Kaji
Talegaon
Pi
Balapur
6
24
41
Murtajapur
21
25
49
Dhanaj
81
Dhamak
Kharda
Savangi
23
Borgaon Manju
77
Mangrul Chaval
Babulgaon
45

4
Umari Pir Akola
Kansivni
Kherda
15
Ner
Savar
Mangrul
Ka
Lakhanwada
Wadegaon
30
Barsi Takli
Pinjar
Karanja
26
Ramgaon
Bori
Ladkhed
Lohara
Yavatmal
Chani
Patur
Mahan
58
Jaulka
Sendurjan
Dhamni
Kupat
Darwha
Jodmoha
Golegoan
Medsi
96
Mangrul Pir
Payan Plateau
Yavatmal Plateau
Kolambi
Yelb

5
Malegaon Jahagir
Chandas
34
Pardi Takmor
Manora
Mahagaon
Rui
Akola
Gh
Dongaon
87
Sirpur
20
Sendurjan
Maharashtra
Digras
Takli
Jawal
20°N
Ajanta Plateau
5
Washim
67
Singad
Dehni
Arni
Sayatkha
Shelu
Mop
Risod
Rajgaon
Anshing
39
Marwadi
Kali
Malhiwri
Lonbehela
Sawali
Kap
Jainur
Goregaon
Kanhargaon
Pusad
Kosdani
Penganga
Sindkher
Arli

6
Raigaon
Bamni
Sengaon
Narsi
Kiadna
Majhura
Khanapur
Jaola
Khandala
Kanha
Mahur
Pipa
Purna
Hingoli Hills
Basnamba
Sawargaon
Morath
Mahagaon
Phulsangvi
Jintur
Lingi
Digras
Dhamni
Kalmanuri
Pimpri Sembala
Mulawa
88
Shilena
Mudana
Pusad Hills
Korat
Kinwat
Kosri
Bori
Argaon
90
Aundah
Pangra
Shivni
Siwala
Hadgaon
Neogha
Umarkhed
Dhanki
Vidul
Bitargaon
Chikli

A   **B**   **C**   **D**

▼ 82 ▼   ▼ 83 ▼

Mohkher Ubhegaon Bichhua Pindkapar Ramrama Tola Katangjhiri
Kachchhiahana Ramakona Khamarpani Khawasa Katangi Mohgaon Waraseoni Balaghat

Madhya Pradesh

Sausar Piparwani Tirodi Rampaili Rajegaon
Chichola Lodhikheda Nagalwadi Deolapar Nipani Dongri Khairlanji Aramba Kamtha
Kelod Mogra Sihora Khamtalai Dawaniwara
Khapa Parseoni Mansar Jam Tumsar Tirora **Gondia** Goregaon
Saoner Ramtek Mohari Bodalkasa Tank
Adasa Patansaongi Khat Mundhri
Mohpa Kalmeshwar Kamptee Bhandara Road
Meianjra **Nagpur** Itwari **Bhandara** Lakhni Sakoli Sondad Duggipar
Bazargaon Maunda Gaikhuri Hills
Kondhali Panchgaon Kuhi Pahla Sangarhi Navegaon Lake
Aregaon Chanpa Mandhal Veltur Kitari Dighori Devalgaon Navegaon National Park Palandur
Borgaon Takalghat Bori Bamhni Adyal Pauni Arjuni
Anji Sailu Borkhedi Makardhokra Umred Bhiwapur Lakhandur Wadegaon Wargaon
Sindi Bela Bhisi Shankarpur Warsa Kurkhera
Paunar Girart Mahalgaon Nand Nagbhir **Brahmapuri**
Sevagram Sonegaon Mandgaon Jamb Ghorajhari Tank
Watgaon Alipur Nandori Kora Tadoba Chimur Talodhi Mendki Armori Wairagarh
Hinganghat Wadner Nagri Tadoba-Andhari Tiger Reserve Nawargaon Alewahi Wardha
Shegaon Khatora Sindewahi Gogaon Chatgaon
Madheri Asola Mendha Tank
Wadki **Warora** Rantarodi Rajoli Pathri **Garhchiroli** Karwapa
Karanji Mardi Moharli Mul Hills Saoli Churala Nawegaon Markandi
Maregaon Rajur Majri Mul Chamursi Gumri
Pandharkawada **Wani** Tadali Chichpalli Kelzar Bembal Assundi
Ghugus Bhandak Babupet Pomurna Ghot Mukpalli
Punwat Wedi **Chandrapur** Deyai Gutta
Kayar **Ballarpur** Kothari Aksapur
Bori Mukutban Chandur Rajura Tarsa Khurd Lugam Elgur
Pandharwara Bela Dewara Sondo Wirur Tohogaon Dabha Mutampet
Jainath Sengaon Wamanpalli
Adilabad Umri Wakri Sirpur

Andhra Pradesh Satmala Plateau Adilabad Valley

▲ **60** ▲   ▲ **61** ▲

A | B | C | D

Madhya Pradesh

Maharashtra

Chhattisgarh

Bithli
Godri
Rajegaon
Kirnapur
Kamtha
Tedwa
Belgaon
Nandora
Lanji
Bahela
Amgaon
Goregaon
Darekasa
Bortalao
Bagrakasa
Dongargaon
Deori
Chichola
Tilairawar
Dongargaon
Palandur
Chichgarh
Markakasa
Bergaon
Hat Banjari
Ambagarh Chauki
Wargaon
Kurkhera
Arajkund
Dangarh
Mohala
Kotgal
Malewara
Juptarai
Dhanora
Muramgaon
Halanjur
Kurse Korhi
Durgu Kondal
Kandri
Maroda
Partabpur
Hanker
Jharkatta
Jharapapra
Gumri
Purnoor
Musrumgond
Assundi
Karwapa
Bethia
Haliwara
Paralkote
Girdawara
Chukmpalli
Surjagarh
Kothi
Purkahur
Kandar

Matla
Salewara
Thakurtola
Chhuikhadan
Pandadah
Khairagarh
Murhipar
Ghumka
Dongargarh
Tilai
Bhanpuri
Raj Nandgaon
Pinkapar
Sanjari
Balod
Barhi
Kusumkasa
Boria Tibhu
Barheli
Sambalpur
Bhiragaon
Kodapakha
Antagarh
Amabera
Dhanora
Koelibeda
Kolur
Kodunigud
Bandapal
Sonpur
Narainpur
Binur

Lohara
Silheti
Khamaria
Khandsara
Saja
Kodwa
Deokar
Berla
Bundeli
Khaira
Dhamda
Banbarad
Nankatti
Ahiwara
Durg
Bhilai
Raipur
Bhatgaon
Patan
Kauhi
Arkar
Arjunda
Gundardehi
Sikosa
Dhamtari
Santipur
Rudri
Chhati
Batrel
Charama
Lakhanpuri
Bhondiapara
Bhanupratappur
Kanker
Pirhapal
Keskal
Baniagaon
Belma
Parasgaon Plateau
Dongar
Lanjora
Kondagaon
Bamini
Rajagaon
Chhota Dongar
Dumanata
Pothungoli

Nandghat
Bhatapara
Bemetara
Simga
Damakhera
Tilda
Neora
Siliari
Dharsinwa
Mandhar
Kharora
Abhanpur
Gobra Nawapara
Marod
Kurud
Bhothidih
Borsi
Singhpur
Kahwaba
Birgudi
Sarona
Basanwahi
Kaspur
Lendara
Borai
Kundai
Banskot
Kasukan
Mageda
Shampur
Amrat
Garen

Maramsilli Reservoir
Kanker Basin
Narharpur
Gattasilli
Narainpur Basin
Surjagarh Hills
Chiroli Hills
Kobragarh

▼ **84** ▼   ▼ **85** ▼

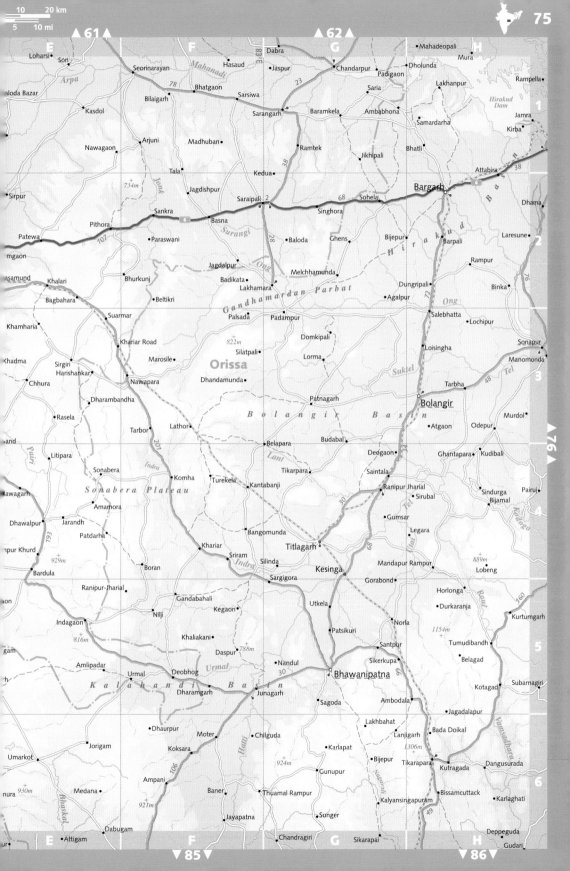

▲ 62 ▲   ▲ 63 ▲

A   **B**   **C**   **D**

Kendujhargarh

Kuchinda   Laimura   Khajurdihi   Maholpada

Khinda   Rengali   Bhojpur   *Bhedan*   Patamunda   Kuanar

Rampella   Gumlai   Jamunkira   Pravasuni   Deogarh   Barakot   Govindpur

Hirakud Dam   Jamra   Kirba   Gourpali   Kansar   Riamal   Gogwa   Gurusulai   Pal Lahara   Telkoi

Sambalpur   Mundher   *761m*   *Bamra Hills*   Naikul   Banor   Khamar   *Malayagiri 1187m*   *710m*

Dhama   Jojomura   Kisinda   Sarapali   *Tikra*   Sarapal   Bajrakot   Sipur   Bimbala

Laresune   Charmal   Chhihdipada   Chandpur   Kane

21°N   Kotsamlai   Redhakhol   Bamur   Rengali   *Brahmani*   Kamak

Birmaharaipur   Kadligarh   Ghosar   Handapa   Jarpara   Talcher   Parjang   **Orissa**

Ladi   Kadapara   Angul   Motanga   Rasol

Sonapur   Manomonda   Baudh   *Athmallik Hills*   Thakurgarh   Jagannathpur   Purunagarh   Bantala   Mahidharpur   **Dhenkana**

Tel   *Baudh Plain*   Baghiapara   Dholpur   Athmallik   Purnakot   Hindol   Ustapal

Murdol   Sagara   *772m*   Purunakatak   Harbhanga   Tikarpara   Kutri   Nayagarh   *Kanaka Hills*   Tigiria   Ath

Sudrukumpa   Adhonigarh   *Goaldes 768m*   Jormu   Narasinghpur   Kanpur   Baramba   Bankigarh

Katrangia   **Phulbani**   Khejurpara   Banigochha   *Burtanga*   Gania   Kantilo   Baideswar

Pairuj   *Khondama Hills*   Gumagarh   *1136m*   Dashapalla   Nuagan   Kalapathar Patna   Khandpara   Begunia

Phiringia   Posora   Gundribadi   *737m*   Bolgarh   Sunakhalla

Sarungia   Sarangagada   Tikkaballi   Neddiguda   Nayagarh   Itamati   Raja Ranapur   Jankia

Baliguda   Kalingia   Galleri   Tarosingi   Sarankul   Godipara

Kodago   *939m*   Nuagam   Udayagiri   Tilosingi   Oragaon   Nir

20°N   Sollaguda   Raikia   Mujjagad   Jagannathaprasad   Panchabhat   Chemeri   Tangi   Bhush

Budagud   Simanbadi   Digi   Baibati   Bhanjanagar   Jhadabhumi   Dhuanuali   Kuhuri

Pakari   *Murali Soru 1179m*   Belaguntha   Balikania   Banapur   Sunakhala   **Chilka Lake**

Daringbadi   Russellkonda   Kagada   Jilluba   Pandripada   Barkul   Balugaon

Subarnagiri   Budaguda   Gadulabadi   Asurabandh   Gangapur   Chirikipadasyasan   Sumondolo   Panaspada

Sriramapur   Dasingabadi   Adiponka   Lathipada   Ballipadar   Polasara   Gu   Satapa

1255m   Sorada   *Nayagarh Hills*   *Bhagun 949m*   *Sulia*   Mardakot   Garh Krishnaprasad

Katamgia   *1163m*   Dharakot   Kodala   Khallikot   Malud

Baminigam   *1233m*   Badagada   *Rushikulya Basin*   Aska   Boirani   Degam   Brahmando

Chandrapur   Damadua   *1132m*   Jarau   Sharagada   Pithal   Randia   Purushottampur   Rambha   Paturu

Bijapur   Govindapur   *1036m*   Taptapani   Hinjilikatu   Pratapur   Tolo Humma

Bandaguda   Nalaghat   Adaba   Patapur   Porhamari   Karantela   Ganjam

Guluba   Mohana   Pudamari   Bishamagiri   Taptapani   Chhatrapur

Bhaliapanga   Chandiput   Digapahandi   **Berhampur**   Narendrapur

Antarba   *1103m*   Nimmakhandipeth

A   ▼ 86 ▼   **B**   **C**   **D**

▲ 75 ▲

Mahanadi   *Bagh nadi*   *Kodago*   *Rushikulya*   *Dha*   *Bhanai*   *Chodahadd*

Patna
Thakurmunda
Megasini
1165m
Kuamara
Udala
Rupsa
Burhabalang
86°E
73
36
ikot
12
Ghatgaon
35
Satkosia
Baitarani
Kaptipada
Remina
Balasore
Chandipur
87°E
88
Nilgiri
Khantapara
16
1
Nilgiri Range
Iswerpur
richandranpur
Sonria
58
Dantur
58
Talpada
Soro
Orissa Coast Canal
Palaspal
Anandpur
7
Deogaon
33
Purusand
Khaira
Bola
554m
Basudebpur
Banta
Matai
Khaki Hat
49
itari
Ramchandrapur
39
Bhadrakh
5
Salandi
Ghanteswar
2
Sukinda Khas
76
Korai
Bhandarpokhari
33
Bhadra Plain
Hatibari
Altin
72
Dhamnagar
Mato
Kharsua
Jenapur
Ahias
Baitarani
huban
Jajpur Road
35
Panikoilli
Chandbali
Dharma
Palmyras Point
Madhupurgarh
Kabirpur
Chhatarpada
Dharmsala
Ratnagiri
Binjharpur
57
Raj Kanika
Mayura
Gahirmatha
Gondia
Haridaspur
Udaigiri
Aali
Satbhaya
Kapilas
Barachana
Indipur
Patamundai
Bhitarkanika
Wildlife Sanctuary
3
eogan
Bairi
5
36
Rajnagar
Birupa
Mahanga
Lalitgiri
3
27
Langi
44
Ratanpur
Kendrapara
Jagatpur
56
Salipur
Bhagbatpur
Nuna
Jambu
Hukitola
uttack
5
Naraj
3
Marshaghai
Kendrapara
Canal
kanan
cal Park
Barang
Keshannagar
Patkura
Mohakalpara
Gasipur
6
Chandaka
Raghunathpur
29
72
Kujang
Paradip
ayagiri &
Khandagiri
Balianta
Jagatsingpur
Tirtol
dagiri
Bhubaneswar
48
Nuagaon
4
ati
Balipatna
Ersama
24
Niali
Balikuda
Baranal
Mahanadi Delta
Delang
Pipli
Machgaon
Saharabedi
Nimapara
Balanga
Kakatpur
39
Gop
Astrang
Sakhigopal
36
Kadua
Konark
Sukal
Raghurajpur
Konark, Map79
5
al
Sar
Lake
Halimai
Balighai
Jagannath
agiri
Puri

BAY
OF
BENGAL

Puri Coast

▲ 67 ▲

0   10   20
0   5   10 mi

A   **B**   **C**   **D**

Sonarpara
Court Bazar
Taungbyo
Inani
Ukhia
Elephant Point
Whaikhiang
Monakhali
Bawli Bazar
Chin

1

92°E
93°E
Naaf
Mayu
Sarngdin
Pi Chaung

Chittagong

Taung Bazar

BANGLADESH

Rakhaing
Kyauktaw
Mahamuni

Buthidaung
Kaladan
Wethali (Vesali)
Teinnyo

Teknaf
14

Teknaf Point
Teknaf Point Badarmokam

46
Min Chaung

2
21°N
St. Martin's Island

MYANMAR (BURMA)

Mrauk U
Myaungbwe

Kodangauk
Ponnagyun
Mint

Donpauk
Magyichaung
Pauktaw

3
Sittwe (Akyab)

Boister Kyun

Baronga Kyun
Har Ba

4

BAY OF BENGAL

20°N

5

6

A   **B**   **C**   **D**

Map 1: Kanha National Park

Scale 1:400,000

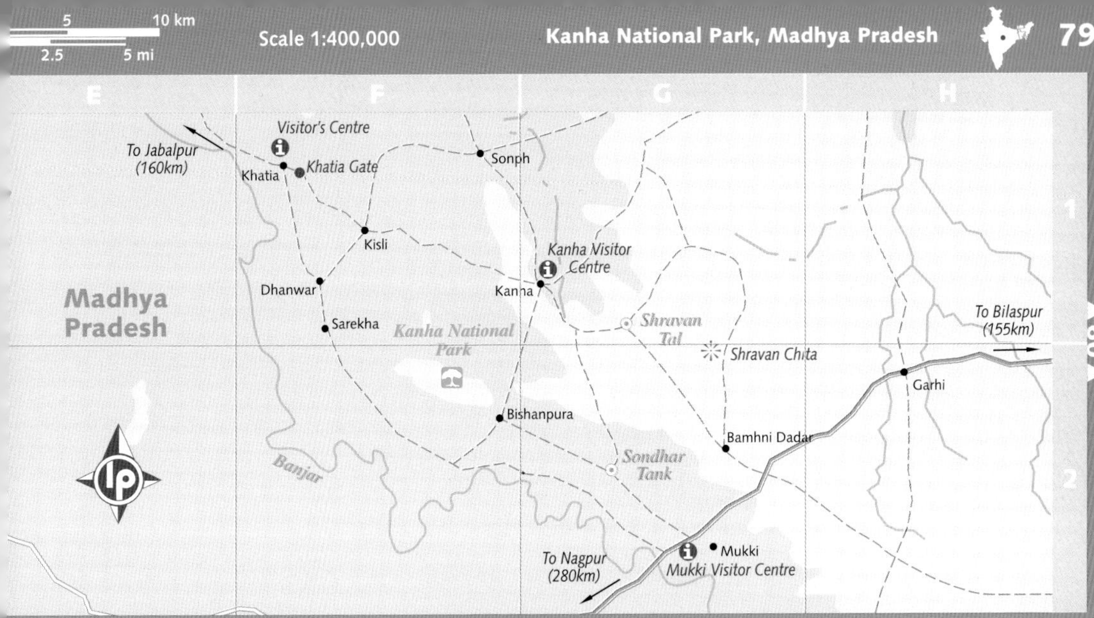

5   10 km
2.5   5 mi

To Jabalpur
(160km)

Visitor's Centre

Khatia   Khatia Gate

Sonph

Kisli

Madhya
Pradesh

Dhanwar

Kanha Visitor
Centre

Kanha

Sarekha

Kanha National
Park

Shravan
Tal

Shravan Chita

To Bilaspur
(155km)

Garhi

Bishanpura

Bamhni Dadar

Banjar

Sondhar
Tank

To Nagpur
(280km)

Mukki
Mukki Visitor Centre

Map 2: Diu Island, Daman & Diu

Scale 1:74,000

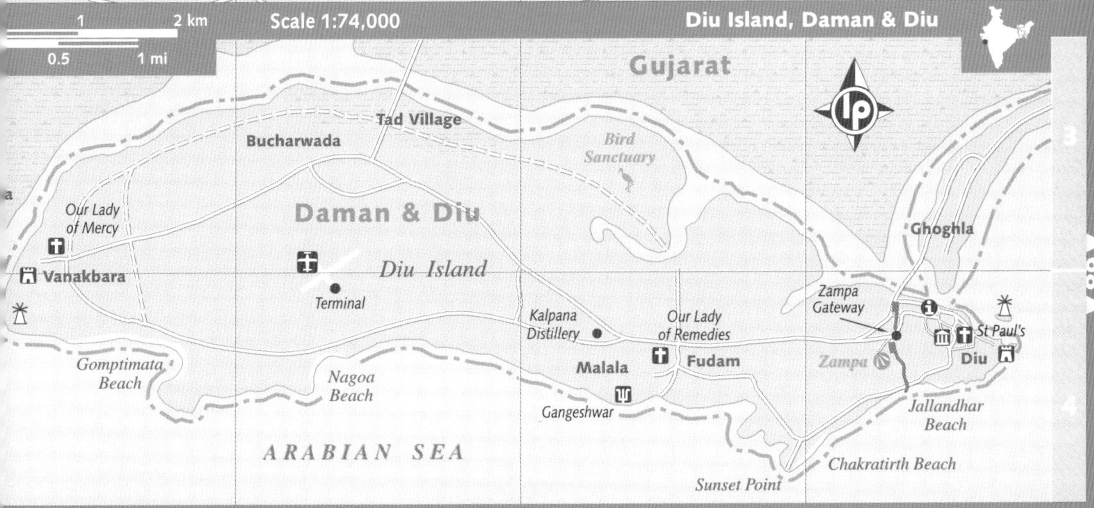

1   2 km
0.5   1 mi

Diu Island, Daman & Diu

Gujarat

Tad Village

Bucharwada

Bird
Sanctuary

Daman & Diu

Our Lady
of Mercy

Ghoghla

Vanakbara

Diu Island

Terminal

Zampa
Gateway

St Paul's

Kalpana
Distillery

Our Lady
of Remedies

Zampa

Diu

Gomptimata
Beach

Nagoa
Beach

Malala

Fudam

ARABIAN SEA

Gangeshwar

Jallandhar
Beach

Sunset Point

Chakratirth Beach

Map 3: Konark, Orissa

Scale 1:12,500

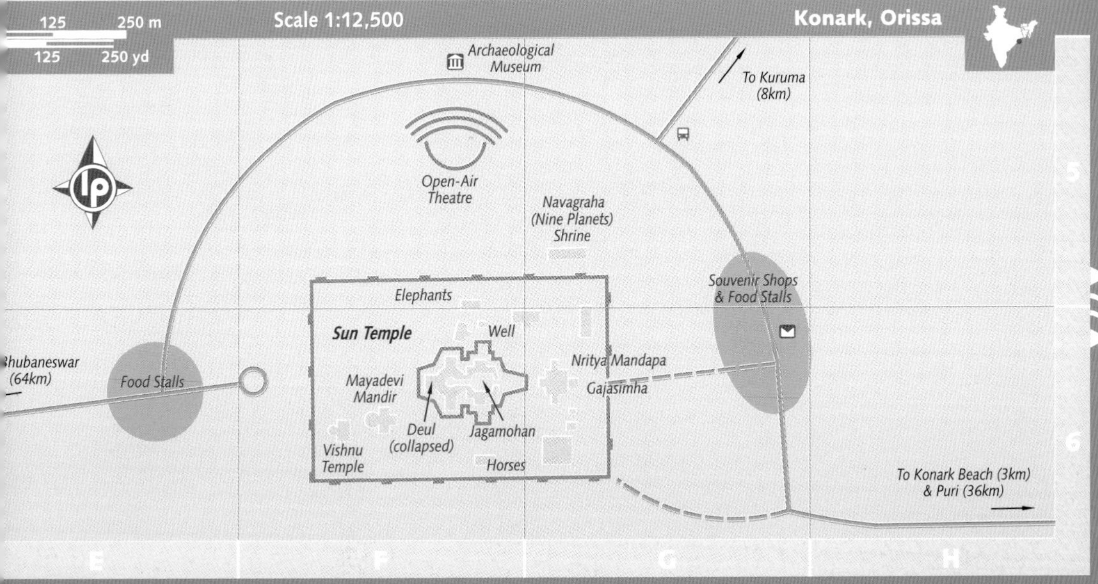

125   250 m
125   250 yd

Konark, Orissa

Archaeological
Museum

To Kuruma
(8km)

Open-Air
Theatre

Navagraha
(Nine Planets)
Shrine

Souvenir Shops
& Food Stalls

Elephants

Bhubaneswar
(64km)

Food Stalls

Sun Temple

Well

Nritya Mandapa

Mayadevi
Mandir

Gajasimha

Vishnu
Temple

Deul
(collapsed)

Jagamohan

Horses

To Konark Beach (3km)
& Puri (36km)

▲ 69 ▲   ▲ 70 ▲

Mumbai (Bombay)
Kalyan
Bhiwandi
Thana
Ulhasnagar
Ambarnath
Dombivli
Chinchwad
Pune
Kirkee
Satara

Agashi Bay
Arnala Island
Agashi
Virar
Mandvi
Vajreshwari
Akoli
Dapivli
Umberpada
Atgaon
Shahapur
Vasind
Ghatgarh
Dolkharab
Shendi
Rajur
Akola
Dhandharphal
Ashw
Bassein
Bhayandar
Utan
Borivali
Bhaisal
Padghe
Bapsai
Shenwa
Arthur Hill Lake
Kotul
Lingdev
Dolasne
Thana Hills
Kinlivli
Saralgaon
107
1424m
Harichandra Range
Madh
Brahmanwade
Ghargaon
Mandwe
Kalwa
Mumbra
Shiroshi
Dhasai
Ghatghar
Ahupe
Otur
Bote
Manori
Marve
Versova
Juhu
Kurla
Belapur
Paloje
Neral
Bhimashankar
Murbad
1275m
Ambegaon
Shivner
Junnar
Pimpalwandi
Ale
Ane
Ta
Bandra
Panvel
Karanja
Uran
Matheran
707m
902m
Andhra Lake
Karjat
Nethersole Dam
Takwa
1071m
Narayangaon
Ghod
Wada
Manchar
12
Bori
Belhe
Dhokeshv
Kan
Kalamb
859m
Alkuti
Wadjhire
Nighoj
Maharash
Mandve
Apsa
Khalapur
Khandala
Karla
Bedsa
Bhaja
Wadgaon Sheri
Chakan
Peth
871m
Wafgaon
Kauthe
Pabel
Malthan
St.
Kahim
Vashi
Pen
Khopoli
Lonavla
Bhaja
Akurdi
Chas
Khed
Kadus
Shingi
1293m
Kanjangaon Ganpati
Karde
88
Khanderi Island
Longhar
Jambhulpada
1256m
Chinchwad
Alandi
Haveli
755m
Kotagaon
Shikrapur
Talegaon Dhamdhere
Alegaon
Pargao
Alibag
Nagaon
Chaul
Nagothana
Ambavna
Kolvan
Kirkee
802m
Pune
Mutha Mula
Karde
Korlai
Kashid
Roha
Vadi
Sudhagad
Bhira
Mulshi
Paud
Pirangut
Kharakvasla
Hadapsar
Phursungi
Uruli Kanchen
Yavat
Kedgao
Nandgaon
Ashtami
Kolad
Waki
Mulshi
1201m
Dasave
Kharakvasla Lake
Sinhagad
888m
Loni Kalbhor
Sasvad
Rajevadi
Murud
Janjira
Kuda
Indapur
Tala
Nisampur
Kolvan
Welhe
Adoli
Nasrapur
Purandhar
Jejuri
Morgaon
Vicf
Tan
Borli Panchaitar
Dighi
Goregaon
Mangaon
Raigad (Raigarh)
Khed
Supa
Mhasla
Dungaon
Mahad
Varandha
Birvadi
Apti
57
Baneshwar
Khandala
Nira
Wadgao
Muru
Srivardhan
Harihareshwan
Raireshwar
1373m
Lonand
Taradgaon
Devgarh
Bankot
Mandangad
Terevadi
Poladpur
Pratapgarh
Bhor
Bhatghar Lake
Shirwal
Surul
Panchgani
1304m
Adarki
Kolshi
Palavna
Vinhera
Kashedi
Mahabaleshwar
1438m
Wai
Wagholi
Wathar
Deura
Anjarla
Bhangar
Harnai
Kanjale
Kelghar
Medha
Jaoli
33
Krishna
Satara Road
Budh
Dapoli
Jalgaon
Khed
Lamaj
Amboli
Kas
Arola
Kumta
Busegaon
Asona
Koyna Reservoir
Jaoli
Koregaon
Chinchner
Khatao
Dabhol
Anjanvel
Parchuri
Dhamnand
Savrat
Kusi
Satara
Rahimatpur
956m
Chiplun
Bhom
38
Vashishti
1050m
Ghanbi
Kaloli
Atit
Targaon
Aundh
Guhagar
Marg Tamhana
Alora
Kond
Helwak
86
Patan
Umbraj
Masur
Siravde
Pusesavli
Raigaon
Velneshwar
Sanvarde
Khodade
Talbid
Viravdi
Jaigarh Head
Jaigarh
Ril
Ganpatipule
Makhjan
Davri
Humbarna
Koyna
Kale
Kadegaon
Malgund
Nevra
Sangameshwar
Navdi
Medha
Yelgaon
Karad
Kasegaon

KONKAN COAST
KONKAN Hills
WESTERN GHATS
Purandhar Hills
ARABIAN SEA
Upper Krishna Valley

18°N
19°N

Malabar Point
Back Bay
Colaba Point
Elephanta Island

▼ 88 ▼

A   B   C   D

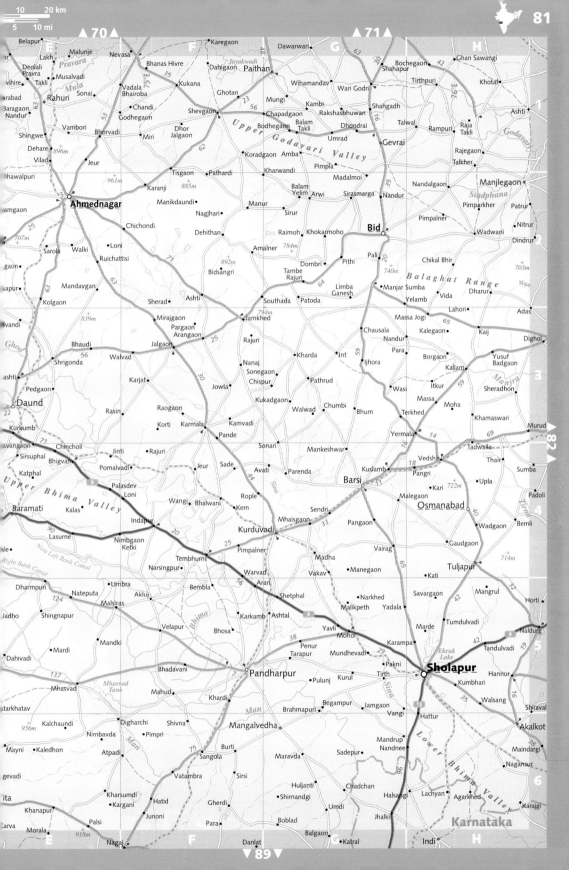

▲ 71 ▲   ▲ 72 ▲

A   **B**   **C**   **D**

Satuna •   Walur •   Kosri •   Bori •   Aundah •   Pangra •   Shivni • Siwala   Vidul •   Dhanki •   Bit

Dasala •   Jaola   Korandh •   Chatari •

1   Ashti •   Sailu •   Kothala •   Takli •   Dudhgaon •   Jahri   Dudna   Purna   90   20   Hadgaon •   88   Warhona •

Hadgaon Buzurg •   Manwat •   Sawangi Buzung •   Hatta •   Basmath •   Gurgaon •   Ardhapur •   Tamsa •   Ghogari   Kob

Pathri •   **Parbhani**   Pingli •   Malegaon •   18   Barad •   Bhokar •   Nighaw •

Kokarjaola •   Umri •   133   Tarkalas •   Purna •   **Nanded**   Mudkhed •   *Mudkhed Hills*

Babulgaon •   19°N   Nimba •   Rampuri •   Deottana •   Vajhur •   Godavari   Malkot •   Umri •   Mogli •   Bhair

Manjlegaon •   Patrur •   Barhampuri •   Selgaon •   Palam •   Pennur •   Sankher •   Krishnur •   Katur •   Karkheli •

2   Nitrur •   Dindrur •   Sirsala •   **Maharashtra**   Pimpalgaon •   Lawha •   Osmanagar •   Manjram •   Nayegaon •   **Dharmabad**   Kandkurti •

703m   Nagapur •   **Parli**   Gangakher •   Chatori •   Kandahar •   43   Warshi •   Kanur •   Kondalwadi •

Adas •   Supegaon •   Rani Sawargaon •   74   Malegaon •   Peth Wadaj •   Kawta •   Lohgaon •   Biloli •

Waŋ   Ambaltek •   Andhori •   Kuria •   Digras •   Mukher •   Betmogra •   477m   Yec

65   **Ambajogai**   Ujni •   Kingaon •   **Ahmadpur**   Jalkot •   Mangial •   Khanapur •   Kotgir •   Rudru

Dighol •   Burdapur •   Pangaon •   Jadhala •   Sirur Tajband •   Hali •   Lendi   **Diglur**   Anta

59   **3**   Sheradhon •   Jaola •   Renapur •   Kharola •   52   Chakur •   Wadhona •   Tiru   Kharka •   Madnur •   Birkur •   Bo

Murud •   Gategaon •   698m   69   Nalegaon •   Her   Tandur •   Karadkhel •   Bichkurda •   Banswada

▲ 81   **Latur**   Bori •   **Udgir**   75   Hanegaon •   Jukal •   Kaulas •   135

Sumba •   Kond •   Sakhol •   Belshakarga •   Aurad •   Chinna Taki •

Bhada •   **Ausa**   Nitur •   Walandi •   Kamalnagar •   Kangti •   Pitlam •

Padoli •   Manjira   Kusnur •   Santpur •   Wadgaon •   Nizampet •

4   Bemli •   113   Ambalga •   Kalgupur •   Manjira   Narayankher •   Shankrampe

18°N   Matola •   **Nilanga**   Halgar •   Aurad Shahjahani •   Bhatumra •   Chillargi •   Allahdur

Bhatagli •   Kilarni •   Tirna   Halsur •   **Bhalki**   Kowitta Buzurg •   Janwada •

Lohara •   Chakur •   Belura •   Halbarga •   58   **Bidar**   Ped

Horti •   Jaoli •   Dalimb •   Kasar Sirsi •   Kalyani •   Ghat Borul •   Katak Chincholi •   Andur •   Raipalli •

5   **Naldurg**   **Umarga**   9   Matala •   Basavakalyan •   Karambad •   Alikhen •   Nayalkal •   Raiked •

19   2   Ganjoti •   Moram •   90   Rajashawar •   **Homnabad**   Mangalgi •   Matalkunta •   Jhara Sangam •

Benithora   Alur •   Khajuri •   Hirnagaon •   Moinabad •   Nidni •   Chiraghpalli •   Malkapur •   9

Hannur •   Wagdari •   84   Ambalga •   Kinhi •   54   **Zahirabad**   Digwal   40   **Sadaseope**

16   Shiraval •   **Aland**   Bodhan •   Sonath •   57   Kamlapur •   Malchalma •   Kohir •   Marpalli •

Akalkot   Hipparga •   Mahagaon •   Sargapur •   Mallamari   Chandankheri •   685m   Talmadadi •   Morangpalli •

Maindargi •   38   Nimbarga •   Kar Bhosga •   **Karnataka**   Chincholi •   Kotepalli •

6   Dudhani •   Nimbal •   Narona •   Kalgi •   Kodli •   Solahpet •   Miryan •   Peddamal •   **Vikarabad**

Karajgi •   Atnur •   Gobur •   **Gulbarga**   Pet Sirur •   83   Tingli •   Nirgunda •   Dharur •

Afzalpur •   Gangapur •   Parvatabad   Martur •   Malkhaid •   Kagna   Bashirabad •   **Tandur**   Bamraspet •   Pargi

A   **B**   Sedam   **C**   **D**

▼ 90 ▼

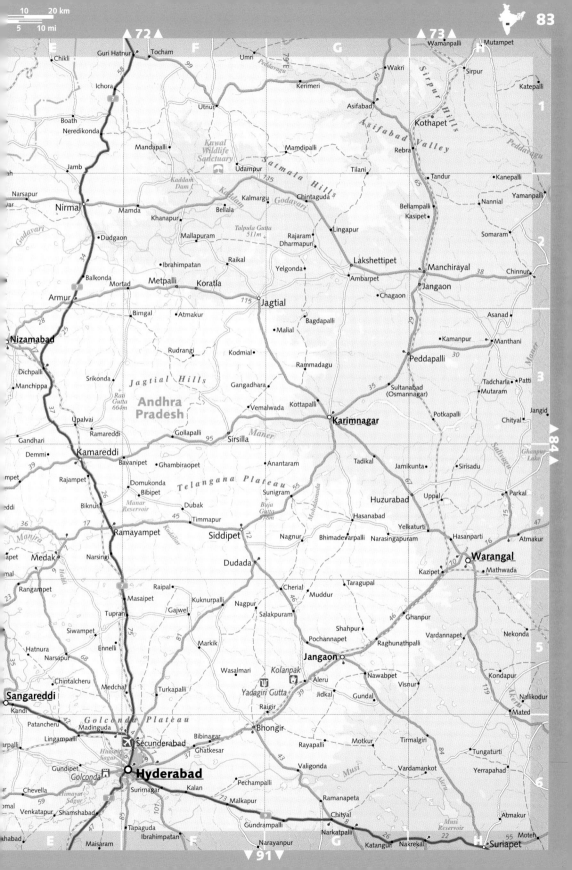

▲ 73 ▲   ▲ 74 ▲

A   **B**   **C**   **D**

80°E · 81°E

Lugam · Elgur · Kothi · Pothungoli · Dumanata

Katepalli · Ahiri · Allapalli · Kandar · Purkahur · Nibra · Chhota Dongar · Kodsanar

Pirmeli · Palli · Bhamragarh · Lahir · Dhobe · Hoinar · 938m · Bastar Hills · Kundurgaon

Pranhita · Rajaram · Bamanpalli · Pasewada · Maji Mendri · Nugur · Goti · Kondanar · Barsur

Repanpalli · Dewalmari Hills · Sundra · Indravati · Gudra · Baordhig

Maharashtra · Mukabeli · Kutru · Tunutar

Yamanpalli · Muyyabompeta · Merpalli · 19°N · Mandem · Chintapalli · Bhairamgarh · 233 · Gidam

Umanur · Kanjed · Dogoli · Nandiraj · Bailadia Hills · Dantewara

Sinsa · Sirikonda · Bareguda · Padmur · Bijapur · Gangalur · Bailadia 1240m · Kameli · Kuakonda · Koriras

Chinnur · 26 · Sironcha · Kopela · Bhopalpatnam · Chintavagu · Madded · Mukapara · Kirandul · Burgam

Mahadeopur · Ankisha · Godavari · Palmala · Sankanpalli · Mallepalli · Basagude · Gondpalli · Jira

Chintakani · Suraram · Kotturu · Chandrupatla · Avupalli · Usur · Jagargonda · Gogonda

Patti · Kanakanur · Buttayyagudem · Chikupalle · Salbaka · Alabaka Hills · Chintalnar · Mottu

Jangid · Rampur · Eturnagaram · Nagaram · Pujarikaker · Talpavu · 786m · Ordeltong

Chityal · Narlapur · Venkatapuram · Mangapet · Albaka · Chinta · Elmagonda

Ghanpur Lake · Palampet · Ramappa Lake · Chelvai · Middle Godavari Basin · Cherla · Edupadu · Sabari Valley

Mulug · 47 · Katapuram · Kottagudem · Tegada · Mangoor · Kistaram · Golapalle · Golapalle Plateau

Mallampalli · 18°N · Saruvapura · Laknavaram Lake · Lingala · Parnasala · Motu · Konta

Atmakur · Pakhal Lake · Marrigudem · Muttapuram · Kichanapalle · Dummagudem · Marrayagudem · Edugurallapalle · Chinturu

Narsampet · Ashoknagar · Gangaram · Allapalli · Emaluru · 65

Nekonda · Pakhal Wildlife Sanctuary · Pandiam · Sudimalle · Gollagudem · Nellipaka · Bhadrachalam · Gaviridevipeta · Kunavaram · Sabari

Mahbubabad · Yellandu · Paloncha · Borgampad · Pogullapalle · Sriramagiri · Isunuru

Nallikodur · Gudur · 42 · **Kottagudem** · 28

Maripeda · Dornakal · Sirpuram · **Andhra Pradesh**

Subraved · 779 · Pindipole · Timmaraipet · Vengannapalem · Annapareddipalle

Thirumatayhapaiem · 57 · Rudrajupalle · Dammapeta · Ashwaraopet

Palleru Lake · 41 · Nilguda · Tummileru · 96 · Jilugumilli

Kushmanchi · **Khammam** · Tiladru · Kallur · Gangareddigudem · Kannapuram · Koyya

Moteh · 55 · 34 · Pedda Munugal · Vaimsur · Sathapalli · 13

▼ 92 ▼

83 · Chhattisgarh

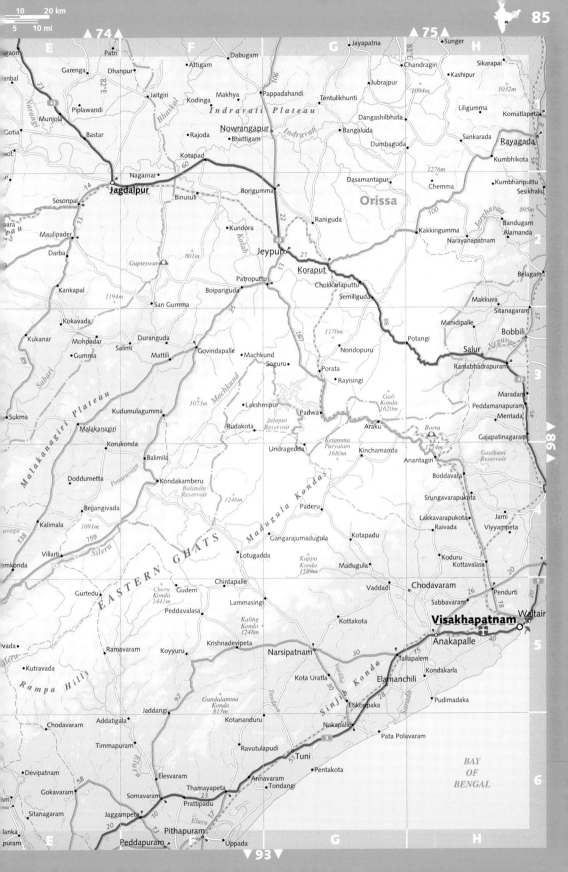

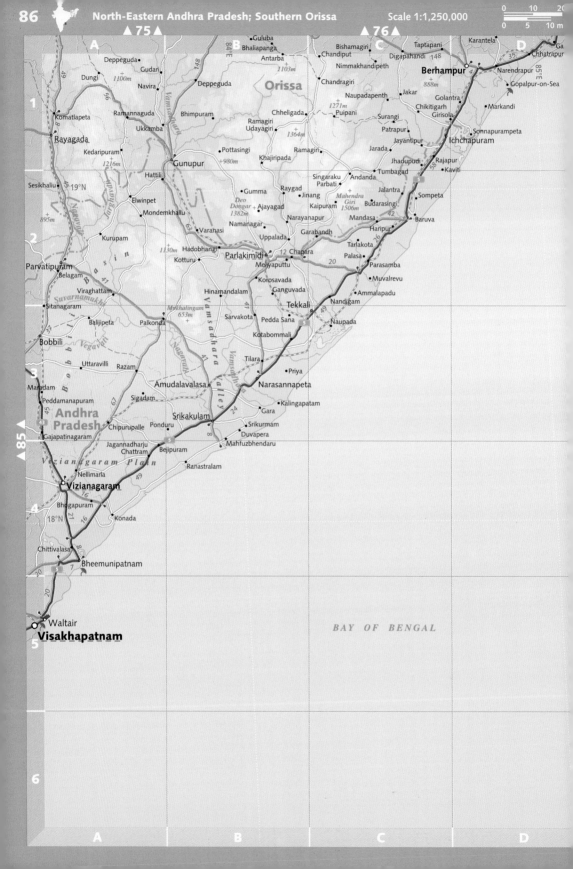

▲ 75 ▲ ▲ 76 ▲

0   10   20
0   5   10 m

Orissa

Guluba
Bhaliapanga
Antarba
Deppeguda
Gudari
Navira
Deppeguda
Bhimpuram
Chandiput
Bishamagiri
Nimmakhandipeth
Chandragiri
Naupadapenth
Puipani
Surangi
Patrapur
Jayantipur
Jarada

Digapahandi 148
Taptapani
Karantela
Narendrapur
Berhampur
Gopalpur-on-Sea
Markandi
Sonnapurampeta
Ichchapuram
Jakar

Deppeguda
Dungi
Navira
Komatlapeta
Ramannaguda
Ukkamba
Rayagada
Kedaripuram
Hattili
Gunupur
Pottasingi
Khajiripada
Ramagiri
Udayagiri
Ramagiri
Singaraku Parbati
Andanda
Jalantra
Budarasingi
Mandasa
Rajapur
Kaviti
Sompeta
Baruva

Sesikhaliu
19°N
Elwinpet
Mondemkhallu
Gumma
Raygad
Jinang
Ajayagad
Kaipuram
Narayanapur
Deo Dongar 1382m
Mahendra Giri 1506m
Haripur
Tarlakota
Palasa
Parasamba

Kurupam
Varanasi
Namanagar
Uppalada
Garabandh
Muvalrevu

Parvatipuram
Belagam
Hadobhangi
Kotturu
Parlakimidi
Meliyaputtu
Chapara
Korosavada
Ganguvada
Ammalapadu
Nandigam

Viraghattam
Sitanagaram
Balijipeta
Palkonda
Mukhalingam 653m
Sarvakota
Hinamandalam
Pedda Sana
Tekkali
Kotabommali
Naupada

Bobbili
Uttaravilli
Razam
Tilara
Priya

Maradam
Peddamanapuram
Andhra Pradesh
Chipurupalle
Amudalavalasa
Sigadam
Srikakulam
Ponduru
Narasannapeta
Gara
Kalingapatam
Srikurmam
Duvapera

Gajapatinagaram
Jagannadharju Chattram
Bejipuram
Ranastralam
Mahfuzbhendaru

Nellimarla
Vizianagaram Plain
Bhogapuram
18°N
Konada
Vizianagaram

Chittivalasa
Bheemunipatnam

Waltair
Visakhapatnam

BAY OF BENGAL

E   F   G   H

Hanuman

Anjenadri Hill

Lakshmi   Durga Temple
& Watchtower

Anegondi   To Gangawati (12km)

1

Tungabhadra River

Main Gate   New
to Anegondi   Bridge

2

Vittala

Corracle   Ruined   King's
Crossing   Bridge   Balance

Ghats   Ghats   *Channel*   Talarighat
Gate

Tourist
Office   Kodandarama   *Irrigation*

Canara   Sule Bazar

Virupaksha   Monolithic
Nandi   *Matanga
Hill*

emakuta Hill   **Hampi Bazaar
(Sacred Centre)**   Achyutaraya

Monolithic
Ganesh   Krishna   3

nolithic
simha   *Irrigation   Channel*

**Islamic
Quarter**   Malyavanta
Raghunatha   To
Kampli
(25km)

Zenana Enclosure;   4
Lotus Mahal   Elephant Stables

Hazara
Ramachandra   Hospet

Underground   *Vijayanagar
Canal*
Virupaksha
Temple   Station Rd

Royal Centre   5

Queen's   College Rd   Tourist
Bath   Office

Bhima's
Gate   *Bellary Rd*

Domed   Andhra   Movie   Malligi
Gate   Theatre

Archaeological   Market   *Canal*   6
Museum

Kamalapuram   Pattabhirama

To Hospet (13km)

▲ 80 ▲

A **B** **C** **D**

ARABIAN SEA

Ganpatipule
Malgund
Nevra
Vada Kalbadey
Ukshi
Sangameshwar
Navdi
Medha
Yelgaon
Kasegaon
Kirloskar
Uran
Islampur
Valva
Ashta
Ba

17°N

Hatkhambe
Ratnagiri
Pali
Devla
Belkar
Bhadkamba
Vishalgarh
1024m
Malkapur
Shahuwadi
Gothna
Arla
Charan
Mahar
Bilasi
Shirala
Kodoli
Wadgaon
Peth
Kameri

Panvas
Purangarh
Lanja
Vatul
Raypatan
Padsali
Anaskura
Karanjphan
Porla
Yavluj
Panhala
Hatkalan

Konkan Hills
Shastri
Adivra
Bhun
Rajapur
Kharepatan
Jaitapur
Vijayadurg
Sindhudurg
Rajapur Bay
Vaghotan
Kokesra
Phonda 991m
Sarvada
Bavda
Rajanvadi
Kale
Haldi
Bid
Rashivda
Kagal
Kongnoli
Saondalga
Chikhli
Kolhapur
Ichalkar
Ka
Panchganga
Tarla

16°N

Maharashtra

Devgarh Bay
Mond
Talera
Kasarda
Devgarh
Shirgaon
Kamta
Kankauli
Bhirvada
Lakshmibai Tank
Radhanagarf
Budhargarh
Mahsrang
Murgud
Nipani
Bahirevadi
Kanan
Sankes
Gad
Ajra
Mahagaon
910m
Nesari
C

Gad
Achra
Ramgarh
Masura
Kasal
Talgaon
Pendur
Malwan
Malwan Bay
Nerur
Mangaon
Kudal

WESTERN GHATS

Harankeshi
Ghatkar

Savantvadi
Vengurla
Talavada
Aros
Ajgaon
Banda
Amboli
Chandgad
852m
Ramghat
Be
89

LAKSHADWEEP SEA

Terekhol
Querim
Arambol (Harmal)
Pernem
Alorna
Maneri
Bhedshi
Surla
Jamboti
1038m
Chapora

Chapora & Vagator
Chapora
Anjuna
Calanguta
Aguada
Panaji (Panjim)
Dona Paula
Mormugao Bay
Mormugao
Vasco da Gama
Dabolim
St George's Island
Bogmalo
Colva
Benaulim
Varca
Margao (Madgaon)
Cavelossim
Mobor
Cape Ramas
Balli
Cabo Da Rama
Agonda & Palolem
Chaudi

Corjuem
Bicholim
Mayem
Mapusa
Old Goa
Pilar
Ponda
Goa
Sanquelim
Harvale
Valpoi
Bondla Wildlife Sanctuary
Tamdi Surla
Mahadeva
Sonsogar 1025m
Molen
National Park
Castle Rock
Molem
Dudhsagar

Anjunem
Quepem
Sanvordem
Sanguem
Bhagwan Mahav Wildlife Sanctua
Chandreshwar Bhutnath
Cuncolim
Kumbharvada
Poonawadu
1053m
Codal
Palolem
Cotigao Wildlife Sanctuary
Polem
Sadashivgarh
Halge
Kadra
Anshi
Karwar Bay
Devgad Island
Talpona

15°N

MALABAR COAST
KONKAN COAST

A **B** **C** **D**

▼ 94 ▼

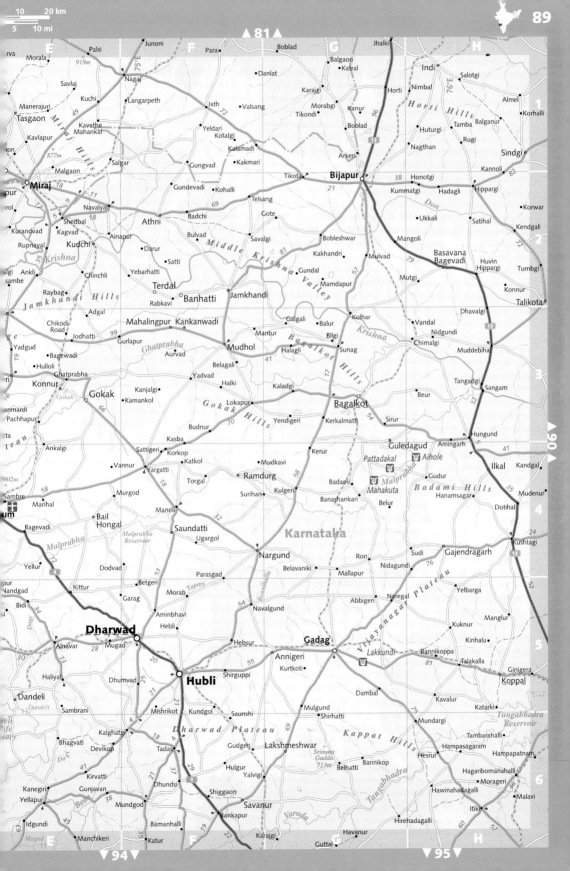

▲ 82 ▲

A   **B**   **C**   **D**

Atnur   Gobur   Tingli   Tandur
Afzalpur   Martur   Malkhaid   Bashirabad   Bamraspet
Gangapur   Parvatabad   Sedam   Korangal   Pargi
Shahabad   Chitapur   Digaon   Husnabad
Almel   17°N   Firozabad   Korla   Daulatabad   Sarjakhanpet
Korhalli   Wadi   Hundarki   Kosgi
Moratgi   82   Jevargi   Koterki   Gurmatkal   Gundmal   Nanc
Sindgi   Mudbal   Nalwar   Damargidda   Kotakunda   Koilkonda   Honw
Aralgundgi   Ijeri   Sirwal   Yargol   **Mahbubn**
Yankanchi   Yadgir   Narayanpet   Muhammadabad
Yedrami   Dwaranhalli   Nandipalli   Maddur   Dhanwada
Golgeri   Gugi   Shahpur   Khanapur   Utkur   Devark
Korwar   Malla   Kurkundi   Marikal   Mu
Kendgali   Algur   Sagar   Wadgira   Kadichur   Kunamanur   Kaukurtla
Karnataka   Kembhavi   Hattigudur   Makhtal
Tumbgi   72   Agni   Kapur   Tumkur   Magnur   Ammapu
Talikota   Shorapur   Rangampet   Devadurga   *Namada Chilume Sanctuary*
Hunasagi   Devapur   Masarkal   Kistha   Mudumala   Amarchinta
Tathni   65   Jalihalli   Devarsugur   Kothak
Koddekal   *Krishna*   *Huntti Plateau*   Gabur   Atmakur
Gurgunta   Galag   Arker   Ramdurga   Gadwal
Nalatvad   Hutti   Hira   Kalma   13   **Raichur**   Podur
Lingsugur   Kurkundi   Sirwar   Kallur   *Raichur Plateau*   Ghut   Madnakal
16°N   Kavital   Balatgi   Yergara   Macharla
Nandvadgi   Mudgal   Bagalwad   Kurdi   Matmari   Ij   Uppal
Kandgal   Medkanhal   Balganur   Maski   Hire Kotankal   Manvi   *Tungabhadra*   Madhavaram   Nagaladime   Manya
Mudenur   Jawalgeri   Halvi   Nandavaram   Palukallu   Rajavolu
Dotihal   Hachcholli   Kosgi   Mantralayam   G
Tawargin   Turvihal   Sindhnur   Kautalam   Guduru   Sing
Hulihaidar   Naoli   Salgundi   Kuppagallu   **Emmiganuru**   Nagalapuram
Siruguppa   Harivanam   Gudikallu   Gonegandla   *Hindri*   Kodumuru   Ulindal
Kanakgiri   Koratgi   **Adoni**   Karivemula   *Erramal*
Eruru   Hebbetti   Devanakonda   Krishnagiri
Gangawati   Emmiganur   Sirigeri   Tekkalakote   Gundlakonda
Kampli   Holalagondi   Aspari   Pattikonda   Katarukonda
Hampi (Vijayanagar)   Kurugodu   Karuru   Alur   Hosuru   Changondla   Dh
Ginigera   Kamalapuram   Singadavanahalli   Molagavalli   Tuggali   Garladinn
Munirabad   **Hospet**   Papinayakanahalli   Maddikera
Gadiganuru   Moka   Chintakunta   Jonnagiri   Pyapali   Nereducher
Toranagallu   Kudatini   Virapuram   Patakottacheruvu
Hampapatnam   Ramgad   **Bellary**   Hagari   **Guntakal**   **Gooty**
Chilakanahatti   15°N   Gadekallu   Rayalacheruvu
Hagaribomanahalli   Sandur   *Sandur Hills*   Obalapuram   Rupanagudi   Vidapanakallu   Karur   Yac
Malavi   Yeshwantnagar   Dandinahirehalu   Paltur   Honnuru   **Uravakonda**   Pamidi
Bandri   Swamihalli   Nimbagallu   *Penneri*   Mutssukota
Kudligi   Rampura

Tungabhadra Reservoir

Hampi, Map 87

▼ 95 ▼   ▼ 96 ▼

A ▲ 84 ▲ B   C   D

Kushmanchi
Moteh
Tiladru
Kallur
Pedda Munugal
Jilugumilli
Gangareddigudem
Kannapuram
Koyyalgudem
Erra
Zangaredigudem
Khammam Plateau
Tiruvuru
Sathupalli
Vaimsur
Chintalapudi
Kovvur P

Munagala
Ni Kondapa
Narasimharaopalem
Kamavarapukota
Nallejerla
Dubacherla

17°N
Kodad
Bonakalu
Gampalagudem
Kambhampadu
Tadikelapudi
Bhimadolu

Huzurnagar
Makkapeta
Madhira
Vissannapeta
Dharmajigudem
Vijayarayi
Gundugolanu
Kaikara

Penuganchiprolu
Ramanakkapeta
Gopavaram
Eluru

Jaggayyapeta
Nandigama
Yerupalem
Mailavaram
Nuzvid
Gollapalle
Ganapavar

Mattampalli
Ellaturu
Agiripalle
Viravalli
Andhra Pradesh
Kolleru Lake
Pallevada
Akividu

Dachepalle
Kanchikacherla
Kondapalli
Mustabada
Kaikalur
Kalla

Achampet
Vijayawada
Undavalli
Gannavaram
Dosapadu
Korukollu

Krosuru
Amaravathi
Mangalagiri
Tarepalli
Gudivada
Mandavalli

Pillutla
Piduguralla
Peddakurapadu
Tadlkonda
Kankipadu
Vuyyuru
Kavutaram
Bantumilli

Zulakallu
Karempudi
Sattenapalle
Bandarupalle
Phirangipuram
Duggirala
Kapileswarapuram
Pamarru
Nidumolu
Pedana
Manginipudi

Nekarikallu
Talluru
Kondavidu
Guntur
Kolakaluru
Emani
Kuchipudi
Gilduru

Ipuru
Narasaraopet
Chebrolu
Tenali
Avulavaripalem
Movva
Masulipatnam

Prattipadu
Guntur Plains
Kolluru
Challapalle

Chilakalurupet
Bhattiprolu
Krishna Delta

Vinukonda
16°N
Cherukuru
Ponnuru
Nidubrolu
Pallapatla
Repalle
Avanigadda
Koduru
Divi Point

Maruturu
Paruchuru
Nutalapadu
Bapatla
Karanchedu
Bobarlanka
Nagayalanka
Talagadadivi

Addanki
Pasupugallu
Inkollu
Chirala
Nizampatam
Yelatturdibbe
Mouths of the Krishna

Duddukuru
Vetapalem
False Divi Point

Medarametla
Uppugunduru
Kadavakuduru
Chinna Ganjam

Maddipadu
Chimakurti
Ammanabrolu
Kanuparti

Uppalapadu
Karavadi

Chimata
Ongole
Alluru Kottapatnam

Madduluru
Ponduru
Surareddipalem
Tanguturu

Paleru
Ullapalem
Kondapi
Kandukur
Singarayakonda
Karedu

Pokuru
Chundi
Valetivaripalem
15°N
Gudluru
Tettu
Ramayapatnam

Peddapavani
Kommi
Kavali
Tummalapenta

Chinna Annaluru
Zaladanki
Chinnakraka
Kaligiri
Mungamuru

10 20 km
5 10 mi

E   F   ▲ 85 ▲   G   83°E   H

agaram
lanka
Jaggampeta
Pithapuram
Rajanagaram   20   Uppada
Kovvur   Peddapuram   Medapadu   Samalkot
ahmundry   Dowlaiswaram   Peddapudi
Kakinada
vole   Dwarapudi   Karapa
Mandapeta   Ramachandrapuram
allegudem   Alamuru   Tallaveru   Draksharama
anuku   Yanam

Godavari Point

1

Relangi   Kotapeta   Kotipalle   **Yanam**
(Part of Pondicherry
Penugonda   Union Territory)
Maruteru   Mummidivaram
Amalapuram   Uppalaguptam

2

varam   Palakollu
arasapur   Razole
Bandamurlanka
Antarvedipalem

3
Antarvedi
*Narasapatnam
Point*

Mouths of the Godavari

4

BAY OF BENGAL

5

6

E   F   G   H

▲ 88 ▲   ▲ 89 ▲

A   **B**   **C**   **D**

Polem
Sadashivgad   Kadra   Idgundi   Bankapur
Devbag Halge   Manchikeri   Bamanhalli   Karajgi
Karwar Bay Karwar   Katur   Haveri
Anjidiv Ramanguli   Magod   Bhartnalli   Pala   Hangal   Adur   Motibenn
Island Bhaga & Arga Sunksal   Sonda   11   3   Byad
Aversa 30   Hulekal   Islur   Hosur   Tilvalli   Havasbhavi
Ankola Agsur   Sirsi   Jade   Anavatti   Chikkerur   Koc
28 Madangeri   Ammenalli   Banavasi   44   Belgami   Hireke
Gokarna Devimane   Nilkund   Tyagli   Kuppagadde   Siraikoppa
Om & Kudle Mirjan   50   Chandragutti   Sorab   17   19   Shikarpur
Kumta   Mallapur   Bilgi Siddapur   Gudavi Ambaligolla   26
Haldipur   17 Kargal   Bird   Keladi   Anjanapura
Basavrajdurg Honavar   Gersoppa Mavingundi Talguppa Sanctuary   Saval
Island   Swarna Nadi   22 Sagar   52
Manki   Aralagodu   Ikkeri   Avinhalli Anandapuram   Kumsi
Murudeshwar Mavalli   Karur Linganamakki Arasalu   Ayanur
Island   Murudeshwar Sharavathi Reservoir Riponpet
Pigeon Hog Bhatkal   Sanctuary   Hosanagara   Humcha   Shettil
Island Island 138   Lakshmipur   Nagar 113   Malur   Mand
Bainduru   Kollur Kodachadri   Tirthahalli   Narasimhara
Maravanthe Jadakal 1343m   Kayole Durga Megarvalli   Koppa
Vandse   Hosangadi 932m Hariharpur   Sollebail
Gangoli Basrur Chakranadi Golikatte Agumbe 38 Sringeri Sangam
Kundapura   Halady   Someshwar   Balehonnur
Kotatattu   Hebri   Kudremukh Kalasa
Barkur   23 1892m Ballalrayan
Kalyanpur Swarna Perdur 26   Navuru Durga 1507m
Coconut Manipal Shivalli   Karkal Venur Mertigudda
Island Malpe Udipi Herga   Belmannu Beltangadi 90 Charma
Kap   18   Nitte   Dharmastala
St Mary Mulki Mudabidri 35 25 Punjalkatte An
Isles   Gurpur
Suratkai Parambul   Mangalore Panemangluru Uppinangadi Shir
Ullal Bantval Mani Vittal Golitattu Net
Manjeshwara Puttur Kadaba
Kumbla   Kerala Perdala Kanakamajalau Panje
Aduru Chandragiri Sulya

74°E

North Karnataka Hills

MALABAR COAST

LAKSHADWEEP SEA

14°N

13°N

WESTERN GHATS

Shimoga

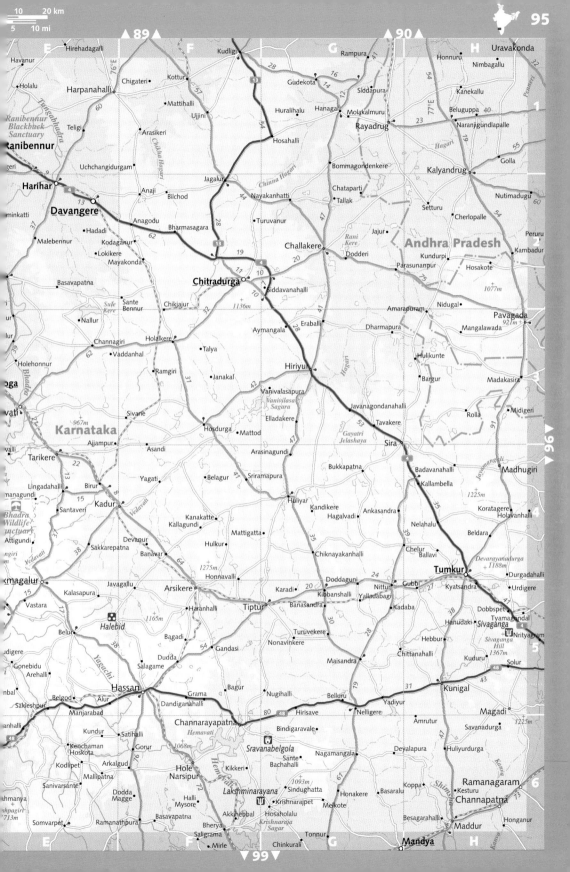

▲ 90 ▲   ▲ 91 ▲

A | B | C | D

Uravakonda · Pamidi · Talamanchipatnam · Paluguralla · Pay

Garladine · Mutssukota · Tadpatri · Peddapasupula · Duvvuru

Singanamala · Putluru · Jammalamadugu · Vanipenta

40 · 26 · Narapala · Ellanuru · Gaudikota · Kondapuram · Proddatur · Maidukuru · 37

Kuderu · Anantapur · Simhadripuram · Muddanuru · Erraguntla · Khajipeta

Atmakuru · 61 · Tadimarri · Parsapalle · Balapanuru · Tonduru · Kamalapuram · Peddachappalle

Nutimadugu · Maruru · Lingala · Vellaturu · Cuddapah · Siddh

Togarakunta · Battulapalle · Pulivendla · Pesiduvaripalle · Sidhout

Kanaganapalle · Dharmavaram · Polatala · Maddimadugu

Peruru · Mudigubba · Vempalle · Guvvalacheruvu

Kambadur · Ramagiri · Nagasamudram · Pamuduru · Reddivaripalle · Patnam · Konapeta · Virapalle

Tirumani · Chenekotapale · Malakavemula · Talupula · Lakiredipalle · Kottapet

Nagalamadike · Gutturu · Bukkapatnam · Kadiri · Veparate · Danayanicheruvu · Rayachoti

Pavagada · Roddam · Puttaparthi · Kondakomarla · Galivedu · Tsundupalle

Penukonda · Gorantla · Innaglur 882m · Peddaballe · Chinnamandem · Mudu

Madakasira · Palasamudram · Tanakallu · Kokkanti · Kosapuram · Kalakada

Parigi · Chilamatturu · Kodikonda · Chakavel · Tamballapalle · Gurramkonda · Mahal

Hindupur · Lepakshi · Bagepalli · Kundukur · Peddatippasamudram · Burrakayalakota · Mudivedu · Medikurti

Gauribidanur · Hudugu · Gudibanda · Mandikal · Sadali · Chelur · Tsadumu · Kottakota · Ghattu · Tarigonda · Vayalpad · Kalikiri · Pile

Koratagere · Hosuru · Basetihalli · Gavunipalli · Kurabalakota · Madanapalle · Kanduru · Tradum

Holavanhalli · Tondebhavi · Ganjigunti · Rayalpadu · Somala

Hoshalli · Nandi Hill 1615m · Chikballapur · Murugamale · Yerukalave · Chaudepalle

Saslu · Sidlaghatta · Chintamani · Srinivaspur · Ramasamudram · Punganuru · Rayalapeta

Urdigere · Dod Belvangala · Dodballapur · Avati · Jangamakote · Muttukuru · Kuppam

Tyamagondal · Devanhalli · Hindiganal · Suguturu · Muduvadi · Sankarayalapeta · Venkatagiri · Banga

Golhalli · Nelamangala · Chik Banavar · Yelahanka · Vegamallu · Nangli · Palmaner · Para

Nrityagram · Yesvantpur · Narasapura · Kolar · Mulbagal · Baireddipalle · Sainigunta

Krishnarajpur · Hoskote · Malur · Bangarapet · Tayllur · Gudiyattam

Bangalore · Whitefield · Betmangala · Venkatagirikota · Naikaneri · Pernampet · Pallikone

Tavarikere · Kengeri · Budikote · Kolar Gold Fields · Ramakuppam · Melpatti

Kumbalgod · Masti · Kamsandra · Vijalapuram · Pedduru · Agaram

Kaglipur · Sarjapur · Bagalur · Berikai · Ambur · Odu

Ramanagaram · Harohalli · Anekal · Mattigiri · Kuppam · Vepanapalle · Vaniyambadi

Bannerghatta National Park · Hosur · Sulagiri · Maharajagadai · Alangayam · Kom

Maralvadi · Kalamangalam · Talai · Uddanapalli · Patchur · Mottur

Kanakapura · Denkanikota · Krishnagiri · Barguru · Jolarpet

Tamil Nadu · Karnataka

Penukonda 940m · Nandi Hills 1467m · Eastern Ghats · Chittoor H · Nandya Valley · Lankam Hills · Seshachalam Hills · Cuddapah Basin · Mussukota Hills · Alasimar Plateau · Bangalore Plateau

▼ 100 ▼

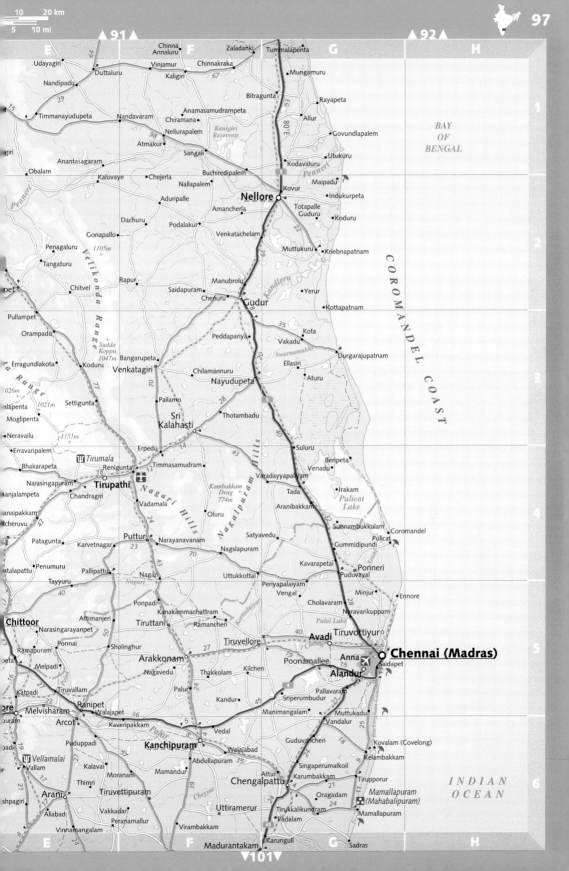

10 20 km
5 10 mi

BAY
OF
BENGAL

C O R O M A N D E L   C O A S T

INDIAN
OCEAN

Chennai (Madras)

Nellore

Tirupathi

Chittoor

Kanchipuram

Udayagiri
Nandipadu
Timmanayudupeta
Obalam
Anantasagaram
Kaluvaye
Penagaluru
Tangaturu
Chitvel
Pullampet
Orampadu
Erragundlakota
Koduru
Settigunta
Moglipenta
Neravailu
Erravaripalem
Bhakarapeta
Narasingapuram
Chandragiri
Patagunta
Penumuru
Tayyuru
Ramapuram
Melpadi
Katpadi
Melvisharam
Arcot
Puduppadi
Vallam
Kalavai
Thimri
Arani
Aliabad
Peranamallur
Vinnamangalam
Vakkadar

Duttaluru
Nandavaram
Chinna
Annaluru
Vinjamur
Kaligiri
Chinnakraka
Zaladanki
Tummalapenta
Mungamuru
Rayapeta
Allur
Govundlapalem
Utukuru
Kodavaluru
Maipadu
Kovur
Indukurpeta
Totapalle
Guduru
Koduru
Muttukuru
Krishnapatnam
Yerur
Kottapatnam
Kota
Vakadu
Ellasiri
Durgarajupatnam
Aturu
Suluru
Venadu
Beripeta
Irakam
Tada
Varadayyapalayam
Aranibakkam
Sunnambukkulam
Pulicat
Coromandel
Gummidipundi
Kavarapetai
Ponneri
Puduvayal
Minjur
Ennore
Periyapalaiyam
Vengal
Naravarikuppam
Cholavaram
Tiruvottiyur
Avadi
Anna
Saidapet
Alandur
Pallavaram
Muttukadu
Vandalur
Kovalam (Covelong)
Kelambakkam
Tirupporur
Mamallapuram
(Mahabalipuram)
Mamallapuram
Sadras

Chinnakraka
Anamasamudrampeta
Chiramana
Nellurapalem
Atmakur
Sangali
Bitragunta
Kanigiri
Reservoir
Buchiredipalem
Nallapalem
Chejerla
Aduripalle
Amancherla
Dachuru
Podalakur
Venkatachelam
Gonapallo
Manubrolu
Rapur
Saidapuram
Chenuru
Gudur
Peddapariya
Chilamannuru
Nayudupeta
Pallamo
Thotambadu
Sri
Kalahasti
Erpedu
Renigunta
Timmasamudram
Vadamala
Oluru
Kambakkam
Drug
Satyavedu
Nagslapuram
Narayanavanam
Puttur
Karvetnagar
Pallipattu
Nagari
Attimanjeri
Ponpadi
Kanakammachattram
Tiruttani
Ramancheri
Tiruvellore
Poonamallee
Thakkolam
Kilchen
Nagavedu
Palur
Kandur
Sriperumbudur
Manimangalam
Guduvancheri
Singaperumalkoil
Karumbakkam
Oragadam
Tirukkalikundram
Padalam
Karunguli
Madurantakam
Uttiramerur
Virambakkam
Chengalpattu
Attur
Abdullapuram
Mamandur
Moranam
Walajabad
Vedal
Kaveripakkam
Walajapet
Ranipet
Kanchipuram
Tiruvettipuram
Vellamalai

Pennar
Vellikonda Range
Nagari Hills
Nagalpuram Hills
Swarnamukhi
Pulicat Lake
Pulal Lake
Kandleru
Cheyyar
Palar
Nagari

91
92
101

74°E

A   B   C   D

Kumbla
Perdala
Kasaragod
Aduru
Chandragiri
Sulya
Kappil
Udma
Palakunnu
Kottancherry
Forest
Kallar
Bekal (Bekal Fort)
Bhagan
Brahmagiri
1355m
Te

Kanhangod
Hosdrug
Nileshwar
Peringom
Cheruvathur
Tejeswini
Kayyur
Padanna
Kadav
Kuppam

LAKSHADWEEP
SEA

12°N

75°E

Valiyaparamba
Payyanur
Parasini
Taliparamb

Palayangadi
Kaliaseri
Elayavo

Papiniseri
Azhikkod
Pyambalam
Kannur (Cannanore)   Kuttupa

MALABAR COAST

Kotayam
Muzhappilangam
Edakkad
Thalasseri (Tellicherry)
Kodi

Mahé
(Part of Pondich
Union Territo
Va

Lakshadweep Islands   Scale 1:2,500,000   0   20   40 km

0   10   20 mi

72°E   73°E

LAKSHADWEEP
SEA

12°N

11°N

Bitra
Island
Chetlat
Island
Kiltan
Island

Amindivi Islands

Perulmar
Par
Island
Kadmat
Island

Amini
Island

Bangaram
Island
Tinnakara
Island
Agatti
Island
Kalpatti
Island

Lakshadweep
Islands

Andrott
Island

Kavaratti
Kavaratti
Island

INDIAN
OCEAN

Laccadive Islands

Suhell
Island
Cheriam
Island

10°N
Kalpeni
Island

A   B   C   D

10 20 km
5 10 mi

▲ 95 ▲

Somvarpet · Ramanathapura · Basavapatna · Akkihebbal · Bherya · Tonnur · Maddur · Honganur

Jambur · Suntikoppa · Kushalnagar · Saligrama · Mirle · Chinkurali · Pandayapura · **Mandya** · Kottatti · Satnuru

Bettadpur · Chunchankate · Yedatore · Brindavan Gardens / Ranganathittu Bird Sanctuary · Srirangapatnam · Malavalli · Kabaldurga 1067m · Shimsha

Dubare · Bylakuppe · Malalavadi · Bilikere · Elivala · Harohalli · Bannur · **Sivasamudram** · Belakuadi · Sattegalam

Murnad · Siddapur · Anechaukur · Piriyapatna · **Hunsur** · **Mysore** · Somnathpur · Purigal · Sosale · Kollegal · Maduvanhalli

Ammathi · Titimati · Ponnampet · Heggadadevankote · Chattanahalli · Bhunahalli · Gaddige · Hampapura · Hullahalli · Kalale · **Nanjangud** · Santemarahalli · Kavalandi · Talakad

Bittangala · Virarajendrapet · Murkal · Muguru · Yelandur · Lokkanahalli · Bekkattur

Nagarhole National Park · Nagarhole · Kurchi · Antarasante · Sargur · Hediyal · Hura · Terakanambi · Gundlupet · Talavadi · Punjur · Atgulipura · Bailur · **Chamrajanagar** · Biligiri Rangaswamy Wildlife Sanctuary

Pazhassy Raja Trekking · Periya · Tholpetty · Begur · **Upper Wayanad/Muthanga Wildlife Sanctuary** · Bandipur National Park · Gopalswami Betta 1454m · Bandipur · Pataiya · Gettavadi · Binakanahalli · Basuvanpuram

Nedumpoyil (Niduboil) · Manantavadi · Panamaram · Sultan's Battery (Sulthanbathery) · Muthanga · Mudumalai National Park · Theppakadu · Masinagudi · Sirut · Kodanad · Bennari · Satyamangalam

Koroth · Tharuvana · Patchilakkad · Kalpetta · Edakkal · Meppadi · Devarshola · Gudalur · Naduvattam · Doda Betta 2633m · Bikkapattimund · Kottamangalam

Kuttiyadi · Vythiri (Vayittiri) · Cherambadi · Devala · **Udhagamandalam (Ooty)** · Coonoor · Konakkarai · Glenburu · Nambiyur

Balussheri · Kedavur · Kunnamangalam · Nilambur · **Kerala** · Mukurthi National Park · Kolari Betta 2628m · Wellington · Mettupalayam · Punjaipuliampatti · Sirumugai

zhikode (Calicut) · Beypore · Ferokh · Kondotti · Edavanna · Nilambur Road · Avalanche · Bikkati · Venkataraman Sagar · Karamadai · Annur · Sevur · Avanashi

Parappanangadi · Malappuram · Tirurangadi · **Manjeri** · Wandur · Kalikavu · Sispara · Silent Valley National Park · Attappadi · Pudur · Periyanayakkanpalaiyam · Karumattampatti · Kalapatti · Somanur

Tanur · Kottakkal · Angadipuram · Peritalmanna · Melattur · Alanallur · Mannakkad · Puluvappatti · **Coimbatore** · Singanallur · Sulur · Palladam

Tirur · Vaikkattur · Kollattur · Cheruppulasseri · Kongad · Malampuzha Reservoir · Kuniamuttur · Kurichi · Chetipalaiyam · Kamanayakkanpalaiyam

Kattipuram · Pattambi · Shoranur · Ottappalam · **Palakkad Junction** · Madukkarai · Walayar · **Pollachi** · Kattampatti

Ponnani · Edappal · Cheruthuruthy · Chelakara · **Palakkad (Palghat)** · Chittur · Tattamangalam · **Tamil Nadu**

Kunamkulam · Vadakkanchery · Chitalancheri · Alathur · Kollangud · Pudunagaram · Erimayur · Nemmara · Kilakkottara · Anamalai · Samattur · Udumalaippettai

Guruvayur · Chavakkad · **Thrissur (Trichur)** · Ollur · Peechi Dam 1527m · Nelliampathi Plateau · Top Slip · Indira Gandhi (Annamalai) Wildlife Sanctuary · Dhali

Pappinivattu · Mar Thoma Pontifical Shrine · Pudukud · Nellayi · Peechi-Vazhani Wildlife Sanctuary · Parambikulam Wildlife Sanctuary · Parambikulam · **Valparai** · Chinnar Wildlife Sanctuary

Irinjalakuda · Chalakudi · Paringalkuthu Reservoir · Kunathunadu · Anamalai Hills 2513m · Maraiyur · Manjampati

Kodungallur (Cranganore) · Mala

▼ 102 ▼

▲ 96 ▲

A · B · C · D

Maralvadi · Kalamangalam · Uddanapalli · Alangayam · Kom
Kanakapura · Talai · *Ponnaiyar* · Maharajagadai · Barguru · Patchur · Alangayam
Kabaldurga · 1067m · Denkanikota · Rayakottai · Krishnagiri · Daulatabad · Kandili · Jolarpet · Mottur
Satnuru · 98 · Andevanahalli · Panchapalli · 78°E · Jagadevipalaiyam · Kunnattur · Tiruppatur · Solankuppar
Mulhalli · Kodihalli · Anchetti · 1291m · Merandahalli · Kaveripattinam · Kannandahalli · Madapalli · Vishamangalam · 1121m
· Urigam · Karagur · Palakkodu · Karimangalam · Batrahalli · Samalpatti · Uttangarai · Javadi Hills · Paramanandal
1133m · 1395m · Ballurpettai · 43 · Dasampatti · Singarappettai · Chengam · Koriyamangalam
1303m · Hogenakkal · Pennagaram · Dharmapuri · Morappur · Tirtamalai · Tanippadi · Sattan
Bandahalli · (Wodapatti) · Indur · 1279m · Kadattur · Harur · Attippadi · Tandara
Karnataka · 1514m · Adamankottai · Laligam · Manapuram · 1034m · Kottappatti · Manihuka
Hanur · Gopinattam · Hogenakkal · Pallippatti · Alagapuram
12°N · Madeswaramalai · Sigalahalli · Perumbalai · Toppur · Kadiyampatti · Papireddippatti · Chitteri Hills · Tamil Nadu · Kachchirayapal
Lokkanahalli · Ramapuram · Stanley Reservoir · Mechcheri · 1628m · Tumbal · Kallakkuric
Bekkattur · Marahalli · Bodamalai Betta 1228m · Mettur · Nangavalli · Omalur · Yercaud · Belur · Ettapur · Pedda · 1298m · Chinna Salem
Bailur · Tattakarai · Jalakandapuram · Taramangalam · Suramangalam · Valappadi · Nayakkanpalaiyam · Talaivasal
Kongadak · 1500m · Pappambadi · Salem · 41 · Attur · Siru
Basuvanpuram · Ammapettai · Idappadi · Vennandur · Mallur · Melliyakarai · Gangavalli · 22
Kalkadambur · Andiyur · Kurichchi · Sankaridrug · Attayyampatti · Viraganur
1456m · Attani · Mallasamudram · Rasipuram · Namagiripettai · Sweta · Tammampatti
Bhavani · Satyamangalam · Bhavani · Tiruchengodu · 1421m · Talugai · Pulambadi · Arumbavur · Kallo
Gopichettipalaiyam · Kayundapadi · Erode · Kalangini · Chethuragiri 1356m · 1018m · Uppiliyapuram · Kurumbalur · Valikandapuram · Perambal
Nambiyur · Velakavundanpatti · Sendamangalam · Balakrishnanpatti · Tattayyangarpettai · 3
Sevur · Kunnattur · Perundurai · Nallur · Namakkal · Erumaippatti · Turaiyur · Padalur
Avanashi · Vijayapuri · Chennimalai · Sedarpalaiyam · Paramatti · Punjaipugalur · Valaiyappatti · Appananallur
Tiruppur · Sivagiri · Kodumud · Vellur · Mohanur · Tottiyam · Kattuputhur · Musiri · Srirangam · Pullamb
11°N · Kangayam · Muttur · Thottakurichi · Kulittalai · Mannachchanellur · Tirukkattu · Samaiyapuram
Palladam · Avanashipalaiyam · Vellakkovil · Karur · Mahadanapuram · Marudur · Tiruchirappalli (Trichy)
Lakkamapayakkanpatti · Chinna Dharapuram · Uppidamangalam · Panjappatti · Nangavaram · Kulattur · Sengi
Kundadam · Mulanur · Krishnarayapuram · Togamalai · Samudram
Dharapuram · Kolinjivadi · Aravakkurichchi · Palaiyam · Pudukkottai
Erakampatti · Pallapatti · Isanattam · Viralimalai · Kunna · Kiranur
Udumalaippettai · Idaiyakottai · Kovilur · 1031m · Manaparai · Valanadu · Perunga · Adanak
Madattukkulam · Kallimandayam · Vedasandur · Ilangakkurichchi · Ilupur · Annavasal · Sittannavasal
Kumaralingam · Chattrappatti · Eriyodi · Puttanattam · Marungapuri · Tovarankurichchi
Pappampatti · Palani · Virupakeli · Pudu Chattram · Vadamadurai · Sendurai · Pudukkottai
Pachchalur · 2234m · Tandikkudi · Tiruparankundram · Dindigul · Sanarpatti · Ponnamaravati · Vellan
Manjampati · Kodaikanal · Nattam · Neykuppai · Tirumayam · Arimal

▼ 102 ▼ · ▼ 103 ▼

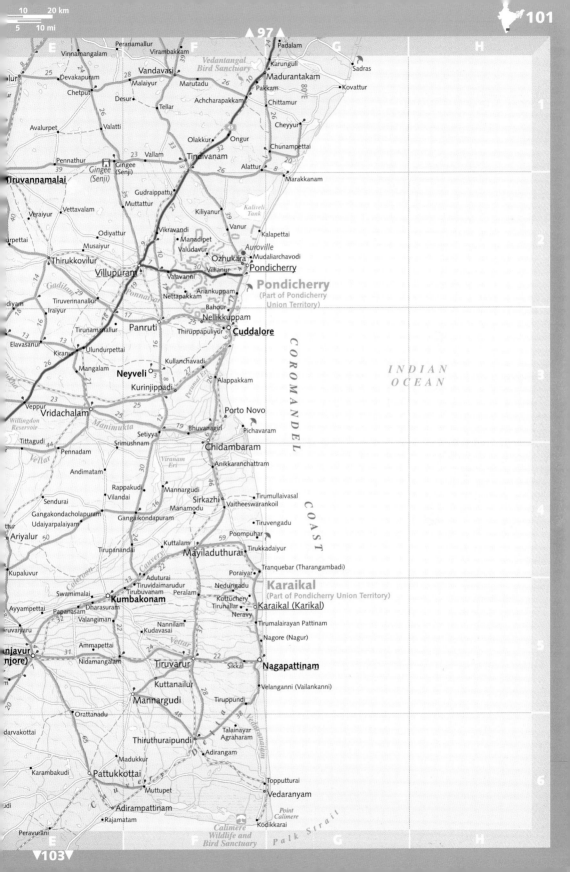

▲ 99 ▲   ▲ 100 ▲

A   B   C   D

Kodungallur
(Cranganore)
Azhicode
Mala
Vadakkekara
Chalakudi
Angamali
Malayattur
Kunathunadu
Thattekad
Bird
Sanctuary
Kotampuzha
1345m
Maraiyur
Manjampatti
Eravikulam
National
Park
Shanmuha
Kodaikanal
Vattaku
Tandik
Chennamangalam
Paru
Nedumbassery
Aluva
Alwaye
Perumpavur
Thattekad
Kothamangalam
Anamudi
2695m
Munnar
Top Station
Devikulam
Periyakulam
Divadanpatti
Malavucad
Narakal
Edapally
Vypeen
Island
10°N
Ernakulam
Tripunithura
Muvattupuzha
Periyar
Muvattupuzha
Plateau
Devikulam
Kottagudi
Bodinayakkanur
Alinagaram
Virapandi
Teni
Andippattijak
Usil
Kochi
(Cochin)
Chottanikkara
Kanayannur
Arukutti
Todupulai
1194m
Indian Cardamom
Research Institute
Idukki
Palavu
Kallar
Umbanchola
Tevaram
Chinnamanur
Uttamapalaiyam
Elumalai
1301m
Vaikam
Shertallai
Vembanad
Lake
Mannanam
Kumarakom
Kumarakom
Bird Sanctuary
Pala
Erattupeta
Meenachi
971m
Idukki
Wildlife
Sanctuary
1389m
Kuttikkanam
Kambam
Gudalur
Sadura
Giri
1271m
Kodikulam
Watrap
Sundara
Alappuzha
(Alleppey)
Kottayam
Pambadi
Kanjirapalli
Cheruvalli
Peermade
Vandiperiyar
Kumily
Thekkady
Khansahibpuram
Puduppattai
Srivilliputtur
Sivandippattai
Changanassery (Changanacherry)
Moncombu
Karukachal
Mundakayam
Kotai
Malai
2019m
Rajapalaiyam
Ambalappuzha
Tiruvalla
Kaviyoor
Aranmula
Rani
Pamba
Lahai
Sabarimala
GHATS
Periyar
Lake
Periyar
Wildlife
Sanctuary
Sivagiri
Karivalamvandalur
Tiruv
Harippad
Mannarsala
Chengannur
Pambiyar
Pathanamthitta
Koni
Kakki
Kerala
Sivagiri
32
Kayankulam
Lake
Mavelikara
Pantalam
Tonnallur
Achankovil
Devar
Malai +
1922m
Puliyangudi
Sankarayinarkovil
Kal
Kayankulam
Krishnapuram
Palace Museum
Tamarakulam
Adur
Karunagapalli
Kunnathur
Pattanapuram
Kallada
Kadaiyanallur
Sendamaram
LAKSHADWEEP
SEA
9°N
Chavara
Ashtamudi
Lake
Sasthankota
Kottarakara
Punalur
Pulyara
Ilattur
Shencottah
Tenkasi
Surandai
Devarkulam
Kay
Chittar
Thangasse
Vadakkevila
Kundara
Anchal
Tenmalai
Kuttralam
(Courtallam)
Atangulam
Manu
Kollam
(Quilon)
Paravur
Kadakkal
Ayur
Kolattupuzha
Kadaiyam
57
Varkala
Kilimannur
74
Cardamom Hills
Ponmudi
Alwarkurichi
Kadaiyam
Vettur
Kadakkavur
Anjengo
Attingal
Palod
Peppara
Wildlife
Sanctuary
Vikramasingapuram
Ambasamudram
Papanasam
Tirunelveli
Palayankott
Sermadeva
MALABAR COAST
Nedumangad
Neyyar
Wildlife Sanctuary
Bonacaud
Mudan Turzio
Kallidaikurichi
Munradaippe
Mulaikara
Mangalapuram
Agastya
Malai
1869m
Neyyar
Dam
Kodayar
Lake
Mudanthurai
Tiger Sanctuary
Kalakkadu
Nan
Thiruvananthapuram
(Trivandrum)
Kariavattom
Aruvikkara
Perumkulam
Kovillur
Pechipara
Mutukulivayal
Eruvadi
Balarampuram
Pozhikkara
Samudra
Chitranjali
Aruvipuram
Kovalam
Vizhinjam
Neyyattinkara
Kulasgaram
Mahendra
Giri
1654m
Vadakku
Valliyur
Agastya
Malai
Kuzhithurai
79
Panaikkudi
Puvar
65
Pulinkudi
Chowara
Padmanabhapuram
Bhutapandi
Arambali
Radh
INDIAN
OCEAN
Taingapatam
Colachel
Suchindram
Nagercoil
Pothaiyadi
Karungulam
Marthuval Malai +
Agastiswaram
Kanyakumari
(Cape Comorin)
Vattikotai

10 20 km
5 10 mi

E | **F** | **G** | **H**

Rajamatam

Sanarpatti

Peravurani
Kalavi

Nattam
Ponnamaravati
Neykuppai
Tirumayam
Arimalam
Kodai Road Train Station
Sirumalai
Kottampatti
Singampunan
Chetinad
Kanadukatan
Palattur
Arantangi
Kattumavadi
Palamedu
Alagarkoil
Pazhamudhirsolai
(Palamudircholai)
Tiruppattur
Pillaiyarpatti
Kottaiyur
Avadaiyarkovi
Manamelkudi
Vadippatti
Alanganallur
Melur
Karaikkudi
Embal
Vellar

Madurai
Amaravati
Devakottai
Kottaippattanam
Tiruvadur
Mimisal
Sakkanurani
Tiruppuvanam
Nattarasankottai
Sivaganga
Kalayarkoil
Tiruvadanai
Sundarapandiyanpattam
iruparankundram
Avaniapuram
mangalam
Mangalam
Vattanam
Kalingupatti
Manamadurai
Ilaiyankudi
Tondi
Kariyapatti
Lower Vaigai Plain
Varavani
Kalligud
Rajasingamangalam
Palavanettam
Tiruchuli
Partibanur
Tiruppalaikkudi
unagar
Paramakudi
Aruppukkottai
Mandalamanikkam
Abiramam
Devipattinam
Pandalkudi
Kamudi
Ramanathapuram
Erniyur
Pamban
Gandamadana Parvathan
Rameswaram
Tamil Nadu
Pudur
Mudukulattur
Utarakosamangai
Tiruppullam
Panaikklam
Mandapam
Kothandaraswamy
Nagalpuram
Perunali
Sikkal
Kilakkarai
Rameswaram Island
Dhanushkodi
Kovilpatti
Ettaiyapuram
Sayalkudi
Appa Tivu
Talairi Tivu
Musal Tivu
Adam's Bridge
uraiyur
eval
Vilattikulam
Vembar
Nallatanni Tivu
Eppodumvenran
Melmandai
Kadambur
Kulattur
Panchalamkurichi
Ottappidaram
Kurukkuchalai
Maniyachchi
Tuticorin
GULF OF MANNAR
Puddukkottai
Srivalkuntam
Sayarpuram
Eral
Tirunagari
Arumuganeri
Nazareth
Kayalpattinam
Sattankulam
Tiruchendur
Udankudi
Kulasekarapatinam
Manappadu
yanvilai
Ovari
Paravarnattam

Palk Strait
Pamban Channel

78°E
79°E

0   20   40
0   10   20 mi

15°N · A · B · C · D

93°E

To Kolkata

BAY OF BENGAL

**MYANMAR
(BURMA)**

1

Table Island

Great Coco
Island

14°N

Little Coco
Island

To Visakhapatnam

Coco Channel

2

Landfall
Island

East Island

West Island · Cape Price

Reef Island

Paget Island · Table Island

Point Stuart

Smith Island

North
Andaman
Island

Shyamnagar

Phaiapong · Lakshmipur

Ramkrishnagram · Diglipur

Nabagram

Saddle Peak
738m

Ramnagar

13°N

Austen

South Island

Interview Island

Mayabunder

Pudumadurai · Pahlagaon

North Reef
Island

Tugapur

Anderson Island

Middle
Andaman
Island

Santipur

Dharmapur

Rangat · Amkunj

Flat Island

Sabri

INDIAN
OCEAN

Long Island

Parlob Is

Spike Is · North Button Island

Uttara · Outram Island

Kadamtala

Henry Lawrence
Island

Colebrooke Island

Peel Is · John Lawrence
Island

South
Andaman
Island

Port
Meadows

Defence Island

Havelock
Island

Madhuban

Neil
Island

12°N

Wrightmyo · Harriet
365m

Sir Hugh
Rose Island

Herbertabad

Viper Is

Mahatma Ghandi
National Park

Ross Is

Port Blair

Wandoor

Sippighat

Tarmugli Is

Chiriya Tapu

North
Sentinel
Island

Boat
Island

**Andaman &
Nicobar Islands**

Twin
Islands

Manners Strait

Rutland Island

To Chennai

Cinque Island

92°E

Passage Island

The Sisters

11°N

Duncan Passage

South
Sentinel
Island

South
Brother
Island

North
Brother
Island

Palalankwe

Tambeibui

A N D A M A N
S E A

Nachuga

Chetamale

190m

Toibuebe

Kwate Tu Kwage

Little Andaman
Island

Ignoitijala

Toibalewe

Ten Degree Channel

A · B

INDIA

Narcondam
Island

ANDAMAN ISLANDS (inset)

92°E · 94°E

14°N

Coco Channel

North
Andaman Is

Middle
Andaman Is

ANDAMAN
ISLANDS

12°N

South
Andaman Is

ANDAMAN
SEA

Duncan Passage

10°N

Little
Andaman Island

Ten Degree Channel

INDIAN
OCEAN

Car Nicobar Island

NICOBAR
ISLANDS

8°N

Katchall Island

Nancowry
Island

Great Nicobar
Island

---

0   20   40
0   10   20 mi

93°E · 94°E

Ten Degree Channel

Sawi
Bay

Lapati

Malacca

Kimos · Kakana

9°N

Car Nicobar
Island

A N D A M A N   S E A

**Andaman &
Nicobar Islands**

Batti Malv Island

Barren
Island

Cape
Maud

Tillanchong
Island

Chaura · Sanenya
Island

Isle of Man

Chanumla · Bompoka
Island

Horace
Point

Teressa Island · Poahat

Kerawa · Kolarue · Kaihoa

Camorta Island

Maru · Takashin

Inaka · Trinkat Island

Revello Channel

Kapanga · Tapong

8°N

Katchall Island

Misha

Nancowry
Island

Mohean · Olenchi

Koimekeah

Sombrero Channel

Miroe Island

Sombrero
Point

INDIAN
OCEAN

Trak Island · Menchal Island

7°N

Little
Nicobar Island

Ditdako · Patua

Tafwap

Tiden

Murray Po

Laful

Kondul
Is

Mt.
Thuillier
614m

Dakoank

St George's Channel

Tenlaa

Great
Nicobar Island

Bananga

Kanalla

Henhoaha

Pygmalion
Point

C · D

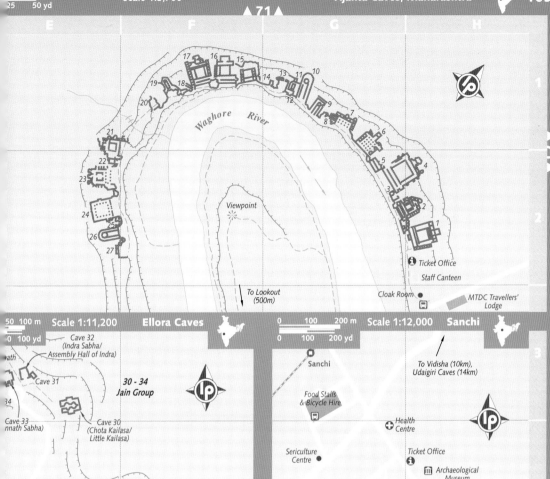

△ 71 △

Waghore River

17 16 15
19 18   14 13 11 10
20   12   9
                    8   7
                        6
                        5   4
                        3
                        2
                        1

21
22
23
24
26
27

Viewpoint

To Lookout
(500m)

❶ Ticket Office

Staff Canteen

Cloak Room

MTDC Travellers'
Lodge

Cave 32
(Indra Sabha/
Assembly Hall of Indra)

Cave 31

Cave 33
(...nnath Sabha)

30 - 34
Jain Group

Cave 30
(Chota Kailasa/
Little Kailasa)

Cave 29 (Dumar Lena)

Cave 28

Cave 27

Cave 26

13 - 29
Hindu Group

Cave 25   Cave 22

Cave 24

Cave 21 (Ramesvara)

Cave 23

Cave 20
Cave 19
Cave 18

Cave 17

Vijay's Rock
Gallery (50m)
Grishneshwar
...mple (1.5km)

Hotel
Kailas

Cave 16
(Kailasa Temple)

Cave 15 (Das Avatara/
Ten Incarnations of Vishnu Cave)

Cave 14 (Ravana Ki Khai Cave)

Cave 13

Cave 12 (Tin Thal/Three Storey)
Cave 9
Cave 11 (Do Thal/Two Storey)

Cave 10 (Viswakarma/Carpenter's Cave)

Cave 8
Cave 6   Cave
Cave 5
Cave 4

1 - 12
Buddhist Group

Cave 1

Cave 3

To Daulatabad (15km) &
Aurangabad (30km)

Cave 2

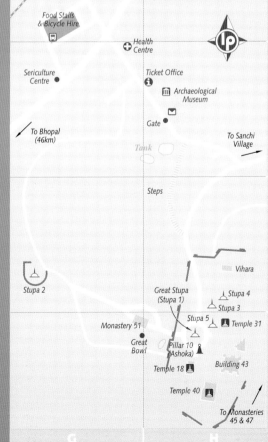

Sanchi

To Vidisha (10km),
Udaigiri Caves (14km)

Food Stalls
& Bicycle Hire

✚ Health
Centre

Sericulture
Centre

Ticket Office
❶

🏛 Archaeological
Museum

✉ Gate

To Sanchi
Village

To Bhopal
(46km)

Tank

Steps

Vihara

Stupa 2

Great Stupa
(Stupa 1)

Stupa 4
Stupa 3

Stupa 5   Temple 31

Monastery 51

Great
Bowl

Pillar 10
(Ashoka)

Temple 18   Building 43

Temple 40

To Monasteries
45 & 47

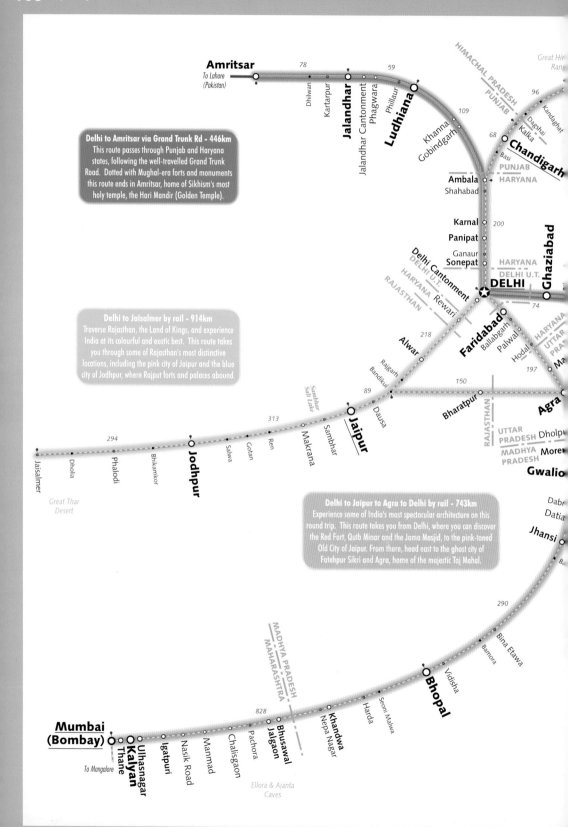

Amritsar
To Lahore
(Pakistan)

78

Dhilwan
Kartarpur

Jalandhar

Jalandhar Cantonment

Phagwara
Phillaur

59

Ludhiana

Khanna
Gobindgarh

109

HIMACHAL PRADESH
Great Hir
Ran

96

Kandaghat
Dagshai
Kalka

68

Chandigarh

Basi

PUNJAB
HARYANA

Delhi to Amritsar via Grand Trunk Rd - 446km
This route passes through Punjab and Haryana states, following the well-travelled Grand Trunk Road. Dotted with Mughal-era forts and monuments this route ends in Amritsar, home of Sikhism's most holy temple, the Hari Mandir (Golden Temple).

Ambala
Shahabad

Karnal
Panipat
Ganaur
Sonepat

200

Delhi Cantonment

DELHI CANTONMENT

DELHI

HARYANA
DELHI U.T.

Ghaziabad

RAJASTHAN
HARYANA U.T.

Rewari

74

Faridabad

Ballabgarh
Palwal
Hodal

197

HARYANA
UTTAR
PRA

Ma

Alwar

218

Delhi to Jaisalmer by rail - 914km
Traverse Rajasthan, the Land of Kings, and experience India at its colourful and exotic best. This route takes you through some of Rajasthan's most distinctive locations, including the pink city of Jaipur and the blue city of Jodhpur, where Rajput forts and palaces abound.

Rajgarh
Bandikui

89

Dausa

150

Bharatpur

RAJASTHAN

Agra

Sambhar
Salt Lake

Jaipur

Sambhar

313

Makrana

Ren

Gotan

Salwa

Jodhpur

UTTAR
PRADESH
MADHYA
PRADESH

Dholp

More

Gwalio

Jaisalmer

294

Dhola

Phalodi

Bhikamkor

Great Thar
Desert

Delhi to Jaipur to Agra to Delhi by rail - 743km
Experience some of India's most spectacular architecture on this round trip. This route takes you from Delhi, where you can discover the Red Fort, Qutb Minar and the Jama Masjid, to the pink-toned Old City of Jaipur. From there, head east to the ghost city of Fatehpur Sikri and Agra, home of the majestic Taj Mahal.

Dabr
Datia

Jhansi

Ba

290

Bina Etawa
Bamora

MADHYA PRADESH
MAHARASHTRA

Bhopal

Vidisha

Seoni Malwa
Harda

Nepa Nagar

Khandwa

**Mumbai
(Bombay)**

Kalyan
Thane
Ulhasnagar
Igatpuri

To Mangalore

Nasik Road
Manmad
Chalisgaon
Pachora

Jalgaon
Bhusawal

828

Ellora & Ajanta
Caves

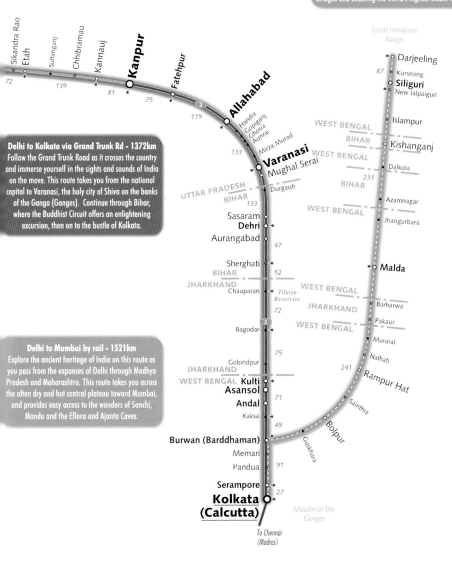

Delhi to Shimla by rail- 364km
This route leads you north through Haryana to the open and tree-lined streets of Chandigarh. From there, begin your ascent toward the Himalayas on the scenic toy train to the charming colonial town of Shimla, a perfect base for treks into the snow-capped heights.

Kolkata to Darjeeling by rail - 679km
This route takes you north from the lowland suburbs of Kolkata through the fertile Ganges Plain toward the heights of Sikkim and the Himalayas. End your journey with the World Heritage listed Darjeeling toy train, featuring over 500 bridges and boasting the world's highest steam-train station.

Delhi to Kolkata via Grand Trunk Rd - 1372km
Follow the Grand Trunk Road as it crosses the country and immerse yourself in the sights and sounds of India on the move. This route takes you from the national capital to Varanasi, the holy city of Shiva on the banks of the Ganga (Ganges). Continue through Bihar, where the Buddhist Circuit offers an enlightening excursion, then on to the bustle of Kolkata.

Delhi to Mumbai by rail - 1521km
Explore the ancient heritage of India on this route as you pass from the expanses of Delhi through Madhya Pradesh and Maharashtra. This route takes you across the often dry and hot central plateau toward Mumbai, and provides easy access to the wonders of Sanchi, Mandu and the Ellora and Ajanta Caves.

Sikandra Rao
Etah
Sultanganj
Chhibramau
Kannauj
Kanpur
Fatehpur
72
139
81
75
Allahabad
119
Handia
Gopiganj
Ghosia
Aunrai
Mirza Murad
133
Varanasi
Mughal Serai

Great Himalaya Range
Darjeeling
87
Kurseong
Siliguri
New Jalpaiguri
Islampur
WEST BENGAL
BIHAR
Kishanganj
WEST BENGAL
Dalkola
233
BIHAR
Azamnagar
WEST BENGAL
Jhangurbara

UTTAR PRADESH
BIHAR
Durgauti
133
Sasaram
Dehri
Aurangabad
47
Sherghati
52
BIHAR
JHARKHAND
Chauparan
Tilaiya Reservior
72
Bagodar
75
Gobindpur
JHARKHAND
WEST BENGAL **Kulti**
Asansol
71
Andal
Kaksa
49
Burwan (Barddhaman)
Memari
Pandua
91
Serampore
27
Kolkata (Calcutta)

Malda
WEST BENGAL
Barharwa
JHARKHAND
Pakaur
WEST BENGAL
Muraral
Nalhati
241
Rampur Hat
Sainthia
Bolpur
Guskhara

Mouths of the Ganges

To Chennai (Madras)

Not drawn to scale

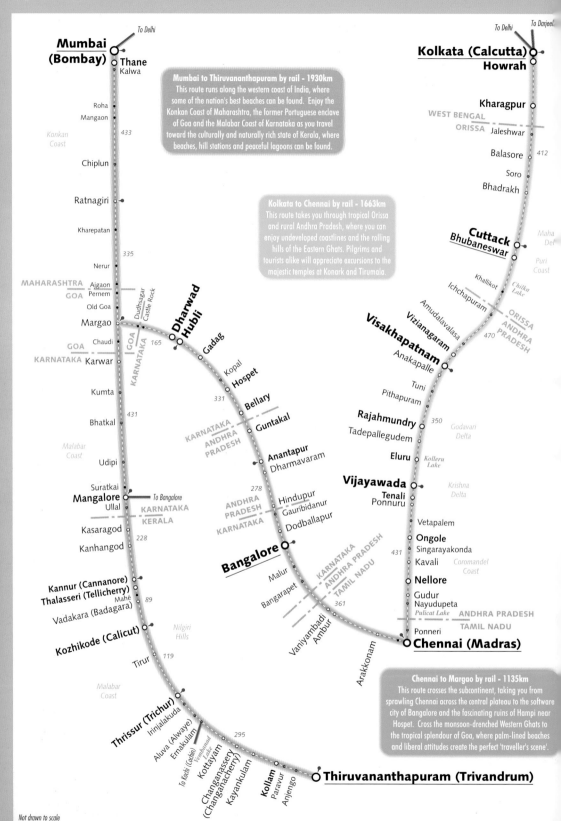

Mumbai (Bombay)
To Delhi
Thane
Kalwa
Roha
Mangaon
Konkan Coast
433
Chiplun
Ratnagiri
Kharepatan
335
Nerur
MAHARASHTRA
GOA
Ajgaon
Pernem
Old Goa
Margao
GOA
Chaudi
GOA
KARNATAKA Karwar
KARNATAKA
Kumta
431
Bhatkal
Malabar Coast
Udipi
Suratkai
Mangalore To Bangalore
Ullal
KARNATAKA
KERALA
Kasaragod
228
Kanhangod
Dudhsagar
Castle Rock
Dharwad Hubli
Gadag
165
Kopal
Hospet
331
Bellary
Guntakal
KARNATAKA
ANDHRA PRADESH
Anantapur
Dharmavaram
278
Hindupur
Gauribidanur
ANDHRA PRADESH
KARNATAKA
Dodballapur
Bangalore
Malur
Bangarapet
KARNATAKA
ANDHRA PRADESH
TAMIL NADU
361
Vaniyambadi
Ambur
Arakkonam

Kannur (Cannanore)
Thalasseri (Tellicherry)
Mahé
89
Vadakara (Badagara)
Nilgiri Hills
Kozhikode (Calicut)
Tirur
119
Malabar Coast
Thrissur (Trichur)
Irinjalakuda
Aluva (Alwaye)
Ernakulam
Vembanad Lake
To Kochi (Cochin)
Kottayam
295
Changanassery (Changanacherry)
Kayankulam
Kollam
Paravur
Anjengo
Thiruvananthapuram (Trivandrum)

To Delhi
To Darjeel.
Kolkata (Calcutta)
Howrah
Kharagpur
WEST BENGAL
ORISSA Jaleshwar
Balasore
412
Soro
Bhadrakh
Cuttack
Bhubaneswar
Maha Del.
Khallikot
Ichchapuram
Puri Coast
Chilka Lake
ORISSA
ANDHRA PRADESH
470
Amudalavalasa
Vizianagaram
Visakhapatnam
Anakapalle
Tuni
Pithapuram
Rajahmundry
350
Godavari Delta
Tadepallegudem
Eluru
Kolleru Lake
Vijayawada
Tenali
Ponnuru
Krishna Delta
Vetapalem
Ongole
Singarayakonda
431
Kavali
Coromandel Coast
Nellore
Gudur
Nayudupeta
Pulicat Lake **ANDHRA PRADESH**
TAMIL NADU
Ponneri
Chennai (Madras)

Mumbai to Thiruvananthapuram by rail - 1930km
This route runs along the western coast of India, where some of the nation's best beaches can be found. Enjoy the Konkan Coast of Maharashtra, the former Portuguese enclave of Goa and the Malabar Coast of Karnataka as you travel toward the culturally and naturally rich state of Kerala, where beaches, hill stations and peaceful lagoons can be found.

Kolkata to Chennai by rail - 1663km
This route takes you through tropical Orissa and rural Andhra Pradesh, where you can enjoy undeveloped coastlines and the rolling hills of the Eastern Ghats. Pilgrims and tourists alike will appreciate excursions to the majestic temples at Konark and Tirumala.

Chennai to Margao by rail - 1135km
This route crosses the subcontinent, taking you from sprawling Chennai across the central plateau to the software city of Bangalore and the fascinating ruins of Hampi near Hospet. Cross the monsoon-drenched Western Ghats to the tropical splendour of Goa, where palm-lined beaches and liberal attitudes create the perfect 'traveller's scene'.

Not drawn to scale

OUTES

Primary Road
Route Principale
Fernstraße
Carretera Principal

Secondary Road
Route Secondaire
Nebenstraße
Carretera Secundaria

Street; Lane
Rue; Allée
Straße; Gasse
Calle; Paseo

Steps
Escalier
Stufen
Escaleras

Footbridge
Passerelle
Fußgängerbrücke
Puente Peatonal

Pedestrian Area
Zone construite
Fußgängerzone
Zona Peatonal

REA FEATURES

Major Building
Bâtiment
Hauptgebäude
Edificio Importante

Hotel; Theatre
Hôtel; Théâtre
Hotel; Theater
Hotel; Teatro

Park; Cemetery
Parc; Cimetière
Park; Friedhof
Parque; Cementerio

Shops; Market
Magasins; Marché
Geschäfte; Markt
Tiendas; Mercado

Campus; Beach
Campus; Plage
Campus; Strand
Campus; Playa

MISCELLANEOUS

Ancient Wall
Ancien mur d'enceinte
altertümliche Stadtmauer
Muro Antiguo

SYMBOLS

Bank
Banque
Bank
Banco

Bus Station; Bus Stop
Station de bus; Arrêt d'autobus
Busbahnhof; Bushaltestelle
Estación de Autobuses; Parada

Cinema
Cinéma
Kino
Cine

Fort
Château Fort
Festung
Fuerte

Ghat
Ghat
Ghat
Ghat

Hindu Temple
Temple Hindouiste
Hindu Tempel
Templo Hindú

Information Centre
Centre d'information
Informationszentrum
Centro de Información

Jain Temple
Temple Jäin
Jain Tempel
Templo Jain

Mosque
Mosquée
Moschee
Mezquita

Point of Interest
Curiosités
Sehenswerter Ort
Punto de Interés

Post Office
Bureau de Poste
Postamt
Correos y Telégrafos

Synagogue
Synagogue
Synagoge
Sinagoga

Tomb
Tombeau
Grab
Tumba

Buddhist Temple
Temple Bouddhiste
Buddhistischer Tempel
Templo Budista

Church
Église
Kirche
Iglesia

Embassy; Consulate
Ambassade/Consulat
Botschaft, Konsulat
Embajada, Consulado

Gardens
Jardins
Gärten
Jardines

Golf Course
Terrain de Golf
Golfplatz
Campo de Golf

Hospital
Hôpital
Krankenhaus
Hospital

Internet Café
Café Internet
Internet Café
Servicio local de Internet

Monument
Monument
Denkmal
Monumento

Museum
Musée
Museum
Museo

Police Station
Police
Polizeirevier
Comisaría

Sikh Temple
Temple Sikh
Sikh Tempel
Templo Sikh

Telephone
Téléphone
Telefon
Teléfono

Zoo
Jardine Zoologique
Zoo
Parque Zoológico

TRANSPORTATION

Railway
Voie de chemin de fer
Eisenbahn
Ferrocarril

Metro Station
Métro
U-Bahn
Metro

Ferry; Ferry Terminal
Route de ferry; Terminal du ferry
Fährroute; Fähranlegestelle
Transbordador; Estación Marítima

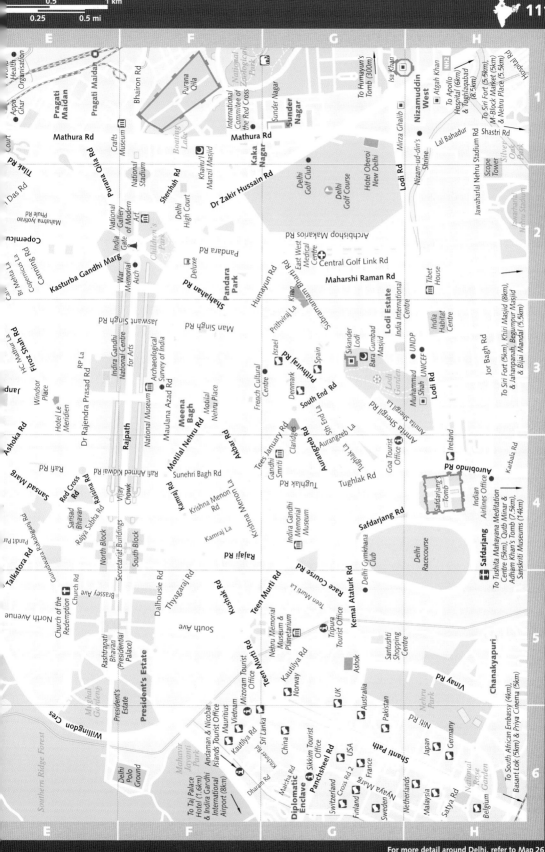

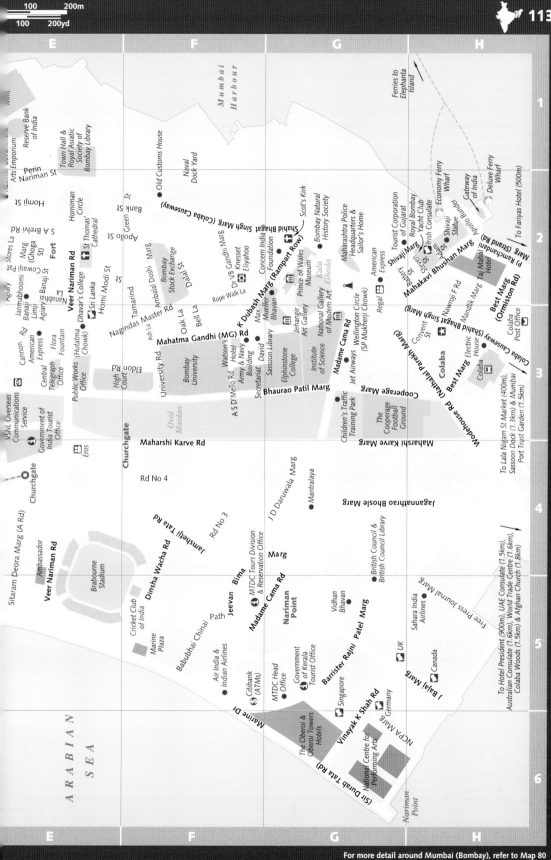

100   200m

100   200yd

E   F   G   H

Arts Emporium

Reserve Bank
of India

Town Hall &
Royal Asiatic
Society of
Bombay Library

Perin
Nariman St

Mumbai Harbour

Old Customs House

Naval
Dock Yard

Ferries to
Elephanta
Island

1

Homi St

Homi Modi St

S A Brelvi Rd

Marg
(Ghoga St)

Cowasji Pat

Horniman
Circle

St Thomas'
Cathedral

Bank St

Green St

Apollo St

St Thomas'
College

Sri Lanka

Dhavar's College

Veer Nariman Rd

Fort

Shahid Bhagat Singh Marg (Colaba Causeway)

Scot's Kirk

Bombay Natural
History Society

Maharashtra Police
Headquarters &
Sailor's Home

Tourist Corporation
of Gujarat

Economy Ferry
Wharf

Royal Bombay
Yacht Club

Gateway
of India

Deluxe Ferry
Wharf

To Fariyas Hotel (500m)

2

Janmabhoomi
Banaji
Limji
Agiari Banaji Rd

Nandha
La

Agiary

Stores La

Cannon Rd

Nagindas Master Rd

Ambalal Doshi Marg

Bombay
Stock Exchange

Dalal St

Dr VB Gandhi Marg

Knesset
Eliyahoo

Rope Walk La

Max
Mueller
Bhavan

Concern India
Foundation

Prince of Wales
Museum

Kala Ghoda

American
Express

Irish Consulate

Shivaji
Statue

Apollo Bunder

Taj Mahal
Hotel

Best Marg
(Ormiston Rd)

Pl Ramchandani
Marg (Strand Rd)

Shivaji Marg

Mahakavi Bhushan Marg

3

American
Express

Central
Telegraph
Office

Flora
Fountain

Hutatma
Chowk

VSNL Overseas
Communications
Service

Government of
India Tourist
Office

Eldon Rd

University Rd

Homi Modi St

Ash La

Oak La

Bell La

Tamarind

A S D'Mello Rd

Bombay
University

High
Court

Watson's
Hotel

Army & Navy
Building

Secretariat

David
Sassoon Library

Elphinstone
College

Jehangir
Art Gallery

Institute
of Science

National Gallery
of Modern Art

Wellington Circle
(SP Mukherji Chowk)

Regal

K Dubash Marg

Mahatma Gandhi (MG) Rd

Bhaurao Patil Marg

Madame Cama Rd

Jet Airways

Children's Traffic
Training Park

The
Cooperage
Football
Ground

Battery St

Nawroji F Rd

Convent St

Mandlik Marg

Colaba Post Office

Colaba

Best Marg

Colaba Electric
House

Colaba Causeway (Shahid Bhagat Singh Marg)

Woodhouse Rd (Nathalal Parekh Marg)

Cooperage Marg

Maharshi Karve Marg

To Lala Nigam St Market (400m),
Sassoon Dock (1.3km) & Mumbai
Port Trust Garden (1.5km)

Churchgate

Eros

Maharshi Karve Rd

Rd No 4

Jagannathrao Bhosle Marg

4

Churchgate

Sitaram Deora Marg (A Rd)

Ambassador

Veer Nariman Rd

Brabourne
Stadium

Dinsha Wacha Rd

Jamshetji Tata Rd

Rd No 3

J D Daruwala Marg

Mantralaya

British Council &
British Council Library

To Hotel President (900m), UAE Consulate (1.5km),
Australian Consulate (1.6km), World Trade Centre (1.6km),
Colaba Woods (1.5km) & Afghan Church (1.8km)

Free Press Journal Marg

5

ARABIAN SEA

Marine
Plaza

Cricket Club
of India

Babubhai Chinai Path

Marine Dr

Jeevan
Bima

Marg

MTDC Tours Division
& Reservation Office

Air India &
Indian Airlines

Citibank
(ATMs)

MTDC Head
Office

Government
of Kerala
Tourist Office

Singapore

Barrister Rajni Patel Marg

Vidhan
Bhavan

Madame Cama Rd

**Nariman
Point**

Sahara India
Airlines

UK

J Bajaj Marg

Canada

Germany

6

(Sir Durab Tata Rd)

The Oberoi &
Oberoi Towers
Hotels

Vinayak K Shah Rd

National Centre for
Performing Arts

NCPA Marg

Nariman
Point

E   F   G   H

For more detail around Mumbai (Bombay), refer to Map 80

0   0.5
0   0.25   0.5 mi

A **B** **C** **D**

BAY OF BENGAL

1

Beach
Harbour Station Rd
Main Post Office
Rajaji Salai (North Beach Rd)
Lingi Chetti St
Thumba Chetti St
Errabalu Chetti St
Armenian St
Godown St
Chandra Rd
High Court
Fort Museum
St Mary's Church & Clive House
Fort St George
Secretariat & Legislative Assembly

To Ice House & ...

Aquarium

2

Prakasam Rd
Audiappa Naicken St
NSC Bose Rd
Mint St
Parry's Corner (Broadway)
SETC (Metropolitan, Intra/Interstate Buses)
SETC (Andhra Pradesh Buses)
Fraser Bridge Rd
Esplanade Rd
Fort
Flag Staff Rd
Kamarajar Salai (South Beach Rd)

Chepauk Stadium
Victoria Hostel Rd
Babu Jagajeevanram Rd
Pycroft's Rd
Triplicane

3

Elephant Gate
VOC Rd (Waltax Rd)
Rasappa Chetti St
GH Rd
Central
Park
Train Reservation Complex
Buckingham Canal
Nehru Stadium
Elephant Gate Bridge Rd
Sydenham's Rd
Burial Ground Rd
Pallavan Salai (Body Guard Rd)
Island
Cooum (Kuvam) River
Swami Sivananda Rd
St Mary's Cemetery
Napier Park
Anna Salai (Mount Rd)
Ellis Rd
Wallajah Rd
Quaid-Milleth High Rd (Licane High Rd)
Nagapier St
Big Singara ...
Triplicane High Rd
Bharathi Salai
Jhan Khan Rd

4

Madox St
Vepery
Choolai Bazar Rd
Vepery High Rd
Naval Hospital Rd
Avadanam Papier Rd
Hunters Rd
Rundalls Rd
Atkinson Rd
St Andrew's
Egmore
Irwin Rd
Gandhi Rd
Whannels Rd
Kennet La
Chintadripet
Singanna Chetti St
Arunachala Naicken St
West Cooum Rd
Langs Garden Rd
Audithanar Rd
Veerabhadra Achari St
Rukmani Lakshipathy Rd
Pudupet
Cooum (Kuvam) River
Patters Rd
Anna Salai
Thayar Sahib St
Bo Begum St
Central General
TTDC Booking Office
Government of India Tourist Office
Wood's Rd
Patullos Rd
White's Rd
Wesley Rd
Melody
Anna Salai (Mount Rd)

5

Astabujam
Papier Rd
Naval Hospital Rd
Perambur Barracks Rd
Ritherdon Rd
Chetti St
Kandappa Mudali Rd
Mooku Chetti St
Purasawalkam High Rd
Dr A Chattiar Rd
Miller's Rd
Periyar EVR High Rd
Police Commissioner's Rd
Egmore High Rd
Egmore
Casa Majors Rd
Hall's Rd
Government Museum
Pantheon Rd (Marshalls Rd)
Art Gallery
Moore's Rd
Germany
Montieth Rd
Ethiraj Rd (C-in-C Rd)
Indian Airlines/Air India
Spencer Plaza
Development Centre for Musical Instruments
British Council Library
Automobile Association of South India
Greams Rd
Apollo
Greams La
Office of the Commissioner of Income Tax
To US Consulate (400m), American Centre (400m), ICCR (700m) & Wildlife Warden's (1km)

6

Brick Kiln Rd
Orni Nullah
Orme's Rd
Kyd's Rd
Barnaby's Rd
Nehru Park
To Kanchipuram (65km) & Bangalore (350km)
NH4
(Poonamallee High Rd)
Chetput
Nichols Rd
Major Ramanathan Salai
Spur Tank Rd
UK High Commission
Anderson Rd
Sri Lankan High Commission
College Rd
Japan Alliance Française
Foreigners' Registration Office
Sterling Rd
Sivaganga Rd
France
Haddows Rd
Shenoy Rd
MG Rd (Nungambakkam High Rd)
Krishnamachari Rd
Village Rd
Rajaji Rd
Valluvar Kottam Rd

E   **F**   **G**   **H**

Ribandar Causeway

To Old Goa (9km) (see inset)

Mandovi Bridges

NH17

NH4

Interstate Private Bus Stand

Patto

Babasaheb Ambedkar Park

To Dabolim Airport (29km) & Margao (33km)

Kadamba

New Patto Bridge

Old Patto Bridge

GTDC Tourist Office (Patto Tourist Home)

Private Bus Agents

Avenida Dom Joao Castro Rd

Jet Airways

Goa State Museum

Mandovi River

Main Post Office

Footbridge

Mahatma Gandhi (MG) Rd

31st Jan Rd

Ourem Rd

Ourem Creek

Sao Tomé

Steps

Secretariat

GP Rd

CA Rd

Emidio Gracia Rd

Chapel of St Sebastian

Fontainhas

St Sebastian Rd

CR Rd

FN Rd

Armada Portuguesa Rd

Ramachandra Naik Rd

Statue of Abbé Faria

Church of Our Lady of the Immaculate Conception

Steps

Steamer Jetty

Dr RS Rd

Municipal Gardens

Government of India Tourist Office

Avenida Pe. Agnelo

To Patriarchal Palace (500m)

Shipping Terminal

Cunha-Rivara Rd

Antao de Noronhar Rd

Central Telegraph Office

Jama Masjid

Dr Dada Vaidya Rd

Goa Book Centre

Nova Goa

Dr Mahalaxmi

Mandovi

Ormuz Rd

Azad Maidan

Dr Pisurlekar Rd

Malaca Rd

Mahatma Gandhi (MG) Rd

British Deputy High Commission

Dr P Shirgaonkar Rd

Junta House (Forest/Parks Office)

Police Headquarters

Institute Meneses Braganza

Central Library

Dayanand Bandodkar Marg

Thomas Cook

Swami Vivekanand Rd

Air India

Dr Atmaram Borkar Rd

18th June Rd

Ashok Samrat

HDFC

Gen Costa Alvares Rd

Guedes Rd

General Bernado Salgado Rd

Heliodoro

Indian Airlines

To Kala Academy (600m), Miramar Beach (3.5km) & Dona Paula (9km)

Fish Market

Municipal Market

Goa Medical College & Hospital

Mandovi River

Old Goa inset:

Old Goa

Mandovi River

Ferry to Divar Island

To Panjim (Panjim) (9km)

Gate of Adil Shah's Palace

Viceroy's Arch

Church of St Cajetan

To Church of Our Lady of the Mount (2km)

NH4

To Church of St Francis Xavier (100m) & Ponda (24km)

Se Cathedral

Chapel of St Catherine

Archaeological Museum (Old Convent) & Church of St Francis of Assisi

Rua Direita

Basilica of Bom Jesus

Sisters' Convent

Old Goa Rd

Church & Convent of St Monica

Church of Our Lady of the Rosary

Chapel of St Anthony

Church of St Augustine (St Augustine Tower)

0   125   250 m
0   125   250 yd

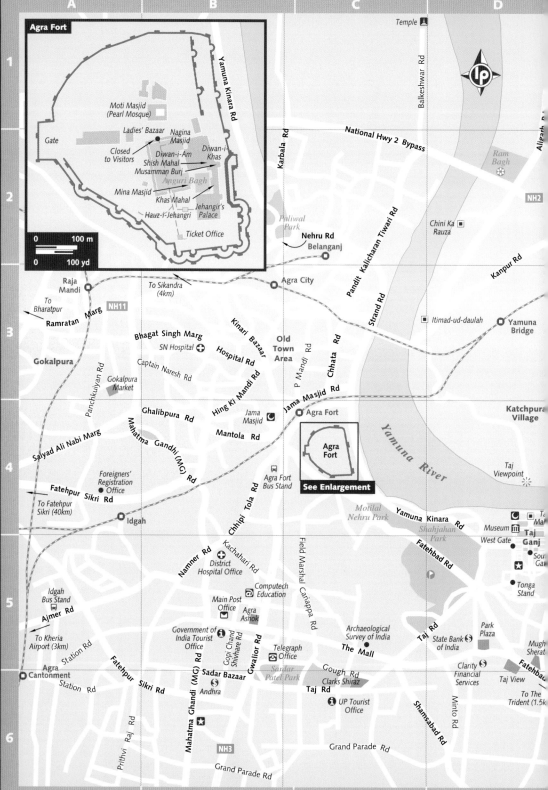

0   400   800
0   400   800

Agra Fort

Moti Masjid
(Pearl Mosque)

Gate

Ladies' Bazaar   Nagina
Masjid

Closed   Diwan-i-Am   Diwan-i-
to Visitors   Shish Mahal   Khas
Musamman Burj

Mina Masjid   Anguri Bagh

Khas Mahal
Hauz-i-Jehangir   Jehangir's
Palace

Ticket Office

Yamuna Kinara Rd

0   100 m
0   100 yd

Temple

Balkeshwar Rd

National Hwy 2 Bypass

Karbala Rd

Ram
Bagh

NH2

Aligarh

Pandit Kalicharan Tiwari Rd

Chini Ka
Rauza

Strand Rd

Paliwal
Park

Nehru Rd
Belanganj

Kanpur Rd

Raja
Mandi

To Sikandra
(4km)

Agra City

Itimad-ud-daulah

Yamuna
Bridge

To
Bharatpur

Ramratan   Marg   NH11

Bhagat Singh Marg

SN Hospital

Hospital Rd

Kinari Bazaar

Old
Town
Area

P Mandi Rd

Chhata Rd

Gokalpura

Panchkuiyan Rd

Captain Naresh Rd

Gokalpura
Market

Ghalibpura Rd

Hing Ki Mandi Rd

Jama
Masjid

Jama Masjid Rd

Agra Fort

Katchpura
Village

Yamuna River

Saiyad Ali Nabi Marg

Mahatma Gandhi (MG) Rd

Mantola Rd

Agra Fort

See Enlargement

Taj
Viewpoint

Foreigners'
Registration
Office

Fatehpur Sikri Rd

To Fatehpur
Sikri (40km)

Idgah

Chhipi Tola Rd

Agra Fort
Bus Stand

Motilal
Nehru Park

Yamuna Kinara Rd

Shahjahan
Park

Fatehbad Rd

Museum
West Gate

Taj
Ganj

Taj
Mahal

Souti
Gate

Idgah
Bus Stand

Ajmer Rd

Namner Rd

Kachahari Rd

District
Hospital Office

Computech
Education

Field Marshal Cariappa Rd

Tonga
Stand

To Kheria
Airport (3km)

Station Rd

Main Post
Office

Agra
Ashok

Gopi Chand Shivhare Rd

Gwalior Rd

Archaeological
Survey of India

Taj Rd

State Bank
of India

Park
Plaza

Mughal
Sherat

Agra
Cantonment

Station Rd

Fatehpur Sikri Rd

Mahatma Gandhi (MG) Rd

Government of
India Tourist
Office

Sadar Bazaar

Andhra

Telegraph
Office

Sardar
Patel Park

The Mall

Gough Rd

Clarks Shiraz

Taj Rd

UP Tourist
Office

Clarity
Financial
Services

Taj View

Fatehbad

To The
Trident (1.5k

Prithvi Raj Rd

NH3

Grand Parade Rd

Grand Parade Rd

Shamsabad Rd

Minto Rd

For more detail around Agra, refer to Map 26

0.5   1 km
0.3   0.6 mi

E   F   G   H

1

To Airport (21km)
& Jaunpur (55km)

Maqbul

Alam Rd

Queen's College Rd

To Sarnath (13km)

Varuna River

NH29

Clarks
Varanasi

Nadesar
Park

Taj Ganges

Internet Cafe
& Bookshop

Govt of India
Tourist Office

Indian
Airlines

Central
Telegraph
Office

Raja Bazar Rd

Grand Trunk Rd

Varanasi
City

Rajghat Rd

Sarnath Rd

Kashi

Rajghat

2

Mall

Cantonment

Patel
Nagar

Varanasi Junction

Jaitpura

Alipur Rd

Kotwali

Adampura

Kashi Station Rd

Raj

Prahlad

Grand Trunk Rd

Malviya
Bridge

NH2

Rd

Uttar Pradesh
Tourist Office

Station Rd

Patel

Daranagar Rd

Trilochan

Grand Trunk Rd

NH2

Bharat
Mata

Fatman

Rd

Kabir Chaura Rd

Nai Sarak Rd

Main Post
Office

Town
Hall

Alamgir

Gai

To Mughal Serai
(12km)

ahabad
(20km)

Vidyapeeth Rd

Chetganj

Aurangabad Rd

Beniya
Park

Chowk

Panchganga

Vishwanath

Ram

3

Charanpaduka

Scindia

Foreigners'
Registration
Office

Luxa Rd

Radiant
Services

Godaulia
Crossing

St Thomas'

Old City

Manikarnika

Jalsain

Lalita

Meer

Man Mandir

Dasaswamedh

Rana

Moti Chand
Rd

Sheopurwa Rd

Mandapur Rd

Kedar

4

Durgakund Rd

Sonarpur Rd

Harishchandra

Hanuman

Dandi

Shivala

Anandmayee

Bachraj

Aarohi
Travels

Bhelpura

Tulsi

Assi

Durga

Tulsi Manas

Assi River

Assi Rd

Nagwa

Ganga (Ganges) River

Rammagar Rd

5

University Rd

Heritage

Janakpur

Sumer

Koshi

Rd

Panch

Harish Chandra Marg

Malaviya
Bhavan

Bharat Kala
Bhavan

Ramnagar Rd

Ramnagar

Benares
Hindu
University

Pontoon
Bridge

Ram Nagar Fort
& Museum

6

New Vishwanath

To Chunar (40km)

0   150   300 m
0   150   300 yd

A   B   C   D

Hoogly (Hugli) River

1

Philatelic Museum
Main Post Office
Lyons Range
Writers' Building
Police Headquarters
Central
Railways Booking Office
Kalighat
Fairlie
Shipping Corporation of India
Lal Bazaar St
To Nakhoda Mosque (500m), & Tagore House (1.4km)
Tiretta Bazar St
Sun-Yat-Sen St
To Calcutta University (2 Asutosh Museum (7 & Marble Palace (1.
Hare St
BBD Bagh (Dalhousie Square)
Strand Rd Sth
Bankshall St
Netaji Subhash St
Bepin Behari Ganguly St
Central Telegraph Office
Red Cross Pl
RN Mukherjee Rd
Rabindra Sarani
Weston St
K Sankar Roy Rd
St John's
Council House St
West Bengal Tourism Centre
Ganesh Chandra
Indian Airlines
Church La

2

High Court
Church St
Town Hall
Government Pl West
Old Court House St
American Express
Government Pl East
Great Eastern
Waterloo St
Chandni Chowk
Bentinck St
Chittaranjan Ave
Esplanade West
Government North
Raj Bhavan
Chandni Chowk St
Biplab Anukul Chandra St
Chandpal
Auckland Rd
Esplanade East
Dacres La
Tipu Sultan's Mosque
Calcutta Mounted Police
Grant St
Hospital St
Babu
Eden Gardens
Tram Terminus
Lenin Sarani
Metro
Maidan
Ranji Stadium
Rani Rashmini Ave
Esplanade Bus Station
Esplanade
Surendra Nath Banerji Rd

3

Outram
To Vidyasagar Setu (1.8km), Kidderpore Docks (2.2km) & Takta Ghat (2.2km)
Strand Rd Sth
Eden Gardens Rd
Shahid Minar (Ochterlony Monument)
The Oberoi Grand
Newmarket St
New Empire
New Market
Market
Red Rd
Dufferin Rd
Guru Nanak Rd
Lindsay St
Treasure Island Market
(Free School St)
Fairlawn
Sudder St
Chowringhee La
Fort William
Chowringhee Rd
Indian Museum
Hotel Palace
Market St

4

Park Street
Dr M Ishaque Rd (Kyd St)
Asiatic Society
Marquis
To Mothe Teresa's Miss & Motherho (600m)
Outram Rd
Park Hotel
Mirza Ghalib St
Kidwai St
Rafi Ahmed
Jawaharlal Nehru Rd
Russel St
Middleton Row
Camac St
Ripon St
Royd St
Park La
Park St

5

Kidderpore Rd
Casuarina Ave
Queen's Way
The Maidan
Middleton St
Little Russel St
Wood St
Short St
South Park St
Hospital Rd
Maidan
British High Commission
Ho Chi Minh Sarani
USA
Vital Medical Services
British Council & Library
Outram St
Loudon St
MP Birla Planetarium
Victoria Memorial
Government of India Tourist Office
Shakespeare Sarani
Hungerford Sarani

6

Calcutta Racecourse & Polo Ground
Cathedral Rd
St Paul's Cathedral; Academy of Fine Arts
Lord Sinha Rd
Pretoria St
Camac St
Albert Rd
Moira St
Rawdon
To Birl Industria Technolo Museum (1km)
To Taj Bengal (800m), Zoo (800m) & National Library (1.4km)
Nandan
Nehru Children's Museum
Rabindra Sadan
Acharya Jagadish Chandra Bose Rd
Hotel Hindustan International
Victoria Tce
Thomas Cook

A   B   C   D

125   250m
125   250yd

IP

E   **F**   **G**   **H**

To Bada Bagh (7km)
& Ramgarh (70km)

City View;
Sunset Point

1

orbandh Palace Hotel,
r Sagar (7km), Mool
(9km), Lodhruva (15km)
n Sand Dunes (42km)

Crown Tours
(Indian Airlines)

Amar Sagar
Gate

Hanuman
Chowk

Gandhi
Chowk

Nathmal
ki Haveli

Patwon
ki Haveli

Jawahar Niwas
Palace

Bhatia
Market

2

's Hotel
oomal

Government
Museum

Laxminath

Ganesh
Gate

Surya
Gate

Gopa
Chowk

Salim Singh
ki Haveli

To Train Station & Main
Roadways Bus Stand (750m),
Hotel Rawal-Kot (1.5km)

Jethwai Rd

Main
Post Office

Hanuman Circle Rd

Shiv Rd

Jain
Temples

First Fort Gate
(Main Entrance)

Hawa
Gate

Akal Wood Fossil Park (16km),
Khuri (40km), Barmer (153km),
Jodhpur (285km) & Bikaner (330km)

Light of
the East

Rajmahal (Maharaja's
Palace & Museum)

Jaisalmer Fort

3

To Airport
(3km)

Desert Culture
Centre & Museum

Tourist
Reception
Centre

Jaisalmer
Folklore
Museum

Tilon
ki Pol

Gadi Sagar Rd

Gadi Sagar

---

50   100m
50   100yd
oximate Scale

IP

To Pap Mochani
Temple (300m)

Main Post
Office

Marwar

4

Stadium

Motisar Rd

Heloj Rd

Reiki, Yoga &
Shiatsu Centre

To Camel
Fair Ground (300m)
& Pushkar Resorts (5km)

o Camel
air Ground
(300m)

Rangnath

Sadar Bazaar Rd

State Bank of
Bikaner & Jaipur

5

Savitri
mple

Ghats

Ghats

To Jagat
Singh Palace
Hotel (500m) &
Ajmer (11km)

Brahma

Pushkar Lake

Ghats

Vishnu

Saraswati
Music School

Jain

Pushkar
Palace

Ajmer

o Savitri
mple (1km)

Hanuman

Ajmer Rd

6

Hanuman

E   **F**   **G**   **H**

For more detail around Jaisalmer, refer to Map 22; for more detail around Pushkar, refer to Map 41

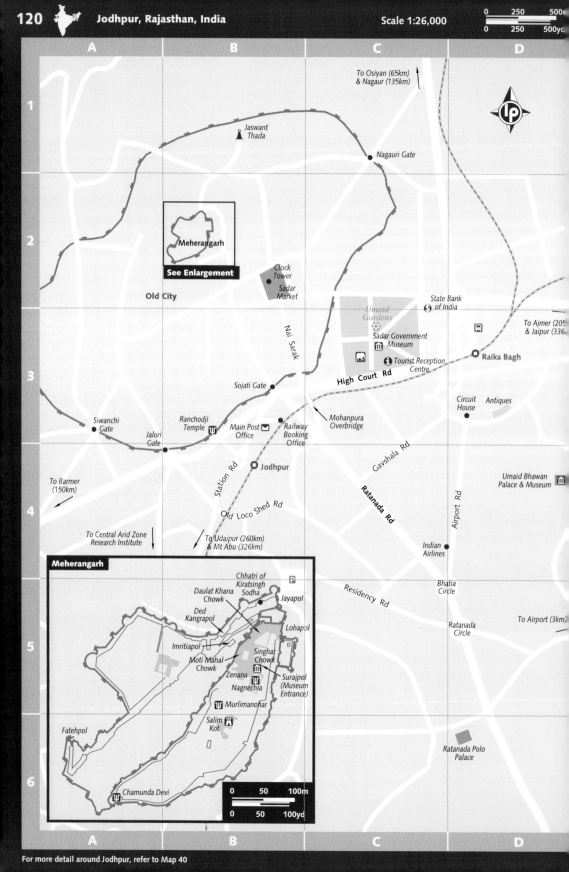

A map of Jodhpur, Rajasthan, India

250   500
0   250   500yd

1

To Osiyan (65km)
& Nagaur (135km)

Jaswant
Thada

Nagauri Gate

2

Meherangarh

See Enlargement

Old City

Clock
Tower
Sadar
Market

State Bank
of India

Umaid
Gardens

To Ajmer (205
& Jaipur (336

Nai Sarak

Sadar Government
Museum

Raika Bagh

3

Sojati Gate

Tourist Reception
Centre

High Court Rd

Circuit
House

Antiques

Ranchodji
Temple

Main Post
Office

Railway
Booking
Office

Mohanpura
Overbridge

Gavshala Rd

Siwanchi
Gate

Jalori
Gate

Ratanada Rd

Umaid Bhawan
Palace & Museum

Station Rd

To Barmer
(150km)

Jodhpur

Old Loco Shed Rd

Airport Rd

4

To Central Arid Zone
Research Institute

To Udaipur (260km)
& Mt Abu (326km)

Indian
Airlines

To Airport (3km)

Meherangarh

Chhatri of
Kiratsingh
Sodha

Jayapol

Residency Rd

Bhatia
Circle

Ratanada
Circle

Daulat Khana
Chowk

Ded
Kangrapol

Lohapol

Imritiapol

Singhar
Chowk

Moti Mahal
Chowk

Zenana

Nagnechia

Surajpol
(Museum
Entrance)

Murlimanohar

Fatehpol

Salim
Kot

5

Ratanada Polo
Palace

Chamunda Devi

0   50   100m
0   50   100yd

6

250   500 m

250   500 yd

Saheliyon ki Bari ☀

Moti Magri Rd

Pratap Smarak (Moti Magri)

Fateh Sagar

Rock Garden

Fateh Sagar Rd

To Eklingji (22km), Nagda (22km), Ranakpur (60km), Ajmer (303km)

NH8

Sukhadia Circle

Ahar River

1

hru Park

2

Bhartiya Lok Kala Museum

Residency Rd

To Shilpgram (3km) & Badi ka Talab (7.5km)

Lakshmi

Vilas

Sagar

Chetak Circle

Main Post Office

Hospital Rd

Poste Restante

Ashok Nagar Rd

To Ahar Museum (2km)

Hathipol

Indian Airlines

Delhi Gate

Shastri Circle

3

Swaroop

Silavat Vari Rd

To Trident (1.5km), & Sajjan Garh (Monsoon Palace) (8km)

Brahmpol Rd

Brahmpol

Ambapol

Bajrang Marg

Chandpol

Gangaur Ghat Rd

Gangaur

Clock Tower

Bhattiyani Chotta

Bapu Bazaar

Nehru Park

4

Tourist Reception Centre

ℹ

Airport Rd

Surajpol

To Airport (25km) & Chittorgarh (112km)

Lake Pichola

Bagore ki Haveli

Jagdish

🛕

Hanuman

Lal

City Palace, Museums, WWF, Vijay Bank, Thomas Cook & Heritage Hotels Reservation Office

Udaipol Rd

Udaipol

5

Jagniwas Island (Lake Palace Hotel)

Bansi (City Palace Jetty)

Shiv Niwas Palace Hotel

Fateh Prakash Palace Hotel

Ticket Office for Boat Rides

Lake Palace Rd

Gulab Bagh

City Station Rd

Lake Pichola

Sajjan Niwas Gardens ☀

Sunset Point ☀

Tank

To Meera Kala Mandir (200m) & Shikarbadi Hotel (3km)

6

Jagmandir Island

Palace

Kishanpol

NH8

Udaipur City ⊙

Jaipur, Rajasthan, India

Scale 1:32,500

| 0 | 300 | 600 |
| 0 | 300 | 600 y |

A | B | C | D

1

To Galta (1.5km)

Delhi Bypass Rd

NH8

To Ramgarh (35km)

NH11

To Galta (2km), Raj Vilas (3.5km), Abhaneri (85km), Balaji (102km), Bharatpur (150km), Karauli (182km) & Agra (232km)

2

Amber Rd

Gangapol

Surajpol

Surajpol Bazaar

Pahar Ganj

Mahavaton ka Mohalla (Elephant Owners' Area)

Agra Rd

Raja Park

Govind Marg

Adarsh Nagar

Marg

To Holiday Inn (1km), Trident (5km), Jal Mahal (6km), Amber (11km) & Delhi (259km)

Zorawar Gate

Samode Haveli

Moti Katra Bazaar

Char Darwaja Gate

Ghora Nikas Rd

Romganj Chaupar

Ghat Darwaja Bazaar

Rasta

Balaji ki Kothi

Ghat Gate

Samrat Gate

3

Old City

Siredeori Bazaar

Jantar Mantar (Observatory)

Hawa Mahal

Ramganj Bazaar

Haldio ka Rasta

Adarsh Nagar

Museum of Indology

Govind Devji

Gangaur Bazaar

City Palace & Maharaja Sawai Mansingh II Museum

Jama Masjid

Johari Bazaar

Gopalji ka Rasta

Bapu Bazaar

Sanganeri Gate

Ravindra Rangmanch Art Gallery

Moti Dungri Marg

Iswari Minar Swarga Sal

Tripolia Bazaar

Chaura Rasta

Tripolia Gate

New Gate

MI Rd

Nehru Bazaar

Central Museum (Albert Hall)

Jawahalal Nehru Marg

NH12

Choti Chaupar

Nahargarh Fort Rd

Kishanpol Bazaar

Ram Niwas Public Gardens

Narain Singh Circle

4

Nahargarh

Chandpol Bazaar

Jalal Munshi ka Rasta

Baba Harish Chandra Marg

Khajane Walon ka Rasta

Indra Bazaar

Ajmeri Gate

Singhpol

Ajmeri Gate

Maharaja College

Maharaja Sawai Mansingh

Sawai Ram Singh Marg

To Santokba Durlabhji Hospital (300m)

To Birla Lakshmi Narayan Temple (Moti Dungri)

Rambagh

Rambagh Palace

Polo Ground & Rambagh Golf Club

Chandpol

Sansar Chandra Marg

Main Post Office, Philatelic Museum

Mirza Ismail (MI) Rd

Books Corner

Raj Mandir

Mahavir Rd

Ashoka Marg

Bhagwandas Marg

Statue Circle

Bhagwandas Marg

Bani Park

Vidyadhar Nagar Marg

Hathibabu Marg

Kanti Chandra Marg

Station Rd

Mansingh

Banasthali Marg

Polo Victory

Motilal Atal Marg

Ashok Nagar

Prithviraj Marg

Sadar Patel Marg

Bajaj Marg

Tilak Marg

Bhawani Singh Marg

5

Nirwan Marg

Shiv Marg

Bani Park

Sawai Jai Singh Hwy

Mewar Cyber Cafe & Communication

MI Rd

Jaipur Towers (Thomas Cook & Airline Agents)

Sanjay Marg

RTDC's Tourist, Tourist Reception Centre

Ajmer Rd

6

Tulsi Marg

Behari Marg

Bank Rd

Devi Marg

Kabir Marg

Bani Park

Rajputana Palace Sheraton

Jaipur

Khasa Kothi Government of India Tourist Office

Khatipura Rd

Jacob Rd

Jai Mahal Palace

NH8

To Ajmer (131km)

Raj Bhavan Rd

Civil Lines

Hawa Sarak

Bais Godam

A | B | C | D

For more detail around Jaipur, refer to Map 25

100　　200 m
100　　200 yd

E　　**F**　　**G**　　**H**

1

Government House

To Somnathpur (33km)

Somnathpur

Nazarbad Main Rd

Wesley Cathedral

Coca-Cola Cyber Space

To Lalitha Mahal Palace Hotel (7km)

Mirza Rd

Lokaranjan Mahal Rd

To Zoo (1km)

Hardinge Circle

Sri Kodi Bhairava Swami

Bangalore-Nilgiri Rd

To Chamundi Hill (13km)

Ritz

Sri Trinechara

2

Bangalore-Mysore Rd

Central

Station

Main Post Office

Sri Harsha Rd

Victor Albert Rd

Sri Bhuvaneshwari

Sri Gayathri

Shweta Varahaswamy

South Gate to Palace

Purandara Dasa Rd

Silver Jubilee Clock Tower

Ashoka Rd

3

Uma Talkies Rd

Siddappaji Temple St

Kallama Temple Rd

Rangacharlu Memorial Hall (Town Hall)

New Statue Circle

Gandhi Square

City Bus Stand

Mysore Palace

Sri Prasanna Krishna Swami

Sri Lakshmiramana Swami

Krishnaraja (KR) Circle

Sayaji Rao Rd

Irwin Rd

KR Hospital Rd

Cauvery Arts & Crafts Emporium

State Bank of Mysore

Sardar Patel Rd

Devaraja Market

Sayyaji Rao Rd

4

Dhanvanthri Rd

Krishna Rajendra (KR) Hospital

Rajkamal Talkies Rd

St

Devaraj Urs Rd

Jaganmohan Palace; Jayachamarajendra Art Gallery

Ramavilas Rd

Chamaraja Rd

KSTDC Tourist Office

5

Irwin Rd

Seebaiah Rd

Ramaiah (KR)

Kothwal

Diwan's Rd

Narayana Shastri Rd

Vinoba (Sivarampet) Rd

Narayana Shastri Rd

Seshadri Rd

To Ashokapuram (2km), Sandalwood Oil Factory (2km) & Government Silk Factory (2km)

6

Railway Booking Office

Mysore

Railway Museum

Dhanvanthri Rd

Bai Rd

Jhansi Lakshmi

Kings Kourt

Quality Inn Southern Star

To Basappa Memorial Hospital (1km), Mysore University Campus (2km) & The Green Hotel (5km)

Jhansi Lakshmi Bai Rd

Playing Fields

For more detail around Mysore, refer to Map 99

0   0.5
0   0.25   0.5 km

A   **B**   **C**   **D**

1

5th Cross Rd
To Malleswaram (2km),
Nrityagram (27km),
Tumkur (72km)
& Hassan (150km)
To Nandi Hills (65km)
Palace Cross Rd
Bangalore Palace
Jayamahal Rd
Bore Bank Rd
Millers Rd
Haines Rd
Robertson Rd
Coles Rd
St John's Hill
4th Cross Rd
Sampige Rd
Seshadripuram Rd
Railway Parallel Rd
NH7
NH4
Sankey Rd
Palace Cross Rd
First Rd
Sheraton Windsor
Vasantha Nagar
Cantonment
Millers Rd
Station Rd
Promenade Rd
St John's Church
Wheeler Rd

2

Nehru Nagar
Platform Rd
Kumakrupa Rd
Crescent Rd
Taj West End Rd
Racecourse Rd
Bangalore Turf Club
Racecourse
Millers Rd
Ali Askar Rd
Cunningham Rd
Thimmaiah Rd
Alliance Française
Queen's Rd
Broadway Rd
Chandni Chowk Rd
Thimmaiah Rd
Jain Temple Rd
Seppings Rd
Shivaji Nagar
Wheeler Rd
Subedar Rd
Loop Rd
Divisional Railway Office
Commissioner of Police
Vidhana Soudha
Hospital Rd
Infantry Rd
Chinnaswami Stadium
Central St
Bowring & Lady Curzon Hospital
Commercial St
Dickenson Rd
Kamaraj Rd

3

City
Chatram Rd
City
Train Reservation Office
Central Rd
Dhanavanthri Rd
2nd Cross Rd
Kempegowda Circle
Gandhi Nagar
Palace Rd
Seshadri Rd
Post Office Rd
Main Post Office
High Court
Cubbon Park
Visvesvaraya Technological & Industrial Museum
Cubbon Rd
Cariappa Memorial Park
Mahatma Gandhi Rd
Parade Ground
Kempegowda Rd
BVK Iyengar Rd
Balepet
Chickpet Rd
District Office Rd
Cubbonpet Rd
Nrupathunga Rd
Dept of Tourism, Indian Airlines
State Youth Centre
Government Museum
Karnataka State Tourism Development Corporation
British Library
St Mark's Rd
Govt of India Tourist Office
Thomas Cook Plaza
Brigade Rd
Cauvery Arts & Craft Emporium
NH4
Macgrath Rd
To Chennai
Bhashyam Rd
Dr TCM Royan Rd
Chickpet
Grant Rd
RRM Rd
Lavelle Rd
Residency Rd
Museum Rd
Convent Rd
Dickenson Rd

4

Mysore Rd
Nagartharpet Rd
City Market Bus Stand
City Market
Fort
Jama Masjid
SJ Park Rd
Sri Narasimharaja Rd
Air India, Jet Airways
Mission Rd
Kateerava Stadium
Kasturba Rd
Fort Rd
Sahara Airlines
Richmond Rd
Langford Rd
Bannirghatta Rd
Neelasandra Rd
Ejjipur Rd
Victoria Rd
To Airport (7km)
Whitefield Ashram
To Mysore (130km)
Albert Victor Rd
Avenue Rd
Tipu Sultan's Summer Palace
Puttanna Chetty Rd
Jayachamaraja Rd
Siddaiah Rd
Lalbagh Rd
Shanti Nagar
Kengal Hanumanthiah Rd
Silver Jubilee Park
Kalasipalayam Rd

5

Bull Temple Rd
Shankarmutt Rd
Krishnarajendra Rd
Rashtreeya Vidyalaya Rd
Krumbigal Rd
Lalbagh Fort Rd
Lalbagh Botanical Gardens
Mariyappa Rd
BTS Rd
Hombegowda Nagar
Cemetery Rd
Dr MH Mari Gowda Rd
Anepalya Rd
Bannirghatta Rd
Hosur Rd
Adugodi
Adugodi Rd
Vani Vilas
Gandhi Bazar Rd
Rd
Basavanagudi
Bugle Rock Rd
BP Wadia Rd
Ashoka Pillar Rd
New Adugodi Rd
Sir-MN Krishnarao Park

6

Bull
Patalama Rd
South End Rd
4th Main Rd
Sanatorium Rd
Jaya Nagar
NH7
To Hosur (40km) & Salem (180km)

A   **B**   **C**   **D**

250   500 m
250   500 yd

E   **F**   **G**   **H**

To Centre for
Development   NH47
Studies (2.5km)
Main Central Rd

To Tennis (900m) & Golf Clubs (1.8km)   Niranjan Towers
& Government Hospital (3.7km)   Bishop's House

Zoological
Gardens

Air India   Vellayambalam   To Alliance
              Junction   Française (2km)

Thekkinmoodu
Rd

Science & Technology
Museum; Planetarium

PMG
Junction

Indian
Airlines

Mateer
Memorial

Sri Chitra
Art Gallery

Kanakakunna
Palace

Natural History
Museum

Academy
of Fine Arts   **1**

Napier
Museum

Museum Rd

C Kesavan
Statue

Kerala
Legislative
Assembly

Stadium

Tourist
Facilitation
Centre

Palayam

Christ
Church

Victoria
Diamond
Jubilee
Library

Police
Headquarters

Vazhuthacaud Rd

Stadium

St Joseph's
Cathedral

Nandavanam Rd

Connemara
Market

Vazhuthacaud

District Forest Office;
Chief Conservator
of Forests   **2**

Victoria Jubilee
Town Hall

Pattom A Thanu
Pillai Statue

Government
Sanskrit College

St George's Orthodox
Syrian Church

eneral

Cotton Hill Rd

The Heritage
Point

Canara

Punnen Rd

Bakery
Junction

Statue Rd

Thycaud Hospital Rd

Chirakulam Rd

Uppalam Rd

Central
Telegraph
Office

Secretariat Building;
Sreedhari Ayurveda
Kendrum

Kochar Rd

ubhumi Rd

YMCA Rd

Commissioner of
Police

3

GPO

British
Library

To Academy
of Magical
Sciences (4km)

Mahatma Gandhi Rd

Press Rd

Manjalikulam Rd

GK Rd

SS Kovil Rd

Ayurveda
College

Dharmalayam Rd

4

Killi River

tikulangara Rd

Tourist
Reception
Centre

Chaithram

Central Station Rd

KSRTC Long-Distance
Bus Terminal
Thampanoor
Junction

5

akaraparambu Rd
To Airport (6km),
Veli Tourist Park (8km)
Shanghumugham Beach (8km)

Central

Power House Rd

admavilasam Rd

East Fort

Sri Padmanabhaswamy

Puthe Maliga
Palace Museum

Ganapathy

Municipal

Chalai Bazaar Rd

Kovalam Rd

NH47

6

Fort

Bus Stand No 19
(Buses & Taxis to Kovalam)

South Rd
CVN Kalari Sangham

To Chitranjali Studio
Complex (7km)

E   **F**   **G**   **H**

250   500 m
250   500 yd

E   **F**   **G**   **H**

To Farm Gate (800m), Tejgaon Train Station (1.6km),
National Square (2km), Zia Uddan (Zia's Tomb) (2.6km),
Gulshan (6km), Zia International Airport (15km)
& Uttara (20km)

To Baridhara (7km)

Pantha
Path

nal Assembly (2.6km)
ali Bus Station (8km)

Sonargaon

Mogh Bazar

Kazi Nazrul

Sonargaon Rd

School St

Free

Islam Rd

Elephant Rd

DIT Rd

Khilgaon Rd

Sayedabad Rd

Aarong
Handicrafts

New Eskaton Rd

Immigration &
Passport Office

Holy Family

Eskaton Garden Rd

Monowara

Malibagh

To Dharmarajikha
Buddhist
Monastery
(1km)

To Alliance
nçaise (600m),
nmondi (1km) &
the Institut (1km)

New Elephant Rd

Islam Rd

Elephant Rd

Minto Rd

Paribagh
Super
Market

Sheraton

Baily Rd

Here Rd

Moghbazar Rd

Hotel Razmoni
Isha Kha

Siddheswari Rd

Kakrail Rd

Shantinagar Rd

Outer Circular Rd

National Museum

Dhaka Public Library

Institute of
Arts & Crafts

Dhaka
University

Fuller Rd

British
Council &
Library

Moulana Bhasani Rd

Ramna
Park

Suhrawardi
Park

Shilpakala
Academy &
National Art
Gallery

Segunbagicha Rd

Liberation
War Museum

North-South Rd

Nayapaltan

DIT Extension Rd

Inner Circular Rd

hid Sarani

Engineering
Faculty

Shahid Minar Rd

Secretariat Rd

Suhrawardi Uddan Rd

Dhaka Supreme
Court

Shishu
Academy

Old High
Court

Park Ave

Topkhana Rd

Stadium
Arcade

GPO

Baitul Mukarram
(National Mosque)

Air Parabat

Kamlapur

Shaheed
Minar

Dhaka
University

Curzon
Hall

Dhaka
University

Abdul Ghani Rd

Osmani
Auditorium

College Rd

National
Stadium

Bangabandhu Ave

DIT Ave

Biman Airlines

Motijheel Ave

BIWTC

Rajuk

Dilkusha
II Circle

Dilkusha
I Circle

American
Express

GMG
Airlines

Shapla Circle
(Lotus Flower
Fountain Circle)

hakeswari

Fulbaria (Zahir Raihan) Rd

Hussaini Dalan

Hussaini
Dalan

Nazimuddin

Secretariat Rd

Banga Bazar
(Gulistan Hawker's
Market)

Gulistan (Fulbaria)
(Inter-City Buses)

Gulistan
Crossing

Toyenbee Rd

Gulistan (Fulbaria) Bus
Station (Local Buses)

BCC Rd

Motijheel

Banga Bhaban
(Presidential
Palace)

RK Mission Rd

Fazle Rabbi Rd

Hatkhola Rd

Haranath Gosh
Rd

Dewan
Ibagh Fort (500m)
han Mohammed
a's Mosque (800m)

Old Jail
Wall

Central
Jail

Urdu Rd

Chowk Bazar
Shahid

Begum
Bazar

Kartalab
Khan

Star
(Sitara)

Abdul Hasnat Rd

Armanitola Rd (Church Rd)

Bangsal

Nazira
Bazar

Bangsal Rd
(Bicycle St)

Armanitola

French Rd

Nawabpur Rd

Bangaram Rd

Rankin St

Wari

Hare St

Old Christian
Cemetery

Sayedabad

New Sayedabad Rd

Water Works Rd

Chowk
Bazar

Yosouf Rd

English Rd

Nawab St

Tipu Sultan Rd

Narinda

Hrishikesh Das Rd

Baldha
Gardens

Shambagh Rd

Demra Rd

Bara
Katra

Chota
Katra

Armenian

Johnson Rd

Lalmohan Shaha St

Narinda Rd

Shambagh New Rd

Buriganga

Babu
Bazar

River
Mosque

Badam Tole

Shankharia
Bazar

Ahsan Manzil
(Pink Palace)

Islampur Rd

Hindu St

Bahadur
Shah
Park

St Thomas'

Rickshaw
Assembly
& Shops

Municipal St

Sadarghat

Keraniganj

Ahsanullah Rd

Sadarghat

St Gregory's
Church & School

Banglabazar

Pyaridas Rd

SM Das Rd

Distillery Rd

DN Sen Rd

Farashgonj Rd

Dholai

Dholai
Khal

To Sonargaon
(23km)

LONELY PLANET

MAPS & ATLASES

Lonely Planet's City Maps feature downtown and metropolitan maps as well as public transport routes and walking tours. The maps come with a complete index of streets and sights and a plastic coat for extra durability.

Road Atlases are an essential navigation tool for serious travellers. Cross-referenced with the guidebooks, they feature distance and climate charts and a comprehensive index.

Amsterdam City Map
ISBN 1 86450 081 6
US$5.95 • UK£3.99

Athens City Map
ISBN 1 74059 320 0
US$5.99 • UK£3.99

Bangkok City Map
ISBN 1 86450 004 2
US$5.95 • UK£3.99

Barcelona City Map
ISBN 1 86450 174 X
US$5.99 • UK£3.99

Beijing City Map
ISBN 1 86450 255 X
US$5.99 • UK£3.99

Berlin City Map
ISBN 1 86450 005 0
US$5.95 • UK£3.99

Boston City Map
ISBN 1 86450 175 8
US$5.99 • UK£3.99

Brussels City Map
ISBN 1 86450 256 8
US$5.99 • UK£3.99

Budapest City Map
ISBN 1 86450 077 8
US$5.95 • UK£3.99

Buenos Aires City Map
ISBN 1 86450 079 4
US$5.99 • UK£3.99

Cairo City Map
ISBN 1 86450 257 6
US$5.99 • UK£3.99

Cape Town City Map
ISBN 1 86450 076 X
US$5.95 • UK£3.99

Chicago City Map
ISBN 1 86450 006 9
US$5.95 • UK£3.99

Dublin City Map
ISBN 1 86450 176 6
US$5.99 • UK£3.99

Edinburgh City Map
ISBN 1 74059 015 5
US$5.99 • UK£3.99

Florence City Map
ISBN 1 74059 321 9
US$5.99 • UK£3.99

Frankfurt City Map
ISBN 1 74059 016 3
US$5.99 • UK£3.99

Hong Kong City Map
ISBN 1 86450 007 7
US$5.95 • UK£3.99

Honolulu & Oahu City Map
ISBN 1 86450 290 8
US$5.99 • UK£3.99

Istanbul City Map
ISBN 1 86450 080 8
US$5.95 • UK£3.99

Jerusalem City Map
ISBN 1 86450 096 4
US$5.95 • UK£3.99

Kathmandu City Map
ISBN 1 74059 266 2
US$5.99 • UK£3.99

London City Map
ISBN 1 86450 008 5
US$5.95 • UK£3.99

Los Angeles City Map
ISBN 1 86450 258 4
US$5.99 • UK£3.99

Madrid City Map
ISBN 1 74059 322 7
US$5.99 • UK£3.99

Melbourne City Map
ISBN 1 86450 009 3
US$5.95 • UK£3.99

Miami City Map
ISBN 1 86450 177 4
US$5.99 • UK£3.99

New Orleans City Map
ISBN 1 74059 017 1
US$5.99 • UK£3.99

New York City City Map
ISBN 1 86450 010 7
US$5.95 • UK£3.99

Paris City Map
ISBN 1 86450 011 5
US$5.95 • UK£3.99

Prague City Map
ISBN 1 86450 012 3
US$5.95 • UK£3.99

Rio de Janeiro City Map
ISBN 1 86450 013 1
US$5.95 • UK£3.99

Rome City Map
ISBN 1 86450 259 2
US$5.99 • UK£3.99

San Francisco City Map
ISBN 1 86450 014 X
US$5.95 • UK£3.99

Seattle City Map
ISBN 1 74059 323 5
US$5.99 • UK£3.99

Singapore City Map
ISBN1 1 86450 178 2
US$5.99 • UK£3.99

St Petersburg City Map
ISBN 1 86450 179 0
US$5.99 • UK£3.99

Sydney City Map
ISBN 1 86450 015 8
US$5.95 • UK£3.99

Vancouver City Map
ISBN 1 74059 018 X
US$5.99 • UK£3.99

Washington, DC City Map
ISBN 1 86450 078 6
US$5.95 • UK£3.99

Australia Road Atlas
ISBN 1 86450 065 4
US$14.99 • UK£8.99

Southern Africa Road Atlas
ISBN 1 86450 101 4
US$14.99 • UK£8.99

Thailand, Vietnam, Laos & Cambodia Road Atlas
ISBN 1 86450 102 2
US$14.99 • UK£8.99

Available wherever books are sold

LONELY PLANET

You already know that Lonely Planet produces more than this one Road Atlas, but you might not be aware of the other products we have on this region. Here is a selection of titles that you may want to check out as well:

India
ISBN 1 86450 246 0
US$24.99 • UK£14.99

Indian Himalaya
ISBN 0 86442 688 7
US$19.95 • UK£12.99

Bengali phrasebook
ISBN 0 86442 312 8
US$5.95 • UK£3.50

Read This First: Asia & India
ISBN 1 86450 049 2
US$14.95 • UK£8.99

Trekking in the Indian Himalaya
ISBN 0 86442 357 8
US$17.95 • UK£11.99

Healthy Travel Asia & India
ISBN 1 86450 051 4
US$5.95 • UK£3.99

Hello Goodnight: A life of Goa
ISBN 1 86450 061 1
US$12.99 • UK£6.99

Goa
ISBN 0 86442 681 X
US$16.99 • UK£10.99

Hindi & Urdu phrasebook
ISBN 0 86442 425 6
US$6.95 • UK£4.50

A Season in Heaven
ISBN 0 86442 629 1
US$12.99 • UK£6.99

North India
ISBN 1 86450 330 0
US$21.99 • UK£13.99

South India
ISBN 1 86450 161 8
US$19.99 • UK£12.99

Sacred India
ISBN 1 86450 063 8
US$29.95 • UK£19.99

World Food India
ISBN 1 86450 328 9
US$13.99 • UK£8.99

Bangladesh
ISBN 0 86442 667 4
US$17.99 • UK£11.99

Bhutan
ISBN 0 86442 483 3
US$19.95 • UK£12.99

Available wherever books are sold

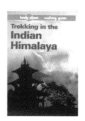

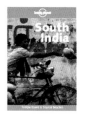

abad . . . . .peopled
abbi . . . . .waterfall
agiary . . . . .Zoroastrian (Parsi) temple
andhra . . . . .Telugu-speaking peoples
anikut . . . . .irrigation canal
arunachal . . . . . .dawn-lit mountain
ashram . . . . .spiritual community or retreat
avienda . . . . .alley
azad . . . . .freedom
bagh . . . . .garden
bandar, bunder . . .port
baodi/baoli . . . . . .well, particularly a step-well
bara . . . . .big
basti . . . . .Jain temple
bazar . . . . .market area
bhaban/bhavan . .house, building
bharat . . . . .homeland
bund . . . . .embankment or dyke
bustee . . . . .slum
cantonment . . . . . .administrative or military area of a
                       Raj-era town
chaitya/chatta . . . .Buddhist temple, assembly hall
char . . . . .a river or delta island made of silt
charbagh . . . . . . .formal Persian garden
chedi . . . . .see pagoda
chhatri . . . . .small, domed Mughal kiosk
chota . . . . .small
chowk . . . . .town square, intersection, marketplace
chu . . . . .river
dagoba . . . . .see pagoda
dakshin . . . . .south, southern
daulat . . . . .state, government
deccan . . . . .India's peninsular plateau
dharamsala . . . . . .pilgrim's inn
dhobi ghat . . . . . .place where clothes are washed
doab . . . . .land between rivers
dun . . . . .valley
duar, dwar . . . . . .door, gate, pass
dwip, dweep . . . . .island
gali/galli . . . . . . .lane
ganj . . . . .market
gaon . . . . .village
garh . . . . .fort
ghat . . . . .steps or landing on a river;
                       range of hills, or road up hills
giri . . . . .hill
gompa . . . . .Buddhist monastery
gram . . . . .village, community

gufa . . . . .cave
gymkhana . . . . . .equestrian centre
hammam . . . . . .steam bath
haors . . . . .wetlands, seasonal lakes
hat . . . . .place for a periodic market or fair
hatta, hatti . . . . .small market
hauz . . . . .tank or reservoir
haveli . . . . .traditionally decorated residences
himachal . . . . . . .land of snow
jama . . . . .Friday mosque
jheel . . . . .swampy area
jhuggi . . . . .shanty settlement
jhula . . . . .bridge
katra . . . . .market, enclosed yard
kere . . . . .pond
khal . . . . .creek, canal
khyang . . . . .Buddhist temple
koil . . . . .Hindu temple
konda . . . . .hill
kot . . . . .fort
kothi . . . . .residence, house or mansion
kotwali . . . . .police station
kucha . . . . .lane
kund . . . . .lake
la . . . . .pass
linga, lingam . . . .phallic symbol, symbol of Shiva
machaan . . . . . . .observation tower
madhya . . . . .central, middle
madrasa . . . . . . .Islamic college
mahal . . . . .house or palace
maidan . . . . .open grassed area in a city
malai . . . . .hill, mountain
mandal . . . . .shrine
mandi . . . . .market
mandir . . . . .Hindu or Jain temple
manzil . . . . .mansion
marg . . . . .major road
masjid . . . . .mosque
math . . . . .monastery
mela . . . . .fair, usually religious
minar . . . . .tower, spire
mohalla . . . . .neighbourhood
mund . . . . .village
mukh . . . . .mouth
mutt . . . . .monastery
nadi . . . . .river
nadu . . . . .homeland
nagar . . . . .city, town

niwas . . . . .house, building
nullah . . . . .ditch or small stream
pagoda . . . . .Buddhist reliquary monument
pali, palli . . . . . . .village
pani . . . . .water
para . . . . .tribal village
patnam, pattinam .port, emporium
pet, pete, petta . . .village
phool . . . . .flower
pol . . . . .gate
pradesh . . . . .state, province
pratap . . . . .dignity, majesty
prayag . . . . .confluence of holy rivers
pur, pura, puri . . .town
put . . . . .village
qila . . . . .fort
raj . . . . .rule or sovereignty
raja . . . . .ruler, landlord or king
ram . . . . .from Rama, avatar of Vishnu
rauza . . . . .Muslim tomb shrine
rua . . . . .road
sadar . . . . .main, the central section of a city
sagar, sagara . . . .lake, reservoir
salai . . . . .main road
sangam . . . . .river confluence
sarak . . . . .street
sarani . . . . .road
shahar, shahr . . . .city
shola . . . . .forest
sikhara . . . . .Hindu temple-spire or temple
sona . . . . .gilded dome
stupa . . . . .see pagoda
tal . . . . .lake
taluk . . . . .district
tank . . . . .reservoir
thana . . . . .police station, ward
tibba . . . . .mountain
tirtha . . . . .ford, crossing place
tiva . . . . .island
tola . . . . .neighbourhood (eastern India)
tso . . . . .lake
uttar . . . . .north, northern
vidhan . . . . .state parliament
vihar/vihara . . . . .resting place, garden, cave with cells,
                       part of monastery
wada . . . . .house, neighbourhood
zawl . . . . .village
zila . . . . .district

Abbreviations used in this Index

Countries
BHU . . . .Bhutan
CHI . . . .China
MYA . . . .Myanmar
NEP . . . .Nepal
PAK . . . .Pakistan

India (States & Union Territories)
AN . . . . .Andaman & Nicobar Islands
AP . . . . .Andhra Pradesh
Ar . . . . .Arunachal Pradesh
As . . . . .Assam

Bi . . . . .Bihar
Chh . . . .Chhattisgarh
DD . . . .Daman & Diu
De . . . . .Delhi
Go . . . . .Goa
Gu . . . .Gujarat
Ha . . . . .Haryana
HP . . . . .Himachal Pradesh
Jh . . . . .Jharkhand
JK . . . . .Jammu & Kashmir
Ka . . . .Karnataka
Ke . . . . .Kerala

Ma . . . . .Maharashtra
Me . . . . .Meghalaya
Mi . . . . .Mizoram
Mn . . . . .Manipur
MP . . . . .Madhya Pradesh
Na . . . . .Nagaland
Or . . . . .Orissa
Po . . . . .Pondicherry
Pu . . . . .Punjab
Rj . . . . .Rajasthan
TN . . . .Tamil Nadu
Tr . . . .Tripura

UP . . . . .Uttar Pradesh
Ut . . . . .Uttaranchal
WB . . . . .West Bengal

Bangladesh (Divisions)
Ba . . . . .Barisal
Cht . . . . .Chittagong
Dh . . . . .Dhaka
Kh . . . . .Khulna
Ra . . . . .Rajshahi
Sy . . . . .Sylhet

i 77 G3
oigeri 89 G5
ottabad 8 A5
dullapuram 97 F6
Julpur 50 B5
e Vakhan 8 A2
Gach 8 A2
haipur 36 B3
hana 60 B2
haneri 25 H5
hanpur 74 D2
hapuri 71 G1
hayapuri 34 B5
haynagar 65 G3
hona 70 C4
iramam 103 F3
u 15 G2
ohar Branch 15 G1-H1
ongkethe 35 G5
uhar 15 F3
u Hills 40 C5
u Khaireni 31 E2
ul Kharana 15 G3
u Road 40 C5
halda 28 B6
halganj 44 D1
halgarh 40 C5
halpur 72 C2
hampet (AP) 91 F3
hampet (AP) 92 A2
hanakmar 61 G5
hankovil River 102 B3
hcharapakkam 101 F1
heson 21 E4
hhnera 26 C5
hina (Ha) 25 H1
hina (Rj) 24 A5
hra 88 B3
aba 76 A6
alaj 56 C3
amankottai 100 C2
amdighi 50 B4
ampur 16 A5
am's Bridge 103 H3
amwala Kera 14 C6
hanakkottai 100 D6
anpur 51 H5
anur 100 D2
arki 80 D5
as 82 A3
asa 73 F2
avad 71 F2
bhar 62 B6
ldanki 92 A4
idatigala 85 F6
degaon 60 B4
lesar 55 G2
lgal 89 E3
h 45 G5-H4
haura 46 C5
hoi 55 F2
honigarh 76 B4
hunagar 67 E4
hwara 31 H6
li Badri 18 A3
lilabad 73 E6
lilabad Valley 73 E6-F5
lina (Pandua) 49 H3
linath Bazar 67 E6
liponka 76 A5

Adirampattinam 101 E6
Adirangam 101 F6
Aditmari 50 C1
Adivra 88 B2
Adkot 55 G6
Adodar 68 A1
Adoli 68 C4
Adoli Kekatumar 72 B5
Adoni 90 C5
Adra 64 A2
Adriana 56 A2
Adugiri 51 E2
Adul (Ma) 71 F6
Adul (Ma) 72 B3
Adur (Ka) 94 D1
Adur (Ke) 102 B3
Aduripalle 97 F2
Aduru 98 D1
Aduturai 101 F4
Advi Devalpalli 91 H2
Adwal 56 A5
Adwana 54 D6
Adwani 17 G3
Adyal 73 G3
Afzalgarh 17 G5
Afzalpur 90 A1
Agailjhara 66 A2
Agalpur 75 G2
Agamani 33 H6
Agar (Chh) 61 G6
Agar (MP) 58 B2
Agaram 96 D6
Agarkhed 81 H6
Agartala 51 G6
Agashi 80 A1
Agashi Bay 69 H6
Agasode 43 G6
Agastiswaram 102 D6
Agastya Malai 102 C5
Agatrai 68 B1
Agatti Island 98 A5
Agaundh 16 B3
Aghar 12 B5
Agia 34 B6
Agiaon 48 A3
Aginda 99 F4
Agiripalle 92 C2
Agni 90 A2
Agoda 17 G1
Agolai 40 C1
Agonda Beach 88 C6
Agori 46 A5
Agra (MP) 59 E1
Agra (UP) 116
Agra Canal 26 B2-C5
Agral 57 G4
Agrawa 39 H4
Agroha 16 A5
Agrong 34 B5
Agsur 94 B1
Aguada 88 C5
Aguada Fort 88 C5
Agumbe 94 C4
Ahar (Rj) 41 E5
Ahar (UP) 26 D1
Aharan 26 D4
Aharwan 16 A4
Ahataguri 36 A4
Aheli 42 D3
Ahias 77 F2
Ahiri 84 A1
Ahirpara 61 H4

Ahiwara 74 C2
Ahmadgarh (Pu) 16 B2
Ahmadgarh (UP) 26 C2
Ahmadpur (Ma) 82 B3
Ahmadpur (MP) 59 E2
Ahmadpur (WB) 64 C1
Ahmedabad 56 C3
Ahmednagar 81 E2
Ahmedpur 68 D3
Ahneya 28 B6
Ahobilam 91 F6
Aholin 20 D5
Ahor 40 C3
Ahraula 46 A1
Ahraura 46 A4
Ahu 57 H4
Ahu (River) 42 B6
Ahui 20 D5
Ahupe 80 C1
Ahwa 70 B3
Ai 34 B4-5
Aichisagami 36 C5
Aihole 89 H4
Aiju 12 B4
Aik Nala 10 B3
Ainak 67 G3
Ainapur 89 E2
Ainavolu 91 H4
Ainta 23 E4
Air Khas 44 B2
Airwa 28 B5
Ait 44 A2
Aiwad 24 C4
Aizawl 52 C6
Ajab 68 C2
Ajaigarh 44 C4
Ajanta 71 F4
Ajanta Caves 105
Ajanta Plateau 71 H5
Ajanta Range 71 G4
Ajasar 23 F4
Ajay 49 F5
Ajayagad 86 B2
Ajgain 29 E6
Ajgaon 88 C4
Ajgarhbura 61 H1
Aji 55 F4
Ajitpura 15 H4
Ajitwal 15 H1
Ajjampur 95 E3
Ajmer 41 G1
Ajmiriganj 51 G4
Ajnala 10 B4
Ajodhya Bazar 67 E2
Ajra 88 D3
Ajram 12 A5
Akadia (Gu) 55 H6
Akadia (Gu) 68 D1
Akaikuwa 70 C1
Akajhiri 43 F4
Akalgarh (PAK) 10 A1
Akalgarh (Pu) 16 B4
Akalkot 81 H6
Akalsia 17 E3
Akaltara 61 H6
Akal Wood Fossil Park 22 D5
Akawaram 91 G2
Akbar Hat 66 D3
Akbarpur (Bi) 46 C5
Akbarpur (Bi) 48 C4
Akbarpur (Rj) 25 H4
Akbarpur (UP) 26 C3

Akbarpur (UP) 30 A6
Akbarpur (UP) 44 C1
Akbarpur Aunchha 28 A4
Akdara 40 A2
Akeru 83 H5
Akhasri 51 F4
Akhaura 51 G6
Akhegwo 36 C6
Akhnoor 10 B2
Akividu 92 D2
Akkelpur 50 B3
Akkihebbal 95 F6
Akla (Chh) 61 H2
Akla (Rj) 24 B5
Aklera 42 C6
Akluj 81 F5
Akodha 45 G4
Akodiya 58 C3
Akola (Ma) 70 C6
Akola (Ma) 72 A3
Akola (Ma) 72 D5
Akola (Rj) 41 F5
Akola (Rj) 41 H4
Akolda 69 E1
Akoli 80 B1
Akolin 21 E4
Akora 39 H3
Akorha 46 D5
Akoria 41 H1
Akot 72 B3
Akrabad 26 D3
Akrani 70 C1
Akrani Hills 70 C1
Akri 54 B2
Aksai Chin 9 G4
Aksapur 73 G6
Aksayqin Hu 9 H4
Akurdi 80 C3
Alabaka Hills 84 B3
Alagapuram 100 D2
Alagarkoil 103 E1
Alagarkoil Temple 103 E1
Alagiri 96 D4
Alahari 51 E4
Alai 24 B4
Alaknanda 17 H3
Alamanda 85 H2
Alamdanga 65 F1
Alampur (AP) 91 E4
Alampur (Gu) 56 A6
Alampur (Kh) 50 C6
Alampur (MP) 43 H2
Alamsar 39 G3
Alamuru 93 E2
Alanallur 99 F5
Aland 82 A6
Alandi 80 C3
Alandur 97 G5
Alanganallur 103 E1
Alangayam 96 D6
Alangudi 101 E6
Alappakkam 101 F3
Alappuzha (Alleppey)
    102 A3
Alapur 28 B3
Alasimar Plateau 96 A1
Alattur (Ke) 99 G6
Alattur (TN) 101 F1
Alawalpur 10 D5
Albaka 84 C4
Albert Victor 69 E3

Alchi 9 E5
Alchori 8 D4
Aldur 95 E5
Ale 80 D1
Alech Hills 55 E6
Alegaon 80 D3
Aleru 83 G5
Aleru (River) 83 H6
Alewah 16 C5
Alewahi 73 G4
Alfadanga 65 H2
Algur 90 A2
Aliabad 97 E6
Ali Akbardeil 67 E5
Alibag 80 A3
Alichur 8 A1
Alidar 68 D3
Aliganj (UP) 28 B4
Aliganj (UP) 29 E2
Aligarh (Rj) 42 B2
Aligarh (UP) 26 C3
Alika 15 H4
Alikadam 67 F5
Alikhen 82 C5
Ali Khera 28 B4
Alinagar 30 B6
Alinagaram 102 D1
Alipur (De) 16 D6
Alipur (Ma) 73 E4
Alipur (WB) 65 E4
Alipura 44 A4
Alipur Duar 33 H5
Alirajpur 57 F5
Alishahbad 51 H5
Alkuti 80 D2
Allagadda 91 F6
Allahabad (Tirth Raj Prayag)
    45 G3
Allahdurg 82 D5
Allahganj 28 C4
Alland 71 F5
Allapalli (AP) 84 B5
Allapalli (Ma) 84 A1
Alleppey (Alappuzha)
    102 A3
Allur 97 E3
Alluru Kottapatnam 92 B5
Almai 12 B3
Almar Hills 25 G5-H4
Almel 89 H1
Almora 18 A4
Alnar 85 E2
Alnavar 89 E5
Alniawas 24 C6
Along 20 C6
Alonung 20 D5
Alora 80 C6
Alorna Fort 88 C4
Alot 58 A2
Alsindhi 12 C6
Alsisar 25 E2
Altiri 77 F2
Alur (AP) 83 E6
Alur (AP) 90 C5
Alur (Ka) 95 E5
Alur (Ma) 82 A5
Alur Tirunagari 103 E5
Alwar 25 H4
Alwara Tal 45 E3
Alwar Hills 25 H3
Alwarkurichi 102 D4
Alwar Tirunagari 103 E5

Alwaye (Aluva) 102 A1
Ama (BHU) 34 A3
Ama (UP) 30 A5
Amabera 74 C5
Amadi 65 G4
Amakona 62 C3
Amalapuram 93 F2
Amalner (Ma) 71 E3
Amalner (Ma) 81 F2
Amamora 75 E4
Amanat 46 D6
Amancherla 97 F2
Amangal 91 F1
Amanganj 44 C6
Amaniganj 29 G6
Amanpur 28 A3
Amarapuram 95 H3
Amaravathi 92 B2
Amaravati 103 G1
Amaravati (River) 100 A5
Amarchinta 90 D3
Amargarh (Rj) 42 A2
Amargarh (UP) 43 H3
Amaria 28 C1
Amarkantak 61 G4
Amarnath Caves 8 D5
Amarpatan 45 E6
Amarpur (Bi) 49 F4
Amarpur (MP) 61 E1
Amarpur (MP) 61 E4
Amarpur (Tr) 66 D1
Amarpura 23 H2
Amar Sagar 22 D5
Amarsar 25 G4
Amarwara 60 A5
Amas 48 C1
Amatulla 35 E4
Amauli 44 C2
Amayan 43 H1
Amb 12 A5
Amba (Bi) 46 D5
Amba (Ma) 81 G1
Amba (River) 80 A3-B3
Ambabhona 75 G1
Ambad 71 G6
Ambadiha 49 G5
Ambagarh Chauki 74 B3
Ambagarh Hills 73 G1
Ambah 26 D6
Ambahta 17 E4
Ambahta Sheikha 17 E4
Ambajogai 82 A3
Ambala 16 C2
Ambala Cantonment 16 C2
Ambalappuzha 102 A3
Ambala Sadar 16 D3
Ambaldi (Gu) 68 D2
Ambaldi (Gu) 69 E2
Ambalga (Ka) 82 B5
Ambalga (Ma) 82 B4
Ambaligolla 94 D2
Ambaltek 82 A3
Ambapani 41 G6
Ambapani Chauki 71 F1
Ambara (Ma) 72 C2
Ambara (MP) 73 E1
Ambarnath 80 B3
Ambarpet 83 G2
Ambasa 52 A5
Ambasamudram 102 D5
Ambavna 80 B3
Ambegaon 80 C2

Amber 25 G5
Ambewari 71 E6
Ambheti 69 H4
Ambika 70 A3
Ambikanagar 64 B3
Ambikapur 62 B3
Amboa 17 E2
Ambodala 75 H5
Amboli (Ma) 80 C5
Amboli (Ma) 88 C4
Ambur 96 D6
Amdabad 49 G3
Amdapur 71 H4
Amdi 61 F1
Amet 41 F4
Amethi 45 F1
Amgaon (Ma) 74 A2
Amgaon (MP) 60 A4
Amgura Bazar 34 B5
Amguri (As) 35 G4
Amguri (As) 36 B4
Amhara 32 C6
Ami 30 B5-C6
Amili 21 E5
Amin 16 D4
Aminbhavi 89 F5
Amindivi Islands 98 A4
Amingaon 34 D6
Amingarh 89 H3
Amini Island 98 B5
Amjhera 57 H5
Amkhuta 70 A2
Amkunj 104 B4
Amla (Kh) 50 B6
Amla (MP) 59 G6
Amlaha 58 D3
Amlakhi 35 H6
Amlarem 52 A2
Amlekhganj 31 F4
Amli (Rj) 40 A4
Amli (Rj) 41 H3
Amlia 61 H1
Amlipadar 75 E5
Amliyara 56 D3
Amloh 16 B2
Ammalapadu 86 C2
Ammanabrolu 92 B5
Ammapettai (TN) 100 B3
Ammapettai (TN) 101 E5
Ammapur 90 D3
Ammathi 99 H1
Ammedikal 94 D5
Ammenalli 94 C1
Amnaur 48 A2
Amnura 50 A4
Amo Chuu 33 F3-G3
Amod 56 C6
Amoi Patha 43 F3
Amola 43 F3
Amona 58 C3
Amour 49 G1
Ampani 75 F6
Ampi Bazar 51 H4
Amra 61 H2
Amrabad 91 F3
Amran 55 F4
Amraoti 72 C3
Amrapara 49 G5
Amrapur 68 B1
Amrati 74 D6
Amreli 69 E1
Amring 52 B1

Amritpur 28 C4
Amritsar 10 C5
Amroha 17 G6
Amronia 44 B5
Amrutur 95 H6
Amta 64 D4
Amtali 66 A4
Amtika 34 B4
Amudalavalasa 86 B3
Anadra 40 C5
Anagodu 95 F2
Anaji 95 F2
Anakapalle 85 H5
Anamalai 99 H6
Anamalai (Indira Gandhi)
   Wildlife Sanctuary 99 H6
Anamalai Hills 99 H6
Anamasamudrampeta 97 F1
Anamudi 102 C1
Anand 56 C5
Anandapuram 94 D3
Anandgarh 14 C6
Anandpur (Gu) 55 F5
Anandpur (Gu) 55 G5
Anandpur (Jh) 63 F4
Anandpur (MP) 59 E1
Anandpur (Or) 77 E2
Anandpur Sahib 12 B6
Anantagiri 85 H4
Anantapur 96 A1
Anantaram 83 G4
Anantasagaram 97 E1
Anantnag 8 C6
Anant Peth 43 G2
Anar 71 E2
Anas 57 F2-3
Anaskura 88 C2
Anasya Devi 18 A2
Anavatti 94 D1
Anawal 70 A3
Anchal 102 B4
Anchetti 100 B1
Andal 64 B1
Andaman & Nicobar Islands
   104 B5
Andanda 86 C2
Andarsul 70 D5
Anderson Island 104 A3
Andevanahalli 100 B1
Andhari (Ma) 73 G6
Andhari (Ma) 84 A1
Andharkotha 50 B6
Andher 59 F3
Andheri 42 C4-D5
Andhori 82 B3
Andhra Lake 80 B2
Andhra Pradesh 91 F3
Andhra Tharhi 32 A6
Andimatam 101 E4
Andipippattijakkampatti
   102 D1
Andiyur 100 A3
Andol 83 E5
Andori 73 E4
Andrott Island 98 C5
Andulbaria 65 F1
Andur 82 C5
Andura 72 A3
Ane 80 D1
Anechaukur 99 F1
Anekal 96 B6

Anelih 21 E5
Angadipuram 99 F5
Angai 26 B6
Angamali 102 A1
Angara 63 G2
Angatsi 20 D5
Anghad 56 D5
Angnac 23 H2
Angneu 23 H2
Angul 76 C3
Ani 12 D5
Aniali 55 G5
Anikkaranchattram 101 F4
Anini 21 E4
Anjad 57 H6
Anjanapura 94 D2
Anjangaon 72 B2
Anjania 60 D5
Anjanvel 80 B5
Anjar 55 E3
Anjarla 80 B5
Anjengo 102 B5
Anji 73 E3
Anjidiv Island 94 A1
Anjuna Beach 88 C5
Anjunem 88 D5
Ankai 70 D5
Ankalgi 89 E3
Ankasandra 95 G4
Ankevalia 55 H4
Ankisha 84 A3
Anklachh 70 A4
Ankleshwar 70 A1
Ankli 89 E2
Ankola 94 B1
Anna International Airport
   97 G5
Annapareddipalle 84 C6
Annapurna 30 C1
Annapurna Conservation Area
   30 C1
Annavaram 85 F6
Annavasal 100 D6
Annigeri 89 G5
Annur 99 H4
Ansar 42 B6
Anshi 88 D6
Anshing 72 B5
Anta 42 C4
Antagarh 74 C5
Antaram 82 D3
Antarasante 99 F2
Antarba 86 B1
Antarda 42 B3
Antarnes 55 H2
Antarvedi 93 E3
Antarvedipalem 93 E2
Antharganga Hill 96 B5
Antri (MP) 43 G2
Antri (Rj) 57 E2
Antu 45 G2
Anupgarh 14 D5
Anuppur 61 F3
Anupshahr (Rj) 15 H6
Anupshahr (UP) 26 D2
Anwalkhera 41 G4
Anwaro 67 E4
Aonla 28 B2
Appananallur 100 C4
Appa Tivu 103 G3
Apsa 80 B2
Apti 80 C4

Aqilwala 23 F3
Araidanga 49 H3
Araihazar 51 F6
Arain (Rj) 15 E4
Arain (Rj) 41 H1
Arajkund 74 B3
Arakkonam 97 F5
Arakot 17 E1
Araku 85 G3
Aralagodu 94 C2
Aralgundgi 90 A1
Aramba 73 H1
Arambagh 64 D3
Arambol (Harmal) Beach
   88 C4
Aramboli 102 D6
Aran 81 F5
Arandia 58 D3
Arandkhera 42 B4
Arang (Chh) 74 D2
Arang (Rj) 23 E6
Arangaon 81 F3
Arani 97 E6
Arani (River) 97 G4
Aranibakkam 97 G4
Aranmula 102 B3
Aranta 54 C5
Arantangi 103 G1
Araria 49 G1
Ararki 15 G6
Arasalu 94 D3
Arasikeri 95 F1
Arasinagundi 95 G4
Araul 28 D5
Aravakkurichchi 100 B5
Aravalli Range 25 E5
Arcot 97 G5
Ardai 20 D5
Ardavidu 91 G4
Ardhapur 82 C1
Aregaon 73 E3
Arehalli 95 E5
Areraj 31 E6
Areth 70 A2
Arga Beach 94 A1
Argaon (Ma) 72 A2
Argaon (Ma) 72 B4
Argaon (Mountain) 71 F2
Argoal 64 D5
Arhauli 45 E3
Ari 60 B6
Aria 56 B1
Ariankuppam 101 F2
Ariari 48 C4
Aricha Ghat 50 D6
Arifwala 14 D2
Arigam 42 C6
Arik 55 E5
Arikhola 51 F6
Arikkod 99 F4
Aril 28 B2
Arimalam 103 G1
Ariyalur 101 E4
Arja 8 B6
Arjunda 74 C3
Arjuni (Chh) 75 F1
Arjuni (Ma) 73 H3
Arkalgud 95 F6
Arkar 74 C3
Arkavita 96 A5
Arker 90 B3
Arkeri 89 G1
Apti 80 C4

Arki 12 C6
Arla 88 C1
Arli 72 D6
Armarand 60 D1
Armori 73 H4
Armur 83 E2
Army Post 33 H1
Arna 72 D5
Arnala Island 80 A1
Arnalang 33 E3
Arnas 10 C1
Arnaud 57 E2
Arnauli 16 C3
Arnetha 42 B3
Arni 72 C5
Arnia (MP) 58 C1
Arnia (UP) 26 C2
Arnoda 41 G5
Arola 80 D5
Aron (MP) 43 E6
Aron (MP) 43 F2
Aropu 21 E4
Aros 88 C2
Arpa 61 H6
Arrah 48 A3
Arrah (River) 30 A4
Arrah Canal 46 C4-D4
Arsha 63 H2
Arsikere 95 F5
Arthuna 57 F2
Arthur Hill Lake 70 B6
Artia 24 B6
Artola 18 B4
Aru 8 C5
Arukutti 102 A2
Arumbavur 100 D4
Arumuganeri 103 E5
Arun 32 C3-5
Arunachal Pradesh 20 D5
Aruppukkottai 103 E3
Aruvikkara 102 C5
Aruvipuram 102 C5
Arvi (Ma) 70 D3
Arvi (Ma) 72 D3
Arwal 48 A3
Arwari Tal 25 G5
Arwi 81 G2
Asalatganj 28 C6
Asambia 54 D3
Asan (HP) 17 E2
Asan (MP) 26 D6
Asanad 83 H3
Asananggiri 51 E2
Asanbani 49 G6
Asandh 16 C5
Asandi 95 F3
Asansol 64 B1
Asaon 46 D1
Asara 39 H6
Asarganj 49 E3
Asaudah Todran 26 A1
Ashaliu 20 D5
Ashapuri 59 E3
Ashna 82 C1
Ashoknagar (AP) 84 A5
Ashoknagar (MP) 43 F5
Ashta (Ma) 70 C2
Ashta (Ma) 88 D1
Ashta (MP) 58 D3
Ashtal 81 G5
Ashtami 80 B3
Ashtamudi Lake 102 B4

Ashti (Ma) 72 D2
Ashti (Ma) 81 F2
Ashti (Ma) 81 H1
Ashuganj 51 G5
Ashwaraopet 84 D6
Ashwi 70 C6
Asifabad 83 G1
Asifabad Valley 83 G1
Asikhati 66 B2
Asind 41 F2
Asir 71 H2
Asirgarh Hills 71 E1
Asiwan 29 A5
Aska 76 B6
Askandra 23 F4
Askipara 51 E3
Askole 8 B3
Askot 18 C4
Aslaoda 58 A3
Asmauli 26 D1
Asnahra 30 A5
Asnawar 42 C6
Asoda 71 F3
Asola Mendha Tank 73 H4
Asona 80 B5
Asonli 20 D4
Asop 24 B6
Asota 54 D5
Asotra 40 B2
Aspari 90 C5
Aspur 57 F1
Asra 72 B3
Assam 34 D5
Assam Shiwalik 35 G3-H3
Assapur 58 D6
Assasuni 65 G4
Assegaon 72 C2
Assundi 74 A5
Astagram 51 G5
Astamba Dongar 70 C1
Asthanwan 48 C3
Astor 8 C4
Astor (River) 8 C4
Astrang 77 F5
Asurabandh 76 B5
At 69 H3
Atangulam 102 D4
Ataraumba 56 C3
Ataria 18 C6
Atarra 44 D4
Atarra Branch 44 D3
Ateha 45 F1
Ater 28 A6
Atgaon (Ma) 70 A6
Atgaon (Or) 75 H3
Atghoria 50 C6
Atgulipura 99 H2
Athaikhera 43 F6
Atharabari 51 F4
Athara Mura Range 51 H5-
Atharikhat 35 E4
Athgarh 76 D3
Athikadavu 99 G4
Athmalga 48 C3
Athmallik 76 B3
Athmallik Hills 76 B3
Athni 89 F2
Atholi 12 C5
Atia Mosque 50 D5
Ating 9 E6
Atit 80 D6
Atmakur (AP) 83 F3

...nakur (AP) **83** H4
...nakur (AP) **83** H6
...nakur (AP) **90** D3
...nakur (AP) **91** F4
...nakur (AP) **97** F1
...nakuru **96** A1
...er **72** C1
...ur **82** A6
...adi **81** F6
...ara **51** F3
...ai **50** B4
...ai (River) **33** F6
...ampur **45** F3
...auli (UP) **26** D2
...auli (UP) **29** E5
...aulia **46** A1
...u **42** D5
...abira **75** H2
...ani **100** A3
...appadi **99** G4
...ar **58** C6
...ari **10** B5
...ayyampatti **100** B3
...gam **85** F1
...igundi **95** E4
...ili **93** E2
...imanjeri **97** E5
...ingal **102** B5
...ingal River **102** B5
...ippadi **100** D2
...che **37** H6
...jari **35** F5
...ur (TN) **97** G6
...ur (TN) **100** D3
...ura **50** B3
...uru **97** G3
...wari **33** E6
23 H4
...che **37** H6
...jari **35** F5
...ldan **44** A3
...li Ski Field **18** A2
...ndah **72** A6
...ndh **80** D5
...niati **36** B3
...rai **45** H3
...nwa **42** A2
...rad **82** C4
...rad Shahjahani **82** B4
...rai **48** C1
...raiya **44** B1
...ranga **62** D1
...rangabad (Bi) **46** D5
...rangabad (Ha) **26** B3
...rangabad (Ma) **71** F5
...rangabad (UP) **28** D3
...rangabad Caves **71** E5
...rangabad Saiyid **26** C1
...ras **29** E5
...roville **101** F2
...rvad **89** F3
...sa **82** A4
...sari **80** D2
...usgram **64** C1
...usten **104** A3
...ut **12** C5
...utsho **34** C3
...vadaiyarkovi **103** G1
...avdh Plains **29** H5
...vadi **97** G5
...valanche **99** G4
...valurpet **101** E1
...vanashi **99** H4
...vanashipalaiyam **100** A5

Avaniapuram **103** E2
Avanigadda **92** C4
Avantipur **8** C6
Avati (Ka) **96** B5
Avati (Ma) **81** G4
Aversa **94** B1
Avinhalli **94** C3
Avulavaripalem **92** C3
Avupalli **84** C3
Awa (Rj) **24** A1
Awa (Rj) **41** E3
Awa (UP) **26** D4
Awan **43** E6
Awar **58** B1
Awarja **82** A6
Ayanur **94** D3
Ayirala **96** D4
Aymangala **95** G3
Ayodhya (Kh) **65** H3
Ayodhya (UP) **29** H5
Ayubia **8** B6
Ayubia National Park **8** B5
Ayulapale Drug **96** D4
Ayur **102** B4
Ayyampettai **101** E5
Azad Jammu & Kashmir **8** B5
Azamgarh **46** B1
Azamnagar **49** H2
Azhicode **102** A1
Azhikkod **98** D2
Azimabad **15** F3
Azimganj **50** A5

Baba Bakala **10** C5
Babai (MP) **59** F4
Babai (MP) **59** H4
Babai (Rj) **25** F3
Babai (UP) **44** B1
Babai (River) **29** F1-H2
Babain **16** D3
Babalwara **57** E1
Babatpur International Airport **46** A3
Baberu **44** D3
Babhaleshwar **70** D6
Babhnoul **46** D3
Babina (MP) **43** G4
Babina (UP) **44** B2
Babnegarh **10** C2
Babra (Gu) **55** H6
Babra (Ma) **71** F5
Babuchara **67** E1
Babuganj **66** A3
Babugarh **26** C1
Babuhri **22** B5
Babulgaon (Ma) **72** D4
Babulgaon (Ma) **82** A2
Babupet **73** F5
Baburi **46** B4
Babusar Pass **8** B4
Bachagaon **36** B3
Bachal Rajpar **39** E1
Bachap **33** H4
Bachasar **24** A3
Bachauli **48** D2
Bachhon **44** C4
Bachhraon **17** F6
Bachhrawan **29** F6
Bachun **25** F6

Bachwara **48** C2
Back Bay **80** A2
Bada **54** C3
Bada Bagh **22** D5
Bada Barabil **63** G5
Bada Doikal **75** H6
Badagada **76** B6
Badalgachhi **50** B4
Badami **89** G4
Badami Hills **89** H4
Badana **39** G2
Badanganj **64** C3
Badanpur **45** E6
Badarganj **50** B2
Badarkhali **67** E5
Badarmokam Beach **78** B2
Badarpur (As) **52** B3
Badarpur (De) **26** B1
Badartuni **66** B2
Badarwas **43** E4
Badausa **44** D4
Badavanahalli **95** H4
Badchi **89** F2
Badepalli **91** E2
Badgaon **52** A4
Badhal **25** F4
Badhauli **16** D2
Badhni **15** H2
Badhwana **25** G1
Badikata **75** F2
Badimpur **50** A3
Badin **38** C5
Badiyargaon **17** H4
Badkulla **65** E2
Badla (Rj) **41** E5
Badla (Sy) **51** G4
Badlapur **45** H2
Badli **26** A1
Badnapur **71** F6
Badnawar **57** H3
Badnera **72** C3
Badno **24** B3
Badnor **41** F2
Badopal **16** A5
Badora **42** C5
Bado Sarai **29** G5
Badrauhan **46** A1
Badrinath **18** A1
Badrinath (Mount) **18** A1
Badshahibagh **17** E3
Badshahpur (Ha) **26** A2
Badshahpur (UP) **46** A2
Badua **49** E4
Baduria **65** F3
Badvel **97** E1
Baelgaon **72** A3
Baen **15** H6
Baer **9** H6
Baet **54** C3
Baetu **40** A2
Baga (As) **52** B2
Baga (Ba) **46** B4
Baga (Dh) **51** E4
Bagad **69** F2
Bagadi **95** F5
Bagai Kothi **12** B2
Bagalkot **89** G3
Bagalkot Hills **89** G3
Bagalur **96** B6
Bagalwad **90** B3
Bagana **58** B3
Bagar **28** C5

Bagarchhap **31** E1
Bagar Meo **26** A4
Bagathala **55** F4
Bagatipara **50** B5
Bagaud **58** B5
Bagaura **46** D1
Bagawas **41** E2
Bagbahara **75** E2
Bagbari **50** D4
Bagbor **34** C6
Bagda **64** A2
Bagdaha **65** F2
Bagdapalli **83** G3
Bagdogra **33** E5
Bagepalli **96** B3
Bager **42** C5
Bagerhat **65** H3
Bageshwar **18** B4
Bagevadi **89** E4
Bagewadi **89** E3
Baggar **25** F2
Bagh (MP) **57** G5
Bagh (PAK) **8** B6
Bagh (Caves) **57** F2
Bagh (River) **74** A1
Bagha **50** B5
Baghaichhari **67** E1
Baghain **34** D4
Baghamara **51** F3
Bagha Purana **15** H2
Baghelkhand Plateau **61** G1
Baghel Tal **29** G4
Baghera (Rj) **42** A2
Baghera (UP) **44** A3
Bagherpara **65** G2
Bagh Hills **57** G5
Baghiapara **76** A3
Baghmara **66** C1
Baghmati **31** G3-6, **48** D1-2
Baghmundi **63** H2
Baghnadi **76** A4
Baghnagar **30** B5
Baghopur **32** B6
Baghpat **16** D6
Baghra **17** E5
Baghsar **10** A1
Bagi **12** D6
Bagicha **62** C4
Bagjan **35** G4
Baglan **70** C3
Bagli **58** C4
Baglung **30** C2
Bagmara **50** B4
Bagmati **31** G2
Bagnan **64** D4
Bagni **88** D1
Bagodar **48** D6
Bagodara **56** B4
Bagora **40** B4
Bagot **10** B1
Bagrakasa **74** A2
Bagraudih **61** H2
Bagri **58** A5
Bagrian **16** B2
Bagribari **34** A6
Bagru **25** F6
Bagsara **68** D1
Bagtor **8** C5
Bagula **65** F2
Baguliaghat **35** H6
Bagur **95** F5

Bah **28** A5
Bahadarpur **71** E3
Bahadpur **12** A4
Bahadurabad Ghat **50** D3
Bahadurganj **32** D6
Bahadurgarh **26** A1
Bahadurpur (MP) **43** F6
Bahadurpur (Rj) **42** D1
Bahal **25** F1
Bahalda **63** H5
Bahamniwala **15** F2
Baharagora **64** B5
Baharampur (Berhampore) **50** A6
Bahari **18** B4
Baharpur **65** G1
Bahawalnagar **14** D3
Bahawalpur **14** A5
Bahela **74** A2
Bahera **48** D1
Baheri (UP) **18** A6
Baheri (UP) **48** D1
Bahgul **18** A6
Bahili **58** C5
Bahirevadi **88** D3
Bahjoi **28** A2
Bahl **12** C4
Bahli **12** D6
Bahora **26** A2
Bahour **101** F3
Bahraich **29** G4
Bahre **70** B4
Bahsunta **17** F5
Bahu **25** H1
Bahubal **51** H4
Bahuda **96** D3
Bahuna **16** A4
Bahuppara **52** A5
Bahuriband **60** C2
Bahya **15** G4
Baibati **76** B5
Baida Island **54** C4
Baidaura **43** G3
Baidehi **32** A5
Baideswar **76** D4
Baidya Bazar **51** F6
Baidyapur **65** E2
Baihar **60** D6
Baihatola **61** G3
Baijnath (HP) **12** B4
Baijnath (Ut) **18** A4
Baikanthur **45** F5
Baikunthpur (Chh) **61** H3
Baikunthpur (UP) **48** A1
Bailadila **84** D2
Bailadila Hills **84** D2-3
Bail Hongal **89** E4
Bailur **99** H3
Baimho **36** C5
Bainai **16** C6
Bainduru **94** B3
Bairagarh (Ma) **72** B1
Bairagarh (MP) **59** E3
Bairagarh (Rj) **42** C6
Bairagnia **31** G5
Bairat **25** F6
Baireddipalle **96** D5
Baireni **31** F3
Bairi (MP) **58** D5
Bairi (Or) **77** E3
Bairia **62** C1

Baisi **49** G6
Baisinga **64** B6
Baitalpur **61** G6
Baitarani **63** H6
Baithalangso **35** F6
Bajaen **42** A3
Bajag **61** F4
Bajalia **67** E4
Bajana **56** A3
Bajaura **12** C4
Bajitpur **51** F5
Bajna (MP) **57** G3
Bajna (UP) **26** C3
Bajoir **66** A2
Bajoli **12** B3
Bajpar **62** B4
Bajra **66** C2
Bajrakot **76** C2
Bajranggarh **43** E5
Bajra Shahi **66** C2
Bakal **60** C2
Bakalo **62** A3
Bakaner **57** H6
Bakani **42** C6
Bakar **38** D1
Bakaruma **62** B4
Bakerganj **66** A3
Bakewar **28** B6
Bakhar **45** H4
Bakhari **60** B5
Bakharia **54** D6
Bakhasar **39** G5
Bakhira Tal **30** B5
Bakhra **48** B1
Bakhrabad **51** F6
Bakhri **48** D2
Bakhsha **45** H2
Bakhtiyarpur **48** C3
Bakkali (Fraserganj) **65** E6
Bakloh **12** A3
Bakong **35** G2
Bakor **57** E3
Bakra **40** C4
Bakra (River) **32** D5
Bakreshwar **49** G6
Baksar **26** C1
Baksena **28** B3
Baksheu **24** B4
Bakshganj **66** C2
Bakshiganj **50** D3
Bakshpur **51** H4
Bakswaho **44** A5
Baktim **33** E3
Baktuni **42** A5
Bakudi **49** G4
Bakutra **55** G1
Balachor **16** B1
Balagam **68** B2
Balaganj **51** H4
Balagarh **65** E2
Balaghai Range **82** B3
Balaghat **73** H1
Balaghat Range **81** H2
Balaji **26** A5
Balakhera **42** C4
Balakot **8** A5
Balakrishnanpatti **100** C4
Balamba **55** F4
Balam Takli **81** G1
Balam Yelim **81** G2
Balan **23** E3
Balan (River) **32** A5

Balana (Ha) **16** C3
Balana (Rj) **23** E4
Balanagar **91** E1
Balanga **77** E5
Balanwali **15** H3
Balapanuru **96** C2
Balapur **72** A4
Balara **41** F1
Balararampur (WB) **33** H6
Balarampur (WB) **63** H3
Balarampuram **102** C5
Balasan **33** E5-6
Balasar (Gu) **55** F1
Balasar (Rj) **39** H1
Balasmand Lake **40** D1
Balasore **77** G1
Balatgi **90** B3
Balcha **17** F1
Baldani **56** A4
Baldeo **26** C4
Baldeogarh (MP) **44** A5
Baldeogarh (Rj) **25** H5
Baldhoi **55** G6
Baleh **60** A2
Balehonnur **94** D4
Balesar **40** C1
Balewa **39** G2
Balganur (Ka) **89** H1
Balganur (Ka) **90** B4
Balgaon **89** G1
Bali (Rj) **40** D4
Bali (Rj) **41** F2
Balia (Or) **63** E6
Balia (Rj) **42** B6
Baliadingi **49** H1
Baliakandi **65** G1
Balianta **77** E4
Baliapal **64** C6
Baliapur **64** A1
Baliati **51** E6
Bali Chak **64** C4
Bali Chowky **12** D5
Balidiha **64** A5
Balighai Beach **77** E5
Baliguda **76** A4
Balijan **36** D2
Balijipeta **86** A3
Balikania **76** C5
Balikuchi **35** F6
Balikuda **77** F4
Balimila **85** F4
Balimila Reservoir **85** F4
Baling **18** C3
Balipara **35** G4
Balipatna **77** E4
Balitha **64** C3
Baliyali **16** B6
Baljod **63** F5
Balkonda **83** E2
Balla **51** E5
Ballabgarh **26** B2
Ballalrayan Durga **94** D5
Ballarpur **73** F6
Ballavi **95** H4
Balli **88** C6
Ballia **46** D2
Balliar **23** G1
Ballipadar **76** C5
Ballipalle **91** H5
Balluan **15** F3
Ballurpettai **100** B2
Bally **65** E4

Balochia **14** D5
Balod **74** C3
Baloda (Chh) **61** H5
Baloda (Chh) **75** G2
Baloda Bazar **75** E1
Balotra **40** B2
Balpakram National Park **51** F2
Balrampur **29** H4
Balsamand **16** A6
Balta **12** A4
Baltistan **8** D4
Balu **16** C4
Balua **46** B3
Balugaon **76** D5
Balumath **63** E1
Balunda **41** F1
Balur **89** G3
Balurghat **50** B3
Balussheri **99** E3
Balwakot **18** C4
Balwara (MP) **58** B5
Balwara (Rj) **40** C3
Balwari **57** H5
Bamanbore **55** G5
Bamangaon **42** B2
Bamangola **50** A3
Bamanhalli **89** F6
Baman Hat **33** H6
Bamani **41** H4
Bamanpalli **84** B1
Bamanwas **25** H6
Bambhan Plain **55** G4
Bamdah **49** E5
Bamgura **61** E3
Bamhni (Ma) **73** F3
Bamhni (MP) **60** D5
Bamhni (MP) **61** F4
Bamhniaon **45** H3
Bamhor **42** B1
Bamhori **59** E3
Bamini **74** D6
Baminigam **76** A6
Bamna **66** A4
Bamni **72** A6
Bamnia **57** G3
Bamnidihi **62** A6
Bamnikhera **26** B2
Bamnor **39** H3
Bamor **43** G5
Bamora (MP) **59** G1
Bamora (Rj) **41** F6
Bamori (MP) **43** E5
Bamori (MP) **44** A4
Bamra Hills **76** B2
Bamraspet **90** D1
Bamroli **28** C2
Bamundiha **64** A3
Bamur **76** B2
Bamutia **51** G6
Ban **17** G6
Banakhok **25** G6
Bananga **104** D6
Banapur **76** D5
Banar **40** D1
Banar (River) **51** E4
Banarhat **33** G5
Banaripara **66** A3
Banas (Gu) **55** H2
Banas (MP) **61** F1-G2
Banas (Rj) **40** C6
Banas (Rj) **41** E4-H3

Banasandra **95** G5
Banashankari **89** G4
Banasuram **99** E3
Banas Valley **40** C5-6
Banat **17** E5
Banavar **95** F4
Banavasi **94** C1
Banbarad **74** C2
Banbassa **18** B6
Banbirpur **29** F1
Banchharampur **51** F6
Banda (Ma) **88** C4
Banda (MP) **59** H1
Banda (UP) **44** C3
Banda Branch **44** C4
Bandaguda **76** A6
Bandahalli **100** A2
Bandamurlanka **93** F2
Bandanwara **41** G1
Bandapal **74** C5
Bandar (Chh) **61** H3
Bandar (Cht) **67** E4
Bandar (Gu) **69** F2
Bandarban **67** F4
Bandarewa **36** A3
Bandarpunch **17** G1
Bandarupalle **92** B3
Bandel **65** E3
Bandgaon **63** F3
Bandha **43** E5
Bandhavgarh **61** E2
Bandhavgarh National Park **61** E2
Bandi **25** E5-F6
Bandia **54** C2
Bandia (River) **74** A6
Bandi Atmakuru **91** F5
Bandikui **25** H5
Bandipur (JK) **8** C5
Bandipur (Ka) **99** G3
Bandipur (NEP) **31** E2
Bandipur National Park **99** G3
Bandnau **24** D2
Bandra **80** A2
Bandri (Ka) **90** A6
Bandri (MP) **59** H1
Banduan **64** A3
Bandugam **85** H2
Bandura **66** A1
Baneloi **49** H5
Baner **75** F6
Banera **41** G3
Baneshwar (Ma) **80** C4
Baneshwar (Rj) **57** F2
Banethi **16** D2
Banga **12** A6
Bangabandhu **33** E5
Bangaduni Island **65** F6
Bangahari **50** A4
Bangalhalia **67** E4
Bangali **50** D4
Bangali (River) **50** C3
Bangalore **124**
Bangalore Plateau **96** A5-B5
Bangaluda **85** G1
Bangana **12** B5
Banganapalle **91** E5
Banganga (NEP) **30** B3
Banganga (Rj) **25** H5
Banganga (Rj) **42** C3
Bangaon (As) **34** D5

Bangaon (Bi) **49** E2
Bangaon (MP) **60** B1
Bangaon (WB) **65** F2
Bangaram Island **98** A5
Bangarmau **28** B5
Bangarupalam **96** D5
Bangarupeta **97** F3
Banghat **17** G3
Bangi **15** H3
Bangithappal **99** G4
Bangomunda **75** F4
Bangra **44** A1
Bangrakot **33** F4
Bangriposi **64** A5
Bangrod **57** H3
Bangsi **51** F1
Banguk **20** D6
Banhatti **89** F2
Bani **29** E6
Bania **61** H4
Baniachung **51** G4
Baniagaon **74** C5
Baniana **23** F6
Baniapur **48** A2
Banigochha **76** B4
Banigrati **67** E4
Banihal **8** C6
Banikhet **12** A3
Banjar **12** D5
Banjar (River) **60** D5
Banka **49** F4
Bankacha **42** D2
Bankapur **89** F6
Bankatwa **29** H3
Bankhandi **15** H1
Bankhari **51** E6
Bankheri **59** H4
Banki **63** F5
Bankigarh **76** D4
Bankora **57** F1
Bankot **80** A4
Bankura **64** B2
Banmala **71** G1
Banmanki **49** F1
Bannerghatta National Park **96** A6
Bannikop **89** G6
Bannikoppa **89** H5
Bannur **99** G1
Bano **63** F4
Banola **83** E2
Banor **76** C2
Banori **60** C5
Banpur **43** H5
Bansberia **65** E3
Bansdih **46** D2
Bansera **42** D6
Bansgaon **30** C6
Bansi (Rj) **41** G6
Bansi (UP) **30** B4
Bansi (UP) **43** G5
Bansirhai **50** A2
Bansiwara **40** D6
Banskandi **52** C3
Banskhali **67** E4
Banskot **74** D5
Banskupi **49** E6
Bansri **26** B6
Bansur **25** H3
Bansura **29** F4
Banswada **82** D3

Banswara **57** G2
Banta (Or) **77** F2
Banta (Rj) **41** E3
Bantala **76** C3
Banthra **28** C3
Banthra Sikandarpur **29** E6
Bantumilli **92** D3
Bantva **68** B1
Bantval **94** C6
Banur **16** C2
Banvara **60** D2
Banwara **42** B1
Baonli **42** C1
Baonri **24** A6
Baordhig **74** D6
Baori **39** G3
Baorli **40** C1
Baorli Hills **40** C1
Bap **23** G4
Bapatla **92** B4
Bapauli **16** B5
Bapaur **42** C5
Bapeo **24** C3
Bapsai **80** B1
Bapunda **42** A1
Bapung **52** A2
Bar **35** E4
Bara (Bi) **48** A4
Bara (Bi) **48** B5
Bara (Jh) **49** F5
Bara (Jh) **49** G5
Bara (MP) **43** F3
Bara (Rj) **23** F4
Bara (Rj) **24** A6
Barabakunda **66** D3
Bara Banghal **12** C3
Barabani **64** B3
Bara Banki **29** F5
Bara Bazan **52** B4
Barabham **64** A3
Bara Boarijor **49** G3
Barach **61** F1
Barachana **77** E3
Barachati **48** B5
Barad **82** C1
Bara Dahai **52** A4
Baradarga **50** C2
Bara Delana **24** B1
Bara Digar **52** C2
Baragaon (HP) **12** D6
Baragaon (MP) **58** C2
Baragaon (Rj) **23** E5
Baragaon (UP) **28** D2
Baragaon (UP) **29** E3
Baragaon (UP) **43** H3
Baragaon (UP) **46** A3
Baragaon (UP) **46** D2
Baragaon Nandur **81** E1
Baragaon Pimpri **70** C5
Baraghop **67** E5
Barah (Pu) **16** A4
Barah (UP) **44** C1
Barahara Kothi **49** F2
Barahat **49** F4
Barahbise **31** H3
Barai **62** A6
Baraigram **50** C5
Barail Range **36** B6
Baraitha **43** H6
Barak **52** B3-C3
Barakar **48** C5

Barakatha **48** C6
Bara Khera **18** A6
Barakhola **52** B3
Bara Khun **8** C2
Bara Khunta **64** B6
Barakot **76** C1
Baralacha La **12** D2
Baram **64** A3
Baramas **8** A5
Baramati **81** E4
Baramba **76** D4
Baramgala **8** C6
Baramkela **75** G1
Barampur **30** C6
Baramsar **15** F6
Baramula **8** B5
Baran **42** C4
Barana **42** C4
Baranagar **65** E4
Baranasi **50** B4
Baranal **77** F4
Baranda (Ha) **16** C3
Baranda (Gu) **54** B2
Barang **77** E4
Barania **67** E4
Barooti **48** C5
Barapara **66** A5
Barar **41** F3
Barara **16** D3
Barari **49** G2
Baras **16** C4
Bara Sagar **60** D2
Barasah **64** B6
Barasat (WB) **65** E4
Barasat (WB) **65** E5
Bara Shigri Glacier **12** D3-4
Barasloia **63** E4
Barasu Pass **13** F6
Barato **52** B1
Barauda **58** A2
Barauli (Bi) **31** E4
Barauli (UP) **26** C2
Barauli (UP) **26** C4
Baraunda **44** D4
Baraundha **45** H4
Barauni (Bi) **48** D3
Barauni (MP) **43** G3
Baraut **16** D6
Barawan **46** C4
Barawarda **41** G6
Barburu **36** D3
Bar Bigha **48** C3
Bardah **46** A2
Barda Hills **54** D6
Bardan **9** E6
Barddhaman (Burwan) **64** D2
Bardha Ka Talao **42** A4
Bardhal **10** B2
Bar Dhoa **35** F5
Bardoli **70** A2
Barduar **51** E2
Bardubi **36** A2
Bardula **75** E4
Bareguda **84** B2
Bareilly **28** B2
Bareja **56** C2
Barel **42** D2
Bareli **59** G4
Barenda **61** H2
Barengapara **51** E3
Barer **43** E3

eta 16 A4
eth 59 F1
gaon (Chh) 61 G2
gaon (Or) 62 D5
gaon (Rj) 40 B5
garh (Or) 75 H2
garh (UP) 45 F4
gawan 42 D3
ghat 60 B6
gi 60 C4
guna 66 A4
gur 95 H3
guru 100 C1
h 48 C3
haj 46 C1
halganj 46 B1
hali 28 D4
hampur 46 D2
hampuri 82 B2
han 26 D4
handi 49 F2
hapura 17 G5
haria 46 D1
harwa 49 H4
hat 36 D3
hatta 51 F3
heli 74 B4
hi (Bi) 32 A6
rhi (Chh) 74 C3
hi (Jh) 48 C6
rhi (MP) 61 E1
rhiya 48 D3
rhra 48 A2
ri (MP) 59 G3
ri (Rj) 26 B6
ri (UP) 29 E4
riarpur 49 E3
ri Brahamana 10 C2
ri Doab Canal 10 A6-C4
ri La 33 H2
ripada 64 B6
ri Sadri 41 G6
risal 66 B3
risal (Division) 64 A4
rrisi 18 A1
rjala 51 G6
rjhar 34 D5
rjisnagar 59 E4
rjora 64 C2
rkagaon 63 F1
rki Kana 63 G2
rkal 67 F3
rkhanpur 50 D6
rkhera 59 F4
rkhuar Dongar 62 B4
rki 63 F1
rki Sara 48 D6
rkot 17 F1
rkuhi 59 H6
rkul 76 D5
rkur 94 C4
rla 26 D3
rlan 42 D5
rlanga 63 G2
rlekha 52 A4
rli 41 G2
rlia 40 C2
rlias 41 H4
rlu 24 B6
rmer 39 H2
rnagar 58 A3
rnala 16 A2

Barni Hat 35 E6
Baro Bazar 65 G2
Barod 58 B2
Baroda (MP) 42 D3
Baroda (Rj) 26 A4
Baroda (Vadodara) 56 D5
Barodia (MP) 43 H6
Barodia (MP) 58 C2
Barog 16 D1
Baroghil Pass 8 B2
Baroknar 45 G5
Barola 60 C3
Baroli (MP) 41 G5
Baroli (Rj) 42 A4
Baropal 15 F5
Baropujia 35 F5
Barpali 75 H2
Barpara 67 F4
Barpathar 36 A5
Barpatoli 69 E3
Barpatti 31 H6
Barpeta 34 C5
Barpeta Road 34 C5
Barr 41 F2
Barrackpore 65 E3
Barria 41 H6
Barsana 26 B3
Barsar 12 B5
Barshong 33 H2
Barsi 81 G4
Barsi Takli 72 B4
Barsoi 49 H2
Barsur 84 D1
Bartala 34 D6
Barthi 62 B2
Bartsam 34 D3
Baruagaon 36 B5
Baruapara 33 F5
Barud 71 F1
Baruhatu 63 G3
Baruipur 65 E4
Barundhan 42 B4
Barur 71 G1
Baruna 66 C1
Barutara 61 F2
Baruva 86 C2
Barvala 56 A5
Barwa (Ha) 16 A6
Barwa (UP) 28 C3
Barwa (UP) 30 C5
Barwadih 62 D1
Barwadili 46 B5
Barwahi 59 F1
Barwala 16 B5
Barwan (Rj) 42 D4
Barwan (WB) 49 H6
Barwani 57 H6
Barwani Hills 70 D1
Barwara 44 D5
Barwa Sagar 43 H3
Bas 16 B6
Basagude 84 C3
Basai 43 G4
Basail 51 E5
Basantapur 32 C4
Basantgarh 10 D2
Basantpur (Bi) 48 A1
Basantpur (Bi) 49 G1
Basanwahi 74 D5

Basar (AP) 82 D2
Basar (Ar) 20 B6
Basaralu 95 G6
Basari 44 B5
Basavakalyan 82 B5
Basavana Bagevadi 89 H2
Basavapatna (Ka) 95 E2
Basavapatna (Ka) 95 F6
Basavrajdurg Island 94 B2
Basbari 34 A6
Baseri 26 B6
Basetihalli 96 B4
Basgo 9 E5
Basharatganj 28 B2
Bashar Hat 66 C2
Bashirabad 82 C6
Basho 8 C4
Bashta 17 F6
Basi (Pu) 12 A5
Basi (Pu) 16 D2
Basi (Rj) 25 G5
Basi (Rj) 40 D2
Basi (Rj) 41 G4
Basia 63 E3
Basidka 16 A2
Basirhat 85 F3
Basirpur 15 E2
Basmath 82 C1
Basna 75 F2
Basnamba 72 B6
Basoda 59 F1
Basoli 12 B5
Basoll 12 A3
Basopatti 31 G6
Baspa 13 F6
Baspa (Sangla) Valley 13 F6
Basrur 94 C4
Bassein 80 A1
Bassein (Fort) 80 A1
Bassein (River) 80 B1
Bassian 14 B2
Bassi Pathana 16 C2
Basta 64 B6
Bastam 17 E4
Bastar 85 E1
Bastar Hills 84 C1
Basti 30 A5
Basudebpur (Or) 77 G2
Basudebpur (Ra) 50 B5
Basudebpur (WB) 64 D6
Basugaon 34 B5
Basunti 65 F5
Basuri 51 E4
Basuvanpuram 99 H3
Bataikela 62 C4
Batajor 86 A3
Batal 12 B5
Batala 10 C4
Batane 46 D5
Bataru 40 A1
Batesar 26 B5
Bathad 12 D5
Bathinda 15 G3
Bathnaha (Bi) 31 G5
Bathnaha (Bi) 32 C6
Batia 49 E5
Batiagarh 60 A1
Batiaghata 65 G3
Batka 65 E2
Batote 10 C1
Batrahalli 100 C1
Batrel 74 C4

Batti Malv Island 104 C4
Battulapalle 96 B2
Batwa 56 C4
Baudh 76 B3
Baudh Plain 76 A3
Baulai 51 F4
Bauna 50 B3
Baund 25 H1
Baundi 29 F4
Bauphal 66 B4
Baura 33 G6
Bauria 65 E4
Bausi 49 F4
Baut Bazar 52 B1
Bautra 40 B3
Bavanasi 91 E4
Bavanipet 83 F4
Bavda 88 C2
Bavia 56 B4
Bawala 55 E6
Bawana (De) 16 D6
Bawana (Ha) 25 G2
Bawanbir 72 A3
Bawangaja 57 H6
Bawani Khera 16 B6
Bawatsar 40 A2
Bawli Bazar 78 B1
Baya 31 F6
Bayad 56 D3
Bayaha (Bi) 30 D4
Bayaha (Rj) 26 B5
Bayana Hills 26 A5
Bayi 20 B2
Baypore 99 F4
Bazargaon 73 E2
Bazidpur 48 C2
Bazpur 17 H5
Beani Bazar 52 A3
Bearma 44 B6
Beas (HP) 10 D5
Beas (MP) 59 E2
Beas Belt 10 D5
Beas Dam 12 A4
Beas Valley 12 B5
Beawar 41 F2
Bebar 54 D2
Bebejia 36 B3
Bechiwara 57 E2
Bechraji 56 B2
Bed 55 E5
Beda (Ka) 89 E6
Beda (MP) 58 A6
Bedawal Ki Pal 41 F6
Bedgom 8 C6
Bedi 55 E4
Bedsa 80 C2
Bedsa Caves 80 C3
Begamabad 17 E6
Begamganj (Cht) 66 C2
Begamganj (MP) 59 G2
Begampur 81 G5
Begowala 10 D5
Begun 41 H4
Begunia 76 D4
Begunkudar 63 H2
Begur 99 F2
Begusarai 48 D3
Behali 35 H4

Behra 29 F3
Behrai 60 C6
Behraonda 42 C2
Behrar 43 E3
Behrol 59 H1
Behror 25 G3
Behta Gokul 28 D4
Bejipuram 86 A4
Bejjangivada 85 E4
Bekal (Bekal Fort) 98 C1
Bekkattur 99 H2
Bela (AP) 73 E6
Bela (Bi) 48 B4
Bela (Gu) 55 F4
Bela (Gu) 55 G1
Bela (Gu) 55 G4
Bela (Ma) 73 F3
Bela (Pu) 16 C1
Bela (UP) 28 C5
Bela (UP) 45 G2
Belabo 51 F5
Belagad 75 H5
Belagali 89 F3
Belagam 86 A2
Belaguntha 76 B5
Belagur 95 F4
Belahonda 74 D2
Belaichhari 67 F3
Belak Khal 17 G2
Belakoba 33 F5
Belakuadi 99 H1
Belan 45 H4
Bela (Palamau) National
   Park 62 D1
Belapara 75 G4
Belapur (Ma) 70 D6
Belapur (Ma) 80 A2
Belavaniki 89 G4
Belbahara 61 F3
Belda 64 C5
Beldanga 50 A6
Beldara 95 H4
Beldaur 49 E2
Belgachhi 49 G1
Belgahna 61 G5
Belgami 94 D2
Belgaon 74 A1
Belgaum 89 E4
Belgaum Plateau 88 D4
Belgod 95 E5
Belha 51 G6
Belhar 49 E4
Belhatti 89 G6
Belhe 80 D2
Beliabera 64 B5
Beliator 64 C2
Belkar 88 C1
Belkharu 60 C3
Belkhera 60 B3
Belkuchi 50 D5
Bellala 83 F2
Bellampalli 83 H2
Bellare 94 D6
Bellary 90 B6
Belluru 95 G5
Belmannu 94 C5
Belonia 66 D1
Belpara 17 H5
Bel Pimpalgaon 70 D6
Belsand 31 G6
Belshakarga 82 C4

Belsiri 35 F4
Beltangadi 94 D5
Beltikri 75 F2
Beluguppa 95 H1
Belur (Ka) 89 G4
Belur (Ka) 95 E5
Belur (TN) 100 C3
Belura 82 B4
Belvandi 81 E3
Bembal 73 G5
Bembla 81 F5
Bemetara 74 C1
Bemli 81 H4
Benapole 65 F2
Benaulim Beach 88 C5
Bengabad 49 E5
Beni 30 C1
Beniganj 29 E4
Benighat 31 F3
Benipatti 31 H6
Benithora 82 A5-B6
Bennari 99 H3
Bennihalla 89 F5
Benoda 72 D2
Benura 75 E6
Beohari 61 F1
Ber 54 B2
Bera (Ra) 50 D6
Bera (Rj) 40 D4
Berach 41 F5-H4
Beraja (Gu) 54 D3
Beraja (Gu) 55 F5
Berasi 61 G2
Berasia 59 E2
Berchha 58 C3
Bergaon 74 A3
Berhait 49 G4
Berhampore (Baharampur)
   50 A6
Berhampur 86 D1
Beri (Ha) 25 H1
Beri (Rj) 40 A4
Beria 58 B6
Berikai 96 B6
Berinag 18 B4
Beripeta 97 G4
Beriwala 23 H1
Berla 74 C1
Bermo 63 H1
Bero 63 F2
Bersi 22 C6
Berung 20 D6
Berwa 23 G6
Besagarahalli 95 H6
Besal 8 B4
Besani 44 C6
Besham 8 A4
Besi Sahar 31 E2
Besroli 24 D5
Bestavarapeta 91 G5
Besu 46 A2-B2
Beswan 26 C3
Bet, Island of 54 C4
Betagi 66 A4
Betamcherla 91 E5
Betavad 71 E2
Betgeri 89 F5
Bethia 74 B5
Bethuadari 65 E1
Betia 46 C5
Betil 50 D5
Betma 58 A4

Betmangala **96** C5
Betmogra **82** C3
Betnoti **64** B6
Betrawati **31** F2
Bettadpur **99** F1
Bettiah **31** E5
Betu **40** C3
Betul (Go) **88** C6
Betul (MP) **59** F6
Betul Bazar **59** F6
Betul Plateau **59** F6
Betwa **43** G5-H3
Beur **89** H3
Bewar (UP) **28** B5
Bewar (UP) **44** C2
Bewas **59** H2
Beypore **99** E4
Bhabbar **56** A1
Bhabhru **25** G4
Bhabra **57** F5
Bhabua **46** C4
Bhachau **55** F3
Bhad **68** B1
Bhada (Ma) **82** A4
Bhada (UP) **45** G1
Bhadan (Rj) **23** H5
Bhadan (UP) **28** A5
Bhadana **43** E5
Bhadar **15** F2
Bhadar (River) **55** F6-G6
Bhadarwa **56** D5
Bhadarwah **10** D2
Bhadas **26** A3
Bhadasar (Rj) **22** D5
Bhadasar (Rj) **24** C2
Bhadaura **41** F5
Bhadavani **81** F5
Bhaddi **12** B6
Bhaddu **10** D3
Bhader **29** E2
Bhadera **24** B1
Bhadesar **41** G5
Bhadgaon **71** E4
Bhadi **15** H6
Bhadia **54** D4
Bhadka **39** H1
Bhadkamba **88** C1
Bhadla **55** G5
Bhadli **55** H6
Bhadohi **45** H3
Bhadora **60** D1
Bhadoti **42** C1
Bhadra (Gu) **54** C2
Bhadra (HP) **12** B3
Bhadra (Rj) **15** H6
Bhadra (River) **94** D4
Bhadrachalam **84** C5
Bhadrajan **40** C3
Bhadrakh **77** F2
Bhadran **56** C5
Bhadrana **60** A1
Bhadra Plain **77** F2
Bhadrapur **33** E5
Bhadra Reservoir **94** D4
Bhadravati **95** E3
Bhadra Wildlife Sanctuary **95** E4
Bhadreswar (Gu) **55** E3
Bhadreswar (WB) **65** E3
Bhadrod **69** F2
Bhadson (Ha) **16** D3
Bhadson (Pu) **16** B2

Bhadthar **54** D5
Bhaduria **50** B2
Bhadva **55** G5
Bhadvad **70** C2
Bhadwar **29** H3
Bhaga **12** C3
Bhagabanpur **64** D5
Bhagaiya **49** G3
Bhagal **16** C3
Bhagalpur **49** F3
Bhagalpur Plain **49** E4-F4
Bhagamandala **98** D1
Bhagbatpur **77** F3
Bhageh **43** G2
Bhagirathi **17** G1-2
Bhagiratpur **50** A6
Bhagnanpur **49** H4
Bhagor **57** G4
Bhagot **12** A2
Bhagu (Pu) **15** F3
Bhagu (Rj) **24** B4
Bhaguapura **43** H2
Bhagun **76** C5
Bhagvati **89** E6
Bhagwangola **50** A5
Bhagwan Mahavir Wildlife Sanctuary **88** D5
Bhagwanpur (Bi) **46** C4
Bhagwanpur (NEP) **30** B3
Bhagwanpur (NEP) **32** B5
Bhagwanpur (Ut) **17** E3
Bhagwanpura **41** G3
Bhagwannagar **44** D1
Bhagyakul **66** A1
Bhahkot **10** D6
Bhailal **17** E4
Bhainawa **26** A6
Bhaini Bagha **15** H3
Bhainsa **82** D2
Bhainsara **23** E6
Bhainsdehi **72** C1
Bhainskuchi **33** H6
Bhainsola Tal **46** B2
Bhainsrodgarh **42** A4
Bhainswal **16** D5
Bhai Pheru **10** A6
Bhairab **65** E1-G2
Bhairab Bazar **51** G5
Bhairamgarh **84** C2
Bhairawa **30** C4
Bhairon **43** E3
Bhaisal **80** B1
Bhaisaota **25** F2
Bhaislana **25** E5
Bhaiswahi **61** G1
Bhaja **80** B3
Bhaja Caves **80** B3
Bhajaola **15** F5
Bhakarapeta **97** E4
Bhakla **29** G3
Bhakri (Rj) **23** H5
Bhakri (Rj) **24** D6
Bhakrod **24** B5
Bhakru **17** H6
Bhaktapur **31** G3
Bhakurma **62** A4
Bhal **8** A6
Bhalaj **56** D4
Bhalala **56** A4
Bhalan **12** B6
Bhaleswari **66** A5
Bhaliapanga **76** A6

Bhalki **82** C4
Bhalod **56** D6
Bhalpur **57** E6
Bhalta **42** C6
Bhaluka (Dh) **51** E5
Bhaluka (WB) **49** H3
Bhalukpong **35** F3
Bhalur **15** G1
Bhalwani **81** F4
Bham **12** A6
Bhamangarh **61** G4
Bhamgarh **71** H1
Bhamora **28** B2
Bhamragarh **84** B1
Bhanas Hivre **81** F1
Bhandak **73** F5
Bhandara **73** G2
Bhandara Road **73** G2
Bhandarej **25** H5
Bhandari **36** B5
Bhandaria (Ba) **66** A4
Bhandaria (Jh) **62** C1
Bhandaria (UP) **30** A4
Bhandarpokhari **77** F2
Bhandel **12** A2
Bhander **43** H2
Bhander Range **60** C2
Bhandher **16** A3
Bhandu **56** B2
Bhanduri **68** C2
Bhandwa **25** G1
Bhanga (As) **52** B3
Bhanga (Dh) **65** H1
Bhangaha **29** G3
Bhangala **10** D4
Bhangali **10** C5
Bhangali Gujar **8** A6
Bhangar (Ma) **80** B5
Bhangar (WB) **65** F4
Bhangbarai **34** A3
Bhangor **55** E5
Bhangtar **35** E4
Bhangura **50** C5
Bhania **39** H4
Bhanin **15** H6
Bhanjanagar **76** B5
Bhanpura **42** B6
Bhanpuri **74** B2
Bhanupratappur **74** B4
Bhanvad **54** D6
Bhanwargarh **42** D4
Bhaogarh **57** H1
Bhaptiahi **32** B6
Bharai **42** A2
Bharak **10** B1
Bharalamukh **35** E6
Bharali **35** G3
Bharana **15** G1
Bharapar **54** D3
Bharat **40** B6
Bharatkhali **50** C3
Bharatpur (Chh) **61** G2
Bharatpur (NEP) **31** E3
Bharatpur (Rj) **26** B5
Bharatpur (WB) **49** H6
Bharawas **25** H2
Bharbharia **39** H6
Bharduva **39** H6
Bharewala **23** F3
Bhargain **28** B4
Bhargav **77** E5
Bhargi **12** A1

Bhariad **56** B5
Bharkodra **56** C6
Bharmar **12** A4
Bharmasagara **95** F2
Bharno **63** E3
Bharodi **42** B3
Bharridand **61** G4
Bharro **24** A2
Bhart **10** D1
Bharthana **28** B6
Bhartnalli **94** C1
Bharuch (Broach) **70** A1
Bharuch Plain **70** A1-B1
Bharunda **24** D6
Bharwain **12** A4
Bharwani **40** C3
Bharwa Sumerpur **44** C2
Bhasawar **26** A5
Bhaskal **75** E6
Bhasma **62** D6
Bhastara **64** D3
Bhatagli **82** A4
Bhatana **40** C5
Bhatapara **74** D1
Bhatari **65** H2
Bhatiapara **65** H2
Bhatiari **66** C1
Bhatinda Branch **16** A2
Bhatkal **94** B3
Bhatkera **71** H2
Bhatkheri **41** H6
Bhatkuli **72** C3
Bhatli **75** H1
Bhatnawar **43** E3
Bhatpara (Cht) **66** C1
Bhatpara (WB) **65** E3
Bhattigam **85** F1
Bhattiprolu **92** C3
Bhattu Kalan **15** H5
Bhatu **15** H5
Bhatumra **82** C4
Bhatwari **17** G1
Bhauapar **30** C6
Bhaudi **81** E3
Bhauli **29** E5
Bhaunathpur **46** C6
Bhaunra **31** E5
Bhaunti **43** G4
Bhaurasa **41** F5
Bhavani **100** B3
Bhavani (River) **99** G4-H3
Bhavnagar **69** G1
Bhawal National Park **51** E5
Bhawanigarh **16** B3
Bhawani Pangri **71** G5
Bhawanipatna **75** G5
Bhawanipur (As) **34** C5
Bhawanipur (Bi) **30** D6
Bhawanipur (Ra) **50** C4
Bhawanipur Rajdham **49** F2
Bhawari **40** D2
Bhawatra **39** H5
Bhawi **41** E1
Bhawra **59** F5
Bhayandar **80** A1
Bhayavadar **55** E6
Bhedaghat **60** B3

Bhedan **76** B1
Bhedarganj **66** B2
Bhedshi **88** C4
Bheemunipatnam **86** A4
Bhela (JK) **10** D1
Bhela (MP) **42** D3
Bhelai **62** A5
Bheldi **48** A2
Bhelsi **44** A5
Bhelu **23** H4
Bheramara **50** B6
Bherandiala **54** D2
Bheri **29** H1
Bheri (Division) **29** G1
Bherya **95** F6
Bhesan **68** C1
Bhesawo **25** F5
Bhesola **58** A2
Bheta **29** F5
Bhetnanda **40** D2
Bhichor **41** H4
Bhigvan **81** E4
Bhikamkor **23** H5
Bhikangaon **58** B6
Bhikhi **16** A3
Bhikia Sain **18** A4
Bhikkiwind **10** B6
Bhikorai Juni **23** F6
Bhilai **74** C2
Bhilari **40** B6
Bhilka **68** C1
Bhillangana **17** H1
Bhiloda **56** D2
Bhilori **43** E2
Bhilwal **29** F6
Bhilwara **41** G3
Bhim **41** F2
Bhima **80** C2-D3
Bhimadevarpalli **83** G4
Bhimadolu **92** D1
Bhimanapalli **91** G1
Bhimasar (Gu) **54** D6
Bhimasar (Gu) **55** G2
Bhimashankar **80** C2
Bhimavaram **93** E2
Bhimbetka Caves **59** F4
Bhimgara **64** C1
Bhimgarh **60** B5
Bhimkatta **55** F4
Bhimnath **56** A5
Bhimora **55** G5
Bhimpur **59** E6
Bhimpura **46** C1
Bhimpuram **86** B1
Bhimrad **55** H6
Bhimtal **18** A5
Bhinai **41** G2
Bhind **28** A6
Bhindar **41** F5
Bhind Canal **26** D6
Bhindosi **26** A3
Bhinga **29** H3
Bhinmal **40** B4
Bhira (Ma) **80** B3
Bhira (UP) **29** E2
Bhiragaon **74** B5
Bhirnbar **10** A1
Bhirrana **16** A4
Bhirvada **88** C3
Bhisi **73** G4
Bhita **45** G3
Bhitala **39** F2

Bhitarkanika Wildlife Sanctuary **77** G3
Bhitarwar **43** G2
Bhitia **49** E4
Bhit Shah **38** B2
Bhiwandi **80** B1
Bhiwani **16** B6
Bhiwani Bagar **16** A6
Bhiwani Mani **42** B6
Bhiwapur **73** G3
Bhiyar **39** H1
Bhogabasa **18** B3
Bhogapuram **86** A4
Bhogarmang **8** A5
Bhogat **54** C6
Bhogava **55** H5
Bhogipur **44** B1
Bhognipur Branch **28** B6
Bhogpur Sirwal **10** D5
Bhograi **64** C6
Bhogriwala **17** E3
Bhoika **56** A5
Bhoj **88** C4
Bhojasar **23** H4
Bhojbasa **17** H1
Bhojo **36** C3
Bhojpur (Bi) **46** D3
Bhojpur (Or) **76** B1
Bhojpur (UP) **17** E6
Bhojpur (UP) **29** G3
Bhojpur (UP) **44** D1
Bhojpur (Temple) (MP) **59**
Bhojudih **64** A3
Bhojupura **28** B1
Bhokar **82** D1
Bhokardan **71** F5
Bhokardon Caves **71** F5
Bhola (Ba) **66** B3
Bhola (UP) **17** E6
Bhola Hat **49** H4
Bholath **10** D5
Bholawat **68** C2
Bhom **80** B6
Bhomarwadi **71** E4
Bhondiapara **74** C4, **78** D1
Bhongaon **28** B4
Bhongir **83** F6
Bhongra **57** G2
Bhonte La **33** G2
Bhopa **17** F5
Bhopal **59** E3
Bhopalpatnam **84** B2
Bhopal Plateau **59** E3
Bhor **80** C4
Bhoramdeo **61** F6
Bhoranj **12** C5
Bhorat Plateau **40** D5
Bhore **30** D6
Bhorol **39** H5
Bhorvadi **81** E1
Bhos **71** F6
Bhosa **81** F5
Bhota Kosi **31** H3
Bhotaor **12** B2
Bhotemari **50** B1
Bhothidih **74** D3
Bhowali **18** A5
Bhowra **64** A1
Bhuana **22** C5
Bhuban **77** E2
Bhubaneswar **77** E4
Bhudal **10** B1

dgaon **89** E1
j **54** D3
jodi **54** D3
jpur **54** D3
kan **40** B3
karheri **17** F5
karka **15** G5
n **81** G3
n **88** B2
nanahalli **99** F2
narheri **16** C3
ndri **16** A1
ndsi **26** A2
nga **12** A5
ntar **12** C4
ra **29** E2
rgaon **34** B4
ri **60** B2
rkunj **75** F2
rungamari **33** H6
sawal **71** G3
shandapur **76** D5
tapandi **102** D6
ttewala **22** D3
vanagiri **101** F3
dola **49** H2
39 H1
anj Forest Reserve **50** A1
inagar **83** F6
ipet **83** F4
iyana **51** G4
oneri **23** G2
hakhani Pahar **63** F6
hhia (MP) **60** D3
hhia (MP) **60** D5
hhua **73** F1
hkurda **82** D3
holim **88** C5
hom **35** F3
(Ma) **81** G2
(Ma) **88** D2
dada **54** D3
jar **82** C5
Jasar **24** C3
Jauli **16** D4
Jhnu **44** C1
dhuna **28** C6
di **89** E5
dkingaon **71** E6
dsangri **81** F2
dupur **48** B2
dva **65** F5
dwal **57** H4
dyakot **51** G6
gga **24** C2
ghapur **44** D1
god **41** H4
har **45** E6-F5
har (State) **49** E2
harda **64** B3
harigani **49** F2
harigarh **17** F3
harpur **61** H2
har Sharif **48** C3
hpur **49** F3
hpuriagaon **36** A3
hta **48** A2
huguri **35** G4
joinagar **41** G2
ijaipur (Bi) **30** D6
ijaipur (MP) **43** E2

Bijalighat **34** D5
Bijalpur **31** H5
Bijamal **75** H4
Bija Pahar **61** G4
Bijapur (Chh) **84** C2
Bijapur (Ka) **89** G2
Bijapur (Or) **76** A6
Bijapur (Rj) **40** D4
Bijawal **39** F2
Bijawar **44** B5
Bijawar Hills **44** A6-B5
Bijaybati **65** E6
Bijepur (Or) **75** G6
Bijepur (Or) **75** H2
Bijeraghogarh **60** D1
Bijnapalli **91** E2
Bijnaur **29** E6
Bijni (As) **34** B5
Bijni (Ut) **17** G3
Bijnor **17** F5
Bijoli **43** G3
Bijolia **42** A4
Bijrotha **43** G4
Bijsipur **45** H4
Bijua **29** E2
Bijul **45** H6
Bikampur **23** G3
Bikaner (Ha) **25** H2
Bikaner (Rj) **24** A2
Bikaner Canal **15** F2
Bikapur **29** H6
Bikarni **40** D5
Bikkapattimund **99** G3
Bikkatti **99** G4
Biknur **83** E4
Bikram **48** A3
Bikramganj **46** D3
Bilaigarh **75** F1
Bilar **40** B4
Bilara **41** E1
Bilari **28** A1
Bilariaganj **46** B1
Bilasi **88** D1
Bilasipara **34** B6
Bilaspur (Chh) **61** G6
Bilaspur (Ha) **16** D3
Bilaspur (HP) **12** C6
Bilaspur (UP) **18** A6
Bilaspur (UP) **26** B2
Bilaspur (UP) **29** H3
Bilaua **43** G2
Bilaur **10** D2
Bilchod **95** F2
Bildi **55** G6
Bilehra (MP) **59** H2
Bilehra (UP) **29** F4
Bilga **16** A1
Bilgaon **43** F1
Bilgi (Ka) **89** G3
Bilgi (Ka) **94** C2
Bilgram **28** D5
Bilhaur **28** D5
Bilheri **60** C2
Biligiri Rangan Hills **99** H2
Biligiri Rangaswamy Wildlife
   Sanctuary **99** H3
Bilikere **99** F1
Bilimora **69** H3
Bilkhawtlir **52** B4
Bilkheri **60** A4
Billun **24** D1
Biloi **22** B6

Biloli **82** D2
Bilona **25** H6
Biloni **26** B6
Bilonia **43** E5
Bilqisganj **59** E3
Bilsanda **28** C2
Bilsar **29** H5
Bilsawar **26** C4
Bilsi **28** A2
Bilthar **46** C1
Bimbala **76** D2
Bimgal **43** f3
Bina **59** G2
Bina Etawa **43** G6
Binaga Beach **94** A1
Binaganj **42** D6
Binakanahalli **99** H3
Bina Plateau **59** G1
Binasar **25** E2
Binauli **17** E6
Binaur **44** C1
Binauti **51** G6
Binawar **28** B2
Binawas **40** D1
Bind **8** C5
Binda Diara **49** E3
Bindigaravale **95** G6
Bindki **44** D2
Bindra Nawagarh **75** E4
Bindula **36** A1
Binewal **12** B6
Bini **36** B1
Binjasar **24** C2
Binjbaila **15** G5
Binjharpur **77** F3
Binjorai **23** E6
Binka **75** H2
Binnadesar **24** D2
Binodepur **65** G1
Binota **41** G5
Binpur **64** B4
Binsar **18** B4
Binur **74** C6
Binusuli **85** F2
Biposi Najafgarh **44** D1
Bipulashar **66** C2
Bir (HP) **12** C4
Bir (MP) **58** C6
Bir (Rj) **41** G1
Bira **44** C4
Biraba **51** F6
Biraicha **30** D5
Biral **50** A2
Birampur (Ra) **50** B2
Birampur (WB) **64** D6
Biramsar **22** D5
Biratnagar **32** C6
Birdha **43** G5
Birdpur **30** B4
Birganj (NEP) **31** F5
Birganj (Ra) **50** A1
Birgudi **74** D4
Birhar **30** B6
Birjnagar **62** B1
Birk **12** A6
Birkali **15** G5
Birkera **63** E5
Birkur **82** D3
Birlokha **24** A5
Birma **44** B2-3
Birmaharaipur **76** A3
Birmana **15** E5

Birme **44** D6
Birmitrapur **63** E5
Birmitrapur Hills **62** D4
Birnagar **65** E2
Birni **48** D6
Birnon **46** B2
Birpara **33** G5
Birpur (Bi) **32** C6
Birpur (MP) **43** E2
Birpur Katra **29** G4
Birsilpur **23** G2
Birsingnar **45** E5
Birtamod **33** E5
Birupa **77** F3
Birur **95** E4
Birvadi **80** B4
Bisai **64** A5
Bisala **39** H2
Bisalgarh **51** G6
Bisalpur **28** C2
Bisambharpur **62** B2
Bisauli **28** A2
Bisenda **44** D3
Bishamagiri **76** B6
Bishambharpur **46** C2
Bishanpura **60** D5
Bishanwara **42** D4
Bishenpur **53** E3
Bishkhali **66** A4
Bishnah **10** C2
Bishnath **35** G4
Bishnupur (Dh) **51** E4
Bishnupur (WB) **65** E4
Bishrampur **62** A3
Bishungarh **48** C6
Bishunpur **62** D2
Bishunpura (Bi) **30** D5
Bishunpura (Bi) **48** A1
Bishunpur Sundar **49** F1
Bishwambharpur **51** G3
Biskohar **30** A4
Bisnali Tal **46** C2
Bisra **63** F5
Bisrampur **46** C6
Bisrasar **15** F6
Bissamcuttack **75** H6
Bissau **25** E2
Bistan **71** F1
Bist Doab **10** D5
Bisuhi **29** H4
Biswan **29** F4
Biswanath **51** H3
Biswi **29** H6
Bitangal **51** G4
Bitargaon **72** C6
Bithli **60** D6
Bithmara **16** B4
Bithnok **23** H3
Bithur **28** D6
Bitragunta **97** G1
Bitra Island **98** A4
Bittangala **99** E2
Black Bein **10** D5
Black Mountain **34** B3
Black Mountain NP **34** B3
Black Mountains (BHU) **34** B3
Black Mountains (PAK) **8** A5-B5
Blue Mountain **67** G3
Boalkhali **67** E4
Boalmari **65** H2

Baath **83** E1
Boat Island **104** A5
Bobarlanka **92** C4
Bobbili **85** H3
Bobbili Basin **85** H3
Boblad (Ma) **81** G6
Boblad (Ma) **89** G1
Bobleshwar **89** G2
Bochaganj **50** A2
Bochaha **48** B1
Bochegaon **81** H1
Boda **33** F6
Bodalkasa Tank **73** H2
Bodamalai Betta **100** A2
Bodarwar **30** C5
Boddavara **85** H4
Bodeli **57** E5
Bodgwar **18** C3
Bodhan (AP) **82** D3
Bodhan (Ka) **82** B5
Bodhegaon **81** G1
Bodhgaya **48** B5
Bodh Kharbu **9** E5
Bodinayakkanur **102** C1
Bodo Raruan **63** H6
Bodri **61** F3
Bodvad **71** G3
Bogmalo Beach **88** C5
Bogra **50** C4
Boguldega **62** B5
Boha (Pu) **16** A4
Boha (Rj) **39** F1
Bohana **25** G2
Bohar **16** C6
Boinu **67** G3-H4
Boirani **76** C6
Boisar **69** H6
Boister Kyun **78** C3
Bokajan **36** A6
Bokakhat **35** H4
Bokaro **63** G1
Bokaro Steel City **63** G1
Bokhrata **57** G6
Bokkapuram **99** G3
Boko **34** D6
Bokri **55** F3
Bola **77** F2
Bola (River) **65** H4
Bolangir **75** H3
Bolba **62** D5
Bolgarh **76** D4
Bolia **42** B6
Boljang **53** F3
Bolkheraghat **58** B2
Bolpur **64** D1
Bolthan **71** E5
Bolung **21** E6
Bomak **20** D5
Bombay (Mumbai) **112-113**
Bomdeling **34** D2
Bomdila **35** F3
Bomdo **20** C4
Bommagondenkere **95** G1
Bompoka Island **104** C4
Bonacaud **102** C5
Bonaigarh **63** F6
Bonai Hills **63** E6
Bonakalu **92** B1
Bondla Wildlife Sanctuary **88** D5
Bongaigaon **34** B5

Bongbal Khulen **53** E3
Bopalapaddi **91** G3
Borabas **42** B4
Borai **74** D5
Boran **75** F4
Borana **23** G3
Bordehi **59** G6
Bordha **59** F5
Bordi **69** H5
Bordoloni **36** B2
Borduria **36** D3
Borduttighat **36** A3
Borgampad **84** C5
Borgaon (Ma) **73** E3
Borgaon (Ma) **81** H3
Borgaon (MP) **71** H1
Borgaon Manju **72** B3
Borghat **71** E1
Bori (Ma) **72** C4
Bori (Ma) **73** E6
Bori (Ma) **73** F3
Bori (Ma) **80** D2
Bori (Ma) **82** B1
Bori (Ma) **82** B4
Bori (River) **70** D3
Boria **56** A4
Boria Tibhu **74** B4
Borigumma **85** G2
Borio **49** G3
Borivali **80** A1
Borjan **36** C4
Borjhar **57** G5
Borkhedi **73** F3
Borla **61** E5
Borlai Panchaitar **80** A4
Born **82** A5-6
Borna **45** H3
Borpani **51** H1
Borra Caves **85** H3
Borsad **56** C5
Borsi **74** D3
Bortalao **74** A2
Boru **20** B6
Borwa **24** C5
Bosana **25** E4
Bosau Tal **46** C2
Bosuri **24** B4
Botad **56** A5
Botavad **71** G3
Bote **80** D1
Both **42** C4
Boturakachar **62** B5
Bozar Dara **9** E2
Brahmagiri **77** E5
Brahmagiri (Mount) **98** D1
Brahmakund **21** F6
Brahmanbaria **51** G6
Brahmand **60** A3
Brahmando **76** D6
Brahmangaon (Ma) **70** C4
Brahmangaon (MP) **57** H6
Brahmani (Jh) **49** G5
Brahmani (Or) **63** E5
Brahmanwade **80** D1
Brahmapari **73** H4
Brahmapuri **81** G5
Brahmaputra (As) **34** C6, **36** B3-D1
Brahmaputra (Dh) **51** E3
Brahmour **12** B3
Bridgmanganj **30** B4
Brikutsa **50** B4

Brindavan Gardens **99** GRa1
Broach (Bharuch) **70** A1
Bruini **21** E3
Bualpui **52** B5
Buarpui **67** F1
Buattar **8** B2
Bubshahr **15** G4
Buchawas **25** E1
Buchiredipalem **97** F1
Buckingham Canal **97** G6
Budabal **75** G3
Budagud **76** B5
Budaguda **76** A5
Budakedar **17** G2
Budalur **100** D5
Budarasingi **86** C2
Budaun **28** B2
Bud Bud **64** C2
Buddha Vihar **51** G6
Budge Budge **65** E4
Budh (Ar) **21** F6
Budh (Ma) **80** D5
Budhabar **10** D4
Budha Khera **16** C5
Budhar Dhanpuri **61** F3
Budhargarh **88** D3
Budhera **25** F1
Budhhata **65** G4
Budhi **10** D3
Budhlada **16** A4
Budikote **96** C6
Budithapalem **91** H5
Budni **59** F4
Budnur **89** F3
Bugian **15** E5
Bugwah **50** D1
Buhari **70** A3
Buj **42** A5
Buja Gutta **83** G4
Bukar **39** G3
Bukkapatna **95** G4
Bukkapatnam **96** B2
Bukpui **67** G1
Bulandshahr **26** C2
Bulbul **63** E2
Bulcherry Island **65** F6
Buldana **71** G4
Buldega **62** C5
Bulgai **38** C3
Bulhowal **12** A5
Bulvad **89** F2
Bumthang (Dzongkhag)
    34 B1
Bumthang Chhu **34** B2-C4
Bunakha **33** H4
Bundeli **74** B1
Bundi **42** A3
Bundra **39** F1
Bundu **63** G3
Bunga Hayat **15** E2
Bungidhar **17** H3
Bungilang **67** G3
Bunji **8** C3
Bupania **26** A1
Buragaon **35** G6
Burakek **35** H6
Bura Mayang **35** E6
Burawai **8** B4
Buray **70** D2
Burdapur **82** A3
Burera **42** D2
Burgahan **61** H5

Burgam **84** D3
Burhabalang **64** A5-B6
Burhana **17** E5
Burhanpur **71** H2
Burhanuddin **66** B3
Burhi **32** C5-6
Burhi Dihing **36** D2
Burhi Gandak **31** F5
Burhi Rapti **29** H3-4
Buri Bazar **53** E3
Burichang **66** C1
Buri Gandaki **31** F2
Buriganga **66** B1
Burigaon **35** E4
Burighat **67** E3
Buri Khamar **34** C5
Buriya **17** E3
Burlina **61** E3
Burmu **63** F2
Burnpur **64** B1
Burphu Glacier **18** C2
Burrakayalakota **96** C3
Bursu **24** D5
Burtanga **76** C4
Burti **81** F6
Burwa **45** F6
Burwan (Barddhaman)
    64 D2
Burzil **8** C4
Busana **16** C6
Busegaon **80** D5
Bushnapur **49** G1
Butana **16** C5
Butati **24** C5
Buthidaung **78** C1
Buthpur **91** E2
Butram **72** B1
Buttayyagudem **84** B3
Butwal **30** C3
Buxa Duar **33** H5
Buxar **46** C3
Buxar Canal **46** D3
Buxa Tiger Reserve **33** H5
Buzzai Gumbad **8** B2
Byadgi **94** D1
Byanghat **17** G3
Bylakuppe **99** E1

C

Cabo Da Rama **88** C6
Cachar Plain **52** B3
Calcutta (Kolkata) **118**
Calicut (Kozhikode) **99** E4
Calimere Wildlife and Bird
    Sanctuary **101** F6
Cambay **56** C5
Cambay, Gulf of **56** B6,
    69 G2
Camorta Island **104** C4
Campierganj **30** C5
Cannanore (Kannur) **98** D2
Canning **65** F4
Cape Comorin (Kanyakumari)
    102 D6
Cape Maud **104** D4
Cape Price **104** B2
Cape Ramas **88** C6
Captainganj (UP) **30** A5
Captainganj (UP) **30** C5
Cardamom Hills **102** C5
Car Nicobar Island **104** C3

Castle Rock **88** D5
Cauvery **98** E1, **100** A2-C5
Cauvery Falls **99** H1
Cavelossim **88** C5
Central Karakoram NP **8** D3
Chabal **10** B5
Chabi **60** D4
Chabiana **14** D3
Chabua **36** D2
Chachar **61** H1
Chachor **42** A6
Chachora **42** D6
Chachot **12** C5
Chadchan **81** G6
Chadi **24** A5
Chaduva Katrol Range **54** D3
Chagalamarri **91** F6
Chagaon **83** G2
Chahardi **71** E2
Chaibasa **63** G4
Chaifil Tlang **52** C6
Chaikambao **52** C2
Chail (HP) **16** D1
Chail (UP) **45** F3
Chainpur (Bi) **46** B4
Chainpur (Jh) **62** D1
Chainpur (Jh) **62** D1
Chainpur (MP) **71** G1
Chairaiya **31** F5
Chaital **65** F4
Chaitma **61** H5
Chaitrori **39** F2
Chakai **49** E5
Chakalia **36** C3
Chak Amru **10** C3
Chakan **80** C2
Chakaria **67** E5
Chakavel **96** B3
Chak Bowal **10** C2
Chakchoka **33** H5
Chakdaha **65** E2
Chakesar **8** A5
Chakhla **59** H5
Chakia (Bi) **31** F6
Chakia (UP) **46** B4
Chakki **10** D3
Chak Mahan **15** F2
Chako **48** A6
Chakpikarong **53** E4
Chakradharpur **63** G4
Chakranadi **94** C3
Chakrata **17** F2
Chakri **8** A6
Chak Sana **26** C5
Chaksu **25** G6
Chak Swari **8** B6
Chaku **23** H4
Chakulia **64** B4
Chakur (Ma) **82** B3
Chakur (Ma) **82** B4
Chakudi **99** F6
Chalala **68** D1
Chalat **98** D2
Chali **34** C3
Chalisgaon **71** E4
Chaliyar **99** F4
Chalkoi **25** E1
Chalkurti **91** G2
Challakere **95** G2
Challapalle **92** C3
Chalong **53** E4
Chalt **8** B3

Chamakpur **63** G5
Chamardi **56** A6
Chamba (HP) **12** A3
Chamba (Ut) **17** G2
Chambal **26** D5, **58** A1-4
Chamba Valley **12** B3
Chamiari **10** B4
Chamkang **9** G5
Chamkor **16** C1
Chamoli **18** A2
Champa **62** A6
Champadanga **64** D3
Champahati **65** E4
Champamati **34** B5
Champanagar **49** F1
Champaner (Pavagadh)
    57 E5
Champaneri **41** H2
Champapur **31** F5
Champasar **24** A4
Champawat **18** B5
Champua **63** G5
Chamrajanagar **99** H2
Chamrat **12** C2
Chamrupur **30** A4
Chamu **23** H6
Chamunda Devi **12** B4
Chamursi **73** H5
Chanarh **73** E6
Chanari **46** C3
Chanarthal **16** C2
Chanas **10** C1
Chandra (River) **12** D3
Chandrabhaga **41** E3-F4
Chandraghona **67** E3
Chandragiri (AP) **97** E4
Chandragiri (Or) **85** G1
Chandragiri (Or) **86** C1
Chandragiri (River) **98** D1
Chandragutti **94** C2
Chandrakona **64** C4
Chandrakona Road **64** C3
Chandrala **56** C3
Chandraprabha **46** B4
Chandraprabha Wildlife
    Sanctuary **46** A4
Chandrapur (Ma) **73** F5
Chandrapur (Or) **76** A6
Chandrapura **63** H1
Chandrapuri **17** H2
Chandrasadhubari **51** H6
Chandrasekharapuram **91** G6
Chandratal **12** D3
Chandrehi **45** F6
Chandreshwar Bhutnath
    88 C6
Chandrora **56** A2
Chandru **12** B2
Chandrupatla **84** B3
Chandsain **42** A1
Chandubi **51** G1
Chandui **46** B5
Chandupura **43** F1
Chandur (AP) **91** G1
Chandur (Ma) **70** C5
Chandur (Ma) **72** C3
Chandur (Ma) **73** F6
Chandura **51** G5
Chandur Bazar **72** C2
Chanduria **65** F3
Chanduri Hat **67** E3
Chandvad **70** C4

Chandhan **23** E5
Chandi (Bi) **48** B3
Chandi (Ma) **81** F1
Chandia **60** D2
Chandigarh **16** C1
Chandigarh (Union Territory)
    16 C1
Chandigarh Choaland
    12 A6-B6
Chandil **63** H3
Chandina **66** C1
Chandio **25** G5
Chandipur **77** G1
Chandiput **86** C1
Chandisar **40** B6
Chandkapur Reservoir **70** B4
Chandla (Cht) **51** G6
Chandla (MP) **44** C2
Chandli **55** F5
Chandma **25** F6
Chandni (MP) **71** H2
Chandni (Rj) **24** A3
Chandod **56** D6
Chandol **71** G4
Chandpara **65** F3
Chandpur (Cht) **66** B2
Chandpur (Cht) **67** E4
Chandpur (MP) **57** F5
Chandpur (Or) **76** D2
Chandpur (UP) **17** F5
Chandpur (UP) **44** C2
Chandra **64** C4
Chandra (River) **12** D3

Chandwa **63** E1
Chandwaji **25** G5
Chandwak **46** A3
Chandwasa **42** A6
Chang **16** B6
Changanassery
    (Changanacherry) **102**
Chang Chenmo **9** G5
Chang La **9** F6
Changlung Lungpa **9** G6
Changoi **25** E1
Changomal **83** E6
Changrabandha **33** F6
Changyak **37** E3
Chang Zampa **33** G3
Chani **72** A4
Chonipatia **31** E5
Chankeshar **58** C5
Channagiri **95** E3
Channan Pir **14** A5
Channapatna **95** H6
Channarayapatna **95** F6
Chano **63** F2
Chanod **40** D3
Chanowali **8** B6
Chanpa **73** E3
Chansura **61** E1
Chantam **37** F1
Chantongia **36** C4
Chanugondla **90** D5
Chanumla **104** C4
Chaoke **15** H3
Chaorokiagaon **36** B3
Chapadgaon **81** F7
Chapajhar **74** D3
Chapanalla **35** G5
Chapar (As) **34** B6
Chapar (JK) **10** D2
Chapara **86** B2
Chaparmukh **35** F4
Chapcha **33** H4
Chapcha Pass **33** H4
Chapora **88** C5
Chapora (River) **88** C4
Chapora Beach **88** C5
Chappan Hills **41** F6
Chappar **25** G1
Chapra (Bi) **48** A2
Chapra (Bi) **49** F1
Chapra (MP) **58** C4
Chapra (WB) **65** G4
Chapram **49** E2
Chaprar **10** B2
Chapursan **8** C2
Char (HP) **12** B3
Char (JK) **12** C1
Charadva **55** G3
Charaideo **36** C3
Charakunda **91** F2
Char Alexander **66** C3
Charalia Hat **67** E3
Charama **74** C4
Charamaddi **66** B3
Charan **88** C1
Charang **13** F5
Charangaon **70** C5
Charanwala **23** G3
Charanwas **25** E4
Charaut **31** H6
Char Bansi **66** B2
Char Bhadrasan **65** H1
Charduar **33** G4

egaon 60 C6
eimna 21 G5
Fasson 66 B4
ghat 50 B5
gram 52 B3
hanta 45 E6
hav 52 A3
ikot 31 H3
Jagabandhu 66 C3
karia 46 B5
rkha 69 E1
rkhardi 55 F6
rkhari 44 B3
rkhi Dadri 25 G1
rmal 94 D5
rmal 76 A2
r Manika 66 B5
rottar Plain 56 C5
rpokhri 46 D3
rthana 71 H6
rthari 30 B5
rthawal 17 E4
rwa 58 D6
s (Jh) 63 H1
s (Ma) 80 C2
shi 8 A3
ssad 53 F3
talpar 51 G5
taparti 95 G2
tar 55 E5
tara 32 C5
tari 82 D1
tarpur 44 B4
t Bamori 43 F6
tchara 52 B5
tgaon 73 H5
tmohar 50 C5
toli 59 F1
ton 52 D2
tori 82 B2
torkhand 8 B3
atra (Jh) 48 B6
atra (WB) 49 H5
atru 8 D6
ttargarh 24 A1
attrappatti 100 A6
tukhera Sondia 58 D1
u 24 B4
ubatia 18 A4
ube 48 C6
ubia 28 B5
ubisho 18 D4
udepalle 96 D4
udhri Ka Nangal 25 G3
udhuri Hat 66 C3
audi 88 C6
audni 17 E2
augachha 65 F2
ugain 46 D3
uhali 50 D5
auk (Ma) 80 B2
uk (UP) 30 C4
auka 44 B5
ukhutia 18 A4
auki 58 B4
auki Maniar 12 B5
aukori 18 B4
aukrauda 26 C6
aul 80 A3
aulpani 59 H4
aumu 25 F5

Chaunrikhiang 33 E3
Chaupal 17 E1
Chauparan 48 B5
Chaur 17 E1
Chauradadar 61 F4
Chaurai 60 A6
Chaura Island 104 C4
Chauri 29 H5
Chausa 46 C3
Chausa Branch 46 C3
Chausala 81 G3
Chausana 16 D4
Chautham 49 E2
Chauth Ka Barwara 42 B2
Chavad 55 H6
Chavakkad 99 F6
Chavara 102 B4
Chawand 41 E6
Chawinda 10 B3
Chawngte 67 F3
Chayü 21 G5
Chayul 19 F6
Chaz 8 A6
Chazam 34 D3
Chebisa Pass 33 G2
Chebrolu 92 B3
Chechat 42 B5
Chechi 41 H4
Chejerla 97 F2
Chekawn 67 E4
Chelakara 99 F5
Cheli La 33 G3
Chelur (Ka) 95 G4
Chelur (Ka) 96 B4
Chelvai 84 A4
Chelyama 64 A1
Chemeri 76 C5
Chemma 85 H2
Chemrey 9 F6
Chem Tso 19 E5
Chen 36 D4
Chenab 10 B2-D1, 12 A1-C3
Chenekotapale 96 A2
Chengalpattu 97 G6
Chengam 100 D1
Chengannur 102 B3
Chengar Char 66 C4
Chengele 21 F4
Chenggalgiri 51 E1
Chenghehishom 35 H5
Chengmari 33 G4
Chenkatbari 59 G5
Chennai (Madras) 114
Chennamangalam 102 A1
Chennimalai 100 A4
Chenuru 97 F2
Chepwe 20 D5
Cheraiya 48 D4
Cherambadi 99 F3
Cheran 51 F1
Cherial 83 G5
Cheriam Island 98 C6
Cherla 84 C4
Cherlopalle (AP) 91 H5
Cherlopalle (AP) 95 H2
Cherrapunji 51 H2
Cheru Konda 85 F5
Cherukuru 92 B4
Cheruppulasseri 99 F5
Cheruthuruthy 99 F5
Cheruvalli 102 B2

Cheruvathur 98 D1
Cheshorr 36 C5
Chetamale 104 A6
Chethuragiri 100 C4
Chetiagaon 32 B2
Chetinad 103 G1
Chetipalaiyam 99 H5
Chetlat Island 98 B4
Chetput 101 E1
Chevella 83 E6
Chewara 48 D4
Cheyyar 97 F6
Cheyyeru 96 D3
Cheyyur 101 G1
Chhaba 10 D1
Chhabra 42 D5
Chhachhrauli 17 E3
Chhachpur 17 E1
Chhadvel 70 C2
Chhaen 57 H4
Chhaensa 26 B2
Chhagalnaiya 66 D2
Chhain 23 F4
Chhajli 16 A3
Chhaktala 57 F6
Chhalala 56 A5
Chhanbari 51 G3
Chhanera 58 D6
Chhani Bari 15 H5
Chhanta 61 E4
Chhanua 67 E5
Chhapanka Pahar 40 B3
Chhapar (Rj) 24 D3
Chhapar (UP) 17 E4
Chhapera 58 C2
Chhapoli 25 F3
Chhaporwawa Band 25 E6
Chhappar 8 A6
Chhapra (Bi) 31 G6
Chhapra (Rj) 24 C5
Chhaprauli 16 D5
Chharah 25 H1
Chharchh 43 E3
Chharra 26 D3
Chhata 26 B3
Chhatak 51 H3
Chhatapur 32 C6
Chhatardighi 50 C4
Chhatarpada 77 F3
Chhatarpur 46 D6
Chhati 74 D3
Chhatiain 51 G5
Chhatna 64 B2
Chhatrapur 86 D1
Chhattisgarh 74 C5
Chhaundan 16 B2
Chhaygaon 34 D6
Chhegaon Makhan 71 G1
Chheligada 86 B1
Chhibramau 28 C5
Chhihdipada 77 F3
Chhika 12 D3
Chhila 23 G5
Chhimluang 52 B4
Chhindwara 60 A6
Chhindwara Plateau 59 H6
Chhinod 42 D4
Chhipa Barod 42 D5
Chhipaner 59 E5
Chhipawar 58 D6
Chhitar Ka Par 40 A2
Chhitauni 30 D4

Chhorang 12 D4
Chhota Baisdia 66 B5
Chhota Chhindwara 60 B3
Chhota Dongar 84 D1
Chhota Gajara 51 F5
Chhota Tawa 58 C6
Chhoti Kali Sindh 58 A1-B3
Chhoti Sadri 41 G6
Chhoti Sarju 46 B2-C2
Chhubokha 33 F2
Chhuikhadan 74 B1
Chhukha 33 H4
Chhukha (Dzongkhag) 33 H4
Chhura 75 E3
Chhuri Hills 62 A4
Chhuzom 33 H3
Chhuzomsa 34 A3
Chiahpsi 52 C5
Chichawatni 14 C2
Chichgarh 74 A3
Chichola 74 B2
Chicholi (MP) 59 F6
Chicholi (MP) 73 E1
Chichondi 81 F2
Chichpalli 73 G5
Chichra 64 B5
Chidambaram 101 F3
Chigateri 95 F1
Chikal Bhir 81 H2
Chikali Kalan 59 H5
Chikalthan (Ma) 71 E5
Chikalthan (Ma) 71 F6
Chikamamdi 91 G1
Chikandi 66 A2
Chikara 41 G5
Chikballapur 96 B4
Chik Banavar 96 A5
Chikha Hagari 89 H6
Chikhalda 72 B2
Chikhli (Ka) 88 D2
Chikhli (Ka) 88 D2
Chikhli (Ma) 71 H4
Chikhli (Rj) 57 F2
Chikitigarh 86 C1
Chikjajur 95 F3
Chikkerur 94 D1
Chikli (Gu) 70 A3
Chikli (Ma) 83 E1
Chikmagalur 95 E5
Chiknayakanhalli 95 G4
Chikodi 89 E3
Chikodi Range 88 D3
Chikodi Road 89 E3
Chikupalle 84 B3
Chilahati 33 F6
Chilakaluripet 92 B3
Chilakanahatti 90 A6
Chilakhana 33 H6
Chilam 8 C4
Chilamamnuru 97 F3
Chilamatturu 96 B3
Chilas 8 B4
Chilguda 75 F6
Chilhia 30 B4
Chiling 9 E5
Chilka Lake 76 D5
Chilkana 17 E3
Chilla 17 F3
Chillargi 82 D4
Chilua Tol 30 C5
Chillupar 46 B1
Chillur 85 E3

Chilmari 50 D2
Chilpa 61 G3
Chilpi 61 E5
Chilwani 43 E2
Chilwaria 29 G4
Chimakha 33 H4
Chimakurti 92 A5
Chimalgi 89 H3
Chimata 91 H5
Chimthana 70 D2
Chimur 73 G4
Chimur Hills 73 F4
Chin (State) 67 H1
Chinchani 69 H5
Chinchli 89 E2
Chinchner 80 D5
Chincholi (Ka) 82 C6
Chincholi (Ma) 81 E4
Chinchwad 80 C3
Chindrikir 8 D2
Chindwin 37 E6
Chineni 10 C1
Chinese Security Post 8 D2
Chingai 53 F2
Chingas 10 A1
Chingmei 36 C5
Chingri 67 E1-2
Chinhat 29 F5
Chinia 62 C1
Chinkuralli 99 G1
Chinna Annaluru 91 H6
Chinna Dharapuram 100 B5
Chinna Ganjam 92 B4
Chinna Hagari 95 G2
Chinnakraka 97 F1
Chinnamandem 96 D3
Chinnamanur 102 D2
Chinnar 100 B1
Chinnar Wildlife Sanctuary 99 H6
Chinna Salem 100 D3
Chinna Toki 82 D4
Chinnu 23 F3
Chinnur 83 H2
Chinoni 43 E1
Chinsura 65 E3
Chinta 84 C4
Chintaguda 83 G2
Chintakani 84 A3
Chintakunta 90 C6
Chintalapudi 92 C1
Chintalcheru 83 E5
Chintalnar 84 D3
Chintamani 96 B4
Chintapalle 85 F5
Chintapalli (AP) 91 F2
Chintapalli (Chh) 84 B2
Chintavagu 84 B3
Chintpurni 12 B4
Chinturu 84 D5
Chiol 70 A4
Chiplun 80 B5
Chipoketami 36 C6
Chipurupalle 86 A3
Chira 18 B5
Chiraghpalli 82 C5
Chirai 23 H6
Chiraidongri 60 C5
Chirakund 62 A1
Chirak 15 H2
Chirala 92 B4
Chiramana 97 F1

Chirang 34 A4
Chirapatla 59 E6
Chirawa 25 F2
Chirgaon 43 H3
Chirakot 46 B2
Chirikipadasyasan 76 C5
Chiriribandar 50 B2
Chiriya Tapu 104 A5
Chirki 48 D6
Chirod 55 F2
Chiroli Hills 74 A4
Chisangang Ri 34 B1
Chisopani 29 F1
Chispur 81 G3
Chistian 14 C4
Chital 69 E1
Chitalancheri 99 G6
Chitalmari 65 H3
Chitalwana 40 A4
Chitapur 90 B1
Chitar 41 F1
Chitarewa 59 H4
Chitartala 77 F4
Chitepipalgaon 71 F6
Chit Frozepur 46 C2
Chitkul 13 F6
Chitmanikarbaripara 67 E1
Chitoli 43 F2
Chitosi 66 C2
Chitpalgarh 45 G2
Chitra 65 F1
Chitradurga 95 F2
Chitrakot 85 E1
Chitrakut 45 E4
Chitranjali 102 C5
Chitraon 61 F2
Chitravati 96 B2-4
Chittagong 67 E4
Chittagong (Division) 67 F4
Chittamur 101 G1
Chittanahalli 95 G5
Chittaranjan 64 B1
Chittar River 102 D4
Chitteri Hills 100 C3
Chittial 90 D1
Chittivalasa 86 A4
Chittoor 97 E5
Chittoor Hills 96 D4
Chittorgarh (Chittor) 41 G5
Chittor Hills 41 G5-H5
Chittur 99 G5
Chitvel 97 E2
Chityal (AP) 83 G6
Chityal (AP) 83 H3
Chizami 53 F1
Chobari (Gu) 55 F2
Chobari (Gu) 55 G5
Chochvihire 81 E1
Chodavaram (AP) 85 E6
Chodavaram (AP) 85 H5
Chodia 24 C1
Chodo 36 A2
Cho Dzong Chu 21 E1
Chogat 99 F2
Choglamsar 9 F5
Chohtan 39 G3
Choila 56 D3
Chok 69 F2
Chokan 61 G3
Chokkarlaputtu 85 G2
Chokpot 51 F6
Chokri 55 H5

Cholapur 46 A3
Cholapuram 102 D3
Cholavandan 103 E1
Cholavaram 97 G5
Cholistan Desert 23 E2-F2
Choma 58 C2
Chomahani 66 C2
Chonghymsen 36 B4
Chonkham 37 E1
Chonp 25 F5
Chonta 51 G5
Chopan 46 A5
Chopda 71 F2
Chopra 33 E6
Cho Oyu 32 B2
Choranda 56 D6
Chorgallia 18 B5
Chorhat 45 F6
Chorimal 56 D1
Chorivad 56 D1
Chorkai 50 B2
Chorkata 49 F5
Chorten Kora 34 D2
Chorwad 68 B2
Chotala 15 G4
Chota Nagpur Plateau 62 C2
Chota Udaipur 57 F5
Chota Udaipur Hills 57 F5
Chotila 55 G5
Chottanikkara 102 A2
Chouddagram 66 C2
Chowara Beach 102 C6
Chozo 34 A1
Chuadanga 65 F1
Chuang Tong 13 F2
Chuari Khas 12 A3
Chubha 33 F2
Chuchakwas 25 H1
Chuda 56 A5
Chuganwan 10 B5
Chuharpur 17 E2
Chui 24 C5
Chukrmpalli 74 A6
Chuknagar 65 G3
Chulband 73 H3
Chumar 13 F2
Chumathang 9 F6
Chumbi 81 G3
Chumesang 9 F6
Chunampettai 101 G1
Chunar 46 A4
Chunari 34 B6
Chunarughat 51 H5
Chunawadh 15 E4
Chunchanakate 99 F1
Chundi 91 H6
Chungthang 33 F3
Chungtia 36 B5
Chunian 15 F1
Chuniba 35 E2
Chura 68 D1
Churachandpur 52 D4
Churala 73 G5
Churani 17 H4
Churchu 63 G1
Churd Gang 34 B1
Chure Hills 29 H2
Churelia 42 D6
Churelkhera 43 F3
Churi Ajitgarh 25 E3
Churi Jodhan 25 E3
Churki (Chh) 62 B1

Churki (UP) 46 A5
Churu 25 E2
Churulia 64 B1
Chushul 9 G6
Chutia 35 G4
Chutupalu Ghat 63 E1-F2
Chyamtang 32 C2
Cinque Island 104 A5
Clutterbuckganj 28 B1
Cochin (Kochi) 102 A2
Coco Channel 104 A2-B2
Coconut Island 94 B4
Codal 88 D6
Coimbatore 99 H5
Colaba Point 80 A2
Colachel 102 C6
Colebrooke Island 104 B4
Coleroon 101 E4
Colgong 49 F3
Colonelganj 29 G5
Colva Beach 88 C5
Comilla 66 C1
Companiganj (Cht) 66 D3
Companiganj (Sy) 51 H3
Contai 64 D6
Cooch Behar 33 H6
Coonoor 99 G4
Coorg (Kodagu) Plateau
    99 E1
Cooum 97 F5
Copalsar 15 E6
Corbett Tiger Reserve 17 H5
Corjuem Fort 88 C5
Coromandel 97 G4
Coromandel Coast 97 G2-H3,
    101 G3
Cossimbazar 50 A6
Cotigao Wildlife Sanctuary
    88 D6
Courtallam (Kuttralam)
    102 C4
Court Bazar 78 B1
Covelong (Kovalam) 97 G6
Cox's Bazar 67 E6
Cranganore (Kodungallur)
    102 A1
Crowpara 67 E4
Cuddalore 101 F3
Cuddapah 96 D2
Cuddapah Basin 90 D6
Cumbum 91 G5
Cuncolim 88 C6
Cuttack 77 E4

Dabaka 35 G6
Dabha 73 G6
Dabhaura 45 E4
Dabhoda 56 C3
Dabhoi 56 D6
Dabhol 80 B5
Dabi 42 A4
Dabihan 48 C1
Dabka 56 C5
Dablana 42 A3
Dabli 15 F4
Daboh 43 H2
Dabok 41 E5
Dabolim International Airport
    88 C5
Dabra (Chh) 62 B6

Dabra (MP) 43 G2
Dabra (River) 31 E6
Dabrani 17 G1
Dabugam 85 F1
Dabwali 15 G3
Dachepalle 91 H2
Dachigam Wildlife Sanctuary
    8 C5
Dachung Yogma 9 G6
Dacope 65 G3
Dadahu 17 E2
Dadengiri 51 E1
Dadhia 41 H1
Dadhiali 68 D2
Dadi 88 D3
Dadon 26 D3
Dadori 43 F2
Dado Siba 12 A4
Dadpur 68 B3
Dadrewa 25 E1
Dadri 26 B1
Dadu 15 H4
Dadwara 24 B6
Dafla Hills 35 H3
Dag 58 B1
Daga 45 H6
Daga Chhu 34 A4
Dagana 33 H4
Dagana (Dzongkhag) 33 H4
Daganbhuiyan 66 C2
Dagapela 34 A4
Dager 10 B1
Dagmara 32 B6
Dagru 15 H1
Dagshai 16 D1
Daha 31 E6
Dahanu 69 H5
Daharabandar 69 E3
Dahida 68 D1
Dahigaon (Ma) 71 E6
Dahigaon (Ma) 71 H3
Dahigaon (Ma) 81 F1
Dahihanda 72 B3
Dahijuri 64 B4
Dahikhed 70 A4
Dahimal 8 A3
Dahina 25 H2
Dahinsara 55 F3
Dahivad 71 E2
Dahivadi 81 E5
Dahmi 25 F5
Dahmot 16 B2
Dai 41 G1
Daiali Dhani 24 A2
Daidarda 40 A5
Daijar 40 D1
Daikra 24 A6
Dainhat 64 D1
Dainyor 8 C3
Daisara 54 D3
Daitari 77 E2
Dakahin Simulea 51 E6
Dakar 18 C3
Dakhan 40 B3
Dakoank 104 D6
Dakor 56 D4
Dakshinbagh 52 A4
Dakshin Shahbazpur Island

66 B3
Dakwani 18 A2
Dala 15 H1
Dalabda 57 H1
Dalani 34 B6
Dalash 12 D6
Dalbuing 20 C5
Dalfam 35 E4
Dalgaon 35 E4
Dalgoma 34 C6
Dalhousie 12 A3
Dalhousie Island 65 F6
Dalib 82 A5
Dalkhania 68 D2
Dalkola 49 G1
Dalli 51 E3
Dalmau 45 E2
Dalpatpur 59 G1
Dalsingh Sarai 48 C2
Daltonganj (Palamau) 46 D6
Daluabari 50 B4
Dalwa 24 C2
Dama 40 B6
Damadara 22 D5
Damadua 76 A6
Damakhera 74 D1
Damalcheruvu 97 E4
Damalcheruvu (NEP) 31 F3
Daman (DD) 69 H4
Daman (NEP) 31 F3
Daman & Diu 68 D3, 69 H4
Damanganga 69 H4
Daman I Koh 62 D4
Damargidda 90 C2
Damauli 30 D2
Dambal 89 G5
Dambuk 20 D5
Dambukso 36 A5
Damchara 52 A5
Dami 10 C2
Damji 33 H4
Damjipura 72 B1
Dammapeta 84 C6
Damnagar 69 E1
Damni 61 G5
Damodar 63 F1-H1
Damodar Valley 64 C2
Damoh (MP) 60 B1
Damoh (MP) 61 E6
Damoh Plateau 60 B2
Damotse 34 D3
Damphu 34 A4
Damra 51 F1
Damrala 68 D1
Damroh 20 D5
Damthang 33 E4
Damudya 66 B2
Damurhuda 65 F1
Danapur 48 B2
Danauda 16 B4
Danayanicheruvu 96 C3
Danda (Rj) 14 D6
Danda (Rj) 15 F6
Dandarmal 40 C6
Dandeldhura 18 C5
Dandeli 89 E5
Dandeli Falls 89 E5
Dandeli Wildlife Sanctuary
    89 E5
Dandhera 15 G5
Dandi 69 H2
Dandiganahalli 95 F5

66 B3
Dandinahirehalu 90 B6
Dandma 25 G1
Dangarh 74 B3
Dangashilbhata 85 H1
Dangchura 17 G3
Dangiawas 40 D1
Dangri 23 E6
Dangri (River) 16 D2
Dangusurada 75 H6
Daniawan 48 B3
Dankaur 26 B2
Danlat 89 F1
Danli 20 D4
Danna 8 B6
Danpur 57 G2
Dansam 9 F2
Danta (Gu) 40 C6
Danta (Rj) 25 E4
Danta Hills 40 C6
Dantan 64 C5
Dantewara 84 D2
Dantewara Plateau 84 D2
Dantivada 40 B6
Dantrai 40 C5
Dantur 77 F1
Danwara 58 A4
Danwro 24 A6
Daphu 33 G4
Dapivli 80 A1
Dapoli 80 B5
Daporijo 20 B6
Dapur 70 C6
Darajganj 33 F6
Daranagar (UP) 17 F5
Daranagar (UP) 45 F3
Darangibra 52 C1
Darauli 46 D1
Darba (Chh) 85 E2
Darba (Ha) 15 H5
Darbe 49 E6
Darbhanga 48 C1
Darbi 15 H4
Darcha 12 D2
Dardha 48 B3
Darekasa 74 A2
Dargawan 44 A6
Darhi 61 F6
Darhial 17 H6
Dariapur 48 B2
Dariba 41 F4
Darigawan 46 C4
Darima 62 B3
Daring 36 C1
Darma Ganga 18 C2-3
Darman 46 B5
Daroh Khas 12 B4
Darpur 17 E2
Darrah Wildlife Sanctuary
    42 B5
Darranga 34 D4
Darsana 65 F1
Darsi 91 H4
Darugiri 51 F2
Darugmul 8 B5

Daru Kharika 48 C6
Darur 89 F2
Darwani 50 B1
Darwa Pass 17 G1
Darwha 72 C4
Daryabad 29 G5
Daryapur 72 B3
Darya-ye Aq Su 8 C1
Dasada 56 A3
Dasai 57 H4
Dasala 82 A1
Dasamantapur 85 G2
Dasampatti 100 C1
Dasave 80 B3
Dasghara 64 D3
Dashapalla 76 C4
Dashmina 66 B3
Dasingabadi 76 A5
Daska 10 B3
Daskalgram 64 D1
Daslana 56 B3
Dasna 26 B1
Daspur (Or) 75 H6
Daspur (WB) 64 D4
Dassu 8 D3
Dasu 8 A4
Dasua 10 D4
Dasuria 50 C6
Dataganj 28 B2
Datarpur Rakri 12 A4
Datha 69 F2
Dathwekyauk Atet 53 F5
Datia 43 G3
Datigaon 57 G4
Datma 34 A5
Datmi 69 F2
Dattapulia 65 F2
Dattanagar 72 D3
Dattuhar 23 G1
Datuni 58 D5
Daudkandi 66 B1
Daudnagar (Bi) 46 D4
Daudnagar (Bi) 48 B1
Daudpur 48 A2
Daula 17 E6
Daulatabad (AP) 90 D1
Daulatabad (Ma) 71 E5
Daulatabad (TN) 100 C1
Daulatabad (Fort) 71 E5
Daulatdia (Goalundo) Ghat
    50 D6
Daulat Khan 66 B3
Daulat Nagar 10 A2
Daulatpur (Dh) 50 D6
Daulatpur (HP) 12 A5
Daulatpur (Kh) 50 B6
Daulatpur (Kh) 65 H3
Daulatpur (MP) 58 D4
Daulatpur (WB) 50 A3
Daulatpura (Rj) 15 E3
Daulatpura (Rj) 24 D4
Daulia 26 B3
Daund 81 E6
Daurala 17 E6
Dausa 25 H5
Davangere 95 E2
Davri 80 C6
Daw 22 C6
Dawa 24 C5
Dawakha 33 H2
Dawaniwara 73 H1
Dawarwari 71 F6
Dawasar 14 D6

...vath 46 D3
...vki 52 A2
...ra 77 E5
...rul 21 H1
...h Nadi 10 C3
...tra 23 H3
agram 65 E1
...al 18 A3
...ari 41 E5
...hata 65 F4
...riapur 28 C6
...idwar 66 C1
...iganj 33 F6
...ipur 50 B5
...ipura 28 A6
...ra 64 C4
...henchholing 33 H3
...hu 23 G5
...iadra 56 A4
...ine 62 E2
...Jarda 69 F1
...Jasri 23 G4
...tha 22 D5
...iapada 70 B1
...ag 26 B4
...esa 40 B6
...fence Island 104 A4
... g 10 A5
...gam 76 C6
...gana 24 C5
...ganga 65 F3
...gaon 73 E3
...h 67 F2
...har 12 C5
...har (River) 59 H2
...hare 81 E1
...hej 69 H1
...hemai 56 D3
...hgam 56 C3
...hithan 81 F2
...hlan 12 B6
...hlen 16 B1
...hni 72 C5
...hori 46 A3
...hra Dun 17 F3
...hri (Bi) 46 D4
...hri (MP) 57 H5
...hri (MP) 59 F1
...kan 41 H5
...lang 77 E4
...lduar 50 D5
...lhi 110-111
...lhi (Union Territory) 26 B1
...lhi Branch 16 D6
...lhi Cantonment 26 A1
...lpatpur 60 A1
...lvad 70 C4
...lwada 68 D3
...lwara 69 H3
...magiri 67 F2
...mchoh 13 H2
...mmi 83 E4
...mra 59 G4
...ngashi Met 70 A5
...ening 21 F6
...enkanikota 100 B1
...enog 23 H5
...entam 33 E4
...eo 46 D5
...eo (River) (Jh) 63 F5
...eo (River) (MP) 60 D6

Deo (River) (Tr) 52 A5-6
Deoban (Ha) 16 C4
Deoban (Ut) 17 F1
Deoband 17 E4
Deobhog 75 F5
Deocha 49 G6
Deo Dongar 86 B2
Deodongra 70 A5
Deogad 70 A2
Deogan 77 E3
Deogaon (Chh) 74 D4
Deogaon (MP) 60 C1
Deogaon (Or) 75 G4
Deogaon (Or) 77 E2
Deogaon (Rj) 42 A2
Deogaon (UP) 46 A2
Deogarh (MP) 61 F1
Deogarh (Or) 76 B1
Deogarh (Rj) 41 F3
Deogarh (UP) 48 A3
Deogarh (Mount) 61 H2
Deogarh Hills 61 G2
Deogarh Upland 49 E5-F5
Deoghar 49 E5
Deoha 18 B6
Deohati 57 F5
Deokali 28 D2
Deokar 74 C1
Deolai 70 B5
Deolali Cantonment 70 B5
Deolali Pravra 81 E1
Deolapar 73 F1
Deolari 58 C6
Deoli (Ma) 73 E4
Deoli (Or) 64 B5
Deoli (Rj) 41 E2
Deoli (Rj) 42 A2
Deolia (Gu) 55 G3
Deolia (Rj) 41 G2
Deolia (Rj) 57 G1
Deopara 51 E5
Deoprayag 17 G3
Deopura 42 A3
Deora (Gu) 55 E6
Deora (MP) 61 H1
Deora (Rj) 39 G1
Deorali La 32 A3
Deoranian 28 B1
Deorha 12 D6
Deori (HP) 12 D6
Deori (HP) 13 E5
Deori (Ma) 74 A2
Deori (MP) 59 H3
Deori (Rj) 43 E4
Deoria (UP) 28 C2
Deoria (UP) 30 D6
Deoria (UP) 48 B1
Deosai Plains 8 C4-D4
Deosari 34 B4
Deosil 61 H2
Deotal 18 A1
Deothang 34 D4
Deo Tibba 12 D3
Deottana 82 B2
Depal 64 C6
Depalpur 58 A4
Deppeguda (Or) 86 A1
Deppeguda (Or) 86 B1
Deprakhera 43 F6
Depura 40 C2
Dera Gopipur 12 B4
Derai 51 G3

Dera Nanak 10 C4
Derapur 44 B1
Derasar 24 B2
Derawar Fort 23 E1
Derdi 68 D1
Derdi Janbai 55 H6
Derebara 52 C2
Dergaon 36 A4
Deri 44 C2
Dero 35 H3
Derol 56 C2
Deroli 56 D3
Derwa 45 F2
Desalpur 55 F1
Desert Branch 14 A5
Desert National Park &
  Sanctuary 22 C5
Deshgaon 58 B6
Deshiatoli 32 D6
Deshnok 24 A3
Desilsar 24 A3
Desli 72 B1
Desur 101 F1
Desuri 41 E4
Deswal 24 B5
Detroj 56 B3
Detwara 41 E5
Deulgaon Mahi 71 G5
Deulgaon Raja 71 G5
Deura 80 D5
Devadurga 90 B3
Devakapuram 101 E1
Devakottai 103 G1
Devala 99 F3
Devalgaon 73 H3
Devanakonda 90 C5
Devanhalli 96 B5
Devanur 95 F4
Devapur (AP) 73 E6
Devapur (Ka) 90 B3
Devarapalle 93 E1
Devarkadra 90 D2
Devarkonda 91 G2
Devarkulam 102 D4
Devar Malai 102 C3
Devarshola 99 F3
Devarsugur 90 C3
Devaryanadurga 95 H4
Devbag Beach 94 A1
Devgad Baria 57 E4
Devgad Island 94 A1
Devgaon 71 E5
Devgarh (Ma) 80 A4
Devgarh (Ma) 88 B3
Devgarh Bay 88 B3
Devghat 31 E3
Devi 77 E4
Devi Dhura 18 B5
Devikolhi 12 B2
Devikop 89 E6
Devikot 23 E6
Devikulam 102 C1
Devi Kund 24 B2
Devimane 94 B2
Devipattanam 85 E6
Devipattinam 103 G3
Devla 88 C1
Devlia 56 A4
Devpur 70 C5
Devrukh 88 C1
Dewa (Rj) 22 D4
Dewa (UP) 29 F5

Dewadand 61 H3
Dewair 41 E3
Dewal 57 E1
Dewalmari Hills 84 A1
Dewal Thal 18 C4
Dewan 56 C5
Dewara 73 F6
Dewar Hat 33 H6
Dewaria 58 D4
Dewas 58 B4
Deyai 73 G6
Deyalapura 95 G6
Deyi 42 B3
Dha 9 E5
Dhab 48 C5
Dhaba 14 D6
Dhabai 45 H6
Dhaban (Rj) 15 E4
Dhaban (Rj) 15 G4
Dhabrot 8 B6
Dhadhar 56 C6
Dhading 31 F3
Dhagwan 44 B2
Dhaia 24 A2
Dhain 59 G5
Dhaisar 23 E5
Dhaita 70 B2
Dhaje 34 A4
Dhaka (Bi) 31 G5
Dhaka (Dh) 127
Dhaka (Division) 51 E4
Dhakadakshin 52 A3
Dhakauli 43 F5
Dhakauni 29 E5
Dhakri 18 B3
Dhakri Khal 18 B4
Dhakuakhana 36 B3
Dhalai 51 H5
Dhalan 10 B1
Dhalarkia 36 B4
Dhalbumgarh 64 A4
Dhaleswari 52 B3-5
Dhalghata 67 E5
Dhali 99 H6
Dhalkebar 31 H5
Dhalnotri 17 F2
Dhama 76 A2
Dhamadka 55 F2
Dhamak 72 C4
Dhamangaon (Ma) 71 G4
Dhamangaon (Ma) 72 D3
Dhamangaon Khurd 58 C6
Dhamaur 45 G1
Dhambola 57 E2
Dhamda 74 C1
Dhamda 49 F2
Dhamdaha 34 D5
Dhamhara Ghat 49 E2
Dhamnagar 77 F2
Dhamnod 80 C5
Dhamni (Chh) 62 B1
Dhamni (Jh) 49 G4
Dhamni (Ma) 72 B4
Dhamni (Ma) 72 B6
Dhamni (MP) 41 H5
Dhamnia (Rj) 41 H3
Dhamnod 58 A5
Dhamoirhat 50 B3
Dhamotar 57 G1
Dhampur 17 G5
Dhamrai 51 E6
Dhamtan 16 B4

Dhamtari 74 C3
Dhana 59 H2
Dhanai 76 C6
Dhanaj 72 C4
Dhanana 22 C5
Dhanapur 46 B3
Dhanaria 24 C6
Dhanasar 15 F5
Dhanaula 16 A3
Dhanaura 17 F6
Dhanauri 16 B4
Dhanauti 31 E5
Dhanbad 64 A1
Dhanbari Nawab 50 D4
Dhand 25 G5
Dhandamunda 75 F3
Dhandhalpur 55 H5
Dhandharphal 70 C6
Dhandhuka 56 A5
Dhandni 24 D3
Dhanepur 29 H4
Dhanera 40 B5
Dhanesa 29 G6
Dhaneti 55 E3
Dhangadhi 29 E1
Dhangan 48 B5
Dhangaon 58 B6
Dhangmari Forestry Station
  65 H4
Dhani (Rj) 24 D1
Dhani (UP) 30 B5
Dhaniakhali 64 D3
Dhanin 41 E4
Dhank 55 E6
Dhankakri 60 B4
Dhankar Gompa 13 F4
Dhanki 72 C6
Dhankoli 24 D4
Dhankot 26 A1
Dhankuta 31 H5
Dhano 25 F1
Dhanoa 10 D4
Dhanora (Chh) 74 C5
Dhanora (Gu) 70 C2
Dhanora (Ma) 71 F2
Dhanora (Ma) 71 F5
Dhanora (Ma) 74 A4
Dhanora (MP) 60 A5
Dhanpur (Chh) 85 F1
Dhanpur (Gu) 57 F4
Dhansia 15 G6
Dhansiri (As) 35 E3-4
Dhansiri (Na) 36 A4
Dhansirimukh 36 A4
Dhansoi 46 C3
Dhansura 56 D3
Dhantola 33 E6
Dhanur 15 E3
Dhanusa 32 A5
Dhanushkodi 103 H3
Dhanwada 90 D2
Dhanwahi 60 C6
Dhanwar (Jh) 48 D5
Dhanwar (MP) 60 D5
Dhanyacharanbari 52 A6
Dhaod 25 E4
Dhaoli 71 F2
Dhap 33 F6
Dhar (JK) 12 A3
Dhar (Ma) 71 G4
Dhar (MP) 58 A5
Dhar (Mount) 72 C1

Dhara 12 D4
Dharakot 76 B6
Dharambandha 75 E3
Dharamgarh 75 F5
Dharampur 70 A4
Dharampura 44 D4
Dharampuri 58 A6
Dharamsala 11 G5
Dharamtul 35 F6
Dharan Bazar 32 C5
Dharangaon 71 E3
Dharapuram 100 A5
Dharasu 17 F2
Dharasuram 101 E5
Dharchula 18 C4
Dharhara 49 E3
Dhari 68 D2
Dhariawad 57 G1
Dhariyawad 57 G1
Dharka 50 C1
Dharma (Ka) 94 C1
Dharma (Or) 77 G3
Dharmabad 82 D2
Dharmaj 56 C5
Dharmajigudem 92 C1
Dharmal 12 A4
Dharmanagar 52 A4
Dharmapasha 51 G3
Dharmapur 104 B3
Dharmapura 95 H3
Dharmapuri (AP) 83 G2
Dharmapuri (TN) 100 C2
Dharmastala 94 D5
Dharmauti 46 C4
Dharmavaram 96 B2
Dharmjaygarh 62 B5
Dharmkot 15 H1
Dharmpur 12 D6
Dharmpuri 81 E5
Dharm Sagar 44 A4
Dharmsala (JK) 10 B1
Dharmsala (Or) 77 F3
Dharnaoda 42 D5
Dharni 72 A1
Dharoli 70 A1
Dharsana 69 H3
Dharsinwa 74 D2
Dharson 25 G2
Dharsul 16 A4
Dharuadihi 62 B6
Dharuhera 26 A2
Dharur (AP) 82 D6
Dharur (Ma) 81 H2
Dharwad 89 F5
Dharwad Plateau 89 F6
Dhasa 55 H6
Dhasai 80 C1
Dhasan 44 A3-5
Dhasania 23 G6
Dhata 45 E3
Dhatrat 16 C5
Dhatrial 10 B2
Dhauj 26 B2
Dhaukora 51 E6
Dhaula Dhar Range 12 B3
Dhaulagiri 30 C1
Dhaulana 26 B1
Dhauliganga 18 A2-B1
Dhaund 25 G6
Dhaura 43 G6
Dhaurahra 29 F2
Dhaurpur 75 F6

Dhavalgi 89 H3
Dhawa 48 A5
Dhawa Doli Wildlife
    Sanctuary 40 C2
Dhawalpur 75 E4
Dhawalpuri 81 E1
Dhayda 71 G4
Dhebar (Jaisamand) Lake
    41 F6
Dhechuapalong 67 E6
Dhekiajuli 35 F4
Dhekna 59 E5
Dhela 17 H6
Dhemaji 36 B2
Dhenkanal 76 D3
Dhenkikot 77 E1
Dheri 8 B6
Dhertalai 72 A2
Dhiawa 24 D4
Dhikala 17 G4
Dhikola 41 G3
Dhil 42 B1
Dhilwan 10 C5
Dhima 39 H5
Dhimarkhera 60 D2
Dhing 35 F5
Dhinodhar 54 D2
Dhinoj 56 B2
Dhirasram 51 E6
Dhirera 24 B2
Dhiruwas 15 G6
Dhismaknagar 20 D6
Dhoa 16 D3
Dhobe 84 C1
Dhobgawan 48 C1
Dhodhar 57 H2
Dhodramou 59 F5
Dhoha 43 F2
Dhol 41 E5
Dhola 56 A6
Dhola Ka Gaon 40 D3
Dholapani 41 G6
Dhola Range 54 D3
Dholavira 55 E1
Dholera 56 B5
Dholesar 23 F5
Dholia (Gu) 40 C6
Dholia (Rj) 23 E5
Dholipal 15 F4
Dholka 56 B4
Dholpur (Or) 76 B3
Dholpur (Rj) 26 C6
Dholunda 75 H1
Dhondhatarai 62 A5
Dhondrai 81 G1
Dhone 90 D5
Dhoraji 55 F6
Dhoribahal 62 C4
Dhorimanna 39 H4
Dhor Jalgaon 81 F1
Dhorkingaon 71 F6
Dhorpatan 30 B1
Dhorpur 62 B3
Dhosha 65 F4
Dhotre 70 D5
Dhowa 49 F6
Dhrangadhra 55 H3
Dhrol 55 F4
Dhuanuali 76 C5
Dhubri 34 A6
Dhuin 66 D2

Dhulasar 66 A5
Dhulia 70 D3
Dhulian 49 H4
Dhulkot 71 F1
Dhuma 60 B4
Dhumkhar 9 E5
Dhumri 28 A4
Dhumvad 89 F5
Dhunaghat 18 B5
Dhunat 50 C4
Dhunche 31 G2
Dhundi 68 D2
Dhundsi 89 F6
Dhupagari 33 G5
Dhupchanchia 50 C4
Dhupdhara 34 C6
Dhupgarh 59 G5
Dhuraia 49 F4
Dhuri (MP) 43 F5
Dhuri (Or) 16 B2
Dhuriapar 30 C6
Dhurki 46 B6
Dhurung 67 E5
Dhurwai 44 A3
Dhusan 49 E2
Dialpura Bhaika 15 H2
Diamir Glacier 8 B4
Diamond Harbour 65 E5
Dibai 26 D2
Dibang 21 E4
Dibru 37 E1
Dibrugarh 36 C2
Dichpalli 83 E3
Didarganj 46 A2
Didauli 17 G6
Didhu 23 F4
Didihat 18 C4
Didwano 24 D4
Didwan Basin 24 C4-D4
Digah 22 D4
Digambarpur 65 E5
Digaon 90 C1
Digapahandi 76 B6
Digau 57 H1
Digaura 43 H4
Digboi 37 E2
Digdaul 10 C1
Diggi 42 A1
Digha 64 C6
Dighal 25 H1
Dighalbank 32 D6
Dighalia 65 H3
Dighaltarang 36 D1
Digharchi 81 E6
Dighi (Bi) 49 E4
Dighi (Ma) 80 A4
Dighinala 67 E1
Dighol 82 A3
Dighori 73 H3
Dighwara 48 B2
Digi 76 A5
Digligiri 50 D2
Diglipur 104 B3
Diglur 82 D3
Dignagar (WB) 64 C2
Dignagar (WB) 65 E2
Digod 42 B4
Digpait 50 D4
Digras (Ma) 72 B6
Digras (Ma) 72 C5
Digras (Ma) 82 C3
Digsar 55 H4

Digtoli 43 E3
Diguvametta 91 F5
Digwal 82 D5
Dih 8 C2
Dihajan 36 C3
Dihing 37 G1
Dihra 46 D4
Dijmur 36 C1
Diju 36 A2
Dijungania 35 F3
Dikam 36 C2
Dikhu 36 C3
Dikhumukh 36 B3
Dikthan 58 A5
Dilhori 10 B1
Diligent Strait 104 A4-B4
Dilkawn 67 H1
Dilwara 40 D6
Dilwara (Temple) 40 C5
Dimapur 36 A6
Dimbam 99 H3
Dimla 33 G6
Dinajpur 50 A2
Dinanagar (Pu) 10 D4
Dinanagar (Pu) 15 F3
Dinara 46 C3
Dindi 91 F2
Dindigul 100 B6
Dindori (Ma) 70 B5
Dindori (MP) 61 E4
Dindrur 82 A2
Dingar Fort 14 A5
Dingboche 32 B2
Dinhata 33 H6
Dinjan 36 D2
Dip 59 E3
Dipadih 62 C3
Dipalpur 15 E2
Dipalpur Canal 14 C3
Dipas 25 G4
Diphlu 35 H4
Diphu 35 H6
Diple 34 B6
Dipling 36 C3
Dipnagar 48 C3
Diptsang 35 E3
Dipur 34 D6
Dirang Dzong 35 E3
Dirba 16 B3
Dirji 35 G3
Disai 36 B4
Disang 36 C3-D4
Disangmukh 36 B3
Dishergarh 64 B1
Diskit 9 F5
Dispur 35 E6
Ditdako 104 D6
Dithori 60 C5
Diu 68 D3
Diu Island 79 H4
Diuri 18 B5
Divadanpatti 102 D1
Dival 71 F1
Divi Point 92 D4
Diwanbari 66 D1
Diwan Bazar 66 D2
Diwanganj (Dh) 50 D3
Diwanganj (MP) 59 E2
Diwanji 40 C2
Diyodar 40 A6
Diyung 36 B5
Doani 66 A5

Doari 61 G1
Dobathua 17 E6
Dobbspet 95 H5
Dobhi 48 B5
Dobji Dzong 33 H3
Do Chhu 33 G3
Dochu La 33 H3
Dochu La (Pass) 33 H3
Doda (JK) 10 D1
Doda (Pu) 15 G2
Doda (River) 9 E6
Doda betta 99 G4
Dodballapur 96 A5
Doddaguni 95 G5
Dodda Magge 95 F6
Dodderi 95 G2
Doddumetta 85 E4
Dodi 58 C4
Dodina 33 H2
Dodvad 89 F4
Doga 16 B3
Dogadda 17 G4
Dogi 89 E5-6
Dogkwa Aur 13 H6
Dogoli 84 C2
Dohad 57 F4
Dohar 66 A1
Dohazari 67 E4
Dohrighat 48 C1
Doiangmukh 35 G5
Doimara 35 F4
Doisanager 63 E3
Doiwala 17 F3
Doka La 33 F4
Dolalghat 31 H3
Dolar 72 A2
Dolaria 59 F5
Dolasa 68 D3
Dolasne 80 D1
Doli 40 C2
Dolkha 31 H3
Dolkharab 80 C1
Dolmalpur 49 G1
Dolma Sampa 33 E2
Dolungmukh 36 B2
Dolwan 70 A3
Domaila 17 H4
Domar 50 B1
Domariaganj 30 A4
Domar Qu (To-ma-ch'u) 9 H6
Dombivli 80 B1
Dombri 81 G2
Domchanch 48 C5
Domel 10 C2
Domganj 48 A2
Domka 34 C4
Domkipali 75 G3
Domohani 33 F5
Domukonda 83 F4
Don 89 H2
Donakonda 91 H4
Dona Paula 88 C5
Dondaicha 70 D2
Dong 21 G5
Dongaon 72 A5
Dongar (Chh) 74 C6
Dongar (Gu) 69 E2
Dongargaon (Chh) 74 B3
Dongargaon (Ma) 74 A2
Dongargarh 74 B2
Dong La 34 C2

Donkung 33 F2
Donli 21 E5
Donmatia 51 H1
Donpauk 78 C3
Doranala 91 G4
Dorka 61 E2
Doraha 16 B1
Dornakal 84 A6
Dorokha 33 G4
Doronagaon 33 H4
Dorwa 58 B6
Dosapadu 92 C2
Doshmile 50 A2
Dosing 20 C6
Dostpur 45 H1
Dotihal 89 H4
Dotria 57 H3
Dotu 61 F6
Dowarabazar 51 H3
Dowlaiswaram 93 E1
Drafa 55 E6
Draksharama 93 F2
Draksum Lake 19 H1
Drakund 12 B3
Drametse Goemba 34 D3
Dramthal 10 C1
Drangme Chhu 34 C4
Dranga 10 D1
Drangme Dzong 33 G3
Drukla Chu 19 G1
Drummondganj 45 G4
Duarmara 37 E2
Dubacherla 92 D1
Dubair 8 A4
Dubak 83 F4
Dubalhati Palace 50 B4
Dubare 99 E1
Dubari 46 C1
Dubaulia 30 A6
Dubbi 25 H5
Dubere 70 C6
Dubi 42 C1
Dubla Khan 8 D4
Dublar Island 65 H6
Dublat 65 E6
Dubra 64 A2
Dubrajpur 64 C1
Duda 40 A4
Dudaberi 39 G2
Dudada 83 F4
Dudda 95 F5
Duddukuru 92 B4
Dudgaon 83 E2
Dudhai 55 E2
Dudhala 68 D2
Dudhalia 56 D2
Dudhani 82 A6
Dudhara 30 B5
Dudhari 34 C6
Dudhganga 88 D2
Dudhgaon 82 B1
Dudhi 46 B6
Dudhi (River) 59 H4
Dudhia 57 F4
Dudh Kosi 32 A4-B3
Dudhnai 34 C6
Dudhsagar 88 D5
Dudhsagar Falls 88 D5
Dudiras 84 D3
Dudkha 56 A2

Dudna 24 D2
Dudna (River) 71 G6
Dudu (JK) 10 D2
Dudu (Rj) 24 C4
Dudu (Rj) 25 E6
Duduya 33 G5
Dudwa 29 E1
Duer 34 B2
Dugari 42 B3
Dugasra 43 F5
Duggipar 73 H2
Duggirala 92 C3
Duha 76 B5
Dui Yambi 35 H1
Dujana 25 H1
Duksum 34 D3
Dukwan Reservoir 43 G4
Dulahazara 67 E5
Dulai 50 D6
Dulhi 29 F2
Duliagaon 36 D2
Dulumabari 66 D1
Dumanata 74 C6
Dumari 12 B2
Dumaria (Bi) 46 D5
Dumaria (Jh) 64 A4
Dumarpara 62 B3
Dumas 69 H2
Dumbaguda 85 H1
Dumbur 66 D1
Duma Dma 36 D1
Dum Dum International
    Airport 65 E4
Dumka 49 F5
Dumka Upland 49 F5
Dumkhal 70 B1
Dummagudem 84 C5
Dumnichauki 35 E5
Dumra (Bi) 31 G6
Dumra (Gu) 54 C3
Dumra (Rj) 25 E3
Dumrahar 62 A1
Dumraon 46 D3
Dumre 31 E2
Dumri (Jh) 48 D6
Dumri (Jh) 62 D3
Dumri (UP) 30 C5
Dumsa 37 E1
Dumuria 65 G3
Dunagiri 18 B2
Dunara 40 C2
Dunawa 59 G6
Duncan Passage 104 A6
Dunda 17 G2
Dundlodh 25 E3
Dundwa Hills 29 H3
Dundwaraganj 28 A3
Dunera 12 A3
Dunga Bunga 14 D4
Dungaon 80 B4
Dungarpur (Gu) 69 F2
Dungarpur (Rj) 57 E1
Dungarwatal 40 B4
Dungi 86 A1
Dungia Reservoir 46 A4
Dungkhar 34 C2
Dungla 41 F5
Dungna 33 G4
Dungra 57 F3
Dungrana 15 H6
Dungri 57 F4
Dungripali 75 H2

Index 143

42 A2
adu 91 H4
ha 59 E3
il 51 E3
ngudo 85 F3
undha 46 D1
aldhan 25 H1
uk 9 F5
74 C2
achok 65 E5
adahalli 95 H4
apur (Dh) 51 F3
apur (Ra) 50 B5
apur (Ra) 50 C4
apur (WB) 49 H2
apur (WB) 64 C2
arajupatnam 97 G3
auti 46 B4
auti (River) 46 C3
ji 91 H3
u Kondal 74 B5
ana 15 G6
aranja 75 H5
ana 70 D2
wa 39 H4
aluru 97 E1
ung 13 E3
a 40 A5
apera 86 B3
vuru 96 D1
ali 18 B3
arahat 18 A4
aranhalli 90 B2
arapudi 93 E1
arband 52 B4
arikhal 17 G3
arka 54 C5
arka (River) 49 G6
arkaganj 45 G1
up Tso 9 H5
nak 33 E2
ngri 33 E3
ngsa 33 F4

tern Canal 15 F2
tern Ghats 85 F4, 100 B2
tern Sadiqia Canal 15 E3
tern Yamuna Canal 17 E4
t Island 104 B2
t Kathiawar Plains 56 A3-4
t Ladakh Plateau 9 G5
t Manipur Hills 53 F3-4
anad 99 G3
akkad 98 D3
appal 99 E5
ovanna 99 F4
ugurallapalle 84 D5
upadu 84 D4
arasindur 51 F5
hra 48 A6
ra 64 C5
odaur 15 H2
angar Sarai 48 B3
ingji 41 E5
na 46 D2

Ekruk Lake 81 H5
Eksambe 89 E2
Elagiri Hills 96 D6
Elamanchili 85 G5
Elavasanur 101 E3
Elayavor 98 D2
Elayirampannai 103 E3
Elephanta Island 80 A2
Elephant Falls 51 H1
Elephant Point 78 B1
Elesvaram 85 F6
Elgur 73 H6
Elivala 99 G1
Elladakere 95 G3
Ellanuru 96 B1
Ellasiri 97 G3
Ellaturu 92 E2
Elliotganj 66 B1
Ellora Caves 105
Ellora Hills 71 F5
Elmagonda 84 D4
Elumalai 102 D2
Eluru 92 D2
Eluru (River) 85 F6
Elwinpet 86 A2
Emaluru 84 C5
Emani 92 C3
Embal 103 G1
Embragon 21 E5
Emmiganur 90 B5
Emmiganuru 90 C4
Emro 20 D4
English Bazar 49 H3
Ennelli 83 E5
Ennore 97 G5
Eppodumvenran 103 E4
Eraballi 95 G3
Erachh 44 A2
Erakampatti 100 A5
Eral 103 E5
Eranbal 85 E1
Erandol 71 F3
Erannoli 98 D3
Erattupeta 102 B2
Eravikulam National Park 102 C1
Erdangkramsa 35 H5
Erimayur 99 G5
Erinpura 40 D4
Erinpura Hills 40 D4
Eriyodi 100 B6
Erki 63 G3
Ernakulam 102 A1
Erniyur 103 G3
Erode 100 B4
Erpedu 97 F4
Erra 84 C6
Erragondapalem 91 G3
Erragundlakota 97 E3
Erraguntla 96 C1
Erramal 90 D5
Erravaripalem 97 E5
Ersama 77 F4
Eruar 64 D2
Erumaippatti 100 C4
Eruru 90 A5
Eruvadi 102 D5
Etah 28 A4
Etawah (Rj) 42 C3
Etawah (UP) 28 B6
Etawah Branch 26 D3
Ethipothala 91 H2

Etikoppaka 85 G5
Etmadpur 26 D5
Ettaiyapuram 103 E3
Ettapur 100 C3
Ettumanur 102 B2
Eturnagaram 84 A3
Everest (Qomolangma; Sagarmatha) 32 B2
Everest Base Camp 32 B2

F

Fagu 12 D6
Fahuj Reservoir 43 G3
Faizabad 29 H5
Faizpur 71 G2
Fakharpur 29 G4
Fakiraghona 67 E6
Fakirhat 65 H3
Falakata 33 G5
Falam 67 H2
Falgu 48 A5
Falna 40 D4
False Divi Point 92 C4
Falta 65 E4
Fambong Lho Wildlife Sanctuary 33 F3
Fanchanpur 48 A4
Fandpur 64 C1
Faradi 54 D3
Farah 26 C4
Farahabad 91 F3
Farakka 49 H4
Faranshat 8 D5
Farashganj 66 C3
Fardapur 71 F4
Fariabad 8 D6
Faridabad 26 B2
Faridganj 66 B2
Faridkot 15 G2
Faridnagar 26 B1
Faridpur (Dh) 65 H1
Faridpur (Ha) 16 D5
Faridpur (Ra) 50 C5
Faridpur (UP) 28 C2
Farkawn 67 H2
Farmanah 16 C6
Farrukhabad 28 C4
Farrukhnagar (AP) 91 E1
Farrukhnagar (Ha) 26 A1
Farrukhnagar (UP) 26 B1
Farrukkabad Branch 28 A3-B4
Fatehabad (Ha) 16 A5
Fatehabad (Pu) 10 C6
Fatehabad (Rj) 25 H3
Fatehabad Chandrawatiganj 58 A3
Fatehbad 26 D5
Fatehgadh 55 G2
Fatehganj Sharki 28 C2
Fatehganj West 28 B1
Fatehgarh (MP) 42 D5
Fatehgarh (Pu) 16 A2
Fatehgarh (Pu) 16 C2
Fatehgarh (Rj) 41 H1
Fatehgarh (UP) 28 C4
Fatehgarh Churian 10 C4
Fatehjang 8 A6
Fatehnagar 41 F5
Fatehpur (Bi) 48 B5
Fatehpur (HP) 12 A4

Fatehpur (Ma) 71 G4
Fatehpur (MP) 44 B6
Fatehpur (PAK) 8 A4
Fatehpur (Rj) 25 E3
Fatehpur (UP) 17 E3
Fatehpur (UP) 26 C3
Fatehpur (UP) 29 F5
Fatehpur (UP) 44 D2
Fatehpur (WB) 49 H6
Fatehpur (WB) 65 E4
Fatehpura 57 F3
Fatehpur Branch (Lower Ganges) 45 E2
Fatehpur Sikri 27 F5
Fathkhelda 71 H5
Fatikchhari 67 E3
Fatikrai 52 A5
Fattuwal 10 C6
Fatwa 48 B3
Fazilka 15 F2
Fazilpur 66 D2
Fenchuganj 52 A4
Feni 66 D2
Ferokh 99 E4
Ferozeshah 15 G1
Fingeshwar 74 D3
Firozabad (Ka) 90 B1
Firozabad (UP) 26 D5
Firozpur 15 G1
Firozpur Cantonment 15 G1
Firozpur Jhirka 26 A3
Flat Island 104 A4
Forbesganj 32 C6
Ford Wah Branch 15 E3
Fort Abbas 14 C5
Fraserganj 65 E6
Fulbari 50 C1
Fulbaria 51 E4
Fuljar 54 D5
Furkating 36 A4

G

Gabat 56 D3
Gabindasti 51 G4
Gabral 8 A4
Gabtali 50 C4
Gabur 90 C3
Gabura 65 G4
Gachhipura 24 D5
Gad 88 B3
Gadag 89 G5
Gadarwara 59 H4
Gad Boriad 57 E6
Gaddige 99 F2
Gadechi 54 C5
Gadekallu 90 C6
Gadhada (Gu) 55 F1
Gadhada (Gu) 55 H6
Gadhagra 69 E2
Gadhali 95 H6
Gadhia 68 D2
Gadhinglaj 88 D3
Gadhka (Gu) 54 D5
Gadhka (Gu) 55 G5
Gadhula 69 F1
Gadidemadugu 91 E4
Gadiganuru 90 A6
Gadigarevula 91 E5
Gadilam 101 E2
Gadra 39 G2

Gadra Road 39 G2
Gadulabadi 76 B5
Gadwal 90 D3
Gafargaon 51 F4
Gagargarh 30 B6
Gaggal 12 B4
Gagret 12 A5
Gagron Fort 42 B5
Gagurni 58 C1
Gahira 67 E4
Gahirmatha Beach 77 G3
Gahmar 46 C3
Gaibandha 50 C2
Gaighata 65 F3
Gaighath 29 F2
Gaighatti 48 C1
Gaikhuri Hills 73 H2
Gaila 66 A2
Gaimbar 14 D1
Gaindoli 42 B3
Gainer Wildlife Sanctuary 24 A2
Gaini 28 B2
Gainsari 30 A4
Gainta 42 C3
Gaisabad 44 B6
Gajapatinagaram 85 H3
Gajendragarh 89 H4
Gajipura 40 B4
Gajner (Rj) 24 A3
Gajner (UP) 44 C1
Gajol 49 H3
Gajraula 17 F6
Gajsinghpur 14 D4
Gajuritar 31 F3
Gajwel 83 F5
Gakuch 8 B3
Gala 33 G4
Galag 90 B3
Galatgi 88 D2
Galchipa 66 B4
Galgali 89 G3
Galiakot 57 F2
Gali Konda 85 G3
Galimpur 66 C1
Galivedu 96 C3
Galleri 76 B5
Gallibedu 99 E1
Galna Hills 70 C3
Galsi 64 D2
Galund 41 F4
Galvada 71 E2
Galwan 9 F4
Gamarkhurd 73 E6
Gama Sagar 65 E6
Gambbhir 58 A3
Gambhir (Rj) 41 G5
Gambhir (UP) 26 B5-C5
Gamharia 63 H3
Gamling 34 C2
Gampalagudem 92 B1
Gamri Chhu 34 D3
Ganagajal 62 D5
Ganapavaram 92 D2
Ganaur 16 D6
Gandabahali 75 F5
Gandak 30 D4, 48 B1
Gandaki 31 E6
Gandaki (Division) 31 E1
Gandamadana Parvathan 103 H3
Gandamara 67 E5

Gandap 40 A4
Gandarvakottai 101 E6
Gandasi 95 F5
Gande 49 E6
Gandeva 70 A3
Gandevi 69 H3
Gandhamardan Parbat 75 G2
Gandhari 83 E3
Gandheli 15 G5
Gandhia Island 54 D5
Gandhi Ashram 66 C1
Gandhidham 55 E3
Gandhinagar 56 C3
Gandpa Gompa 13 G1
Ganeshganj 42 C3
Ganesh Himal 31 F1
Ganga 15 G4
Ganga (Ganges) 28 A3-D5, 46 B3-D3
Gangachara 50 C1
Gangadevipalle 91 H4
Gangadhara 83 G3
Ganga Ghats 63 G3
Gangaikondapuram 101 F4
Gangajalghati 64 B2
Gangkaher 82 B2
Gangakondacholapuram 101 E4
Gangalur 84 C2
Gangan 17 G6
Ganganagar (As) 52 C4
Ganganagar (Rj) 15 E3
Gangapur (Ka) 90 A1
Gangapur (Ma) 71 E6
Gangapur (Or) 76 B5
Gangapur (Rj) 41 F4
Gangapur (Rj) 42 D1
Gangapur Siswan 46 D2
Gangarajumadugula 85 G4
Gangaram 84 B5
Gangarampur 50 A2
Gangareddigudem 92 D1
Gangasagar 51 G6
Gangasara 39 H4
Gangau Reservoir 44 B5
Gangavali 94 B1
Gangavalli 100 D3
Gangawati 90 A5
Gangchhenta 33 H1
Gangdhar 58 A1
Ganges (Ganga) 28 A3-D5, 46 B3-D3
Ganghar Puensum 34 B1
Gangi 17 H2
Gangi (River) 46 B3
Gangiasar 25 E2
Gangiri 26 D3
Gangli (MP) 57 H6
Gangli (Rj) 23 H1
Gangni 50 B6
Gangoh 16 D4
Gangola 34 C3
Gangoli 94 B4
Gangolihat 18 B4
Gangotri 17 H1
Gangotri Glacier 17 H1
Gang Plain 15 E3
Gangrar 41 G4
Gangte Goemba 35 A3
Gangtha 12 A3
Gangti 49 F3

Gangtok 33 F3
Ganguvada 86 B2
Gania 76 C4
Ganiari 61 G5
Ganika 10 D1
Ganj 44 D6
Ganj (River) 59 E6
Ganjam 76 C6
Ganj Dinara 43 G3
Ganjigunti 96 B4
Ganjivaripalle 91 G3
Ganj Muradabad 28 D5
Ganjoti 82 A5
Gannavaram 92 C2
Ganod 68 B1
Ganor 42 A1
Ganpatipule 80 B6
Ganrapota 65 F2
Ganutia 49 H6
Gaoran 8 D6
Gaorisar 24 D2
Gara (AP) 86 B3
Gara (MP) 43 E5
Gara (Rj) 26 A4
Garabandh 86 C2
Garabdenar 24 C1
Garag 89 F5
Garah 40 C3
Garai 46 B5-C3
Garampani 36 A5
Garampant 52 B1
Garamur 36 B3
Garara 44 D3
Garardha 42 A4
Garautha 44 A3
Garbi Haubullah Khan 8 A5
Garbyang 18 D3
Gardhiwala 10 D5
Gardi 30 D4
Gareahgarh 15 E4
Garenga 85 E1
Gareya 50 A1
Gargaon Palace 36 C3
Garh (JK) 10 B2
Garh (MP) 45 F5
Garha 60 C3
Garhakota 60 A2
Garh Anapur 40 B5
Garhani 48 A3
Garhbeta 64 C3
Garhchiroli 73 H5
Garhi (MP) 43 E2
Garhi (MP) 59 G3
Garhi (MP) 61 E5
Garhi (Rj) 26 A5
Garhi (Rj) 57 F2
Garhi (UP) 16 D4
Garhi Harsaru 26 A2
Garh Krishnaprasad 76 D6
Garhmuktesar (UP) 17 F6
Garhmuktesar (UP) 26 C1
Garhshankar 12 A6
Garhvi 73 H4
Gariaband 75 E3
Gariyadhar 69 E1
Garjania 67 F6
Garjia 17 H5
Garkha 48 A2
Garladinne (AP) 90 D5
Garladinne (AP) 96 A1
Garlamarla 41 G4
Garli 12 B4

Garmali 68 D2
Garnawad 42 B6
Garnia 41 F1
Garnimitta 96 D3
Garobadha 50 D2
Garo Hills 51 F2
Garot 42 A6
Garpo Gatmo La 35 E3
Garpos 63 E5
Garrauli 44 A4
Garsia 22 B4
Garsisar 24 C2
Garu 62 D2
Garubhasa 34 B5
Garur 18 A4
Garwa (Chh) 46 C6
Garwa (UP) 29 G3
Gasa 33 H2
Gasa (Dzongkhag) 33 H1
Gasheng 20 B5
Gasigaon 36 B1
Gasipur 77 F4
Gategaon 82 A3
Gathaura 44 B5
Gattasilli 74 D4
Gatwa 42 B2-C2
Gaudgaon 81 H4
Gaudikota 96 C1
Gauhati (Guwahati) 35 E6
Gaumukh 17 H1
Gaur 49 H3
Gaur (River) 60 C3
Gaura 30 C6
Gaurambha 65 H3
Gaura Umarni 45 E1
Gauribidanur 96 A4
Gauriganj 45 F1
Gaurikund 17 H2
Gauripur 34 A6
Gauri Shankar 32 A2
Gauritiar 44 C4
Gaviridevipeta 84 C5
Gavridad 55 G5
Gavunipalli 96 C4
Gawan 48 D5
Gawilgarh Hills 72 B2
Gawnaha 31 E4
Gaya 48 B4
Gayatri Jelashaya 95 G3
Gayitri 99 G5
Gazaria 66 B1
Gaziphema 53 F1
Gazipur 51 E6
Gazulapalle 91 F5
Gedi (Gu) 55 G2
Gedi (Gu) 56 A4
Gedu 33 H4
Gejeragaon 36 B3
Geleki 36 C3
Gelephu 34 B4
Genapara 50 D2
Genekha 33 H3
Gersar 24 B2
Gersoppa 94 B2
Geruwa Nadi 29 F1
Getalsud 63 G2
Gete 13 E3
Gettavadi 99 G3
Gette 20 C4
Gevrai 81 G1
Gezing 33 E4
Ghaggar 16 B3

Ghaggor 16 C3
Ghaghara 18 D4-6
Ghaghar Reservoir 46 B5
Ghaghra (Chh) 61 G4
Ghaghra (Jh) 63 E2
Ghagra 51 F3
Ghairatganj 59 G3
Ghalvad 69 H5
Ghamarwin 12 C5
Ghambiraopet 83 F4
Ghamsali 17 G2
Ghana 70 B3
Ghanauli 16 C1
Ghanaur 16 C2
Ghanbi 80 C6
Ghandwala 10 C4
Ghanerao 41 E4
Ghangaria 18 A2
Ghangri 18 A2
Ghanpur 83 G5
Ghanpur Lake 84 A4
Ghan Sawangi 81 H1
Ghanshampur 48 D1
Ghanshyampur 55 H3
Ghansor 60 C4
Ghantapara 75 H4
Ghanteswar 77 G2
Ghantiali (Rj) 23 E4
Ghantiali (Rj) 23 H4
Ghantila 55 G3
Ghantwar 68 D3
Gharaunda 16 D4
Ghargaon 80 D1
Gharghoda 62 B5
Ghari Ghat 30 A5
Gharyala 10 B6
Ghasera 26 A2
Ghaswani 43 E2
Ghat (Rj) 26 A5
Ghat (Ut) 18 A3
Ghatail 50 D4
Ghatal 64 D4
Ghatampur 44 C1
Ghatang 72 B2
Ghatanji 72 D5
Ghat Bilod 58 A4
Ghat Borul 82 C5
Ghatera 60 B1
Ghatgaon 77 E1
Ghatgarh 70 B6
Ghatghar 80 C1
Ghatiaoli 41 G5
Ghatigaon 43 F2
Ghatkar 88 D3
Ghatkesar 83 F6
Ghatnagar 82 A5
Ghatnandra 71 F4
Ghatol 57 G2
Ghatoli 42 B5
Ghatprabha 89 E3
Ghatprabha (River) 89 F3
Ghatsila 64 A4
Ghattu 96 C4
Ghatwa 25 E4
Ghatwari 25 G4
Ghaura 44 A6
Ghausganj 28 D5
Ghaziabad 26 B1
Ghazipur (Bi) 48 A2
Ghazipur (UP) 44 D2
Ghazipur (UP) 46 B3
Ghela 55 H6

Ghens 75 G2
Gheora 26 A1
Gherdi 81 F6
Gheura 23 H6
Ghi 54 D5
Ghiar 16 D4
Ghidni 64 B4
Ghior 50 D6
Ghiri 12 C5
Ghiror 28 A5
Ghitrari 12 B3
Ghod 80 C2
Ghod (River) 80 D2
Ghoga 49 F3
Ghogardiha 32 B6
Ghogari 82 D1
Ghogha 69 G1
Ghoghla 68 D3
Gholau 57 E4
Ghona 40 C2
Ghonghi 30 B4-C3
Ghoom 33 E4
Ghoraghat 50 C3
Ghorajhari Tank 73 G4
Ghorapani 30 C1
Ghorasahan 31 F5
Ghorasar 56 C4
Ghorawal 46 A5
Ghoriajor 62 D6
Ghoroghata 67 E6
Ghosar 76 B2
Ghosi (Bi) 48 B3
Ghosi (UP) 46 B1
Ghosia 45 H3
Ghosla 58 B2
Ghot 73 H6
Ghota 55 G4
Ghotan 81 F1
Ghotaru 22 B4
Ghoti 70 B6
Ghotki 22 A2
Ghowari 8 D4
Ghugri 60 D4
Ghugri (River) 49 E2
Ghugus 73 F5
Ghui 62 A2
Ghumka 74 B2
Ghunada 55 F4
Ghund 12 D6
Ghunghchiai 28 D1
Ghunghuti 61 E3
Ghunkarah 34 D3
Ghura 44 C5
Ghurain 16 C3
Ghurani 16 B2
Ghurkar 12 B4
Ghurna 32 C6
Ghut 90 D3
Ghutku 61 G5
Ghutra 61 H2
Ghuttu 17 G2
Giabong 13 F5
Giala 34 A3
Giamda 19 G2
Giarlam Aliwals 23 G1
Gidam 84 D2

Giddalur 91 G5
Giddarbaha 15 G3
Giden Mata 41 F2
Gieu Gang 33 G1
Gigasaran 68 D2
Gijgarh 25 H5
Gilduru 92 D3
Gilgit 8 B3
Gilgit (River) 8 B3
Gilgit Agency 8 B3
Gingee (Senji) 101 E1
Gingla 41 F6
Ginigera 90 A5
Ginjia 35 H4
Ginnurgarh 59 E4
Girab 39 G2
Girar 43 H6
Girart 73 F4
Girasar 23 H3
Giri 17 E2
Giriak 48 C4
Giridih 49 E6
Giridih Upland 48 D6
Girisola 86 C1
Girna 70 D4
Girna Dam 70 D4
Girnar Hills 68 C1
Gir Range 68 D2
Girri 41 F1
Girwan 44 D3
Glenburu 99 H4
Gnimthenla 33 H4
Goa 88 C5
Goaldes 76 C3
Goalpara 34 B6
Goalpokhar 49 H1
Goaltor 64 C4
Goalundo 65 H1
Goalundo (Daulatdia) Ghat
    50 D6
Goanra 41 F4
Gobak 9 H6
Gobardanga 65 F3
Gobardhana 31 E4
Gobindganj 51 H3
Gobindapur 64 D2
Gobindganj 50 C3
Gobindgarh 16 B2
Gobindpur (Bi) 48 C4
Gobindpur (Jh) 63 H4
Gobindpur (Jh) 64 A1
Gobindpur (Or) 62 D6
Gobindpur (Pu) 12 A5
Gobra Nawapara 74 D3
Gobur 82 A6
Goda 37 G3
Godagiri 50 A5
Godapiasal 64 C4
Godarpura 58 B5
Godavari 83 E2-G2
Godavari (River) 82 A2-C2,
    93 E1
Godavari Delta 93 E2
Godavari Point 93 F1
Godda 49 F4
Godh 29 F3
Godhegaon 81 E1

Godhra (Gu) 57 E4
Godhra (Gu) 68 D3
Godipara 76 C5
Godri 74 A1
Godwin Austin (K2) 9 E3
Goecha La 33 E3
Goela 41 H1
Gof 59 G5
Gogaon 73 H5
Gogarpur 42 C6
Goghat 64 C3
Gogonda 84 D3
Gogri Jamalpur 49 E3
Gogulapalle 91 G5
Gogunda 41 E5
Gogwa 76 C1
Goh 48 A4
Gohad 43 G1
Gohan 44 A1
Gohana 16 C5
Gohand 44 B3
Gohar 12 C5
Goharganj 59 F3
Gohelwar Coast 69 E3
Gohpur 36 A4
Goibarigaon 34 D4
Goilkera 63 G4
Gokak 89 E3
Gokak Falls 89 F3
Gokak Hills 89 F3
Gokalpura 56 A2
Gokarna (Cht) 51 G5
Gokarna (Ka) 94 B1
Gokarna (WB) 49 H6
Gokavaram 85 E6
Gokhatar 55 H1
Gokthong La 34 B2
Gokul 26 C4
Gol (PAK) 8 D4
Gol (Rj) 40 B3
Gola 63 G2
Gola (Kiohhu) 18 A5-6
Gola Bazar 46 B1
Golaghat 36 A4
Gola Gokarannath 29 E2
Golakganj 34 A6
Golantra 86 D1
Golapalle 84 C4
Golapalle Plateau 84 C5
Golapganj 52 A3
Golapur 8 B3
Golconda Fort 83 E6
Golconda Plateau 83 E6-Fc
Golden Throne 9 E4
Golegoan 72 A4
Golepangri 71 G6
Goler 12 A4
Golewala 15 G1
Golgeri 90 A2
Golhalli 96 A5
Golikatte 94 C4
Golitattu 94 D6
Golla 95 H1
Gollagudem 84 B5
Gollapalle 92 C2
Gollapalli 83 F3
Golmuri 63 H5
Golri 24 A3
Goluwali 15 F4
Goma 65 F5
Goma (Pishan) 9 F1
Gomai 70 D1

nali 41 F6
nastapur 50 A4
nati 29 E5-G6
nati Plain 45 G1-2
nbu La 33 H2
nandi 67 E4
n La 33 F3
noh 63 H1
nta 55 F6
nukha 100 D3
na 43 G6
napallo 97 E2
nda (UP) 26 C3
nda (UP) 29 H5
ndal (Gu) 55 G6
ndal (PAK) 10 B2
nde 70 C6
ndher 41 H3
ndi 44 C3
ndia (Ma) 73 H2
ndia (Or) 77 E3
ndlha 12 C3
ndoch 40 D3
ndpalli 84 C3
ndwara Hills 60 D3
nebidu 95 E5
negandla 90 D4
ngchuandgaon 34 B4
nglong 18 C1
ngrali 30 A1
nour 44 C6
nphu 34 B4
oty 90 D6
p 77 E5
palapuram 93 E1
pala Singavaram 90 D4
palganj (Bi) 31 E6
palganj (Dh) 65 H2
palganj (MP) 60 B6
palgarh 25 G5
palpur (Bi) 49 F3
palpur (Dh) 50 D4
palpur (Ra) 50 B3
palpur (WB) 64 D6
palpura 24 D3
palpur-on-Sea 86 D1
palsar 23 H6
palswami Betta 99 G3
pamau 28 D4
pat 45 G5
pavaram 92 C1
peshwar 18 A2
piballabhpur 64 B5
pichettipalaiyam 100 A3
piganj 45 H3
pikandar 49 G5
pikat 52 C2
pinattam 100 B2
ora 43 F4
orabond 75 G5
oraj 57 E5
orakhpur (Ha) 16 A5
orakhpur (MP) 61 F4
orakhpur (UP) 30 C5
oramari 35 F5
orana 41 E6
oranta 96 B3
oras 42 D3
orau 24 C4
oraul 48 B2
ordhanpura 42 D5

Goreakothi 48 A1
Goregaon (Ma) 72 A5
Goregaon (Ma) 73 H2
Goregaon (Ma) 80 B4
Gorera 24 B4
Gorewarra Tank 73 F2
Gorgat 54 C5
Gorha Tal 46 C2
Gorhe 69 H6
Goria 56 A3
Gori Ganga 18 C3
Gorkha 31 E2
Gorkhey 33 E4
Gormi 26 D6
Gorsam 34 C2
Gorthan 70 B5
Goru 23 G2
Gorubathan 33 F4
Gorur 95 F6
Gosainganj (UP) 29 F6
Gosainganj (UP) 30 A6
Gosairhat 66 B2
Gosalpur 60 C3
Gosava 65 F5
Gossaigaon 34 A5
Gosthani Reservoir 85 H4
Gosunda 41 G5
Gotan 24 B6
Gotarka 55 H2
Gote 89 G2
Gothiano 41 H1
Gothini 46 C1
Gothna 88 C1
Gothva 56 C2
Goti 84 D1
Gotia 85 E1
Gotitoria 59 H4
Gotlagartu 91 H5
Gouripur 51 F4
Gourjhamar 59 H2
Gournadi 66 A2
Gourpali 76 A1
Govada 69 H5
Goverdhan 26 B4
Govindapalle 85 F3
Govindapur 76 B6
Govindgarh (MP) 45 F6
Govindgarh (Rj) 26 A4
Govind Ghat 18 A2
Govindpur 76 D1
Govind Reservoir 43 G5
Govind Sagar 12 B5-6
Govindwal 10 C6
Govind Wildlife Sanctuary &
   National Park 13 F6
Govundlapalem 97 G1
Gowainghat 52 A3
Goyerkata 33 G5
Grama 95 F5
Gramag 12 C4
Gramphu 12 D3
Grand Anicut 100 D5
Grand Chaube Branch
   46 C3-4
Grantala 52 A3
Great Coco Island 104 B2
Great Himalaya Range
   12 C1, 19 F6, 30 D1
Great Nicobar Island 104 D6
Great Rann of Kutch
   39 F6, 54 C1-D1
Great Thar Desert 15 F6,

23 F6
Grishneshwar 71 E5
Gua 63 G5
Guatala 51 E3
Guatami Godavari 93 E2
Gubbi 95 H5
Gubra 60 B2
Gudal 8 C4
Gudali 41 E4
Gudalur (TN) 99 G3
Gudalur (TN) 102 C2
Gudari 86 A1
Gudavallaru 91 H6
Gudavi Bird Sanctuary 94 C2
Gudekota 95 G1
Gudem 85 F5
Gudgaon 72 C1
Gudgeri 89 F6
Gudha (Rj) 25 F3
Gudha (Rj) 25 H6
Gudha (Rj) 42 A3
Gudibanda 96 B3
Gudikallu 90 C4
Gudivada 92 C2
Gudiyattam 96 D5
Gudluru 92 A6
Gudra 84 D1
Gudraippattu 101 F2
Gudur (AP) 84 A6
Gudur (AP) 97 F2
Gudur (Ka) 89 H4
Guduru 90 D4
Guduvancheri 97 G6
Gugauli 29 H3
Gugera Branch 14 D1
Gugi 92 C2
Guhagar 80 B6
Guhisar 43 G1
Guhiya 41 E2
Guhla 16 C3
Gujarani 10 D1
Gujarat 56 D3
Gujar Khan 8 A6
Gujhandi 48 C5
Gujranwala 10 A4
Gujrat 10 A3
Gujri 58 A5
Gul 10 C1
Gulaothi 26 C1
Gularia 29 F2
Gulbarga 82 B6
Guledagud 89 G3
Gulganj 44 A5
Gulgulpar 62 C2
Gulmarg 8 B6
Gulmit 8 C3
Gulu 63 F4
Guluba 76 A6
Gulur 52 B5-6
Guma 12 C4
Gumagarh 76 B4
Guman 41 E6
Gumani 49 G4
Gumba 12 C2
Gumbhir 26 A6
Gumia 63 G1
Gumla 63 E3
Gumlai 76 A1
Gumma (Chh) 85 E3
Gumma (Or) 86 B2
Gummidipundi 97 G4
Gumri 74 A5

Gumsar 75 G4
Gumthala 16 D3
Gumthala Gadhu 16 C3
Gumti (Cht) 66 B1
Gumti (UP) 28 D3
Guna 43 E5
Gunabati 66 C2
Gunaga 59 E2
Gunamanipara 52 A6
Gunar 103 E2
Gunasvel 70 A3
Gunda 54 D6
Gundal (AP) 83 G5
Gundal (Ka) 89 G2
Gundal (River) 99 G2
Gundalamma Konda 85 F5
Gundardehi 74 C3
Gundevadi 89 F2
Gundiali 55 H4
Gundipet 83 E6
Gundlabrahmeswaram 91 F4
Gundlakamma 91 G4
Gundlakonda 90 D5
Gundmal 90 D1
Gundrampalli 83 G6
Gundribadi 76 B4
Gundugolanu 92 D2
Gundulpet 99 G3
Gundusar 24 C3
Gunerbari 50 D4
Gunga 39 H1
Gungvad 89 F1
Gunjali 41 H5
Gunjavan 89 E6
Gunji 88 D5
Gunjong 52 C2
Gunnaur 26 D2
Gunra 55 E6
Gunta 25 H3
Guntakal 90 C6
Guntur 92 B3
Guntur Plains 92 B3
Gunupur (Or) 75 G6
Gunupur (Or) 86 B1
Gunwara 44 D6
Gupis 8 B3
Guptakashi 17 H2
Guptapur 76 D5
Gupteswar Caves 85 F2
Gura 40 A4
Gurach 41 E5
Gurampod 91 G1
Guraora 25 H2
Gurbakhshganj 45 E1
Gurda 62 B6
Gurdaspur 10 D4
Gurgaon (Ha) 26 A1
Gurgaon (Ma) 82 C1
Gurgunta 90 A3
Gurh 45 F5
Gurha 24 B4
Gurha Andla 40 D3
Guriani 25 H2
Guri Hatnur 73 E6
Gurikot 8 C4
Gurla 42 A5
Gurlapur 89 E3
Gurmatkal 90 C1
Gurnaoda 42 C3
Gurpur River 94 C5
Gurramkonda 96 D3
Gursahaiganj 28 C5

Gursarai 44 A3
Gurtedu 85 E5
Gurua 48 A5
Gurudaspur 50 C5
Guruharsahai 15 F1
Gurusar 15 G3
Gurusa Taung 67 F2
Gurusulai 76 C1
Guruvajipeta 91 H6
Guruvayur 99 F6
Guruzala 91 H2
Gushria Chuk 35 H4
Guskhara 64 D2
Guthan 25 F1
Guthli 56 D3
Gutni 45 F2
Gutta 73 H6
Guttal 95 E1
Gutturu 96 A2
Guvvalacheruvu 96 D2
Guwahati (Gauhati) 35 E6
Guwarighat 60 C3
Gwala 25 F3
Gwaldam 18 A3
Gwalior (MP) 43 G1
Gwalior (Rj) 41 H4
Gwanagarh 17 H3
Gwara 61 E4
Gyala Peri 20 B2
Gyamo Ngo Chu 21 G1
Gyanpur 45 H3
Gyaraspur 59 G2
Gyatso Qu 19 F4
Gyetsa 34 B3

H

Ha 33 G3
Ha (Dzongkhag) 33 G3
Habaipur 35 G6
Habibpur 50 A3
Habo Hills 54 D2
Habra 65 F3
Habri 16 C4
Habur 22 C4
Hachcholli 90 B4
Ha Chhu 33 G4
Hachi 36 A1
Hadadi 95 E2
Hadagli 89 H2
Hadapsar 80 C3
Hadda (Rj) 22 D4
Hadda (Rj) 23 H3
Hadgaon 82 D1
Hadgaon Buzurg 82 A1
Hadobhangi 86 B2
Hadol 56 C1
Hadrukh 44 A1
Hadsar 12 B3
Haflong 52 C2
Hagalvadi 95 G4
Hagari 90 B6
Hagari (River) 90 B5
Hagaribomanahalli 89 H6
Haia Ghat 48 C1
Haicin 52 D5
Haidarganj 29 H6
Haidargarh 29 F6
Haidarnagar 46 C5
Hailakandi 52 B3
Haileymandi 26 A2

Hail Haor 51 H4
Haimchar 66 B2
Hajganj 66 B2
Hajipur (Bi) 48 B2
Hajipur (Rj) 25 H3
Hajira 69 H2
Hajjipur 10 D4
Hajminia 31 G5
Hajo 34 D6
Hajua 34 C4
Hakal 67 H3-4
Hakaluki Haor 52 A4
Hakimpur 50 B2
Hakra Branch 14 D4
Haladi 94 C4
Halagli 89 G3
Halali Reservoir 59 E2
Halanjur 74 A5
Halar Plain 54 D5
Halbarga 82 C4
Haldaur 17 F5
Haldi 88 D2
Haldi (River) 83 E4
Haldia 65 E5
Haldibari 33 F6
Haldighati 41 E4
Haldikhora 32 B4
Haldipur 94 B2
Haldwani 18 A5
Halebid 95 E5
Haleji Lake 54 A4
Halena 26 A5
Halenda 55 G6
Halgar 82 B4
Halge 88 D6
Halgeri 95 E1
Halgur 99 H1
Halhali 51 H5
Hali 82 B3
Halia 45 H5
Haliapur 29 G6
Halimai 77 E5
Halimpur 31 G6
Halisahar 65 E3
Haliwara 74 A6
Haliyal 89 E5
Halkarni 88 D3
Halki 89 F3
Hallia 91 G1
Halliday Island 65 F6
Halli Mysore 95 F6
Halog 12 C6
Halol 57 E5
Halsangi 81 H6
Halsi (Bi) 48 D4
Halsi (An) 89 E5
Halsi Nala 10 A2
Halsur 82 B4
Haltugaon 34 B5
Haluaghat 51 E3
Haludpukhur 63 H4
Halvad 55 G3
Halvi 90 C4
Halwara 16 A2
Hamchang 9 G6
Hamira 23 G5
Hamirpur (HP) 12 B5
Hamirpur (UP) 44 C2
Hamirpur Branch 44 B2
Hampapatnam 90 A6
Hampapura 99 G2
Hampasagaram 89 H6

Hampi (Vijayanagar) 87 E3
Hamta La 12 D3
Hanagal 95 G1
Hanamsagar 89 H4
Hanbal 95 E5
Handapa 76 B2
Handia (MP) 58 D5
Handia (UP) 45 G3
Hanegaon 82 C4
Hangal 94 D1
Hang Habai 35 G6
Hangrum 52 C2
Hanka Bay 78 D3
Hanker 74 A5
Hanle Basin 13 G2
Hanmant Vadiya 80 D6
Hannur 81 H5
Hano 61 F6
Hanotia 41 G2
Hansbini 35 H5
Hanse 13 E3
Hanship 52 C5
Hansi 16 B6
Hansi Branch 16 A6-B6
Hanskhali 65 F2
Hansot 69 H1
Hanspura 46 D4
Hansthal 55 F3
Hanti 48 D1
Hanudaki 95 H5
Hanu-Do 9 E5
Hanuman Chatti 17 G1
Hanumangarh 15 F4
Hanumanna 45 G5
Hanur 100 A2
Hanzal 8 B3
Haochong 52 D3
Haora (Howrah) 65 E4
Hapagaon 35 E4
Hapur 26 C1
Haragauri 51 H3
Haraiya 30 A5
Haranhalli 95 F5
Harankeshi 88 D3
Harappa 14 C2
Harasnath 25 E4
Harau 16 A3
Harawah 60 D2
Harawati Plain 42 C3
Harbang 67 E5
Harbhanga 76 B3
Harchandpur 45 E1
Harchowal 10 D5
Harda 58 D5
Hardesar 24 D1
Hardi 48 B1
Hardoi 28 D4
Hardoi Branch 28 D2-4
Hardot 60 A2
Hardote 59 G2
Hardua 45 E5
Harduaganj 26 D3
Hargam 29 E3
Hari 12 B5
Hariadhana 41 E1
Hariana (Gu) 55 E4
Hariana (Pu) 12 A5
Hariara 41 E1
Hariarpara 50 A6
Hariasar 24 D1
Harichandanpur 77 E1
Harichandra Range 80 C1

Haridaspur 77 E3
Haridispur 65 F2
Haridwar 17 F3
Harigarh 42 C5
Harihar 95 E2
Harihareshwan Beach 80 A4
Hariharganj 46 D5
Hariharpur (Chh) 62 B1
Hariharpur (Jh) 46 C5
Hariharpur (Jh) 49 F5
Hariharpur (Ka) 94 D4
Hariharpur (Ra) 50 A1
Harij 56 A2
Harike 10 C6
Hari Mandir (Golden Temple) 27 F2
Harinakunda 65 F1
Haringhata 65 E3
Haringhata (River) 65 G6
Harippad 102 A3
Haripur (AP) 86 C2
Haripur (PAK) 8 A6
Haripur (Ra) 49 H1
Hari Rampur 30 C6
Harirampur 50 D6
Harisal 72 B1
Harishankar 75 E3
Harishchandrapur 49 H2
Hari Singhpura 15 E5
Harivanam 90 C5
Hariyali 40 A4
Harji 40 C3
Harkhapur 29 F2
Har Ki Dun 13 F6
Harlakhi 31 H5
Harmal 18 B3
Harmara 25 E6
Harnahalli 94 D3
Harnai 80 B5
Harnaoda 42 D6
Harnatanr 30 D4
Harnaut 48 C3
Harohalli (Ka) 96 A6
Harohalli (Ka) 99 G1
Harohoka 61 F1
Haroli 12 B6
Harpalpur (MP) 44 A4
Harpalpur (Pu) 16 C2
Harpalpur (UP) 28 C4
Harpanahalli 95 E1
Harrai 60 A4
Harratola 61 F4
Harriet 104 A5
Harsani 39 G2
Harsauli 25 H3
Harsawa 25 E3
Harsidhi 31 F6
Harsil 17 G1
Harsol 56 D3
Harsor 24 D6
Harsud 58 D6
Harsul 70 B5
Harua 65 F4
Harunabed 14 D4
Harur 100 C2
Harvale 88 C5
Harwa 40 B1
Harwan 8 C5
Haryana 16 C5
Hasanabad 83 G4
Hasan Abdal 8 A6
Hasanganj 29 E6

Hasanparti 83 H4
Hasanpur (Ha) 26 B3
Hasanpur (UP) 26 D1
Hasanpur (UP) 48 D2
Hasaud 75 F1
Hasdiha 49 F5
Hasdo 61 H4
Hasilpur 14 C4
Hasimara 33 G5
Haslia 15 F4
Hasnabad (Ma) 71 F3
Hasnabad (WB) 65 F4
Hasnai 50 D4
Haswa 45 E2
Hata (Ba) 46 B4
Hata (UP) 30 D5
Hataia 51 E5
Hat Banjari 74 A3
Hat Gamaria 63 G5
Hatgarh 70 B4
Hathaikheda 59 E3
Hathazari 67 E3
Hathgaon 45 E2
Hathiana 41 G5
Hathibari 63 E5
Hathi Parbat 18 B2
Hathkhuri 44 C6
Hatia 66 C3
Hatkalanda 88 D2
Hatkhambe 88 B1
Hatkoli 84 D1
Hatkoti 13 E6
Hatli 10 D3
Hatni 57 G6
Hatnura 83 E5
Hatod 58 B4
Hat Piplia 54 C4
Hatron 72 A3
Hatta (Ma) 82 B1
Hatta (MP) 60 B1
Hatti 75 F6
Hattigam 75 E5
Hattigudur 90 B2
Hattili 86 A2
Hattin 26 B2
Hattur 81 H6
Hatur Khas 16 A2
Haulawng 67 G2
Havanur 95 E1
Havasbhavi 94 D1
Haveli 80 C3
Havelian 8 A5
Haveli Lakkha 15 E2
Havelock Island 104 B4
Haveri 94 D1
Hawalbagh 18 A4
Hawinahadagalli 89 H6
Hayuliang 21 F6
Hazaribagh 48 C6

Hazaribagh National Park 48 B6
Hazaribagh Plateau 48 B6-C6
Hazrat Jandaha 48 C2
Hazro 8 A6
Hebatpur 56 B5
Hebbetti 90 C5
Hebbur 95 H5
Hebby 95 E4
Hebli 89 F5
Hebri 94 C4
Hebsur 89 F5
Hediyal 99 G2
Heggadadevankote 99 F2
Heim Kund 18 A2
Helem 35 H4
Heliodorus Pillar 59 F2
Helwak 80 C6
Hema 33 F2
Hemaliu 53 G2
Hemavati 95 E5-F6
Hemavati (Lake) 95 F6
Hemis 9 F6
Hempur 29 E4
Hemtabad 49 H2
Henglep 52 D4
Hengtam 52 D5
Henhoaha 104 D6
Henima 52 D2
Henry Lawrence Island 104 B4
Her 82 B3
Herbertahad 104 A5
Herbertpur 17 E2
Herga 94 C5
Herhanj 63 E1
Heria Atmaram Chak 64 D5
Hesadi 63 F4
Hesrur 89 H6
Hetanpur 50 A6
Hetauda 31 F4
Higona 59 E1
Hijla 66 B2
Hijraon 15 H4
Hile 32 C4
Hili 50 B2
Hilli 50 B3
Hilsa 48 B3
Himachal Pradesh 12 D4
Himachari 67 E6
Himaigaon 35 H6
Himatnagar 56 D2
Himayat Sagar 83 E6
Hinamandalam 86 B2
Hinarche Glacier 8 C3
Hindan 17 E4
Hindaun 26 A6
Hindiganal 96 B5
Hindol 76 D3
Hindoli 42 A3
Hindoria 60 B1
Hindri 90 D4
Hindubari 66 D2
Hindu Malkot 15 E3
Hindupur 96 A3
Hingalganj 65 F4
Hinganghat 73 E4
Hingir 62 C6
Hingoli 72 B6
Hingoli Hills 72 A6
Hinjilikatu 76 C2

Hipparga 82 A6
Hippargi 89 H2
Hira 90 B3
Hirad 40 D6
Hirakud Basin 75 H1
Hirakud Dam 75 H1
Hiran 60 B3-D2
Hiranagar 10 D3
Hirangaon 58 D4
Hiran Minar 10 A5
Hirapur (MP) 44 A6
Hirapur (Tr) 66 D1
Hirasar 24 D3
Hirawari 59 G6
Hirehadagalli 89 G6
Hirekerur 94 D2
Hire Kotankal 90 B4
Hirisave 95 G5
Hirmi 74 D1
Hirnagoon 82 B5
Hirodih 48 C5
Hiron Point 65 G6
Hisamki 14 D6
Hisar 16 A5
Hispar 8 C3
Hisua 48 C4
Hiwarkhed 72 A2
Hiwarkheri 60 A6
Hkyenhpa 21 H6
Hlaikhan 67 H1
Hman Taung 53 F6
Hmawngzaw 52 C6
Hmuntha 52 C6
Hnahlan 52 D6
Hobiganj 51 G4
Hodal 26 B3
Hodka Jho 54 D1
Hodu 40 A3
Hogenakkal (Wodapatti) 100 B2
Hogenakkal Falls 100 B2
Hog Island 94 B3
Hohanak 67 E5
Hoinar 84 D1
Hoja 50 B4-C5
Hojai 35 G6
Holalagondi 90 B5
Holalkere 95 F3
Holalur 95 E3
Holavanhalli 96 A4
Holehonnur 95 E3
Hole Narsipur 95 F6
Holi 12 B3
Homlich Thach 13 F5
Homna 51 F6
Homnabad 82 C5
Honakere 95 G6
Honavar 94 B2
Hong 36 A2
Honganur 95 H6
Hongi 12 D5
Hongtsho 33 H3
Honnali 95 E2
Honnavalli 95 F4
Honnuru 90 B6
Honotgi 89 H2
Honwada 90 D2
Hooghly (Hugli) 65 E2-4
Hooghly (Hugli) 65 E2-4

Horace Point 104 D4
Horlonga 75 H5
Horomoto 63 G5
Horti (Ka) 89 G1
Horti (Ma) 82 A5
Horti Hills 89 H1
Hosahalli 95 G1
Hosalolalu 95 G6
Hosakote 95 H2
Hosanagara 94 C3
Hosangadi 94 C4
Hosdrug 98 C1
Hosdurga 95 F3
Hoshalli 96 A4
Hoshangabad 59 F4
Hoshangabad Plain 59 E5
Hoshiarpur 12 A5
Hoshiarpur Choaland 12 A4-5
Hoskote 96 B5
Hospet 87 H5
Hossainpur 51 F5
Hosur (Ka) 94 C1
Hosur (TN) 96 B6
Hosuru (AP) 90 C5
Hosuru (Ka) 96 A4
Hotan (Hetian) 9 H2
Hotan He 9 H1
Hoto 8 D3
Howli 34 C5
Howrah (Haora) 65 E4
Hpakan 37 F6
Hriphaw 52 B5
Hruizam 67 F2
Hualtu 52 C6
Huanman 70 C3
Hubli 89 F5
Huduguru 96 A4
Hudukhata 34 C5
Hukitola 77 G4
Hulasganj 48 B4
Hulekal 94 C1
Hulgur 89 G6
Hulihaidar 90 A4
Hulikunte 95 H3
Huliyar 95 G4
Huliyurdurga 95 H6
Huljanti 81 G6
Hulki 60 B4
Hulkur 95 H4
Hullahalli 99 G2
Hulloli 89 E3
Humbarna 80 C6
Humcha 94 D3
Humgarh 64 C3
Hunasagi 90 A2
Hundarki 90 C1
Hunder 9 F5
Hundru 63 G2
Hundru Falls 63 G2
Hungund 89 H3
Hunsur 99 F1
Hunterganj 48 A5
Huntti Plateau 90 B3
Hunza 8 C3
Hura (Ka) 99 G2
Hura (WB) 64 A2
Huralihalu 95 G1
Hurdeea 46 C1
Hurra 41 G2
Hurshi 50 A5
Husain 26 D4

sainganj (Ha) **25** H1
sainpur (UP) **45** E2
sainpur **17** E5
she **8** D4
snabad **90** D1
ssainabad **46** C5
ssainganj **46** D1
ssain Sagar **83** F6
tti **90** B3
turgi **89** H1
vin Hippargi **89** H2
zurabad **83** H4
zurnagar **92** A1
zurpur **29** G4
vekum **36** D5
derabad (AP) **83** F6
derabad (PAK) **38** B3

Bakya **31** G5
62 C3-D5
niyi **20** D4
ahimpatan (AP) **83** F2
rahimpatan (AP) **91** F1
nagarh **63** H3
nak **48** C6
nalkaranji **88** D2
namati **50** C6
nchapuram **86** C1
nhapur **71** G2
nhawar **58** D3
nora **83** E1
aiseval **103** E4
aiyakottai **100** B6
oppadi **100** B3
ur **56** D1
ar (River) **41** H5
gaon **67** E6
garh **67** F5
gundi **89** E6
ilin **21** E4
ukki **102** C2
ukki Wildlife Sanctuary
102 C2
atpuri **70** B6
las **26** C3
noitijala **104** A6
90 D4
eri **90** B1
nora **81** G3
auna **29** H4
keri **94** C2
lod **43** E2
aiyankudi **103** F2
am **32** D5
am Bazar **64** C1
angakkurichchi **100** C6
attur **102** C4
iv **69** H2
iuru Kottapeta **91** E5
kal **89** H4
ol **56** C2
uhar **66** A3
uppur **100** D6
upu **21** E4
namganj **48** A5
nit **8** B2
nla Khas **46** B1
nlota **25** H1
napat **90** D2
nphal **53** E3

Imphal (River) **53** E2
Inaka **104** D5
Inani Beach **78** A1
Inathganj **51** H4
Indagaon **75** E5
Indapur (Ma) **80** B4
Indapur (Ma) **81** F4
Indargarh (MP) **43** G2
Indargarh (Rj) **42** C2
Indaror **39** G1
Indas **64** C2
Indawar **24** C6
Indergarh **28** C5
Indi **89** H1
Indian Cardamom Research
Institute **102** C2
Indipur **77** F3
Indira Gandhi (Anamalai)
Wildlife Sanctuary **99** H6
Indira Gandhi Canal
15 E6-G1, **23** E4-G2
Indira Gandhi International
Airport **26** A1
Indora **10** D4
Indore **58** B4
Indpur **64** B2
Indra **75** F4-G4
Indrahar La **12** B3
Indrana **40** B3
Indravati **84** B2-C2
Indravati Plateau **85** G1
Indri **16** D4
Indukurpeta **97** G2
Indur **100** B2
Indus **8** A4-C4, **38** A1-C5
Ingohta **44** C2
Inhauna **29** G6
Inkollu **92** B4
Innaglur **96** B3
Int **81** G3
Interview Island **104** A3
Inwara **24** C3
Ipuru **92** A3
Iradatnagar **26** C5
Iraiyur **101** E3
Irakam **97** G4
Irang **52** C4-D2
Irikkur **98** D2
Irinjalakuda **99** F6
Iritty **99** E2
Irpu **98** E2
Isagarh **43** F5
Isan **28** B5-C5
Isanagar (MP) **44** A5
Isanagar (UP) **29** F3
Isanattam **100** B3
Isarda **42** B1
Isauli **29** G6
Ishkiali **8** B6
Ishkoman **8** B2
Ishurdi **50** C2
Ishwaria **55** G6
Iskagundam **91** F5
Islahpur **82** D1
Islamabad **8** A6
Islamnagar (MP) **59** E3
Islamnagar (UP) **17** E4
Islamnagar (UP) **28** A2
Islampur (Bi) **48** B4
Islampur (Dh) **50** D3
Islampur (Rj) **25** F2
Islampur (WB) **33** E6

Islampur (WB) **50** A6
Isle of Man **104** D4
Islur **94** C1
Ismailabad **16** C3
Israna **16** D5
Israna (Mount) **40** C4
Isuna **33** H3
Isunuru **84** D5
Isvej **69** F2
Iswal **41** E5
Iswarganj **51** F4
Iswaripur **65** G4
Iswerpur **77** G1
Itahar **49** H2
Itahari **32** C5
Itakhola **15** G6
Itamati **76** C4
Itanagar **35** H3
Itaria **55** H6
Itarsi **59** F4
Itaunja **29** E5
Itchu **8** D5
Itiathok **29** H4
Itiki **89** H6
Itkhori **48** B6
Itkur **81** H3
Itna **51** G4
Itwa **30** A4
Itwari **73** F2
Izatnagar **28** B2

J

Jabalpur **60** C3
Jabarhera **17** E4
Jabera **60** B2
Jabra **48** B6
Jabunaswari **50** B1
Jadakal **94** C3
Jadan **41** E2
Jadcherla **91** E2
Jaddangi **85** F5
Jade **94** C1
Jadhala **82** B3
Jadho **81** E5
Jadukata **51** F2-G4
Jafarabad (Gu) **69** E3
Jafarabad (Ma) **71** G5
Jafarganj **66** C1
Jaflang **52** A2
Jagadalapur **75** H5
Jagadevipalaiyam **100** C1
Jagadhri **16** D3
Jagalur **95** F2
Jagamanpur **44** A1
Jagannaharju Chattram
86 A4
Jagannath (Jh) **63** F2
Jagannath (Or) **77** E5
Jagannathaprasad **76** C5
Jagannathganj Ghat **50** D4
Jagannath Hat **67** E3
Jagannathpur (Jh) **63** G5
Jagannathpur (Or) **76** C3
Jagannathpur (Sy) **51** H3
Jagaon **58** D4
Jagargonda **84** D3
Jagar Sagar **44** D4
Jagasar **23** G2
Jagat **28** B3
Jagatballabhpur **64** D3
Jagatpur (Or) **77** E3

Jagatpur (UP) **45** E2
Jagatsingpur **77** F4
Jagatsukh **12** C4
Jagdala **34** D5
Jagdalpur (Chh) **75** F2
Jagdalpur (Chh) **85** E2
Jagdewwala **24** B2
Jagdishpur **75** F2
Jagdispur (Bi) **46** D3
Jagdispur (UP) **29** G6
Jageshwar **18** B4
Jaggampeta **85** F6
Jaggayyapeta **92** A1
Jagi Road **35** F6
Jaglot **8** C3
Jagmabba **15** G4
Jagnair **26** B5
Jagpura **57** F1
Jagraon **16** A1
Jagtial **83** F2
Jagtial Hills **83** F3
Jagudan **56** B2
Jahanabad (Bi) **46** C4
Jahanabad (Bi) **48** B3
Jahanabad (Cht) **66** D3
Jahanabad (UP) **28** C1
Jahanabad (UP) **44** C2
Jahangirabad **26** C2
Jahangirganj **30** B6
Jahangirpur **26** C2
Jahazpur **42** A3
Jahnari **13** G6
Jahri **82** B1
Jaigaon **33** G5
Jaigarh **80** B6
Jaigarh Head **80** B6
Jaijaipur **62** A6
Jaijon **12** A6
Jaikhedan **70** C3
Jaimalsar **24** A2
Jainagar (Chh) **62** A3
Jainagar (Jh) **48** C5
Jainath **73** E6
Jainpur **46** B1
Jaintgarh **63** G5
Jainti **33** H5
Jainti (River) **49** F6
Jaintia Hills **52** A2
Jaintiapur **52** A2
Jainur **72** A6
Jaipur (As) **36** D2
Jaipur (Rj) **122**
Jaipur (WB) **63** H2
Jaipurhat **50** B3
Jairaj **40** C6
Jairambati **64** D3
Jais **45** F1
Jaisalmer **119**
Jaisamand (Dhebar) Lake
41 F6
Jaisamand Sanctuary **41** F6
Jaisindhar **39** F2
Jaisinghnagar (MP) **59** H2
Jaisinghnagar (MP) **61** F2
Jait **26** B4
Jaitapur **88** B2
Jaitaran **41** F1
Jaitasar **24** D3
Jaitgiri **85** F1
Jaithari **59** H3
Jaithra **28** B4
Jaitipur (Bi) **48** B3

Jaitipur (UP) **28** C3
Jaito (Ha) **16** D5
Jaito (Pu) **15** G2
Jaitpur (MP) **60** A2
Jaitpur (Rj) **15** F6
Jaitpur (UP) **44** B4
Jaitpura **25** E5
Jajal **17** G3
Jajau **26** C5
Jajpur Road **77** E2
Jajur **95** G2
Jakar (BHU) **34** B2
Jakar (Or) **86** C1
Jakh **24** C4
Jakhal **16** A4
Jakhalabandha **35** G4
Jakham **57** F1
Jakhan **24** A5
Jakhau **54** B3
Jakhauli **16** C4
Jakhaura **43** G5
Jakhim **48** A4
Jakhlaun **43** G5
Jakhoda **42** D2
Jakhrawali **15** F5
Jakonia **42** D4
Jakrem **51** G2
Jakthang **33** E2
Jalakandapuram **100** B3
Jalalabad (Pu) **15** F2
Jalalabad (UP) **28** C3
Jalalabad (UP) **28** C5
Jalalgarh **49** G1
Jalali **26** D3
Jalalkhera **72** D2
Jalalpur (Gu) **69** H3
Jalalpur (Me) **52** B3
Jalalpur (UP) **44** B2
Jalalpur (UP) **45** H1
Jalalpur Dhai **45** E2
Jalam **71** H3
Jalandhar (MP) **59** G1
Jalandhar (Pu) **10** D6
Jalandhar Cantonment **10** D6
Jalangi **50** B6
Jalangpat **62** C3
Jalantra **86** C2
Jalaput Reservoir **85** G3
Jalara **57** F1
Jalaun **44** A1
Jalaun Plain **44** B1
Jaldakha Chuu **33** F4
Jaldega (Chh) **62** B4
Jaldega (Jh) **63** E4
Jaldhaka **50** B1
Jaldhaka (River) **33** G5-6
Jaldhapara Wildlife Sanctuary
33 G5
Jaldi **67** E5
Jale **31** H6
Jalesar **26** D4
Jaleshwar (NEP) **31** H5
Jaleshwar (Or) **64** C6
Jaleswar **51** E1
Jalgaon (Ma) **70** D4
Jalgaon (Ma) **71** H3
Jalgaon (Ma) **71** H3
Jalgaon (Ma) **80** B5
Jalgaon (Ma) **81** F3
Jalia **55** F5
Jalihalli **90** B3
Jalimura **35** E5

Jalkot **82** C3
Jallivari Pullalacheruvu
91 G5
Jalmana **16** C4
Jalna **71** G6
Jalod **71** F2
Jalor **40** C3
Jalori La **12** D5
Jalotra **40** C6
Jalpaiguri **33** F5
Jalukbari **34** D6
Jaluwala **23** F3
Jalwali **24** A2
Jalwara **42** D4
Jam **73** G2
Jamal **15** H5
Jamalganj **51** G3
Jamalpur (Bi) **49** E3
Jamalpur (Dh) **50** D3
Jamalpur (Ha) **16** B6
Jamalpur (WB) **64** D3
Jamania **28** D1
Jamanpur **56** A2
Jamb (AP) **83** E1
Jamb (Ma) **73** F4
Jambahal **63** E5
Jambani **64** B4
Jambhor **71** H5
Jambhulpada **80** B3
Jambo **23** G4
Jamboti **88** D4
Jambu **77** G4
Jambu Dwip **65** E6
Jambughoda **57** E5
Jambur (Gu) **68** C2
Jambur (Ka) **99** E1
Jambura **55** E4
Jambusar **56** C6
Jamda (Jh) **63** G5
Jamda (Ma) **71** E4
Jamdaha **49** F4
Jamgaon (Ma) **81** E2
Jamgaon (Ma) **81** G5
Jamhuri **40** C6
Jami **85** H4
Jamikunta **83** H4
Jamiri **35** F3
Jamjodhpur **55** E6
Jamka **68** D1
Jamkandorna **55** F6
Jamkhandi **89** F2
Jamkhandi Hills **89** E2
Jamkhed (Ma) **71** F6
Jamkhed (Ma) **81** F3
Jamli (MP) **57** H4
Jamli (MP) **71** E1
Jammalamadugu **96** C1
Jammu **10** C2
Jammu & Kashmir **8** D6
Jamnagar **55** E4
Jamner (Ma) **71** G3
Jamner (MP) **43** E6
Jamner (River) **58** D5
Jamni **43** H4-5
Jamod **71** H2
Jampai **51** H6
Jampai Tlang **52** B5
Jampore Beach **69** H4
Jamra **76** A1
Jamshedpur **63** H4
Jamtali **45** G2
Jamtara **49** F6

Jamua **48** D5
Jamuguri (As) **35** G4
Jamuguri (As) **36** A5
Jamui **48** D4
Jamui Basin **48** D4
Jamuna **50** B2-D4
Jamunamukh **35** G6
Jamunia **58** D4
Jamunia (River) **48** D6
Jamunkira **76** B1
Jamuria **64** B1
Jamurki **51** E5
Jamwa Ramgarh (Rj) **25** G5
Janakal **95** F3
Janakpur (Chh) **61** G2
Janakpur (NEP) **31** H5 .
Janakpur (Division) **31** H4
Janan **55** F1
Jandiala **10** C5
Jandiala Sherkhan **10** A4
Jandiali **10** D6
Jandwala **15** E3
Janephal **71** H4
Jang **35** E2
Jangamakote **96** B5
Jangaon (AP) **83** G5
Jangaon (AP) **83** H2
Jangel **46** A5
Janghira **76** D1
Jangi (Gu) **55** F3
Jangi (HP) **13** F5
Jangid **84** A3
Jangipur **49** H5
Janglot **10** D3
Jangra **63** F6
Jani **17** E6
Janjgir **61** H6
Janjira **66** A1
Janjira Fort **80** A4
Jankia **76** D5
Jansath **17** F5
Janvi **40** A5
Janwada **82** C4
Jaola (Ma) **72** B6
Jaola (Ma) **82** A3
Jaola (Ma) **82** B1
Jaola (Rj) **24** D6
Jaoli (Ma) **80** C5
Jaoli (Ma) **82** A5
Jaonli **17** H1
Jaora **57** H2
Japla **42** D5
Japvo **53** E1
Jara **54** C2
Jarada **86** C1
Jaraikela **63** F5
Jarain **52** A2
Jarandh **75** E4
Jarau **76** B6
Jarcha **26** B1
Jardundha **61** H3
Jareru **43** F2
Jarghavati **85** H2
Jarha **61** E3
Jari **12** D4
Jaria Jhanjrai **51** F3
Jaridih **63** H1
Jari Mura **66** D1
Jar Island **54** C5
Jarmundi **49** F5
Jarod (Gu) **56** D5
Jarod (MP) **59** F1

Jarpara **76** C3
Jarvar **70** B6
Jarwa (HP) **17** E1
Jarwa (UP) **30** A3
Jarwal **29** G5
Jarwe **62** A6
Jasana **15** G5
Jasdan **55** G6
Jashipur **63** H6
Jashpurnagar **62** D3
Jasidih **49** E5
Jasma **41** F4
Jasmergarh **10** C3
Jaso **44** D5
Jasol **40** B2
Jaspur (Chh) **75** G1
Jaspur (Ut) **17** H5
Jaspura **44** D2
Jasrana **28** A4
Jasrapura **25** F3
Jasrasar **24** B3
Jasuntsar **15** E6
Jaswantnagar **28** A5
Jaswantpura **40** B6
Jaswantpura Hills **40** B4-5
Jaswari **71** H1
Jat **41** H5
Jatara **44** A4
Jatar Daul **65** E5
Jatawada **55** G1
Jath **89** F1
Jathwara **45** F2
Jatinga **52** C2
Jatni **77** E4
Jaton Ki Dhani **39** G4
Jatramanipara **67** F2
Jatrapur **65** H3
Jatusana **25** H2
Jatwar **16** D2
Jatwara **25** G5
Jaubari **33** E4
Jauli **17** F5
Jaulka **72** B4
Jaunpur **45** H2
Javadi Hills **100** D1
Javagallu **95** F5
Javanagondanahalli **95** G3
Jawad **41** G5
Jawai **40** B4-C3
Jawai Bandh **40** D4
Jawaja **41** F2
Jawal **72** C5
Jawalamukhi **12** B4
Jawalgeri **90** B4
Jawali (HP) **12** A4
Jawali (Rj) **41** E3
Jawar (Ma) **58** C4
Jawar (Ma) **58** C6
Jawarhar Tunnel **8** C6
Jawassa **28** A6
Jawhar **70** A5
Jayakwadi **71** E6
Jayal **24** C4
Jayamangali **95** H4
Jayantipur **86** C1
Jayapatna **75** F6
Jayganj **50** A1
Jaynagar (Ba) **66** B3
Jaynagar (Bi) **32** A6
Jaynagar (WB) **65** E5
Jaypur (Bi) **49** F5
Jaypur (WB) **64** C3

Jaysingpur **89** E2
Jaze La **34** A2
Jegri Island **69** F2
Jejuri **80** D4
Jeketa **13** E6
Jelandy **8** A1
Jelekangphu Gang **34** A1
Jemathang **33** E3
Jenapur **77** E2
Jengpata **36** A5
Jeori **13** E5
Jeruwakhera **59** G1
Jesawara **57** F4
Jesawas **40** B3
Jessami **53** F1
Jessore **65** G2
Jesurana **23** E5
Jetalsar **68** C1
Jethana **41** G1
Jetpur (Gu) **55** F6
Jetpur (Gu) **55** G3
Jeur (Ma) **81** E1
Jeur (Ma) **81** F4
Jevargi **90** B1
Jewar **26** B2
Jeypur **85** G2
Jhab **40** A4
Jhabua **57** G4
Jhabugam **57** E5
Jhadabhumi **76** C5
Jhadupudi **86** C1
Jhagadiya **70** A1
Jhagar **43** E5
Jhajha **49** E4
Jhajham **55** H1
Jhajhar **26** C2
Jhajjar **25** H1
Jhajju **24** A3
Jhajra **17** F2
Jhak **25** F6
Jhaknawad **57** H4
Jhako Lahri **10** D3
Jhalai **42** B1
Jhalakathi **66** A3
Jhalambi **70** C2
Jhalawar **42** H2
Jhalawar Plateau **42** B6-C6
Jhalida **63** H2
Jhalki **81** G6
Jhallar **72** C1
Jhalod **57** F3
Jhalra **42** B2
Jhalrapatan **42** C5
Jhalu **17** F5
Jhandoke **16** A4
Jhanfli **39** H1
Jhangurbara **49** H3
Jhanjharpur **32** A6
Jhanjhmer **69** F2
Jhanjwa **40** D6
Jhansi **43** H3
Jhanwar **40** C1
Jhanzi **36** B3
Jhapa **32** D6
Jharahi **30** D5
Jharapapra **74** A5
Jhara Sangam **82** D5
Jhargram **64** B4
Jharia **64** A1
Jhari La **33** H2
Jharkatta **74** B5
Jharkhand **63** F3

Jharli **25** H1
Jharol **41** E6
Jharsuguda **62** D6
Jharsuguda Basin **62** D6
Jhatingri **12** C4
Jhedasar **15** F6
Jhelum **8** B6-C5
Jhenaidah **65** G1
Jhenaigati **50** D3
Jherda **40** B6
Jhikargacha **65** G2
Jhikra **64** D4
Jhila **65** F5
Jhilimili **64** A3
Jhilla **59** G1
Jhilmili (Chh) **62** A2
Jhilmili (MP) **60** A6
Jhinjhak **28** C6
Jhinjhana **16** D5
Jhinjhuvada **56** A2
Jhinkali **39** G1
Jhinkpani **63** G4
Jhirana **42** A1
Jhirna **17** H5
Jhodge **70** D4
Jholmolhari **33** G2
Jholmolhari Pass **34** B3
Jhonpra **42** C1
Jhumritilaiya **48** C5
Jhungi **12** C5
Jhuniar **15** H4
Jhunjhunu **25** F2
Jhunpa **16** A6
Jhura **54** D2
Jhura (Mount) **54** D2
Jhuran **55** E2
Jhusi **45** G3
Jiawan **45** H6
Jibannagar **65** F2
Jibti **18** D3
Jichu Drake **33** G2
Jidkal **83** G5
Jido **20** C4
Jigal **18** B4
Jigme Dorji National Park
  33 H2
Jigna **43** G3
Jigni (MP) **26** C6
Jigni (UP) **44** B2
Jigthan **71** E6
Jikhipali **75** G1
Jili La **33** G3
Jilluba **76** B5
Jimkhar **34** D2
Jinang **86** B2
Jind **16** B5
Jindrah **10** C2
Jinghanu **10** C2
Jining **20** C6
Jinjhiniali **39** G1
Jinthanggaon **35** G6
Jinti **81** E4
Jintur **72** A6
Jirampal **84** D3
Jiran **41** H6
Jiri **32** A3
Jiri (River) **52** D2
Jirigam **21** F6
Jirighat **52** C3
Jispa **12** C2
Jitpur **18** A5

Jiwana **41** G2
Jobat **57** G5
Jodasar (Rj) **23** H2
Jodasar (Rj) **24** B2
Jodhatti **89** E3
Jodhka **15** H5
Jodhpur **120**
Jodiya **55** F4
Jodiya Bandar **55** F4
Jodmoha **72** D4
Jogapatti **31** E5
Jogbani **32** C6
Jogbura **18** C5
Jogeshwari Caves **80** A1
Jog Falls **94** C2
Jogiara **31** H6
Jogighopa **34** B6
Jogindarnagar **12** C4
Jogiwala **15** H6
John Lawrence Island
  104 B4
Jojomura **76** A2
Jojri **24** B6
Joki Hat **49** G1
Jolarpet **100** D1
Jonai Bazar **36** D1
Jongohetpara **50** D2
Jonha **63** G2
Jonk **75** F2
Jonnagiri **90** D6
Jora **43** F1
Joranda **77** E3
Jorera **26** B3
Jorethang **33** E4
Jorhat **36** B4
Jorhilla **61** E2-G4
Jori **48** A6
Jorigam **75** E6
Jormu **76** C3
Jorpakuri **33** F5
Joshiana **17** G3
Joshimath **18** A2
Joteswar Hat **33** G5
Jowai **52** A2
Jowla **81** F3
Joya **17** G6
Joyag (Cht) **66** C1
Joyag (Cht) **66** C2
Juan **16** D6
Jubbal **12** D6
Jubrajpur **85** G1
Judpur **60** C1
Juhu **80** A2
Jui **25** G1
Jujkhola **66** D2
Jukal **82** D4
Jukehi **60** D1
Julana **16** C6
Juli La **34** B2
Julwania **57** H6
Jumabari **50** C3
Jumbja **33** H4
Junagadh **68** C1
Junagarh **75** F5
Juna Raj **70** B1
Jundla **16** B3
Junga **16** D1
Junia **41** H2
Junnar **80** C1
Junoni **81** F6
Juptarai **74** A4
Juri **52** A4

Jusri **24** D5
Jwalapur **17** F4

K

K2 (Godwin Austin) **9** E3
Kabadak **65** G4
Kabaldurga **99** H1
Kabar Tal **48** D2
Kabaw Valley **53** F6
Kabbani **99** F3-G2
Kabirganj **65** G1
Kabirpur **77** F3
Kabrai **44** C3
Kabru **33** E2
Kabuli **39** H4
Kabulshah **15** F3
Kacha **66** A4
Kachaura (UP) **26** D3
Kachaura (UP) **28** A5
Kachautia **58** C1
Kachchhiahana **73** E1
Kachchirayapalaiyam
  100 D3
Kachhapind **10** C2
Kachhauna **28** D5
Kachhwa **46** A4
Kachin (State) **37** H4
Kachnar **43** F6
Kachnara **57** H1
Kachola **41** H3
Kachua (Kh) **65** H3
Kachua **66** C1
Kachura **8** D4
Kadaba (Ka) **94** D6
Kadaba (Ka) **95** G5
Kadach **68** B2
Kadaiyam **102** D4
Kadaiyanallur **102** C4
Kadakkal **102** B4
Kadakkavur **102** B5
Kadaladi **100** D1
Kadambur **103** D2
Kadamtala **104** A4
Kadana **57** E3
Kadanwari **22** A4
Kadapara **76** B3
Kadattur **100** C2
Kadaura **44** B2
Kadavakuduru **92** B4
Kaddam **83** F2
Kaddam Dam **83** F2
Kadegaon **80** D6
Kadera **41** H2
Kadi **56** B3
Kadichur **90** C2
Kadi Plain **56** C2
Kadipur **45** H1
Kadirabad **71** G6
Kadiri **96** C3
Kadiyampatti **100** C2
Kadligarh **76** B2
Kadma **25** G1
Kadmat Island **98** B5
Kadod **70** A2
Kadra **88** D6
Kadua **77** F5
Kadum **37** F1
Kadus **95** F4
Kadus **80** C2
Kadusam **21** F5
Kadval **57** E5

...dwaha 43 F4
...fara 29 F2
...farkhan 18 B4
...ffa 33 F4
...gada 76 B5
...gal 88 D2
...garaul 26 C5
...gdari 55 G5
...glipur 96 A6
...gna 82 C6
...gvad 89 E2
...haloo 50 C4
...hani 60 B4
...hao 21 G5
...harole 50 A1
...him 80 A2
...hnaur 25 H1
...hnuwan 10 D4
...huta 8 A6
...ihoa 104 C4
...ij 81 H3
...ikalur 92 D2
...ikaram 92 D2
...ilana 17 F2
...ilaras 43 F1
...ilasahar 52 A4
...ilia 44 A2
...imganj 28 B4
...imori 60 B3
...imur Hills 46 B5
...imur Plateau 46 B5-C5
...inur 17 H3
...inwaha 43 F4
...iphundai 52 C3
...ipuram 86 C2
...irabani 49 F6
...irana 16 D5
...iri Lake 38 A4
...iron 10 C6
...irot 41 H2
...iru 25 G1
...isarganj 29 G4
...isi 67 G4
...itha 58 B3
...ithal 16 C4
...jejandar Nar 8 B4
...jgaon 71 E4
...jlagarh 64 D5
...jra 25 F2
...jvi 88 B1
...kachawa 30 B4
...kana 104 C3
...kani 40 D2
...kanpur 57 E4
...karbai 44 A3
...karbhitta 33 E5
...karwao 43 H6
...katpur 77 F5
...kaur 26 C2
...kching 53 E4
...kching Khunou 53 E4
...kdwip 65 E5
...kelao 40 D1
...khandri 89 G2
...kinada 93 F1
...kkabe 99 E1
...kki Lake 102 C3
...kkirigumma 85 H2
...kmari 89 F1
...ko 48 B3
...kor 42 B2

Kakora 28 B3
Kakori 29 E5
Kakoshi 56 B1
Kakraban 66 D1
Kakrala (Rj) 24 A1
Kakrala (UP) 28 B3
Kakreji 55 G3
Kaksa 64 C2
Kaku 24 A4
Kakwan 28 D6
Kala 10 D6
Kala (River) 67 G5
Kala Afghanan 10 C4
Kala Amb 16 D2
Kaladan 67 G3
Kaladan (River) 67 G1-6
Kala Dera 25 F5
Kaladgi 89 G3
Kaladungi 18 A5
Kalagarh 17 G5
Kalagechhia 64 D5
Kalahandi Basin 75 F5
Kalai 50 C3
Kalaia 66 B4
Kalaigaon 35 E5
Kalain 52 B3
Kalait 16 B4
Kalakada 96 D3
Kalakankar 45 F2
Kalakkadu 102 D5
Kalakote 8 B6
Kalaksar 13 E3
Kalaktang 35 E3
Kalale 99 G2
Kalalia 41 F2
Kalam (Ma) 72 D4
Kalam (PAK) 8 A4
Kalamadi 89 G1
Kalamangalam 96 B6
Kalamati 63 F3
Kalamb 80 C2
Kalamnuri 72 B6
Kalamrida 66 A2
Kalan (AP) 83 F6
Kalan (Pu) 15 H2
Kalana 68 C1
Kalanaur (Ha) 16 C6
Kalanaur (Pu) 10 C4
Kalandri 40 C4
Kalang 35 F5
Kalangini 100 C4
Kalanpur (Rj) 40 C2
Kalanpur (UP) 28 D6
Kalanwali 15 H4
Kalanwali Rohi 15 G4-H4
Kalapahar 53 E2
Kalapara 66 A5
Kalapathar Patna 76 D4
Kalapatti 99 H4
Kalapettai 101 F2
Kala Pipal 58 D3
Kalapur 67 E4
Kalarmarchara 67 E5
Kalaroo 65 F3
Kalas 81 E4
Kalasa (AP) 91 G2
Kalasa (Ka) 94 D5
Kalasapadu 91 G6
Kalasapura 95 E5
Kalatope Wildlife Sanctuary
  12 A3
Kalaud 16 A6

Kalava 91 E5
Kalavad 55 F5
Kalavai 97 E6
Kalavi 103 H1
Kalayarkoil 103 F2
Kalchaundi 81 E6
Kalchini 33 H5
Kalda 44 D6
Kale (Ma) 80 D6
Kale (Ma) 88 C2
Kaledhon 81 E6
Kalegaon 81 H3
Kalghatgi 89 F6
Kalgi 82 C6
Kalgupur 82 C4
Kalhatti 89 G3
Kalhatti Falls 99 G3
Kalhel 12 A2
Kali 72 C5
Kali (River) 18 C4-B6
Kalia 65 H2
Kaliachak 49 H4
Kaliakain 51 E5
Kaliana (Gu) 55 E5
Kaliana (Ha) 25 G1
Kaliani 36 A5
Kalianpur 59 F1
Kaliaseri 98 D2
Kalibhit Hills 59 E6-F6
Kalichandbari 67 E1
Kalicho La 12 B2
Kalidaha 50 C1
Kali Gandaki 30 D3
Kaliganj (Dh) 51 F6
Kaliganj (Kh) 65 G2
Kaliganj (Kh) 65 G2
Kaliganj (Ra) 50 C1
Kaliganj (WB) 65 E1
Kaligiri 97 F1
Kalihati 50 D5
Kalikapur (Cht) 66 C2
Kalikapur (Jh) 64 A4
Kalikavu 99 F4
Kalikhola 34 A5
Kalikiri 96 D4
Kalimala 85 E4
Kalimpong 33 F4
Kalinadi 88 D5-6
Kalinagar 28 D1
Kalindri 49 H3
Kalingapatam 86 B3
Kalingia 76 B4
Kaling Konda 85 G5
Kalingupatti 103 E2
Kalinjar 44 C4
Kalinjara 57 F3
Kalipith 58 D1
Kali Pokahari 33 E4
Kalipur 67 E4
Kali Sindh 42 C4
Kalit 10 B2
Kaliveli Tank 101 F2
Kali West 17 E5
Kaliyaganj 50 A2
Kaljani 33 H5
Kalka 16 D1
Kalkadambur 100 A3
Kalkini 66 A2
Kallada River 102 B4
Kallagundi 95 F4
Kallakkurichchi 100 D3

Kallakudi 100 D5
Kallakuru 92 D2
Kallam 81 H3
Kallambella 95 H4
Kallar (JK) 10 B1
Kallar (Ke) 98 D1
Kallar (Ke) 102 C2
Kallar (River) 100 D4
Kallidaikurichi 102 D5
Kalligud 103 E2
Kallimandayam 100 B6
Kallupatti 103 E2
Kallur (AP) 84 B6
Kallur (Ka) 90 C3
Kalma 90 C3
Kalmakanda 51 F3
Kalmanda 42 C4
Kalmargu 83 G2
Kalmeshwar 73 E2
Kalmora 57 G4
Kalna 65 E2
Kalnai 62 B4
Kalni 51 G2-4
Kalnsar 24 A1
Kalol (Gu) 56 B3
Kalol (Gu) 56 D4
Kaloli 80 C6
Kalom 20 B6
Kalot 25 G2
Kalpa 13 F5
Kalpatti Island 98 A5
Kalpeni Island 98 C6
Kalpetta 99 F3
Kalpi 44 B2
Kalrayan Hills 100 D3
Kalri 24 B4
Kalsi 17 F2
Kalsubai 70 B6
Kalsubai Range 70 B6
Kalu 24 C2
Kalubhar 55 H6
Kalugumalai 102 D3
Kaluvaye 97 E2
Kalvan 70 C4
Kalwa 80 A1
Kalwakurti 91 F2
Kalwari 30 A6
Kalyan 80 C1
Kalyan (River) 29 F5
Kalyandrug 95 H1
Kalyani (Ka) 82 B5
Kalyani (WB) 65 E3
Kalyani (River) 28 D5
Kalyanpur (Bi) 31 F6
Kalyanpur (Gu) 54 C6
Kalyanpur (Ka) 94 A5
Kalyanpur (Tr) 51 H6
Kalyansingapuram 75 G6
Kama 41 E4
Kamadhia 55 G6
Kamaing 37 H6
Kamakhyanagar 76 D2
Kamalapuram (AP) 96 D1
Kamalapuram (Ka) 90 A5
Kamalganj (Sy) 51 H4
Kamalganj (UP) 28 C4
Kamalia 14 C1
Kamalnagar 82 C4
Kamalpur (As) 34 D5
Kamalpur (Bi) 49 F1
Kamalpur (Gu) 56 B5
Kamalpur (Tr) 51 H6

Kaman 26 B3
Kamanayakkanpalaiyam
  99 H5
Kamanjani 50 D2
Kamankol 89 F3
Kamanpur 83 H3
Kamar 8 B6
Kamareddi 83 E4
Kamarhati 65 E3
Kamarji 61 G1
Kamarkhal 51 G3
Kamarkhanda 50 D5
Kamarpukur 64 D3
Kamarpur 35 H3
Kamasin 45 E3
Kamavarapukota 92 D1
Kambadur 95 H2
Kambakkam Drug 97 F4
Kambalapalle 91 F4
Kambam 102 C2
Kambam Valley 102 C2
Kambeng 20 B6
Kambhampadu 92 C1
Kambi 81 G1
Kam Chu 19 F2
Kamdara 63 E3
Kameli 84 D2
Kameng 35 G1-3
Kameria 24 C4
Kamet 18 A1
Kamganka 34 A3
Kamku 37 F1
Kamla (Ar) 19 H6
Kamla (NEP) 31 H4
Kamlagarh 12 B5
Kamlapur (Ka) 82 B5
Kamlapur (UP) 29 E4
Kamoke 10 A4
Kamola 18 A5
Kampa 33 E1
Kampang 53 F4
Kampara 62 B5
Kampel 58 B4
Kampil 28 B3
Kampli 90 A5
Kamptee 73 F2
Kampur 35 F6
Kamrana 14 D6
Kamrej 69 H2
Kamru 13 F5
Kamsandra 96 C6
Kamta 88 B3
Kamtaul 31 H6
Kamtha 74 A1
Kamudi 103 F3
Kamvadi 81 F3
Kanadukatan 103 G1
Kanaganapalle 96 A2
Kanaka Hills 76 C3
Kanakamajalau 94 D6
Kanakammachattram 97 F5
Kanakanur 84 A3
Kanakapura 100 A1
Kanakatte 95 F4
Kanakgiri 90 A5
Kanak Sagar 42 B3
Kanalla 104 D6
Kanangla 88 D3
Kanar 58 B2
Kanar (River) 58 B5

Kanara 68 C2
Kanas (MP) 57 G5
Kanas (Or) 77 E5
Kanasan 39 H1
Kanasar 23 G4
Kanaudi 61 F2
Kanauj 41 G5
Kanayannur 102 A2
Kanchannagar 67 E3
Kanchanpur 52 A5
Kancharapara 65 E3
Kanchenjunga 33 E3
Kanchenjunga National Park
  33 E2
Kanchi 63 G3
Kanchikacherla 92 B2
Kanching 36 C4
Kanchipuram 97 F6
Kanda (Ut) 17 F1
Kanda (Ut) 17 H4
Kandaghat 16 D1
Kandahar 82 C2
Kandar (HP) 12 C6
Kandar (Ma) 84 B1
Kandarkhi 28 A1
Kandbara 76 D2
Kande 8 D4
Kandenmarai 82 D6
Kandgal 90 A4
Kandh 70 A1
Kandhkot 22 A2
Kandhla 16 D5
Kandhrapur 46 A1
Kandi (AP) 83 E5
Kandi (HP) 12 C5
Kandi (Ut) 17 G3
Kandi (WB) 49 H6
Kandiala 22 D4
Kandigaon 51 G4
Kandikere 95 G4
Kandili 100 C1
Kandkurti 82 D2
Kandla 55 E3
Kandleru 91 H3
Kandorna 68 B1
Kandra (Chh) 62 C2
Kandra (Jh) 63 H3
Kandri 74 A1
Kandukur 92 A5
Kandur 97 F5
Kanduru 96 D4
Kane Chak Nagrota 10 B2
Kanegiri 89 E6
Kanekallu 95 H1
Kanepalli 83 H2
Kanera 41 H2
Kanesan 41 H2
Kanethi 12 D6
Kangan 8 C5
Kanganpur 15 F1
Kangaon 73 E4
Kangayam 100 A5
Kanghmun 52 B6
Kanglatongbi 53 E2
Kanglung 34 D3
Kangpar 34 D3
Kangpokpi 53 E2
Kangra 12 B4
Kangra Valley 12 B4-C4
Kangri 34 A1
Kangsa 51 E2-F3
Kang Taung 33 H2

Kangti **82** D4
Kangto **19** F6
Kanha (Ma) **72** C6
Kanha (MP) **60** D5
Kanha National Park **79** F2
Kanhangod **98** C1
Kanhan **59** H6
Kanhan Valley **73** E1
Kanhar **46** B6
Kanhargaon **72** B5
Kanheri Caves **80** A1
Kanhor **15** F5
Kanhur **80** D2
Kanhwara **60** D1
Kanigiri **91** H5
Kanigiri Reservoir **97** F1
Kanij **56** C4
Kanika **62** C6
Kanina **25** H2
Kaniwara **60** B5
Kaniyambadi **97** E6
Kanjale **80** C5
Kanjalgi **89** F3
Kanjang **53** E1
Kanjangaon Ganpati **80** D3
Kanjarda **41** H5
Kanjarda Plateau **41** H5
Kanjed **84** B2
Kanjia **43** G6
Kanjirapalli **102** B2
Kankai **32** D5-6
Kankanwadi **89** F3
Kankapal **85** E2
Kankauli **88** C3
Kankawati **54** C3
Kanker **74** C4
Kanker Khera **17** E6
Kanki **49** H1
Kankipadu **92** C2
Kankroli **41** F4
Kanna **10** B6
Kannad **71** E5
Kannandahalli **100** C1
Kannapuram **84** D6
Kannauj **28** C5
Kannavam **99** E2
Kannod **58** D4
Kannoli **89** H2
Kannual **18** A3
Kannur (Cannanore) **98** D2
Kanod **23** E5
Kanodar **56** B1
Kanor **41** F6
Kanota **25** G5
Kanpati **35** F5
Kanpur (JK) **10** D3
Kanpur (Or) **76** C4
Kanpur (UP) **44** C1
Kanpura **41** H1
Kanpur Branch (Upper
   Ganges) **17** E5
Kansar (Or) **76** B1
Kansar (Rj) **15** F6
Kanseth **49** H4
Kansivni **72** B4
Kantabanji **75** F4
Kantai **48** B1
Kantamurno **99** E1
Kantanagar **50** A2
Kantaphor **58** C5
Kanta Plain **54** D3
Kanteli **61** F5

Kanth **17** G6
Kantha **29** E6
Kantharia **56** A5
Kanthkot **55** F2
Kanti **25** H2
Kantilo **76** C4
Kanun **57** H4
Kanuparti **92** B5
Kanur (Ka) **89** G1
Kanur (Ma) **82** D3
Kanva **95** H6
Kanwa **26** B6
Kanwarpalsar **24** C3
Kanwas **42** B5
Kanwat **25** F4
Kanyakumari (Cape Comorin)
   102 D6
Kaohni **61** H1
Kaonlesar **24** B4
Kaorakandi Ghat **66** A1
Kap (Ka) **94** C5
Kap (Ma) **72** D5
Kapadna **70** D3
Kapadvanj **56** D3
Kapasan **41** F5
Kapasia (Dh) **51** F5
Kapasia (Rj) **40** C5
Kaphra **18** B5
Kapilas **77** E3
Kapileswarapuram **92** C3
Kapilmum **65** G3
Kapkot **18** B3
Kappad Beach **99** E4
Kappa Konda **85** G4
Kappat Hills **89** G6
Kappil Beach **98** C1
Kapren **42** B3
Kaptai **67** F3
Kaptai Lake **67** E2
Kaptipada **77** F1
Kapur **90** B2
Kapuria **24** A5
Kapurisar **24** C1
Kapurthala **10** D6
Kara **45** F2
Karad **80** D6
Karadge **88** D2
Karadi **95** G5
Karadkhel **82** C3
Karadoho **69** H5
Kara Dongar **55** E1
Karagur **100** B1
Karahal **42** D3
Karaia **43** F2
Karaiahai **42** D5
Karaikal (Karikal) **101** F5
Karaikela **63** G4
Karaikkudi **103** G1
Karajgi (Ka) **94** D1
Karajgi (Ma) **81** H6
Karajgi (Ma) **89** G1
Karakat **46** D4
Karakoram Pass **9** F4
Karakoram Range **8** C3-D3
Karakthal **56** B3
Karala **33** F5
Karali **57** E5
Karamadai **99** H4
Karambad **82** C5
Karambakudi **101** E6
Karambar **8** B2
Karamnasa **46** C4

Karampa **81** H5
Karanchedu **92** B4
Karandighi **49** G2
Karangania **35** G3
Karanja (Ma) **72** B4
Karanja (Ma) **72** D2
Karanja (Ma) **80** A2
Karanja (River) **82** C5
Karanji (Ma) **73** E5
Karanji (Ma) **81** F2
Karanjia (MP) **61** E5
Karanjia (MP) **61** F4
Karanjia (Or) **63** H6
Karanjphan **88** C2
Karantela **76** C6
Karanwas **58** D2
Karapa **93** F1
Karapgaon **60** A4
Karar **46** B4
Karara **22** C6
Karari **45** F3
Kararkhera **43** G4
Karasgaon **72** C2
Karatoya **33** F6
Karauli **26** A6
Karavadi **92** A5
Karban **40** A5
Kar Basin **13** E1
Kar Bhosga **82** B6
Karbigwan **44** D1
Karcham **13** F5
Karchana **45** G3
Karcha Nor **8** D5
Karchung La **33** H1
Karde **80** B3
Karedu **92** A6
Karegaon **71** E6
Kareha **48** C1-D2
Kareli **60** A4
Kareli (River) **42** C1
Karempudi **91** H3
Karera (MP) **43** G3
Karera (Rj) **41** F3
Kargal **94** C2
Kargani **81** E6
Karghar **46** C4
Karghilik **9** E1
Kargil **8** D5
Kargyak **12** D1
Karhaia Khoh **59** E2
Karhal **28** A5
Karhati **80** D4
Kari **81** H4
Kariana **55** H6
Kariavattom **102** B5
Karikari **63** G3
Karimabad **8** C3
Karimangalam **100** C1
Karimganj (As) **52** B3
Karimganj (Dh) **51** F4
Karimnagar **83** G3
Karimpur **50** B6
Karimuddinpur **46** C2
Karivalamvandalur **102** D3
Karivemula **90** D5
Kariyapatti **103** E2
Karjan **56** D6
Karjat (Ma) **71** F6
Karjat (Ma) **80** B2
Karjat (Ma) **81** F3

Karka **85** E2
Karkal **94** C5
Karkamb **81** F5
Karkheli **82** D2
Karki **61** F1
Karko **20** C5
Karkoma **62** A5
Karla **80** B2
Karla Caves **80** B2
Karlaghati **75** H6
Karlapat **75** G6
Karlup **10** C2
Karmad **71** F6
Karmala **81** F3
Karmatanr **49** E6
Karmawas **40** C2
Karnal **73** H4
Karnala **80** B2
Karnaota **24** C4
Karnaphuli **67** E3-F1
Karnaprayag **17** H3
Karnapur **50** C1
Karnataka **95** E3
Karnesar **23** G3
Karnisar **24** A2
Karo **63** F3
Karon **49** E6
Karonda **43** G6
Karong **53** E2
Karora (PAK) **8** A4
Karora (UP) **26** C2
Karra **63** F3
Karrapur **59** H1
Karru **15** E6
Karsado **26** A5
Karsha **9** E6
Karsi **62** B2
Karsog **12** C6
Kartal **44** C4
Kartala **62** A5
Kartarpur **10** D5
Karu **9** F6
Karua **61** F6
Karuj **41** G4
Karukachal **102** B3
Karumattampatti **99** H4
Karumbakkam **97** G6
Karumbhar Island **54** D5
Karunagapalli **102** B4
Karunda **41** G6
Karungulam **102** D6
Karunguli **101** G1
Karunjhar Hills **39** G6
Karur (AP) **90** C6
Karur (Ka) **94** C3
Karur (TN) **100** B5
Karuru **90** B5
Karva **81** E6
Karvetnagar **97** E4
Karwa **61** F2
Karwandiya **46** D4
Karwapa **73** H5
Karwar (Ka) **94** A1
Karwar (MP) **57** G3
Karwar (Rj) **42** B3
Karwara **40** B4
Karwar Bay **94** A1
Karwi **45** E4
Kas **80** C5
Kasa **69** H5
Kasai **64** B3-C4

Kasal **88** C3
Kasalong **67** E1
Kasalong Forest Reserve
   67 E1
Kasambal **12** C4
Kasar **42** B4
Kasara **70** B6
Kasaragod **98** C1
Kasarda **88** C2
Kasare **70** C3
Kasari **58** A2
Kasar Sirsi **82** B5
Kasauli **16** D1
Kasba (Bi) **49** G1
Kasba (Cht) **51** G6
Kasba (Ka) **89** F3
Kasba Kamarda **64** C6
Kasba Narayangarh **64** C5
Kasba Pataspur **64** C5
Kasdol **75** E1
Kasegaon **88** D1
Kasel **10** B5
Kasganj **28** A3
Kashedi **80** B5
Kashiani **65** H2
Kashid Beach **80** A3
Kashinagar **86** C1
Kashipur (Or) **85** H1
Kashipur (Ut) **17** H5
Kashipur (WB) **64** A2
Kashmir **95** E3
Kashmor **22** B1
Kashti **81** E3
Kasia **30** D5
Kasimabad **46** C2
Kasinathpur **50** D6
Kasipet **83** H2
Kasmara **28** B5
Kasni **25** H1
Kasoda **71** F3
Kasol **12** D4
Kasom Khullon **53** E3
Kaspur **74** D4
Kasrawad **58** A6
Kasti **24** A6
Kasukanga **74** D5
Kasumpti **12** C6
Kasur **10** B6
Kasur Branch **10** C5
Kasur (Ka) **94** C1
Katahul **70** D1
Katak Chincholi **82** C5
Kataklik **9** F4
Katalbori **60** B6
Katamgia **76** A6
Katangi (MP) **60** B2
Katangi (MP) **73** G1
Katangur **91** G1
Katapuram **84** B4
Kata Purna **72** B3
Katarkhatav **81** E5
Katarki **89** H5
Katarmal **18** A4
Katarukonda **90** D5
Kataula **12** C5
Katea **30** D6
Katepalli **84** A1
Katghora **61** H5
Katha **16** D4
Kathalia (Ba) **66** A4
Kathalia (Tr) **66** C1
Kathana **16** C4
Kathani **73** H5

Kathauna Branch **43** H2
Kathgodam **18** A5
Kathi **70** C1
Kathia **43** H1
Kathiatali **35** F5
Kathiawar Peninsula
   (Saurashtra) **54** D5-E5
Kathlal **56** D4
Kathlaur **10** D3
Kathmandu **31** G3
Kathor **69** H2
Kathori **22** D5
Kathoti **24** C4
Kathua **10** D3
Kathuli **50** B6
Kathumar **26** A4
Kathu Nangal **10** C5
Kati **81** H4
Katiadi **51** F5
Katigara **52** B3
Katihar **49** G2
Katikund **49** G5
Katkamsari **48** B5
Katkol **89** F4
Katkut **58** B5
Katlichara **52** B4
Katni **60** D1
Katni (River) **60** D1
Katoda **41** H4
Katol (HP) **13** E6
Katol (Ma) **73** E2
Katosan **56** B2
Katpadi **97** E5
Katphal **81** E4
Katra (Bi) **48** C1
Katra (JK) **10** C1
Katra (MP) **45** F4
Katra (UP) **28** C2
Katra (UP) **29** H4
Katrain **12** C4
Katral **89** G1
Katrangia **76** A4
Katras **63** H1
Kattampatti **99** H5
Kattipuram **99** F5
Kattumavadi **103** H1
Kattuputhur **100** C5
Katur (Ka) **94** C1
Katur (Ma) **82** D2
Katuria **49** E4
Katwa **64** D1
Katwara **57** F4
Kauakol **48** D4
Kaubar **8** B5
Kauhi **74** C3
Kaukhali (Ba) **66** A3
Kaukhali (Cht) **67** E3
Kauktaung **53** H4
Kaukuntla **90** D2
Kaul **16** C4
Kaulas **82** D4
Kauli **16** C2
Kaundha **28** D4
Kaunghein **37** E6
Kauntel Plateau **58** A1
Kauria (MP) **60** D2
Kauria (Ra) **50** C1
Kauriala **29** F1
Kaurik **13** F4
Kauriram **30** C6
Kausambi **45** F3
Kausani **18** A4

...utalam **90** C4
...uthe **80** D2
...v **94** D6
...valandi **99** G2
...vali **92** A6
...valur **89** H5
...varapetai **97** G4
...varatti **98** B6
...varatti Island **98** B6
...vathe Mahankal **89** E1
...veripakkam **97** F6
...veripattinam **100** C1
...vital **90** B3
...viti **86** C1
...viyoor **102** B3
...vlapur **89** E1
...vutaram **92** D3
...wa **25** G5
...wai (PAK) **8** B5
...wai (Rj) **42** D5
...wal Wildlife Sanctuary **83** F1
...want **57** F6
...wardha **61** F6
...wi **56** C5
...wlkulli **52** C6
...wta **82** C2
...wya **53** G2
...yal **8** A4
...yale Durga **94** C3
...yalpattinam **103** E5
...yankulam **102** B3
...yankulam Lake **102** A3
...yar **73** F5
...yattar **102** D4
...ykuiyan **29** H3
...yundapadi **100** A4
...yyur **98** D1
...za **13** E3
...zipet **83** H4
...zipur **50** D4
...ziranga National Park **35** H4
...zir Char **66** B3
...zir Hat **66** D2
...ebang **20** C6
...eche La **34** A1
...edaripuram **86** A1
...edarnath **17** H1
...edarnath (Mount) **17** H1
...edarpur **60** C4
...edar Tal **17** H1
...edavur **99** E4
...edgaon **80** D3
...edua **75** G2
...egaon **75** F5
...eirul Lamijao National Park **53** E4
...eitumkawn **67** G1
...ekri **41** H2
...ekrima **53** E1
...eladi **94** C2
...elambakkam **97** G6
...elan Devi **42** D1
...elangkania **35** G3
...elasar **24** A1
...elgawan **43** H5
...elghar **80** C5
...elhari **61** G2
...elingon **21** F4
...elnor **39** G3
...elod **73** E2

Kelwa **41** E4
Kelwara (Rj) **41** E4
Kelwara (Rj) **42** D4
Kelwara (UP) **43** G5
Kelzar **73** G5
Kem **81** F4
Kembhavi **90** A2
Kemmanagundi **95** E4
Kempty **17** F2
Kemri **17** H6
Ken **44** C4-6
Kenchanan Hoskota **95** E6
Kenda (Chh) **61** G5
Kenda (WB) **64** A2
Kendai **62** A4
Kendgali **89** H2
Kendghata **49** F6
Kendrapara **77** F3
Kendrapara Canal **77** G4
Kendua **51** F4
Kendujhargarh **76** D1
Kendumundi **63** H6
Kengeri **96** A6
Kengklan **34** C3
Kennedy Peak **67** H1
Keokradang **67** F5
Keoladeo Ghana National Park **26** B5
Keolari **60** C5
Keonchi **61** G4
Keonjhar Plateau **76** D1
Keora **41** E6
Keoripur **45** H2
Keotan **59** F2
Ker **25** F3
Kera **54** D3
Kerala **102** C3
Kerang **33** F2
Kerap **24** D4
Kerar **61** F3
Kerawa **104** C4
Kerbana **60** A1
Keredari **63** F1
Keri **55** H6
Kerimeri **83** G1
Kerimgaon **21** E6
Keris **8** D4
Kerkalmatti **89** G3
Kerpani **60** A3
Kertasar **24** B3
Keru **23** E4
Kerur **89** G4
Kerwada **56** C6
Kesaibahal **62** D6
Kesaram **82** D5
Kesardesar **24** B3
Kesariya **31** F6
Keshabpur **65** G3
Keshannagar **77** E4
Keshiyari **64** C5
Keshli **59** H2
Keshod **68** B2
Keshorai Patan **42** B4
Keshpur **64** C4
Keshwan **10** D1
Kesinga **75** G4
Keskal **74** D5
Kesla **59** F5
Kesrawandih **48** B1
Kesturu **95** H6
Kesur **58** A4
Keswana **40** C3

Ketamma Paryatam **85** G4
Ketar **46** B5
Kethan **43** F6
Kethun **42** B4
Ketu Barabas **23** G6
Ketugram **64** D1
Kevati Kund **45** F5
Kevati Kund Falls **45** F5
Kevdi **70** B1
Kewzing **33** E4
Keylong **12** C3
Khabha **22** D5
Khabo **13** F4
Khachrod **57** H2
Khada **30** D4
Khadim Bazar **52** A3
Khadma **75** E3
Khadrala **12** D6
Khaga **45** E2
Khagaria **49** E2
Khagasari **55** H6
Khagaul **48** B2
Khagrachhari (Cht) **67** E2
Khagrachhari (Cht) **67** F3
Khair **26** C3
Khaira (Bi) **48** A2
Khaira (Bi) **48** D4
Khaira (Chh) **74** B1
Khaira (MP) **61** F3
Khaira (Or) **77** F1
Khairabad (Rj) **42** B5
Khairabad (Ut) **29** E4
Khairagarh (Chh) **74** B2
Khairagarh (UP) **26** C5
Khaira Tela **30** D5
Khaireni **30** D2
Khairi **10** C3
Khairla **40** D2
Khairlanji **73** H1
Khaitong **21** G6
Khajiar **12** A3
Khajipeta **96** D1
Khajiripada **86** B1
Khajuha **44** D2
Khajuraho **47** F2
Khajurdihi **63** E6
Khajurgaon **45** E2
Khajurhat **29** H6
Khajuri (Jh) **48** D5
Khajuri (Ka) **82** A5
Khajuri (NEP) **32** A5
Khajuri (UP) **46** C2
Khajuri (WB) **64** D5
Khajuria **40** D6
Khajwana **24** B5
Khakarti **25** E5
Khaki Hat **77** G2
Khakurdi **70** D4
Khal **14** D6
Khalapur **80** B2
Khalari **75** F2
Khalem **10** D1
Khalghat **58** A6
Khaliajuri **51** G4
Khaliakani **75** F5
Khalilabad **30** B5
Khaling **34** D3
Khaling Wildlife Sanctuary **35** E4
Khallar **72** B3
Khallikot **76** C6
Khalra **10** B6

Khalsar **9** F5
Khalsi **9** E5
Khaltar **8** B3
Khalwa **72** A1
Khalyabari **52** A5
Kham **40** D5
Khamar (Chh) **62** B5
Khamar (Or) **76** C2
Khamaria (Chh) **74** C1
Khamaria (MP) **61** E3
Khamaria Pul **28** C1
Khamarpani **73** F1
Khamar Pat **63** E2
Khamaswari **81** H3
Khamba **69** E2
Khambhaliya **54** D5
Khambhodar **54** D6
Khamera **57** G2
Khamgaon **71** H3
Khamharia **75** E3
Khamla **72** C2
Khammam **84** A6
Khammam Plateau **92** A1-B1
Khampar **30** D6
Khampat **53** F5
Khamtalai **73** H2
Khamti **37** E5
Khana **64** D2
Khanabal **8** C6
Khanag **12** D5
Khanakul **64** D3
Khanal **10** D3
Khanapur (AP) **83** F2
Khanapur (Ka) **89** E5
Khanapur (Ka) **90** B2
Khanapur (Ma) **72** B6
Khanapur (Ma) **81** E6
Khanapur (Ma) **82** D3
Khanaut **28** C2
Khandaghosh **64** D2
Khandagiri **77** E4
Khandagiri Caves **77** E4
Khandapara **65** H2
Khandauh **26** C4
Khandela (Rj) **25** F4
Khandela (Rj) **42** D4
Khandera **55** F5
Khanderi Island **80** A3
Khandhar **42** C2
Khandpara **76** D1
Khandsara **61** F6
Khandu **57** G2
Khandud **8** A2
Khandwa **71** H1
Khanewal **14** A2
Khang La **33** E3
Khangta **24** B6
Khaniadhana **43** G4
Khanjar **12** C2
Khankar **43** F3
Khankhal **17** F4
Khanna (Pu) **16** B2
Khanna (UP) **44** C3
Khanpur (PAK) **22** D1
Khanpur (Rj) **42** C5

Khanpur (UP) **26** C1
Khansahibpuram **102** D2
Khansama **50** B1
Khanta **49** H1
Khantapara **77** G1
Khanua **26** B5
Khanuan **44** A2
Khanum Gompa **13** F5
Khanwah Branch **14** C2
Khapa (Ma) **73** F2
Khapa (MP) **59** F5
Khapa (MP) **60** A5
Khapalu **8** D4
Khapari **59** E5
Khaptad National Park **18** D5
Khara (PAK) **15** G2
Khara (Rj) **23** G5
Kharagdiha **48** D5
Kharagpur (Bi) **49** E3
Kharagpur (WB) **64** C4
Kharai (MP) **43** F4
Kharai (MP) **61** F2
Kharai Kotbar **64** C3
Kharak **16** B6
Kharokvasla **80** C3
Kharakvasla Lake **80** C3
Kharangna **73** E3
Kharar (Pu) **16** C1
Kharar (UP) **46** A6
Kharar (WB) **64** D3
Kharari **43** G3
Kharauda **42** A6
Kharba (Gu) **55** E5
Kharba (Or) **76** D1
Kharba (WB) **49** H2
Kharbara **14** D6
Kharchi **41** E2
Kharchia **55** F4
Kharchung La **34** C1
Kharda (Ma) **72** D4
Kharda (Ma) **81** G3
Khardi (Ma) **70** A6
Khardi (Ma) **81** F5
Khardi (Rj) **41** E2
Khardung **9** F5
Kharela **44** B3
Kharepatan **88** C2
Khareri **55** F6
Khargon **71** F1
Khargram **49** H6
Khargurpur **29** H4
Khari (MP) **58** C3
Khari (Rj) **24** A6
Khari (River) **26** C5
Kharia (Gu) **68** C1
Kharia (Rj) **23** H3
Kharian **10** A2
Khariar **75** F4
Khariar Road **75** E3
Kharibari **33** E5
Kharibje **33** F5
Kharipur **42** A4
Khari Robar **55** E3
Khariyan **15** G4
Kharka **82** C3
Kharkai **63** H4
Kharkari **24** D6
Kharkhauda (Ha) **16** D6
Kharkhauda (UP) **17** E6
Kharlchara **74** B3
Kharmang **8** D4
Kharmauza **34** B6

Kharola **82** B3
Kharora **74** D2
Kharra **40** B1
Kharrasole **64** C1
Kharsia **62** B6
Kharsod **58** A3
Kharsua **77** E2
Kharsumdi **81** E6
Khar Talegaon **72** C3
Kharun **74** D1-C2
Kharupatia **35** F3
Kharwa **41** G1
Kharwandi **81** G2
Kharyal **15** G5
Khasadrapchhu **33** H3
Khaser Hat **66** C3
Khasi Hills **51** G2-H1
Khasnar **71** H2
Khat **73** G2
Khatai **45** H5
Khatali **57** G5
Khatan **14** D4
Khatao **80** D5
Khatauli (MP) **61** E2
Khatauli (UP) **17** E5
Khataura **43** F4
Khategaon **58** D5
Khatgarh **42** B3
Khathu **24** C5
Khati **18** B3
Khatia **60** D5
Khatima **18** B6
Khatling Glacier **17** H1
Khatoli (Rj) **42** B2
Khatoli (Rj) **42** C3
Khatora **73** F4
Khatra **64** B3
Khatu **25** F4
Khavda **54** D1
Khawad **56** B3
Khawasa **73** G1
Khawbung **67** G1
Khawhai **67** G1
Khawthlir **52** C6
Khebuching **52** D3
Khed (Ma) **80** B5
Khed (Ma) **80** C2
Khed (Ma) **80** C4
Kheda **56** C4
Khedapada **57** F3
Khed Brahma **56** D1
Khede **70** D3
Khedoi **55** E3
Kheduli **24** C6
Khejarla **41** E1
Khejra **24** D1
Khejuri **64** A6
Khejuripara **76** B4
Khekra **16** D6
Khela **18** C3
Khelma **52** C1
Khemat **40** B5
Khengyoi **53** E5
Kheni Karan **10** B6
Khentar **8** B6
Khera (Rj) **24** B1
Khera (Rj) **41** F2
Khera (Rj) **41** F3
Khera (Rj) **57** E1
Khera Jagispur **28** C5
Kherala **40** A6

Kherali **55** H4
Kheralu **56** C1
Kherapa **24** A6
Kherapara **51** E2
Kherda **72** B4
Kherewa **35** G2
Khergam **70** A4
Kheri (MP) **58** D4
Kheri (MP) **59** F6
Kheri (UP) **29** E3
Kheri (River) **54** C2
Kherkutia **36** B3
Kherli **59** G6
Kherna **63** H5
Kheroda **41** F5
Khertri Hills **25** F2
Kherwan **57** G5
Kherwara **57** E1
Khetia **70** D1
Khetlal **50** B3
Khetolasi **23** F5
Khetri (As) **35** E6
Khetri (Rj) **25** F3
Khichan **23** G5
Khiching **63** H6
Khichiwara Plateau **43** E5
Khidirpur **66** B1
Khidora **43** F1
Khijadia **55** G6
Khijariya **55** F5
Khilchipur **58** C1
Khimlasa **43** G6
Khimsar (Rj) **24** B5
Khimsar (Rj) **40** A1
Khinda **76** A1
Khindasar **23** H4
Khinia **42** A3
Khinwara **41** E3
Khinyan **22** D4
Khipro **38** D2
Khiraitangri **63** G6
Khirasra **55** F5
Khirhar **31** H6
Khiri **45** G4
Khirpai **64** C3
Khizrabad (Ha) **17** E3
Khizrabad (Pu) **16** C1
Khizr Sarai **48** B4
Khod **40** D3
Khoda **40** A6
Khodade **80** B6
Khodala **70** A6
Khodri **61** G4
Khodu **55** H4
Khoh **17** G4-5
Khohir **62** A2
Khoirabari **35** E5
Khojachora **54** D3
Khokara **58** D2
Khokarmoho **81** G2
Khokhri **55** G6
Khoksa **50** C6
Khoksar **12** D3
Khol **25** H2
Kholapur **72** C3
Khoma Chhu **34** C2
Khombhadi **54** C2
Khondama Hills **76** A4
Khondar **45** G4
Khonsa **37** E3
Khopa **62** A3
Khopoli **80** B2

Khorana **55** G5
Khorbani **10** B1
Khormul **62** A2
Khosalpur **50** A2
Khot **16** B5
Khotal **81** H1
Khowai **51** H5
Khowai (River) **51** H5
Khowang **36** C2
Khru **35** H1
Khubban **15** F3
Khudabad **8** C2
Khudaganj (UP) **28** C2
Khudaganj (UP) **28** C5
Khudiala **23** H6
Khudian **15** F1
Khuhian **15** G4
Khuiala **22** C4
Khujner **58** C2
Khuldabad **71** E5
Khuldana **22** D5
Khulna **65** H3
Khulna (Division) **65** G3
Khulri **59** H4
Khumbi **53** E4
Khumbu **32** B2
Khundala **40** A3
Khundaur **45** G1
Khundian **12** B4
Khunjerab **8** D2
Khunjerab National Park
8 D2
Khunjerab Pass **8** D2
Khuntaora **69** E2
Khunti **63** F3
Khuntpani **63** G4
Khur **25** E4
Khurai **59** G1
Khurampura **58** A6
Khurasa **29** H5
Khurda **76** D4
Khurel **58** B4
Khuri (Rj) **22** D6
Khuri (Rj) **24** C5
Khuri (Rj) **24** D3
Khuria (Chh) **61** F5
Khuria (UP) **30** C4
Khurja **26** C2
Khurje Lhakhang **34** B2
Khushbhadra **77** E5
Khutar **28** D2
Khutauna **32** A6
Khutgaon **63** F5
Khutumsang **31** G2
Khuzami **36** C6
Khwazakhela **8** A4
Khyber **8** C2
Kiadho **72** B6-C6
Kibbanshalli **95** G5
Kibber **13** E3
Kibber Wildlife Sanctuary
13 E3
Kichanapalle **84** B5
Kichha **18** A6
Kidarkanta **17** F1
Kidianagru **55** G2
Ki Gompa **13** E3
Kihunian **45** E4
Kikkeri **95** F6
Kila **58** D1
Kilakkarai **103** G3
Kilakkottara **99** G6

Kilarni **82** A4
Kilchen **97** F5
Kileshwar **54** D6
Kilik **8** C2
Kilik Pass **8** C2
Kilimannur **102** B4
Kiliyanur **101** F2
Killar **12** A2
Killarbagh **52** B4
Kiloi **16** C6
Kilor **12** A2
Kiltan Island **98** B4
Kimin **36** A2
Kimos **104** C3
Kinana **16** C5
Kinarsani **84** C5
Kinchamanda **85** G4
Kindang Taung **37** F2
Kingaon **82** B3
Kingaon Jatu **71** H5
Kingaon Raja **71** H5
Kinhalu **89** H5
Kinhi **82** B5
Kinlivli **80** B1
Kinnaur **13** F5
Kinnaur Desh **13** F6-G6
Kinnaur Kailash **13** F5
Kinol **22** D5
Kinwat **72** D6
Kiohhu (Gola) **18** A5-6
Kirakat **46** A3
Kirandul **84** D3
Kiranur (TN) **100** D6
Kiranur (TN) **101** E3
Kiraoli **26** C5
Kiratpur (Pu) **12** B6
Kiratpur (UP) **17** F5
Kirba **75** H1
Kirhan **15** H5
Kirjhrapur **46** C1
Kirkee **80** C3
Kirloskarvadi **88** D1
Kirmara **16** A5
Kirnahar **64** D1
Kirnapur **74** A1
Kirthar National Park **38** A2
Kirvatti **89** E6
Kishanganga **8** C5
Kishanganj (Bi) **49** H1
Kishanganj (Rj) **42** C4
Kishanganj (UP) **49** F2
Kishangarh (MP) **44** B6
Kishangarh (Rj) **22** C3
Kishangarh (Rj) **25** E6
Kishangarh (Rj) **25** F5
Kishangarh (Rj) **25** H3
Kishanpur (Bi) **32** B6
Kishanpur (UP) **45** E3
Kishanpur **15** H1
Kishanpur Baral **16** D5
Kishni **28** B5
Kishoreganj (Dh) **51** F4
Kishoreganj (Ra) **50** B1
Kishtwar **12** A1
Kisinda **76** B2
Kisko **63** E2
Kisli **60** D5
Kistaram (AP) **84** B5
Kistaram (Chh) **84** C4
Kistha **90** C3
Kisumpet **91** E1
Kitagha **36** B6

Kitari **73** G3
Kithor **17** F6
Kittur **89** E5
Kiul **48** D3
Kivarli **40** C5
Kliehriat **52** B2
Knari **23** H3
Knedaseri **15** F5
Koaria **41** F4
Koath **46** D3
Kobo **36** D1
Kobragarh **73** H4
Kabur **82** D1
Koch **48** A4
Kochadhamin **32** D6
Kochas **46** C3
Kochedegal **62** D4
Kochi (Cochin) **102** A2
Kochugaon **34** A5
Kod **94** D2
Kodachadri **94** C3
Kodad **92** A1
Kodae **54** D3
Kodaganur **95** F2
Kodaikanal **102** D1
Kodai Road Train Station
103 E1
Kodala **76** C6
Kodanad **99** H3
Kodangauk **78** C2
Kodapakha **74** B5
Kodari **31** H2
Kodarma **48** C5
Kodavaluru **97** G1
Kodavanar **100** B5
Kodayar Lake **102** C5
Koddekal **90** A3
Kodenar **88** C3
Kodinga **85** F1
Kodiyeri **98** D3
Kodli **82** C6
Kodlipet **95** E6
Kodmial **83** F3
Kodogo **75** H4
Kodoli **88** D1
Kodram **56** C1
Kodsanar **84** D1
Kodumud **100** B4
Kodumuru **90** D4
Kodungallur (Cranganore)
102 A1
Kodunigud **74** C5
Koduru (AP) **85** H4
Koduru (AP) **92** C4
Koduru (AP) **97** E3
Koduru (AP) **97** G2
Kodwa **74** C1
Koelibeda **74** B5
Koelwar **48** A2
Kohala **8** B5
Kohalpur **29** G2
Kohima **53** E1
Kohina **24** D1
Kahir **82** D5

Kohnia **44** A3
Kohora **35** H4
Koilkonda **90** D2
Koilkuntla **91** E6
Koira **63** F6
Kojala **10** D5
Kokarjaola **82** A1
Kokarnag **8** C6
Kokavada **85** E3
Kokesra **88** C2
Kokilamukh **36** B4
Kokkanti **96** C3
Kokrajhar **34** B5
Kokri **15** H1
Koksara **75** F2
Kolab **85** F2
Kolabira **62** D6
Kolad **80** B3
Koladit **71** G1
Kolaghat **64** D3
Kolahoi **8** C5
Kolahoi Glacier **8** C5
Kolakaluru **92** B3
K'o-la-k'o-shih Ho **9** F2
Kolambi **72** D5
Kolanpak **83** G5
Kolar (HP) **17** E2
Kolar (Ka) **96** C5
Kolar (River) **59** C4
Kolaras **43** F4
Kolar Gold Fields **96** C5
Kolari **26** C5
Kolarue **104** C4
Kolattupuzha **102** C4
Kolayat **23** H3
Kolebira **63** E4
Kolgaon (Ma) **70** C6
Kolgaon (Ma) **81** E2
Kolhan Upland **63** G5-H5
Kolhapur (AP) **91** E3
Kolhapur (Ma) **88** D2
Kolhar (Ka) **89** G3
Kolhar (Ma) **70** D6
Kolimigundla **91** E6
Kolinjivadi **100** A5
Kolithar **55** F6
Kolkata (Calcutta) **118**
Kolki **55** E6
Kollaimalai Hills **100** C4
Kollam (Quilon) **102** B4
Kollangud **99** G6
Kollar **94** C3
Kolluru **92** C3
Kollattur **99** F5
Kollegal **99** H2
Kolleru Lake **92** D2
Kollur **94** C3
Kolluru **92** C3
Kolosib **52** B5
Kolshi **80** A4
Kolu (Rj) **23** G5
Kolu (Rj) **40** A2
Koluahi **31** H6
Kolukheri **42** D6
Kolur **74** D5
Kolvan **80** C3
Kolwihir **72** C2
Komarola **91** G5
Komatlapeta **86** A1
Komattiyur **96** D6
Kombong **20** C6

Komha **75** F4
Komila **8** A4
Kommamur **92** B4
Kommi **92** A6
Komordungi **63** H5
Kon **46** B5
Konada **86** A4
Konakanametla **91** H4
Konakkarai **99** H4
Konapeta **96** D2
Konar **48** C6
Konark **76** F6
Konar Reservoir **48** C6
Konch **44** A2
Kond (Ma) **80** C6
Kond (MP) **82** A4
Kondagaon **74** C5
Kondakamburu **85** F4
Kondakarla **85** H5
Kondakomarla **96** B3
Kondalwadi **82** D2
Kondanar **84** D1
Kondapalle **92** B2
Kondapi **92** A5
Kondapuram **96** C1
Kondavidu **92** B2
Kondhali **73** E2
Kondotti **99** E4
Kundrupole **91** H2
Kondul Island **104** D6
Kongad **99** G5
Kongadak **100** A3
Kongnoli **88** D2
Kongnyu **36** C4
Kongpo Gyamda **19** G2
Kongtal **53** E5
Koni **102** B3
Konka **60** B6
Konkan Coast **80** A4, **88** A3
Konkan Hills **80** B5
Konnur (Ka) **89** E3
Konnur (Ka) **89** H2
Konrra **62** D4
Konta **84** D5
Kopaganj **46** B2
Kopargaon **70** D5
Koparia **49** E2
Koparti **70** D2
Kopela **84** B2
Kopili **35** G6
Kopol **91** G1
Koppa (Ka) **94** D4
Koppa (Ka) **95** H6
Koppal **89** H5
Kopra **60** A2
Kora (Bi) **49** G2
Kora (Ma) **73** F4
Kora (UP) **44** D1
Koradgaon **81** F1
Korai **77** F2
Korandh **82** C1
Korangal **90** D1
Koraput **85** G2
Koratagere **95** H4
Koratgi **90** B5
Koratla **83** F2
Korba **62** A5
Korba Basin **61** H5
Korbo **20** C3
Korda **55** H1

egaon 80 D5
halli 89 H1
i La 34 C3
ila 34 C5
iras 84 D3
iyamangalam 100 D1
kop 89 F4
la 90 C1
lai Fort 80 A3
sna 40 C1
ondi 74 D6
rosavada 86 B2
roth 99 E3
rti 81 F3
ttalaiyar 97 F5
rukollu 92 D2
rukonda 85 E4
rwai 59 F1
rwar 89 H2
rwatanr 48 D4
rzok 13 F2
sa 54 B2
samba 69 H2
sana 41 E1
sapuram 96 D3
sdani 72 C5
sdol 62 B6
sgi (AP) 90 C4
sgi (AP) 90 D1
shi Tappu Wildlife Reserve 32 B5
si (UP) 26 B3
sli (Ut) 18 A4
si (Division) 32 C4
si (River) (Bi) 32 C5
si (River) (UP) 17 H5-6
si Barrage 32 B6
ssithal 41 F3
sli 25 H2
ssri 82 B1
ot (Ha) 26 B3
ot (JK) 10 B2
ot (Rj) 41 E3
ota (AP) 97 G3
ota (Chh) 61 G5
ota (MP) 43 E4
ota (Rj) 42 B4
ota (UP) 46 B5
ota Bagh 18 A5
otabommali 86 B3
otada (Gu) 40 A6
otada (Gu) 69 F2
otada (MP) 58 D2
otadi 54 C3
otagad 75 H5
otagaon 80 D3
otagiri 99 G3
otakunda 90 D2
otalgi 89 F1
otali Para 65 H2
otalpur 64 C3
otampuzha 102 B1
otananduru 85 G6
otapad 85 F1
otapadu 85 G4
otapeta 93 E2
otarlis 62 B6
otatattu 94 C4
ota Uratla 85 G5
otayam 98 D3
ot Bainka 8 C6

Kot Banhtu 15 G3
Kot Bhai 15 G3
Kotchandpur 65 F2
Kotda Nayani 55 G4
Kotda Sangani 55 G6
Kotdwar 17 G4
Kotepalli 82 D6
Koterki 90 C1
Koteshwar 54 B1
Kot Fateh 15 H3
Kot Fatuhi 12 A6
Kotgal 74 A4
Kotgir 82 D3
Koth 56 B4
Kotha Guru 15 H2
Kothakota 90 D3
Kothala 82 A1
Kothamangalam 102 B1
Kothandaraswamy 103 H3
Kothapet 83 H1
Kothar 70 A5
Kothara 54 C3
Kothari 73 G6
Kothari (River) 41 G3
Kotharia 55 G5
Kothi (Bi) 48 A5
Kothi (Chh) 61 G3
Kothi (Ma) 74 A6
Kothi (MP) 44 D5
Kothian 41 G2
Kothili 30 A5
Kotipalle 93 F2
Kotka 65 H5
Kot Kapura 15 G2
Kot Khai 12 D6
Kotla (De) 26 A1
Kotla (HP) 12 A3
Kotla (PAK) 8 A6
Kotla (PAK) 10 A2
Kotla Branch 16 A2-3
Kotli 8 B6
Kotli Loharan 10 B3
Kotli Surat Malli 10 C4
Kotlsa Khan 15 H1
Kot Putli 25 G3
Kot Qasim 25 H3
Kotra (Chh) 62 B6
Kotra (MP) 60 A4
Kotra (Rj) 40 D6
Kotra (Rj) 41 E5
Kotra (Rj) 41 F2
Kotra (UP) 44 A2
Kot Radha Kishan 10 A6
Kotra Pitha 55 G6
Kotri (MP) 58 D2
Kotri (MP) 58 D3
Kotri (Rj) 22 D6
Kotri (Rj) 41 H3
Kotri (Rj) 42 C2
Kotri (River) 74 B6
Kotsamlai 76 A2
Kot Sarthara 43 F1
Kottagudem (AP) 84 B4
Kottagudem (AP) 84 C5
Kottagudi 102 C1
Kottai Malai 102 B2
Kottaippattanam 103 H1
Kottaiyur 103 G1
Kottakkal 99 E5
Kottakota (AP) 85 G5
Kottakota (AP) 96 C4
Kottamangalam 99 H3

Kottampatti 103 F1
Kottancherry Forest 98 D1
Kottapalli 83 G3
Kottapatnam 97 G2
Kottapeta 96 D3
Kottappatti 100 D2
Kottarakara 102 B4
Kottatti 99 G1
Kottavalasa 85 H4
Kottayam 102 B2
Kottuchery 101 F5
Kottur 95 F1
Kotturu (AP) 86 B2
Kotturu (Chh) 84 B3
Kotul 80 C1
Kotwa 45 F4
Koubru 53 E2
Kouni 61 G4
Kovalam 102 C5
Kovalam (Covelong) 97 G6
Kovattur 101 G1
Kovillur 102 C5
Kovilpatti 103 E3
Kovilur 100 B6
Kovur 97 G2
Kovvur 93 E1
Kovvur Plains 92 D1
Kowar 48 D6
Kowdhalli 100 A2
Kowitta Buzurg 82 C4
Kowle Chagmaqtin 8 B1
Koyna 80 B3
Koyna Reservoir 80 C5
Koyra 65 G4
Koyyalgudem 92 D1
Koyyuru 85 F5
Kozhikode (Calicut) 99 E4
Krash Nal 8 D6
Kriebnapatnam 97 G2
Krishna 88 D1, 91 F3-H2
Krishna Delta 92 C3
Krishnadevipeta 85 F5
Krishna Gandaki 30 C2
Krishnagiri 65 F2
Krishnagiri (AP) 90 D5
Krishnagiri (TN) 100 C1
Krishnai 84 B6
Krishnai (River) 51 E1
Krishnanagar 65 E2
Krishnapur 50 A5
Krishnapuram Palace Museum 102 B3
Krishnarajanagara 99 F1
Krishnaraja Sagar 99 G1
Krishnarajpet 95 G6
Krishnarajpur 96 B5
Krishnarayapuram 100 C5
Krishna Valley 90 D3
Krishnur 82 C2
Krosuru 92 A2
Ksehkma Bazar 52 A1
Kseh Kynthang 52 A1
KSF Checkpost 8 C2
Kuakata 66 A5
Kuakhera 42 A5
Kuakonda 84 D3
Kuamara 64 B6
Kuanar 76 D1
Kuari Pass 18 A2
Kuarpur 61 F2
Kuarsi 12 B3
Kuba 68 D2

Kuchai 63 G3
Kuchai Kot 31 E6
Kuchaman 25 E5
Kuchaur 25 E4
Kuchchri 22 C5
Kuchera 24 C5
Kuchesar 26 C1
Kuchi 89 E1
Kuchinda 62 D6
Kuchipudi 92 C3
Kuchrod 57 H1
Kud 10 D1
Kuda (Gu) 55 H3
Kuda (Ma) 80 B4
Kudal 88 C3
Kudalia 39 H5
Kudaliar 83 F4
Kudan 70 A6
Kudarkot 28 B6
Kudavasai 101 F5
Kudchi 89 E2
Kuderu 96 A1
Kudibali 75 H4
Kudini 90 B6
Kudpura 60 A2
Kudra 46 C4
Kudremukh 94 D5
Kudremukh (Mount) 94 D5
Kudsu 24 A4
Kudumulagumma 85 F3
Kuduru 95 H5
Kuenga Rabtan 34 B3
Kufri 12 D6
Kugarang 9 G5
Kugti 12 B3
Kugti La 12 C3
Kuhi 73 F3
Kuhuri 76 D5
Kuiri 53 F2
Kujang 77 F4
Kukadgaon 81 G3
Kukana 81 F1
Kukanar 85 E3
Kukarmunda 70 C1
Kukdeshwar 41 H6
Kukiehara 52 B4
Kukma 54 D3
Kuknur 89 H5
Kuknurpalli 83 F5
Kukra 28 D2
Kukrai Plateau 60 B6-C6
Kukri Ser 12 C4
Kukshi 57 G5
Kul 42 D4
Kulaisila 64 A5
Kulang 12 C3
Kularan 16 B3
Kulasekarapatinam 103 E5
Kulasgaram 102 C5
Kulattur (TN) 100 D5
Kulattur (TN) 103 E4
Kulaura 52 A4
Kulgam 8 C6
Kulgeri 89 G4
Kulha Gangri 34 B1
Kulhar 59 F1
Kuliana 64 A5
Kuliarchar 51 F5
Kulik 49 H2
Kulittalai 100 C5

Kulkulapalli 91 F1
Kullanchavadi 101 F3
Kullu 12 C4
Kullu Valley 12 C4
Kulong Chhu 34 D2
Kulong Chuu Wildlife Sanctuary 34 D2
Kulpahar 44 B3
Kulpi 65 E5
Kulrian 16 A4
Kulsi 34 D6
Kultali 65 F5
Kulti 64 B1
Kum 16 B1
Kumadvati 94 D2
Kumai 33 F4
Kumana 24 B1
Kumaon 18 A3-B3
Kumarakom 102 A2
Kumarakom Bird Sanctuary 102 A2
Kumaralingam 100 A6
Kumar Bazidpur 48 C2
Kumarganj 50 B2
Kumarghat 52 A5
Kumargram 34 A5
Kumari 49 G2
Kumarkad 49 F1
Kumarkhali 50 C6
Kumarmunda 63 E5
Kumbakonam 101 E5
Kumbalgod 96 A6
Kumbasar 15 E6
Kumbhagiri 97 E1
Kumbhalgarh 41 E4
Kumbhari 81 H5
Kumbhariputtu 85 H2
Kumbharvada 88 D6
Kumbhikota 85 H1
Kumbhir 52 C3
Kumbhraj 42 D6
Kumbh 94 C6
Kumerhin 61 G2
Kumguri 34 C5
Kumha 61 E4
Kumhari 60 B1
Kumhari Tank 74 D1
Kumharsain 12 D6
Kumher 26 B4
Kumily 102 C2
Kumira 66 D3
Kummatgi 89 H2
Kumong Taung 37 H4-5
Kumrikhata 34 D4
Kumsi 94 D3
Kumta (As) 94 B2
Kumta (Ma) 80 D5
Kun 8 D6
Kunaipur 65 H1
Kunamanur 90 D2
Kunamkulam 99 F5
Kunar 50 B6
Kunathunadu 99 G6
Kunavaram 84 D5
Kund 10 C1
Kunda (As) 34 C5
Kunda (Chh) 61 F6
Kunda (MP) 60 A6
Kunda (UP) 45 F2
Kundagram 50 C4
Kundahit 49 F6

Kundai 74 D5
Kundali 60 A4
Kundalika 80 B3
Kundam 60 D3
Kundanganj 45 E1
Kundanpur 57 G4
Kundapura 94 C4
Kundara 102 B4
Kundaria 28 B3
Kundauli 46 C1
Kund Bara 12 B2
Kunderu 91 E6-F6
Kundgol 89 F5
Kundi 71 F1
Kundolu 12 A2
Kundora 85 F2
Kundukur 96 C3
Kundur 95 E6
Kundurgaon 84 D1
Kundurpi 95 H2
Kung Phu 33 G2
Kungri Gompa 13 E4
Kuni 73 E6
Kuniamuttur 99 H5
Kunigal 95 H5
Kunjah 10 A3
Kunjara 62 C5
Kunjer 42 C5
Kunjpura 16 D4
Kunkavay 68 D1
Kunkheri 72 B1
Kunkuri (Chh) 62 B3
Kunkuri (Chh) 62 C4
Kunlun Shan 9 G2-3
Kunnamangalam 99 E4
Kunnandarkoil 100 D6
Kunnathur 102 B4
Kunnattur (TN) 100 A4
Kunnattur (TN) 100 C1
Kunria (Gu) 54 D2
Kunria (Gu) 55 E1
Kunu 43 E2-4
Kunu Valley 43 E3
Kunwar 45 E2
Kunwari 28 A6-B6
Kunwar Kotri 58 D2
Kunzandrok 34 B2
Kunzum La 12 D3
Kupaluvar 101 E4
Kupat 72 C4
Kuppagadde 94 D2
Kuppagallu 90 C4
Kuppam (AP) 96 C6
Kuppam (AP) 96 D5
Kuppam (River) 98 D2
Kupup 33 F3
Kurabalakota 96 C4
Kurabar 41 F6
Kuraitha 49 G2
Kural 56 C6
Kurali 16 C1
Kuram 72 C3
Kurandvad 89 E2
Kuran Sarai 46 D3
Kuraon 45 G4
Kurara 44 C2
Kurasia 61 H3
Kurauli 28 A4
Kurawar 58 D2
Kurchhola 17 H2
Kurchi (Ka) 99 E2

Kurchi (Rj) 24 A5
Kurdeg 62 D4
Kurdi 90 C3
Kurduvadi 81 G4
Kurebhar 45 G1
Kurgaon 42 D1
Kurha 72 D3
Kurhani 48 B1
Kuregaon 70 B6
Kuria (Ma) 82 C3
Kuria (PAK) 8 A5
Kurichchi 100 B3
Kurichedu 91 H4
Kuri Chhu 34 C2-3
Kurichi 99 H5
Kurigram 50 C1
Kurinjippadi 101 F3
Kurintar 31 E2
Kurkhera 73 H4
Kurki 41 F1
Kurkumb 81 E3
Kurkundi (Ka) 90 B2
Kurkundi (Ka) 90 B3
Kurla 80 A2
Kurlasi 42 B6
Kurna 9 E6
Kurnool 91 E4
Kurnool Cuddapah Canal
    91 F5
Kurra Jarawan 28 B5
Kursakatta 32 C6
Kurse Korhi 74 B5
Kursela 49 F3
Kurseong 33 E5
Kursi 29 F5
Kurson 48 D1
Kurtha 48 A4
Kurtkoti 89 G5
Kurtumgarh 75 H5
Kuru (Jh) 63 E2
Kuru (PAK) 8 D4
Kurud 74 D3
Kurugodu 90 B5
Kurukkuchalai 103 E4
Kurukshetra 16 D3
Kurukshetra Plain 16 B4-C4
Kurul 81 G5
Kurumbalur 100 D4
Kurung 61 H5
Kurung Tank 61 H5
Kurupam 86 A2
Kuruskela 63 E4
Kurwal 45 G1
Kusaha 32 C5
Kusera 45 H5
Kushalgarh 57 G3
Kushalnagar 99 E1
Kushinagar 30 D5
Kushmahar 45 F6
Kushmanchi 84 A6
Kushmandi 50 A2
Kushtagi 89 H4
Kushtia 50 C6
Kusi 80 C5
Kusiyara 52 C2
Kuslamb 81 G4
Kusma 30 C2
Kusmi 62 C3
Kusnur 82 C4
Kusumbani 64 A6
Kusumbe 70 D3
Kusumbha Mosque 50 B4

Kusumi 63 E6
Kusumkasa 74 B4
Kut 51 G6
Kuta 10 C3
Kutana 16 D6
Kutch, Gulf of 54 D4
Kutch Hills 54 C2
Kuthaund 44 A1
Kuthaunda 44 A1
Kuthi 18 D2
Kutipi 63 G4
Kutiyana 68 B1
Kutku 62 C2
Kutnaur 17 F1
Kutragada 75 H6
Kutravada 85 E5
Kutri 76 C3
Kutru 84 C2
Kuttalam 101 F4
Kuttanailur 101 F5
Kuttattukulam 102 B2
Kuttikkanam 102 C2
Kuttralam (Courtallam)
    102 C4
Kuttuparamba 98 D2
Kuttyadi 99 E3
Kutubdia 67 E5
Kutubdia Island 67 E5
Kutubdia Town 67 E5
Kutumba 46 D5
Kuvadra 55 G5
Kuwa 55 H3
Kuwal 42 B3
Kuwana 29 H4
Kuwar 56 A2
Kuzhithurai 102 C6
KVO Checkpost 8 C2
Kwate Tu Kwage 104 A6
Kyatsandra 95 H5
Kyauktaw 78 D1
Kyenpalawn 37 H2
Kyichu Lhakhang 33 G3
Kyimpong 19 G4
Kyongnosla Alpine Sanctuary
    33 F3
Kyonon 12 D2

L

Laakatoorah Tea Estates
    51 H3
Labaid 62 B4
Laban 42 C3
Labpur 64 D1
Laccadive Islands 98 A6
Lachen 33 F2
Lachharas 57 E6
Lachharsar 24 C2
Lachhmangarh 26 A4
Lachhmipur 28 A2
Lachlung La 12 D1
Lachmipos 63 E5
Lachung 33 F2
Lachyan 81 H6
Ladakh 9 F4
Ladakh Range 9 E5
Ladana 15 E5
Ladania 32 A6
Lad Bharol 12 C4
Ladhaura 43 H4
Ladhiya 18 B5
Ladhuka 15 F2

Ladhurka 64 A2
Ladhuwala 15 F2
Ladi 76 A3
Ladkhed 72 C4
Ladnun 24 D3
Ladpura 42 B4
Ladsawangi 71 F5
Laduna 58 A1
Ladwa 16 D3
Laeja 54 C3
Laful 104 D6
Lagairong 52 D3
Lagam 35 F3
Lagcha 29 E3
Lahai 102 C3
Lahail 16 B4
Lahar 43 H1
Laharpur 29 E3
Lahaul Valley 12 D3
Lahchuraghat 44 A3
Lahe 36 D4
Laheria Sarai 48 C1
Lahir 84 C1
Lahli 16 C6
Lahore 10 A5
Lahore Branch 10 A6-C5
Lahori 81 H3
Lahorighat 35 F3
Lahri 12 A3
Laikera 62 D6
Laikot 53 E1
Laimakuri 36 C1
Laimatol Range 52 D3
Laimuro 76 B1
Lainkalangpara 67 F5
Laisawrai 67 F1
Laisong 52 C2
Laitlyngkot 51 H2
Laju 37 E3
Lajwana 16 C5
Lakadiya 55 F2
Lakadong 52 A2
Lakahmibai Tank 88 C3
Lakavalli 95 E4
Lakawas 41 E5
Lake Beale 70 B6
Lakema 52 D1
Lakh 81 E1
Lakhgiri 77 F3
Lakha 39 G1
Lakhai 51 G5
Lakhaipur 48 B5
Lakhamara 75 G2
Lakhandai 31 G6
Lakhandur 73 H3
Lakhanpur 75 H1
Lakhanpuri 74 C4
Lakhanwada 71 H4
Lakha Pharma 33 F2
Lakhasar 15 E4
Lakhaura 31 F5
Lakhbahat 75 G6
Lakheri 42 C3
Lakhimpur 29 E3
Lakhipur (As) 34 B6
Lakhipur (As) 52 C3
Lakhisarai 48 D3
Lakhmana 23 E6
Lakhmandal 17 F2
Lakhna 28 B6
Lakhnadon 60 B4
Lakhnauti 16 D4
Lakhni 73 G3

Lakhora 41 F4
Lakhpat 54 B1
Lakhpat Hills 54 C1
Lakhpuri 72 B3
Lakhtar 56 A4
Lakiredipalle 96 D2
Lakkamapayakkanpatti
    100 A5
Lakkavarapukota 85 H4
Lakkundi 89 G5
Laknavaram 84 B3
Laknavaram Lake 84 A4
Laksar 17 F4
Laksham 66 C2
Lakshettipet 83 G2
Lakshmangarh 25 E3
Lakshmannath 64 C6
Lakshmanpur 62 B3
Lakshmantirtha 99 F2
Lakshmeshwar 89 G6
Lakshmichhari 67 E3
Lakshmikantapur 65 E5
Lakshminarayana 95 F6
Lakshmipur (AN) 104 A3
Lakshmipur (AP) 85 F3
Lakshmipur (Cht) 66 B2
Lakshmipur (Ka) 94 C3
Laksmisagar 64 B3
Lakundar 58 C1
Lala 52 B4
Lalamdesar 24 A3
Lala Musa 10 A2
Lalauli 44 D2
Lalbagh 71 G2
Lalbiti 31 H5
Lalbunra 60 C6
Lal Dhang 17 G4
Lalganj (Bi) 48 B2
Lalganj (UP) 45 E1
Lalganj (UP) 45 F2
Lalganj (UP) 45 H4
Lalganj (UP) 46 A2
Lalgarh (Rj) 15 E4
Lalgarh (WB) 64 B4
Lalgola 50 A5
Lalgopalganj 45 F3
Laligam 100 C2
Lalitgiri 77 F3
Lalitpur (NEP) 31 G3
Lalitpur (UP) 43 G5
Lalkua 18 A6
Lallen 52 B6
Lalmohan 66 B4
Lalmonirhat 50 C1
Lalna 66 B5
Laloi 55 E5
Lalpani 52 C3
Lalpur (Gu) 55 E5
Lalpur (MP) 61 F3
Lalpur (Ra) 50 B5
Lalpur (Rj) 14 D5
Lalpura 44 C2
Lalsong 52 C3
Lalsot 25 H6
Lalsot Hills 25 H6
Lal Suhanra National Park
    14 B5
Lama 67 F5
Lama Disa 52 C2
Lamahi 30 A3
Lamaj 80 C5

Lamakhera 42 D6
Lamapara 67 F6
Lamayuru 9 E5
Lamba (Gu) 54 C6
Lamba (Rj) 41 H1
Lambagraon 12 B4
Lam Basin 13 G2
Lambhua 45 G1
Lambi 15 G3
Lambia 41 F1
Lamidranga 34 A4
Lamjura 54 A4
Lammasingi 85 G5
Lam Pokha 33 E3
Lamta 60 C6
Lamti 34 B3
Lam Tso 15 H3
Lana Chhu 33 H3-4
Landfall Island 104 A2
Landour 17 F2
Langadu 67 E2
Langai 52 A3-B5
Langar 8 A2
Langarpeth 89 F1
Langdiangngai 51 F2
Langera 12 A2
Langhnaj 56 B2
Langi 77 E3
Langja 13 E3
Langjon 21 F6
Langtang 31 G2
Langtang Lirung 31 G1
Langtang National Park
    31 G2
Langtarai Range 52 A5-6
Lang Thanga 13 E4
Langting 52 C1
Laniye 53 F1
Lanja 88 B1
Lanji 74 A1
Lanjigarh 75 G6
Lanjora 74 D6
Lanka (As) 35 G6
Lanka (Ut) 17 H1
Lankamalla Hills 96 D1
Lankapara Hat 33 G5
Lanka Tso 18 D2
Lankui 59 E4
Lansdowne 17 G4
Lant 75 G4
Lao 34 D2
Laogang Bazar 66 D1
Laohala 71 H5
Lapa 36 C3
Lapati 104 C3
Lapchaura 43 E4
Lapri 61 H2
Lapthal 18 B1
Lapundra 40 B1
Lapung 63 F3
Lar 46 C1
Laresune 75 H2
Larji 12 D5
Larkya 31 E1
Laroka 10 A1
Laruri 36 C6
Las 40 C4
Lasalgaon 70 C5
Lasaria (Rj) 41 F6
Lasaria (Rj) 41 G3
Lashkarhat 50 A3
Lasht 8 A2

Laskein 52 B1
Lasrawan 41 G5
Lasundra 56 D4
Lasur (Ma) 71 E2
Lasur (Ma) 71 E5
Lasurne 81 E4
Lata 18 B2
Latehar 63 E1
Lathan 21 F6
Lathau 37 E1
Lathi (As) 52 A4
Lathi (Gu) 69 E1
Lathipada 76 B5
Lathor 75 F3
Latipur 55 F4
Latoti 41 E1
Latu 52 A3
Latur 82 A3
Lauhaganj 66 A1
Laukaha 32 A6
Laukahi 32 B6
Laukhi 32 C5
Laungonal 16 B4
Lauri 44 C4
Lauriya Mandangarh 31 E5
Lava 33 F4
Lavanuru 96 C1
Lawa 42 A1
Lawahi 61 F1
Lawan 23 F5
Lawana 45 F2
Lawha 82 C2
Lawngtlai 67 G3
Lawtha 53 G5
Laya 33 H1
Layawng Ga 37 H5
Ledo 37 E2
Legara 75 H4
Leh 9 F5
Lehragaga 16 A4
Leike 52 D2
Leite 67 G2
Lelava 40 B3
Lemru 62 A4
Lemyo 67 H6
Lendara 74 D5
Lendi 82 D3
Lengteng 35 G5
Leo Purgyal 13 G4
Lepakshi 96 A3
Lepanglat 21 G6
Lesliegnanj 46 D6
Leta 30 C1
Leteri 59 E1
Letha Range 53 E5-6
Lhatsa 20 B5
Lhedang 34 B2
Lhobrak La 34 C1
Lhonak 32 D2
Lhuentse 34 C2
Lhuentse (Dzongkhag) 34 C2
Lhuntse 19 F6
Liban 30 A1
Libasi 56 C4
Lichu 12 D3
Lifripara 62 C5
Ligmethang 34 C3
Likhapani 37 E2
Likhi 58 A6
Likhmisar 24 C3
Likhu Khola 32 A3-4
Likir 9 E5

bari 36 B2
gar 61 H6
m 18 C3
jumma 85 H1
a Mota 69 E1
ng 53 E3
ur 55 F2
ba Ganesh 81 G2
bda 55 H6
bdi 56 A4
di 57 F3
khera 57 F4
ja 59 H6
jadahalli 95 E4
jal 91 F3
gala (AP) 84 B4
gala (AP) 96 B2
jampalli 83 E6
jampet 83 E4
ganamakki Reservoir
94 C3
gapur 83 G2
gasanpalli 91 F2
g Chu 21 F1-G1
gdev 80 D1
gi 72 A6
gshet 9 E6
gsugur 90 A3
gzhi 33 G2
u La 18 D3
ung Glacier 31 G2
ham 13 E6
para (Chh) 75 E4
para (Jh) 49 G4
le Andaman Island
104 A6
le Coco Island 104 B2
le Nicobar Island 104 D5
tle Rann of Kutch 55 H2
tle Rann Wildlife Sanctuary
55 H3
akara 62 D5
bang 52 B2
beng 75 H4
bo 67 G3
ch 35 E5
chipur 75 H3
dai 55 E2
dhika 55 F5
dhikheda 73 E1
dhma 63 F2
dhran 14 A4
dhruva 22 D5
drani 55 F1
hagara (Cht) 67 E4
hagara (Kh) 65 H2
haghat 18 B5
hajang 18 A3
handara 32 C5
hani 25 G1
hara (Chh) 61 E6
hara (Ma) 71 F3
hara (Ma) 72 D4
hara (Ma) 82 A4
hardaga 63 E2
hardaga Ghats 62 D2
harghat 34 D6
hari 61 G3
haria (Rj) 42 A4
haria (Rj) 57 F2
hari Ragho 16 B5
harkhet 18 B3

Loharsi 61 H6
Loharu 25 G2
Lohat Baddy 16 A2
Lohatia 66 B4
lohatipur 21 F6
Lohawat 23 H5
Lohba 18 A3
Loheswar 83 E2
Lohgaon 82 D2
Lohgarh 16 D1
Lohsna 25 E2
Loimye Taung 37 G5
Loisingha 75 H3
Loju La 34 A2
Lokapur 89 F3
Lokar 17 F1
Lokhuni 36 B4
Lokia 57 F2
Lokikere 95 E2
Lokkanahalli 99 H2
Loktak Lake 53 E3
Lokzhung Range 9 G3-H4
Lomnang 32 A2
Lonand 80 D4
Lonar 71 H5
Lonar Meteorite Crater 71 H5
Lonavla 80 B2
Lonbehela 72 C5
Londa (Ar) 35 G2
Londa (Ba) 66 B5
Londa (Ka) 88 D5
Longhar 80 A3
Long Island 104 B4
Longkamgaon 35 H5
Longku 52 B1
Longsa 36 C5
Longtang Glacier 32 A2
Longte 34 B3
Longting 36 D3
Loni (Ma) 70 D6
Loni (Ma) 72 C3
Loni (Ma) 81 B2
Loni (Ma) 81 F4
Loni (UP) 26 B1
Loni (River) 29 E6
Loni Bapkar 80 D4
Loni Kalbhor 80 D3
Lonsapur 69 E3
Lop 9 H2
Lopoke 10 B5
Lori 13 F4
Lorma 75 G3
Lormi 61 F5
Loro Nakpo Chu 35 E1
Losal 52 E4
Losar 13 E3
Lotan 30 B4
Lothal 56 B5
Lothal (Ruins) 56 B5
Lothian Island 65 E6
Lotia 59 H5
Lotpuri 69 E3
Lotugadda 85 F4
Louri 35 E3
Lowacherra Forest Reserve
51 H5
Lowada 64 D4
Lowalang 48 A6
Lower Assam Valley 35 F5
Lower Bari Doab Canal

14 D1
Lower Bhima Valley 81 H6
Lower Ganges (Fatehpur
Branch) 45 E2
Lower Haflong 52 C2
Lower Luni Plain 40 A3
Lower Manjira Basin
82 D3-4
Lower Sohag Branch 14 B3
Lower Vaigai Plain 103 F2
Lu 36 D3
Lubanwala 10 B5
Lubha 52 A2
Lucknow 29 E5
Lucknow Branch 28 D4-5
Ludesar 15 H5
Ludhiana 16 B1
Lugam 73 H6
Lugasi 44 B4
Lugasi 44 B4
Luhara 69 G1
Luharu 26 B5
Lukhamui 52 D3
Lukla 32 B3
Lukung 9 F6
Lukwasa 43 E4
Lulliani 10 B6
Lumbini 30 C4
Lumbini (Division) 30 C3
Lumding 52 C1
Luna (Gu) 54 C1
Luna (Rj) 23 E6
Lunak 32 B2
Lunang 20 B2
Lunar 22 C6
Lunavada 57 E3
Lunda 41 F6
Lungdar 67 G1
Lungding 52 C1
Lunghpa Taung 37 F2
Lungiya 68 D1
Lunglei 67 F2
Lung Mu Co 9 H5
Lungpho 67 G1
Lungpon Chin 53 E4
Lungsen 67 F2
Lungthung 66 D2
Lungtian 52 B6
Luni 39 H5
Lunkaransar 24 B1
Lunkha 9 E4
Lunsar 55 G4
Lunsira 24 C5
Luntsum 30 B1
Lutu 25 E2
Lyngkhoi 51 H2

Mabdeitikra 61 H4
Machak 58 D5
Machalpur 58 C1
Macharla 90 D3
Machchand 44 A1
Macheri 25 H4
Macherla 91 H2
Machgaon 77 F4
Machhiwara 16 B1
Machhlishahr 45 H2
Machhrehta 29 E4
Machiara National Park 8 B5
Machilpar 26 B6
Maching 53 E2

Machkhoa 36 B2
Machkund 85 F3
Machkund (River) 85 F3
Machulu 8 D4
Machundri 68 D3
Madakasira 95 H3
Madalmoi 81 G2
Madan 51 F4
Madanapalle 96 C4
Madanganj 25 E6
Madangeri 94 B1
Madan Kamdev 34 D6
Madanpur (Bi) 32 D6
Madanpur (Bi) 48 A5
Madanpur (Chh) 62 A5
Madanpur (UP) 28 B4
Madanpur (UP) 43 H6
Madanpur (WB) 65 E3
Madaora 43 H6
Madapalli 100 D1
Madar 46 B3
Madarganj 50 D4
Madarihat 33 G5
Madaripur 66 A2
Madattukkulam 100 A6
Madaula 26 C2
Madawara 42 B3
Madded 84 B2
Maddikera 90 C5
Maddimadugu 96 D2
Maddipadu 92 A4
Maddipenta 91 F4
Madduluru 92 A5
Maddupur 46 A4
Maddur (AP) 90 D1
Maddur (Ka) 95 H6
Madeswaramalai 100 A2
Madgaon (Margao) 88 C5
Madh 80 C1
Madha 81 G4
Madha (River) 31 H5
Madhabkunda Falls 52 A4
Madhabpasa 66 A3
Madhapur 51 G5
Madhavaram 90 C4
Madhav National Park 43 F3
Madhavpur 68 B2
Madhepur 48 D1
Madheri 73 E4
Madhi 54 C5
Madhipura 49 E1
Madhira 92 B1
Madhogani 28 D5
Madhogarh 44 A1
Madhopur 10 D3
Madhorajpura 25 F6
Madho Singhana 15 G5
Madho Tanda 28 D1
Madhuban (AN) 104 A5
Madhuban (Bi) 31 F6
Madhuban (Chh) 75 F1
Madhuban (UP) 46 C1
Madhubani (Bi) 30 D5
Madhubani (Bi) 32 A6
Madhugiri 95 H4
Madhukhali 65 H1
Madhupur (Dh) 51 E4
Madhupur (Jh) 49 E6
Madhupur (Tr) 51 G6
Madhupur Forest Reserve
51 E4
Madhupurgarh 77 E3

Madhura 32 C6
Madhura (River) 82 C5
Madhwapur 31 H6
Madhwas 57 E3
Madhya Nagar 51 F3
Madhya Pradesh 59 E3
Madia 50 C4
Madiali 24 A1
Madikeri (Mercara) 99 E1
Madina 16 C6
Madinguda 83 E6
Madka 39 H6
Madlauda 16 B5
Madli 40 C1
Madlia 24 C6
Madmaheshwar 17 H2
Madnakal 90 D3
Madnapur 28 C3
Madnur 82 D3
Madpura 24 A5
Madras (Chennai) 114
Madri 41 E6
Madua 51 G5
Madugula 85 G4
Madugula Kondas 85 F4
Madukkarai 99 H5
Madukkur 101 E6
Madurai 103 E2
Madurantakam 101 G1
Maduvanhalli 99 H2
Madwas 45 G6
Magadi 85 H5
Magarwara 28 D6
Magaturu 91 G4
Mageda 74 D5
Maggowal 10 A3
Maghar 30 B5
Maglona 24 D3
Magnama 67 E5
Magnur 90 C2
Magod Falls 94 C1
Magori (Gu) 56 D3
Magori (UP) 26 B4
Magra (Dh) 50 D5
Magra (WB) 65 E3
Magra Hat 65 E3
Magroni 43 F3
Magura 65 G1
Magwana 54 D3
Magyichaung 78 C3
Magyigon 53 H6
Mahabaleshwar 80 C5
Mahabalipuram
(Mamallapuram) 97 G6
Mahaban 26 C4
Mahaban (Mount) 8 A5
Mahabharat Range 29 G1
Mahad 80 B4
Mahadanapuram 100 C5
Mahadeo Hills 59 H5
Mahadeopali 62 C6
Mahadeopur 84 A3
Mahadev 8 C5
Mahadwani 60 D4
Mahagama 49 G4
Mahagaon (Ka) 82 B6
Mahagaon (Ma) 72 C5
Mahagaon (Ma) 72 C5
Mahagaon (Ma) 88 D3
Mahagarh 41 H6
Mahajan 15 E6
Mahakalguri 33 H5

Mahakali 18 C4
Mahakuta 89 G4
Mahal 96 D3
Mahalabari 67 E2
Mahalchhari 67 E2
Mahalgaon 73 F4
Mahalingpur 89 F3
Mahalur 12 A6
Maham 16 B6
Mahamuni 78 D1
Mahan 72 B4
Mahanadi (MP) 60 D2
Mahanadi (Or) 74 D3,
76 A1-C4
Mahanadi Basin 74 D2
Mahanadi Canal 75 E1-3
Mahanadi Delta 77 F4
Mahananda 49 H1-3
Mahandra Giri 102 D5
Mahanga 77 F3
Mahansar 25 E2
Mahar 88 C1
Maharajagadai 96 C6
Maharajganj (Bi) 46 D1
Maharajganj (UP) 30 C4
Maharajganj (UP) 45 E1
Maharajganj (UP) 46 A1
Maharajnagar 29 F4
Maharajpur (Chh) 61 E6
Maharajpur (Jh) 49 G3
Maharajpur (MP) 60 A3
Maharajpur (UP) 44 D1
Maharashtra 80 D2
Maharaj 15 H2
Maharjur 44 B4
Mahasamund 75 E2
Mahasthangarh 50 C4
Mahasu Valley 12 C6-D6
Mahatma Gandhi National
Park 104 A5
Mahatpur 16 A1
Mahawa 28 A2
Mahbubabad 84 A5
Mahbubnagar 90 D2
Mahé (JK) 13 F1
Mahé (Po) 98 D3
Maheji 71 F3
Mahendraganj 50 D2
Mahendragarh (Chh) 61 G3
Mahendragarh (Ha) 25 G2
Mahendra Giri 86 C2
Mahendranagar 18 B6
Mahesa 48 B6
Mahesh 65 E3
Maheshmunda 49 E6
Maheshpur (Bi) 49 H2
Maheshpur (Jh) 49 H5
Maheshpur (Kh) 65 H3
Maheshwar 58 A6
Maheshwaram 91 F1
Maheshkholi Island 67 E6
Mahewa 44 C6
Mahfuzbhenduru 86 B3
Mahgalpur 28 C6
Mahgawan 28 A6
Mahi 48 A2
Mahidharpur 76 C3
Mahiganj 50 C1
Mahim 69 H6
Mahisama 91 F1
Mahisar 66 B2
Mahishadal 64 D5

Mahisi **49** E2
Mahla **17** G1
Mahlan **25** F6
Mahmadpur **56** C1
Mahmudabad **29** F4
Mahnar Bazar **48** C2
Mahoba **44** C4
Mahodra **42** D4
Maholi (UP) **26** B4
Maholi (UP) **29** E3
Maholpada **76** C1
Mahora **61** G2
Mahroni **43** H5
Mahrua **45** H1
Mahrwala **15** F5
Mahson **30** B6
Mahsrang **88** C3
Mahta **10** C5
Mahua **30** D5
Mahuadanr **62** D2
Mahud **81** F5
Mahui **30** B6
Mahul **46** A1
Mahuli **30** B6
Mahur (As) **52** C2
Mahur (Ma) **71** G5
Mahur (Ma) **72** C6
Mahurar **43** G3
Mahuria **58** B2
Mahuva (Gu) **69** F2
Mahuva (Gu) **70** A3
Mahuver **69** H3
Mahuwa **48** B2
Mahwah **26** A5
Maibong **52** C2
Maidukuru **96** D1
Maigabo **34** A4
Maihar **44** D6
Maihma Sawai **15** G3
Maijdi **66** C2
Maikala Plateau **60** D5
Maikala Range **61** E5
Maikalganj **28** D3
Maikot **30** B1
Mailakanda **51** F3
Mailani **28** D2
Mailavaram **92** C2
Mailepalli **91** G2
Mailpir **63** G4
Mailsi **14** B4
Maina **58** D3
Mainaguri **33** F5
Mainatanr **31** E4
Maindargi **82** A6
Maingkwan (MYA) **37** G4
Maingkwan (Na) **36** D3
Mainimati **66** C1
Mainimati (Ruin) **66** C1
Mainoraipara **52** A5
Mainpuri **28** B5
Maipadu **97** G2
Maipur **70** C3
Maipura **77** G3
Mairang **51** H1
Mairh **25** G4
Mairwa **46** D1
Maisandra **95** G5
Maisaram **91** E1
Maitbhanga **66** D4
Maiunli **21** E5
Majala **88** D2
Majbat **35** F4
Majgaon **61** G1

Majham **56** D3
Majhaul **48** D2
Majhauli **46** C1
Mahmadpur **63** H5
Majhgawan (MP) **44** D4
Majhgawan (MP) **60** C2
Majhgawan Tank **44** B4
Majhiaon **46** C6
Majhoi **45** H1
Majholi (MP) **60** C2
Majholi (MP) **61** F1
Majhwalia **31** E5
Maji Mendri **84** C1
Majitha **10** C5
Majna **44** A5
Majorganj **31** G5
Majpuri **71** G6
Majra (HP) **17** E2
Majra (Ut) **17** F3
Majri **73** F5
Majuli **36** B3
Majuli Island **36** B3
Makalu **32** C2
Makanpur **28** D5
Makardhokra **73** F3
Makariagaon **35** F6
Makaw **37** G4
Makdala **40** A6
Maker **48** B1
Makhdumnagar **30** B6
Makhdumpur **48** B4
Makhera **41** H5
Makhjan **80** B6
Makhor **23** H3
Makhtal **90** C2
Makhu **10** C6
Makhya **85** F1
Makkapeta **92** B1
Makkuva **85** H2
Makli Hill **38** A4
Makra **52** C3
Makrai **58** D6
Makrana **24** D5
Makrandpur **48** C1
Makri **74** D6
Makrohar **61** H1
Maksi **58** B3
Maksudangarh **59** E1
Makum **36** D2
Makurti **99** G4
Mal (UP) **29** E5
Mal (WB) **33** F4
Mala (Ke) **102** A1
Mala (Rj) **25** E6
Malab **26** A2
Malabar Coast **88** B5, **94** A2-B3
Malabar Point **80** A2
Malabar Uplands **99** E3
Malacca **104** C3
Malachua **61** E3
Malahar **44** B4
Malai **17** H3
Malaiyur **101** F1
Malakanagiri **85** E3
Malakanagiri Plateau **85** E3-4
Malakavemula **96** B2
Malakhera **25** H4
Malalavadi **99** F1
Malampuzha **99** G5
Malampuzha Reservoir

99 G5
Malan **10** D1
Malan (River) **69** E3
Malana **12** D4
Malangpa **52** B2
Malappuram **99** F4
Malara **42** A2
Malari **18** B2
Malasisar **15** H6
Mala Tank **60** B2
Malaudh **16** B2
Malaut **15** G3
Malavalli **99** H1
Malavi **89** H6
Malavucad **102** A1
Malawan **28** A4
Malawar **58** D2
Malawar Plateau **58** D1
Malayadivaram **100** C5
Malayagiri **76** D1
Malayattur **102** B1
Malchalma **82** D5
Malda **49** H3
Malebennur **95** E2
Malegaon (Ma) **70** D4
Malegaon (Ma) **81** G4
Malegaon (Ma) **82** B2
Malegaon (Ma) **82** C1
Malegaon Jahagir **72** A5
Malehr **12** B4
Malehra **44** A5
Malekhu **31** F3
Malepur **48** D4
Maler Kotla **16** B2
Malewara **74** A4
Malgaon (Ma) **70** D1
Malgaon (Ma) **89** E1
Malgund **80** B6
Malhar (Chh) **61** H6
Malhar (Rj) **23** G4
Malhargarh (MP) **41** H6
Malhargarh (MP) **43** F6
Malharia **49** G1
Malhera **17** E5
Malhiwri **72** C5
Malhura **72** B6
Malia (Gu) **68** C2
Malia (MP) **57** H1
Malial **83** G3
Maliara **64** C2
Malihabad **29** E5
Malikpeth **81** G5
Malin **17** G4
Malipur **45** H1
Maliya **55** G3
Malkana **15** H3
Malkapur (AP) **83** F6
Malkapur (Ka) **82** D5
Malkapur (Ma) **71** G3
Malkapur (Ma) **88** C1
Malkhaid **90** C1
Malkhed **72** C3
Malkhurda **62** A6
Malkot **82** C2
Malla (Ka) **90** A2
Malla (Ut) **17** G1
Mallampalli **84** A4
Mallanpur **29** F3
Mallapur (Ka) **89** G4
Mallapur (Ka) **94** B2
Mallapuram **83** F2

Mallasamudram **100** B3
Mallavaram Hills **84** B4
Mallepalli **84** C3
Mallipatna **95** E6
Mallur **100** C3
Malnicherra Tea Estates
51 H3
Maloni **26** C6
Malotha **12** C4
Malpe **94** C4
Malprabha **89** E4-G4
Malprabha Reservoir **89** E4
Malpur (Gu) **57** E3
Malpur (Ma) **70** D2
Malpura (Rj) **42** A1
Malpura (UP) **26** C5
Malsiras **81** E5
Malsisar **25** E2
Malthan **80** D2
Malther **12** C5
Malthon **43** G6
Malueni **15** G5
Malud **76** D6
Malung **12** D2
Malunje **70** D6
Malur (Ka) **94** D4
Malur (Ka) **96** B5
Malusar **24** D2
Malwan (Ma) **88** B3
Malwan (UP) **44** D2
Malwa Bay **88** B4
Malwa Plain **15** G3
Malwara **40** B5
Mamallapuram
(Mahabalipuram) **97** G6
Mamallapuram (Ruins)
97 G6
Mamana **25** E6
Mamandur **97** F6
Mamarkera **15** F4
Mamda **83** F2
Mamdapur **89** G2
Mamdipalli **83** G1
Mamdot **15** F1
Mamit **52** B5
Man **72** B3
Man (River) **81** E5-F6
Mana **18** A1
Mana (Mount) **18** A1
Manadar **40** C4
Manadipet **101** F2
Manakamana **31** E2
Manakhur **43** E1
Manaklao **24** A6
Manakpur **16** C2
Manali **12** C3
Manalurpettai **101** E2
Manamadurai **103** F2
Manamelkudi **103** H1
Manamodu **101** F4
Manana **16** D5
Manantavadi **99** E3
Mananur **91** F3
Manaparai **100** C6
Manappadu **103** E5
Manapuram **100** C2
Manar **82** C3
Manar Reservoir **83** F4
Manas **41** H6
Manasar **24** D3
Manaslu **31** E1
Manas Wildlife Sanctuary

34 C4
Manatu **46** D6
Manauri **45** F3
Manavadar **68** B1
Manawar **57** H5
Manbazar **64** A3
Manchar **80** C2
Manchikeri **94** C1
Manchippa **83** E3
Manchirayal **83** H2
Mand (Chh) **62** B5-6
Mand (NEP) **29** G2
Manda (Or) **64** A5
Manda (Ra) **50** B4
Manda (Rj) **22** D4
Manda (Rj) **41** E2
Manda (UP) **45** H4
Mandagadde **94** C1
Mandai **39** H1
Mandakini **17** H2
Mandakla **41** F6
Mandal (Gu) **56** A3
Mandal (Rj) **41** G3
Mandala **56** D6
Mandalamanikkam **103** F3
Mandalgarh **41** H4
Mandangad **80** B4
Mandaora **25** H4
Mandaori **25** H6
Mandupulli **83** F1
Mandapam **103** H3
Mandapeta **93** E1
Mandapur **70** D6
Mandapur Rampur **75** H4
Mandar (Jh) **63** F2
Mandar (Ra) **40** B5
Mandasa **86** C2
Mandavalli **92** D2
Mandavgan **81** E2
Mandav Hills **55** G6
Mandawa **25** E2
Mandawar (Rj) **25** H3
Mandawar (Rj) **42** B1
Mandawar (Rj) **42** C5
Mandawar (UP) **17** F5
Mandeli **24** B4
Mandem **84** B2
Mandera **42** A5
Mandgaon **73** E4
Mandhal **73** G3
Mandhan **25** H2
Mandhar **74** D2
Mandholi **25** F1
Mandi (HP) **12** C5
Mandi (JK) **8** B6
Mandi Burewala **14** C3
Mandi Dabwali **15** G3
Mandikal **96** B4
Mandkaula **26** B2
Mandki **81** E5
Mandla **60** D4
Mandleshwar **58** A6
Mandodra **68** B1
Mandoli **40** C4
Mandore **40** D1
Mandovi **88** D5
Mandra **8** A6
Mandrela **25** F2
Mandrup **81** G6
Mandsaur **57** H1
Mandu (MP) **58** A5
Mandu (Jh) **62** D1

Mandu (Jh) **63** G1
Mandu (Ruin) **47** F5
Mandva **70** A4
Mandvad **70** D5
Mandve **80** A2
Mandvi (Gu) **54** D4
Mandvi (Gu) **56** A1
Mandvi (Gu) **70** A2
Mandvi (Ma) **80** A1
Mandwala **40** C3
Mandwara **57** H6
Mandwe **80** D1
Mandya **99** G1
Mane **36** C1
Manebhanjyang **32** A4
Manegaod **71** H3
Manegaon (Ma) **81** G4
Manegaon (MP) **60** C2
Manekwara **68** D1
Maner **48** A2
Maner (River) **83** E3
Manerajuri **89** E1
Maneri (Ma) **88** C3
Maneri (MP) **60** C2
Maneri (MP) **60** C2
Maneru **84** A6
Mangai **46** A2-C2
Mangalagiri **92** B3
Mangalam (TN) **101** E3
Mangalam (TN) **103** F2
Mangalapuram **102** B5
Mangalawada **95** H3
Mangaldai **35** E5
Mangalgi **82** C5
Mangali **16** A6
Mangalkot **64** D1
Mangalore **94** C6
Mangalvedha **81** G6
Mangalwar Hat **67** E3
Mangan **33** F3
Mangaon (Ma) **80** B4
Mangaon (Ma) **88** C4
Mangapet **84** B4
Mangarh **16** D1
Mangarwar **41** F5
Mangawah **45** F5
Mangde Chhu **34** B2-4
Mangial **82** C3
Manginipudi **92** D3
Manginipudi Beach **92** D3
Manglaor **12** D5
Mangla Reservoir **10** A1
Manglaur (PAK) **8** A4
Manglaur (Ut) **17** F3
Manglia **58** B4
Mangliawas **41** G1
Manglur **89** H5
Mangoke **10** A4
Mangoli **89** G2
Mangoor **84** C4
Mangrol (Gu) **68** B2
Mangrol (Gu) **70** A2
Mangrol (MP) **43** G7
Mangrol (Rj) **42** C3
Mangrul (Ma) **72** D3
Mangrul (Ma) **81** H5
Mangrul Chaval **72** B3
Mangrul Pir **72** B4
Mangrup **41** G4
Mangtoli **18** B3
Mangwal **12** A4
Manhairu **25** G1

ni (HP) **13** F4
ni (Ka) **94** D6
nia **26** C6
niar **46** D2
niari **61** F5
niari Aliganj **45** G1
niari Tank **61** F5
niarwa **32** A6
nidipalle **85** H3
nigachi **48** D1
nihari **49** G3
nika **62** D1
nikaran **12** D4
nik Chak **49** H3
nikchhari **67** E2
nikdaundi **81** F2
nikganj **50** D6
nikpur (MP) **60** D3
nikpur (UP) **45** E4
nimahesh Kailash **12** C3
nimahesh Lake **12** C3
nimala River **102** B3
nimangalam **97** G5
nimukta **100** D2
ninuttar **103** F1
nipal **94** C4
nipur **52** D6
nipur (State) **52** D4
nirampur **65** G2
nirang **13** E4
niwali **15** F4
niyachchi **103** E4
njakot **8** A5
njalampeta **97** E4
njampati **102** C1
njapara **62** D6
njarabad **95** E5
njar Sumba **81** G2
njeri **99** F4
njeshwara **94** C6
njagarh **31** E6
njihanpur **45** F3
njihooli **26** B2
njiha Plain **10** B6
njihri **63** H4
njhi **48** A2
njihiara **49** G5
njhra (UP) **28** D1
njhra (UP) **29** F2
njlegaon **81** H2
njra **81** H3
njram **82** C2
njur **70** C5
ankachar **50** D2
ankarnacha **63** F6
anksar **23** G2
ankeshwar **81** G4
anki **94** B2
ankial **8** A4
ankuwa **54** D3
anmad **70** D5
anmao **37** E2
anna **24** B1
annachanellur **100** D5
annakkad **99** G5
annanam **102** B2
annar, Gulf of **103** G5
annargudi (TN) **101** F4
annargudi (TN) **101** F5
annarsala **102** A3
annemkonda **85** E4
anners Strait **104** A5

Manneru **91** H6
Manoharpur (Jh) **63** F5
Manoharpur (Rj) **25** G4
Manohar Thana **42** D6
Manoli **89** F4
Manomonda **76** A3
Manor **69** H6
Manora **72** C5
Manori **80** A1
Manpui **52** A5
Manpur (Bi) **48** B4
Manpur (Chh) **62** C3
Manpur (Chh) **74** B4
Manpur (Ha) **26** B3
Manpur (MP) **58** A5
Manpur (MP) **61** E2
Manpur (Rj) **40** D6
Manpura (Ba) **66** C4
Manpura (Chh) **62** B1
Manpura Island **66** C4
Manpur Khurd **75** E4
Mansa (Gu) **56** C2
Mansa (Pu) **15** H3
Mansar **73** F2
Mansehra **8** A5
Manshahi **49** G2
Mansinghpur **50** B2
Mantala **51** F3
Manteswar **64** D2
Mantha **71** H6
Manthani **83** H3
Mantralayam **90** C4
Mantur **89** F3
Manu **52** A5
Manu (River) **52** A5
Manu Bazar **68** D2
Manubrolu **97** F2
Manumukh **51** H4
Manur (Ma) **81** F2
Manur (TN) **102** D4
Manushmuria **64** B4
Manvel **68** D2
Manvi **90** B4
Manwat **82** A1
Manyapadu **90** D4
Mao Songsang **53** E1
Mapusa **88** C5
Mara (Ar) **20** A6
Mara (MP) **61** H1
Marad **68** C1
Maradam **85** H3
Maradugu **91** G3
Marahalli **100** A2
Marahchi **28** A3
Marahra **26** D3
Maraiyur **99** H6
Marakkanam **101** G2
Marakpur **26** A3
Maralvadi **96** A6
Maram **53** E1
Mara Manas **34** C5
Maramsilli Reservoir **74** C4
Marangadh **40** B6
Marangaon **35** H4
Marangkong **36** C4
Marang La **12** D1
Marang Ponga **63** F5
Maranhalli **95** E6
Marour **12** D5
Maravanthe **94** B3
Maravda **81** G6
Marawali **12** A6

Marble Rocks **60** B3
Mardah **46** B2
Mardakot **76** C6
Mardanpur **59** E4
Marde **81** H5
Mardi (Ma) **73** E5
Mardi (Ma) **81** E5
Maregaon **73** E5
Margao (Madgaon) **88** C5
Margherita **37** E2
Margram **49** H6
Marg Tamhana **80** B6
Marha **29** H6
Marhaura **48** A2
Mariad **44** B6
Mariahan **45** H4
Mariahu **45** H3
Mariani **36** B4
Maricha **49** E1
Marigaon **35** F5
Marihal **89** E4
Marikal **90** D2
Maripur **32** A6
Marka **44** D3
Markacho **48** D5
Markakasa **74** A3
Markanda **16** D3
Markandi (Ma) **73** H5
Markandi (Or) **86** D1
Markapur **91** G4
Markha **9** E6
Markik **83** F5
Markuli **51** G4
Marla **23** G5
Marmat **68** B1
Marniu **36** B1
Maroa **34** D5
Marod **74** D3
Maroda **74** A5
Marol **8** D5
Marosile **75** F3
Marot (PAK) **14** B5
Marot (Rj) **25** E5
Marpalli **82** D6
Marpha **44** D4
Marrayagudem **84** C5
Marri **40** C5
Marrigudem **84** B5
Marshaghai **77** F4
Marsyangdi **31** E1
Mar Thoma Pontifical Shrine **99** F6
Marthuval Malai **102** D6
Martoli **18** C2
Martur **82** B6
Maru **104** C5
Marua **25** E6
Marudur **100** C5
Marungapuri **100** C6
Mururu **96** A2
Marutadu **101** F1
Maruteru **93** E2
Maruthi **10** D2
Maruturu **92** A4
Marvad **71** E2
Marve **80** A1
Marwadi **72** B5
Marwas **59** E1
Masabdisa **52** C1
Masaipet **83** F5
Masakhali **51** F5

Masalang **67** E1
Masan **30** D4
Masanjor **49** G6
Masarkal **90** B3
Masauli **29** F5
Masaurhi **48** B3
Maschhari **67** E2
Mashi **25** F6
Mashobra **12** C6
Mashkubha **67** F3
Masinagudi **99** G3
Masira **61** E2
Masitan **15** G4
Maski **90** B4
Masod **72** D1
Masrakh **48** A1
Masrur **12** A4
Massa **81** H3
Massa Jogi **81** H3
Massigah **16** C3
Masterpara **67** E2
Masti **96** B6
Mastuj **8** A3
Mastuj (River) **8** A2
Masturi **61** H6
Masuda **41** G2
Masulipatnam **92** D3
Masur (Ka) **94** D2
Masur (Ma) **80** D6
Masura **88** B3
Mat **26** C4
Mat (River) **52** C6
Matabhanga **33** G6
Matai **77** G2
Matala **82** B5
Matalkunta **82** D5
Matamuhari **67** F6
Matanhei **25** H1
Matanomadh **54** C2
Matar **56** C4
Matarbari **67** E5
Mataundh **44** C3
Matbarar Char **66** A1
Matbar Hat **66** D3
Mat Branch **26** C2-4
Mated **83** H5
Matera Bazar **29** G3
Mateswar **51** E5
Mathak **55** G4
Mathania **23** H6
Mathbaria **66** A4
Matheran **80** B2
Matheran Hills **80** B2
Matho **9** F5
Mathura (UP) **26** C4
Mathura (UP) **29** H3
Mathurapur (As) **36** C3
Mathurapur (Bi) **49** H2
Mathurapur (WB) **65** E5
Mathwada **83** H4
Mathwar **57** F6
Mathwar Hills **57** F6
Matiali **33** F4
Matiari **65** F1
Matibhanga **65** H3
Matili **15** F4
Matin **61** H4
Matiranga **67** E2
Matiyal **10** C3
Matkuli **59** G5
Matla **74** B1
Matla (River) **65** F4

Matlab **66** B1
Matmari **90** C4
Mato **77** G2
Matola **82** A4
Matra **55** H5
Matsihku Taung **37** H3
Mattampalli **92** A2
Mattigatta **95** G4
Mattigiri **96** B6
Mattihalli **95** F1
Mattili **85** F3
Mattod **95** F3
Matwa **55** E5
Matwad **69** H3
Mau (Bi) **48** A4
Mau (MP) **43** H1
Mau (MP) **58** D1
Mau (MP) **60** C5
Mau (MP) **61** F1
Mau (Rj) **25** F4
Mau (Rj) **42** D4
Mau (UP) **43** H2
Mau (UP) **45** F4
Mau Aimma **45** G2
Maudaha **44** C3
Maudanga **35** G6
Mauganj **45** G5
Mauhar **44** D1
Maujpur **26** A4
Maulipader **85** E2
Maunath Bhanjan **46** B2
Maunda **73** G2
Maungkan **53** G2
Maur **15** H3
Mau Ranipur **44** A4
Maurawan **45** E1
Mavalli **94** B3
Mavelikara **102** B3
Mavingundi **94** C2
Mavli **17** F5
Mawa Ghat **66** A1
Mawai **61** E5
Mawal **40** C6
Mawana **17** F6
Mawdem **51** G1
Mawdoh **51** G1
Mawhati **52** A1
Mawkyrwat **51** G2
Mawlai **51** H1
Mawlaik **53** F6
Mawlyngkneng **52** A1
Mawmarin **51** G2
Mawphlang **51** H2
Mawrongor **51** G2
Mawskei **51** G1
Mawsynram **51** H2
Mawtongyi **53** G6
Maya Bhikhi **30** A6
Mayabundar **104** A3
Mayakonda **95** F2
Mayangdi **31** E1
Mayang Imphal **53** E3
Mayapur (MP) **58** D2
Mayapur (WB) **65** E5
Mayapur (Ruin) **35** H3
Mayem **88** C5
Mayiladuthurai **101** F4
Mayna **64** D5
Mayni **81** E6
Mayu **78** B1
Mayurbhanj Plain **64** B6
Mayureswar **49** H6

Mayurnagar **55** G3
Mazar **9** E2
McLeod Ganj **11** G2
Mebsi **31** F6
Mebu **20** D6
Mechcheri **100** B2
Mechi **32** D5
Mechi (Division) **32** D4
Meda **54** D6
Medak **83** E4
Medakul **46** A2
Medana **75** E6
Medapadu **93** F1
Medarametla **92** A4
Medchal **83** F5
Medha (Ma) **80** C5
Medha (Ma) **80** C6
Medikurti **96** D4
Medkanhal **90** A4
Medsi **72** A4
Meenachi **102** B2
Meerut **17** E6
Mega **20** B5
Megal **68** B2
Megalwa **40** B3
Megarvalli **94** D4
Megasini **64** A6
Meghalaya **51** F2
Meghatari **48** C5
Meghna **66** B2
Meghpur **55** F1
Meghraj **57** F2
Mehda **43** H1
Mehdawal **30** B5
Mehendiganj **66** B3
Meherpur **65** E1
Mehervara **56** B2
Mehidpur **58** A2
Mehkar **71** H5
Mehmadabad **56** C4
Mehnagar **46** A2
Mehrauli **26** B1
Mehrawan **45** H2
Mehsana **56** B2
Mehunbare **71** E4
Meianjra **73** E2
Meiring **53** F3
Mej **42** B3
Meja (Rj) **41** G3
Meja (UP) **45** G4
Mekho **21** E6
Mekhliganj **33** G6
Me La **34** D1
Melaghar **66** C1
Melandaha **50** D4
Melattur **99** F4
Melchhamunda **75** G2
Melghat **72** A1
Melghat Wildlife Sanctuary **72** B2
Meli Bazaar **33** E4
Meliyaputtu **86** B2
Melkote **95** G6
Melliyakarai **100** C3
Melmandai **103** F4
Mel Mattur **101** E4
Melpadi **97** E5
Melpatti **96** D6
Melum La **34** D2
Melunghi Gang **34** B1
Melur **103** F1
Meluri **36** C6

Melvisharam **97** E5
Memari **64** D2
Menal **42** A4
Menchal Island **104** D6
Mendarda **68** C2
Mendhar **8** B6
Mendipur **51** G4
Mendki **73** G4
Mendwas **42** B2
Mengni **55** F6
Mennanyam **99** E3
Mentada **85** H3
Meppadi **99** F3
Mepumna **21** F6
Mera **35** E3
Meral **46** C6
Meramsar **24** B3
Merandahalli **100** B1
Merasar **24** A2
Mercara (Madikeri) **99** E1
Mero **40** C5
Merpalli **84** A2
Merta **24** C6
Mertigudda **94** D5
Meshing **20** B6
Meshwa **56** D2
Mesitang **34** C2
Mesuria **55** G5
Meswan **68** C2
Metala **71** G4
Methan **56** A3
Methraipara **51** H6
Metoma **19** E3
Metpalli **83** F2
Mettupalayam **99** H4
Mettur **100** B3
Metwara **58** C4
Mevasa **55** H5
Mewali **56** D4
Mewar Hills **40** D5
Mewasa **55** F6
Mhaisgaon **81** G4
Mhaismal **71** E5
Mhasdi **70** D3
Mhasla **80** B4
Mhasvad **81** E5
Mhasvad Tank **81** E5
Mhow **58** B5
Mi **67** G5
Miajlar **39** F1
Miana **43** E5
Mian Channun **14** B2
Miandam **8** A4
Miani (Pu) **10** D5
Miani (Ut) **17** F2
Mianpur **43** F4
Mianwali **15** E4
Miao **37** F1
Miaon **28** B3
Miar Hat **66** C3
Midda **15** F3
Middle Andaman Island **104** A4
Middle Krishna Valley **89** F2
Middle Luni Plain **40** B2
Midigeri **95** H3
Midnapore **64** C4
Midutura **91** E4
Miging **20** B4
Mihijam **64** B1
Mihona **43** H1
Mijakpur **26** A4
Mijika **35** G4
Mikirbheta **35** F5
Mikirgaon **35** G5
Mikir Hills **35** G5
Mikkim **13** E4
Milak **28** B1
Milam **18** B2
Milam Glacier **18** B2
Milkipur **29** H6
Milling **13** F4
Milupara **62** C5
Mimisal **103** H1
Minapur **48** B1
Minbya **78** D2
Mingaora **8** A5
Mingteke **8** C2
Ming-t'ieh-kai Ho **8** C2
Minjur **97** G5
Minkiani **12** B3
Minsarai **66** D3
Minutang **21** F5
Minzong **21** G6
Mipi **21** E4
Miragwas **42** D6
Miraj **89** E2
Mirajgaon **81** F3
Miraj Hills **89** E1
Miran **25** E3
Miraspur **17** F5
Mirau **16** A6
Mirchaduri **46** A6
Mirgani **31** E6
Mirganj **28** B1
Mirgarh Fort **14** C5
Miri **81** F1
Mirialguda **91** H1
Mirian **94** B2
Miri Hills **20** C6-D6
Mirik **33** E5
Mirle **99** F1
Mirmau **29** G6
Miroe Island **104** D5
Mirpur (Dh) **51** E6
Mirpur (Kh) **50** B6
Mirpur Khas **38** C3
Mirthal **10** D4
Miru **9** F6
Miryan **82** C6
Mirzaganj **66** A4
Mirza Murad **46** A3
Mirzapur (Bi) **46** D5
Mirzapur (Dh) **51** E5
Mirzapur (UP) **28** C3
Mirzapur (UP) **45** H4
Mirzapur (WB) **49** H5
Mirzapur Hills **45** H4
Misa **35** G5
Misamari **35** F4
Misha **104** C5
Mishrikot **89** F5
Misni **54** D6
Misrikh **29** E4
Mitamain **51** G4
Mitasar **24** D2
Mitauli **28** D3
Mitha Bell **30** C6
Mithapukur **50** C2
Mithapur (Gu) **54** C5
Mithapur (Gu) **56** A3
Mithria **23** G3
Miti **54** C2
Mitri **40** D3
Mittemari **96** B4
Miyanganj **29** E6
Miyar Nala **12** C2
Mizoram **52** C5
Moana **16** C5
Mobor Beach **88** C6
Mo Chuu **33** H2
Modasa **56** D2
Modhera **56** B2
Modhwara **54** D6
Modinagar **17** E6
Moga **15** H1
Mogalturu **93** E2
Mogaung **37** G6
Mogiyabari **66** D1
Mogli **82** D2
Moglipenta **97** E3
Mogra (Ma) **73** F2
Mogra (Rj) **40** D1
Mogra (River) **51** E3
Mograpara **66** B1
Moha **81** H3
Mohadebpur **50** B5
Mohakalpara **77** F4
Mohala **74** B4
Mohammadpur **65** H1
Mohan (UP) **29** E6
Mohan (Ut) **17** F3
Mohan (River) **62** A2-B2
Mohana (Ha) **16** D6
Mohana (MP) **43** F2
Mohana (Or) **76** B6
Mohana (Rj) **25** F6
Mohana (River) **48** B3-5
Mohanganj (Dh) **51** F3
Mohanganj (UP) **45** F1
Mohangarh **43** H4
Mohania **46** C4
Mohankot **57** G4
Mohanlalganj **29** F6
Mohanpur (Cht) **66** B1
Mohanpur (Gu) **56** D2
Mohanpur (Ra) **50** B5
Mohanpur (WB) **64** C6
Mohanur **100** C4
Mohardh **62** A2
Mohari **73** G2
Moharli **73** F5
Mohasa **43** F6
Mohatitoli **63** E4
Mohdra **44** C6
Mohean **104** C5
Mohedamada **83** G4
Mohena **26** B2
Mohera **74** D3
Mohgaon (MP) **60** D4
Mohgaon (MP) **60** D6
Mohgaon (MP) **73** H1
Mohiuddinnagar **48** C2
Mohkher **59** H6
Mohmaragaon **36** D1
Mohoda **73** E5
Mohol **81** G5
Mohona **42** B5
Mohpa **73** E2
Mohpadar **85** E3
Moi **42** C5
Moinabad **82** C5
Moirang **53** E4
Moj **55** F6
Moka **90** B6
Mokal (Gu) **68** B1
Mokal (Rj) **22** D4
Mokala **24** C6
Mokalsar (Rj) **15** E6
Mokalsar (Rj) **40** C3
Mokameh **48** D3
Mokampur **24** B1
Mokhada **70** A5
Mokheri **23** G5
Mokhpal **84** D3
Mokokchung **36** C5
Molagavalli **90** C5
Molakalmuru **95** G1
Molaman **24** B2
Molem **88** D5
Molen National Park **88** D5
Mollahat **65** H3
Mollen **53** F1
Molley **33** E4
Molnom **52** D4
Molong **52** C3
Molvailup **53** F3
Mombi New **53** E5
Mon **36** D4
Monachara **52** B4
Monakhali **78** B1
Moncombu **102** A3
Mond **88** B2
Mondemkhallu **86** A2
Mone Leh **12** D1
Mongar **34** C3
Mongar (Dzongkhag) **34** C3
Monghyr **49** E3
Mongla **65** H4
Mongla (River) **65** H4
Mongpong **33** F4
Monka **34** C3
Mon La Karchung **34** B1
Monohardi **51** F5
Mool Sagar **22** D5
Mop **72** A5
Mopadu **91** H6
Mopung **20** C5
Mor (Bi) **48** C3
Mor (Rj) **42** A1
Mor (River) **49** F5-H6
Morab **89** F5
Morabgi **89** G1
Moradabad **17** G6
Moragang **52** B4
Morageri **89** H6
Moraim **40** A4
Morala **89** E1
Moram **82** A5
Moranam **97** F6
Morand **59** E5-F5
Morang (HP) **13** E3
Morang (HP) **13** F5
Morangpalli **82** D6
Moranhat **36** C2
Moran Sagar **25** H6
Morappur **100** C2
Morar **43** G1
Moratgi **90** A1
Morath **72** C6
Morena **26** C6
Morena Plateau **42** D2
Morgaon **80** D4
Morgram **49** H5
Morhar **48** A5
Mori (MP) **42** A6
Mori (Rj) **24** D5
Morich **8** A2
Morla **41** H1
Mormugao **88** C5
Mormugao Bay **88** C5
Mornai **34** C6
Morne **62** A1
Morni **16** D2
Moro **40** D5
Morpa **56** B1
Morpur **54** D6
Morrelganj **65** H4
Mor Reservoir **49** G6
Morsi **72** D2
Mortad **83** F2
Mortakka **58** B5
Morvi **55** G4
Morwai **62** D2
Morwan **41** H5
Moshrot **52** B1
Motagaon **57** F2
Motai **23** H4
Motanga **76** D3
Moteh **92** A1
Moter **75** F6
Moth **43** H2
Mothala **54** C3
Motibennur **94** D1
Motigarh **24** A1
Motihari **31** F6
Moti Koral **56** D6
Motinala **61** E5
Motipur **29** F2
Motkur **83** G6
Mottugudiam **84** D4
Mottur **100** D1
Motu **84** D5
Mouana **55** G1
Moulvi Bazar **51** H4
Mount Abu **40** C5
Mount Abu Wildlife Sanctuary **40** C5
Mouths of the Ganges **65** F6-H6, **66** A6-C5
Mouths of the Godavari **93** F2-3
Mouths of the Krishna **92** C4
Mouths of the Mahanadi **77** F5
Movan **54** D5
Moviya **55** G6
Movva **92** C3
Moyar **99** G3
Moyar Falls **99** G3
Moyu **9** H1
Mrambon **21** E5
Mrauk U **78** D2
Mu **53** H6
Mualbu Kawnpui **67** G4
Mualvum **52** B5
Mubarakpur **46** B1
Mubarkapur **12** A5
Mudabidri **94** C5
Mudaliarchavodi **101** F2
Mudana **72** C6
Mudanthurai Tiger Sanctuary **102** D5
Mudan Turzio **102** C5
Mudbal **90** B2
Muddanuru **96** C1
Muddebihal **89** H3
Muddur **83** G5
Mudenur **90** A4
Mudetha **40** A6
Mudgal **90** A4
Mudhol (AP) **82** D2
Mudhol (Ka) **89** F3
Mudia **54** B2
Mudigere **95** E5
Mudigubba **96** B2
Mudila **30** C5
Mudivedu **96** C4
Mudkavi **89** F4
Mudkhed **82** C2
Mudkhed Hills **82** D1
Mudki **15** G1
Mudong **37** H1
Mudra **43** E5
Mudukulattur **103** F3
Mudumala **90** C3
Mudumalai National Park **99** G3
Mudumpadu **96** D3
Muduvadi **96** C5
Mugad **89** E5
Mughalgidda **91** E1
Mughalpur **17** G6
Mughal Sarai **46** B3
Mugling **31** E2
Muguru **99** H2
Muguthang **33** E2
Muhamdi **28** D3
Muhammadabad (AP) **90**
Muhammadabad (UP) **28**
Muhammadabad (UP) **46**
Muhammadabad (UP) **46**
Muhammad Bazar **49** G6
Muhammadganj **46** C5
Muhammadpur (MP) **58** B6
Muhammadpur (UP) **28** D3
Muhar **22** C5
Muirpur **46** A6
Mujjagad **76** B5
Mukabeli **84** B2
Mukalmua **34** D6
Mukandpur **12** A6
Mukandwara **42** B5
Mukandwara Hills **42** B4
Mukapara **84** C3
Mukhab **40** A1
Mukhachariduar **67** E1
Mukhalingam **86** B2
Mukhed **70** D5
Mukher **82** C3
Mukki (Ar) **20** B6
Mukki (MP) **60** D6
Muklawa **15** E4
Mukpalli **73** H6
Mukrian **10** D4
Muksudpur **65** H2
Muktagacha **51** E4
Muktagiri **72** C2
Muktehwar **18** A5
Mukti **71** E3
Muktsar **15** G2
Mukundgarh **25** E3
Mukurthi National Park **99** G4
Mukutban **73** E6
Mul **73** G5
Mula **80** C1
Muladhuli **50** C5
Muladi **66** B3
Mulaikaraippatti **102** D5
Mulana **16** D3
Mulanur **100** A5

awa 72 C6
bagal 96 C5
bekh 8 D5
Dwarka 68 C3
gund 89 G5
halli 100 A1
Hills 73 G5
i 55 H4
ila 55 F5
ki 94 C5
lamari 82 C6
layangini 95 E4
lianpui 67 F3
shi 80 B3
shi Lake 80 B3
tai 72 D1
tan 14 A3
lug 84 A4
vad 89 G2
mbai (Bombay) 112-113
mbra 80 A1
mmasar 24 C2
mmidivaram 93 F2
nabao 39 F2
nagala 92 A1
nak 16 D5
nda 15 F5
ndahal Kalan 16 B6
ndakayam 102 B2
ndargi 89 H6
ndarwa 28 C5
ndgaon 72 A3
ndgod 89 F6
ndha Pande 17 H6
ndher 76 A1
ndhevadi 81 G5
ndhri 73 G2
ndi 58 C6
ndlana 16 C5
ndoli 18 A3
ndra 54 D4
ndra Bandar 54 D4
ndsar 24 B3
ndwa 24 B5
ndwara 40 C5
ngamuru 97 G1
ngaoli 43 G6
ngeli 61 F6
ngi 81 G1
ngod 91 G1
ngra Badshahpur 45 G3
ngsaria 24 C3
ngwani (MP) 60 B4
ngwani (MP) 60 B6
nirabad 90 A5
njasar 23 H5
njola 85 E1
njpur (Gu) 55 H4
njpur (Gu) 56 A2
nnar 102 C1
nrodnaippu 102 D5
nshi Bazar 51 H4
nshiganj 66 B1
nshir Bazar (Cht) 66 D3
nshir Hat (Dh) 51 E3
nsyari 18 C3
nund 62 B5
upa 52 C2
upawaram 91 H2
uphlang 52 A2
ura 62 C6

Murad Kari 22 A6
Muradnagar (Cht) 51 G6
Muradnagar (UP) 26 B1
Muragacha 65 E1
Murajhar 35 G6
Murali Soru 76 A5
Muramgaon 74 A4
Murapara 51 F6
Muraral 49 H5
Murbad 80 B1
Murdol 75 H3
Murera 30 C6
Murgod 89 E4
Murgud 88 D3
Murhar 22 B6
Murheri 43 E3
Murhipar 74 B2
Murhu 63 F3
Muridke 10 A4
Murinda 16 C1
Murkal 99 F2
Murkunda 63 E3
Murlen 52 D6
Murliganj 49 F1
Murree 8 B6
Murshidabad 50 A5
Murtajapur 72 B3
Murud (Ma) 80 A3
Murud (Ma) 81 H3
Muruda 64 B6
Murudeshwar 94 B3
Murudeshwar Beach 94 B3
Murudeshwar Island 94 B3
Murugamale 96 C4
Murum 80 D4
Murwal 44 D3
Murwara 60 D1
Murwara Basin 60 C2-D2
Musafirkhana 45 F1
Musagang 33 H1
Musaiyur 101 E2
Musalimadugu 91 F4
Musal Tivu 103 H3
Musalvadi 81 E1
Musapet 90 D2
Musepur 26 B3
Mushabani 64 A4
Mushkin 8 C4
Musi 83 H6
Musi Reservoir 83 H6
Musiri 100 C5
Muskira 44 B3
Musrumgond 74 A5
Mussoorie 17 F2
Mussoorie Range 17 G3
Mustabada 92 C2
Mustafabad (Ha) 16 D3
Mustafabad (UP) 45 E2
Mutampet 73 G6
Mutaram 83 H3
Mutgi 89 H2
Mutha Mula 80 D3
Muthanga 99 F3
Muthli 40 B2
Mutssukota 96 B1
Mutssukota Hills 96 B1
Muttapuram 84 B5
Muttattur 101 F2
Muttukadu 97 G5
Muttukuru (AP) 96 D5
Muttukuru (AP) 97 G2
Muttupet 101 F6

Muttur 100 B4
Mutukula 91 H3
Mutukulivayal 102 D5
Mutyalapadu 91 F6
Muvalrevu 86 C2
Muvatagupudur 99 G5
Muvattupuzha 102 B1
Muvattupuzha (River)
    102 B1-2
Muvatupula 102 B1
Muveru 84 B5
Muyyabompeta 84 A2
Muzaffarabad (PAK) 8 B5
Muzaffarabad (UP) 17 E3
Muzaffarnagar 17 E5
Muzaffarpur 48 B1
Muzhappilangam Beach
    98 D3
Myani 52 A6
Myanimukh 67 E2
Myari 68 B1
Myaungbwe 78 D2
Myitha 53 E6
Mylliem 51 H2
Mymensingh 51 E4
Mynser 35 F6
Mysore 123

N

Naaf 78 B1
Nabadwip 65 E2
Nabaganga 65 G1
Nabagram 104 A3
Nab Chote 34 B2
Nabha 16 B2
Nabiganj 51 H4
Nabinagar (Bi) 46 D5
Nabinagar (Cht) 51 G6
Nabji 34 B3
Nachani 16 C4
Nachankhadak 70 A4
Nachinda 64 D5
Nachna 23 F4
Nachuga 104 A6
Nadanwara Tal 43 H4
Nadapuram 99 E3
Nadaul 48 B3
Nadaun 12 B5
Nadawan 60 D1
Nadbai 26 B5
Nadiad 56 C4
Nadigaon 44 A2
Nadol 41 E3
Nadria 45 F6
Naduvattam 99 G3
Naenwa 42 B2
Nag 73 F2
Nagad 71 E4
Naga Hills 36 C6
Nagai 61 H4
Nagaj 89 H6
Nagal (UP) 17 E4
Nagal (UP) 17 F4
Nagaladime 90 D4
Nagalamadike 96 A2
Nagaland 36 B6
Nagalapuram 90 D4
Nagalpuram 103 E3
Nagalpuram Hills 97 F4
Nagalvadi 71 E1
Nagalwadi 73 F1

Nagamangala 95 G6
Nagansur 81 H6
Nagaon (As) 35 F4
Nagaon (As) 35 G5
Nagaon (Ma) 80 A3
Nagapattinam 101 F5
Nagapur 82 A2
Nagar (Chh) 61 H3
Nagar (Ka) 94 C3
Nagar (PAK) 8 C3
Nagar (Rj) 26 A4
Nagar (Rj) 41 H1
Nagar (Rj) 42 B2
Nagar (River) 49 H2
Nagaram 84 B3
Nagarbari (Dh) 50 D5
Nagarbari (Ra) 50 D6
Nagarbari Ghat 50 D6
Nagarbera 34 C6
Nagar Devla 71 E4
Nagargaon 36 B3
Nagarhole 99 F2
Nagarhole NP 99 E2
Nagari 97 F4
Nagari (River) 97 F5
Nagari Hills 97 F4
Nagarjunakonda 91 G2
Nagarjuna Plateau 91 G3
Nagarjuna Sagar 91 G2
Nagarjuna Sagar-Srisailam
    Tiger Reserve 91 F3
Nagarkanda 65 H1
Nagar Karnul 91 E2
Nagar Khas 40 A3
Nagar Mewa 40 B2
Nagarnar 85 F2
Nagarpur 50 D6
Nagarsul 70 D5
Nagar Untari 46 B6
Nagasamudram 96 A2
Nagasari 69 E3
Nagaur 24 B5
Nagaveli 75 G6
Nagavedu 97 F5
Nagayalanka 92 C4
Nagbhir 73 G4
Nagda (MP) 57 H4
Nagda (MP) 58 A2
Nagda (Rj) 41 E5
Nagdirgram 52 C3
Nagelao 41 G1
Nagercoil 102 D6
Nageshwari 50 D1
Nagevadi 81 E6
Naggar 12 C4
Nagina 17 G5
Naginimara 36 C3
Nagjhari 81 F2
Nagjua 63 E2
Nagnur 83 G4
Nagoa Beach 68 D3
Nagod 44 D5
Nagoki 15 H4
Nagore (Nagur) 101 F5
Nagothana 80 B3
Nagpur (AP) 83 F5
Nagpur (Ha) 16 A4
Nagpur (Ma) 73 F2
Nagpur Plain 72 D2
Nagra (Gu) 56 C5
Nagra (UP) 46 C2
Nagra (UP) 48 A2

Nagraibari 51 H6
Nagrajsar 23 G3
Nagrakara 33 F4
Nagram 29 F6
Nagri (Chh) 74 D4
Nagri (Jh) 63 F2
Nagri (Ma) 73 E4
Nagri (Rj) 41 G4
Nagrota 12 A4
Nagrota Khas 12 B4
Nagslapuram 97 F4
Nagthan 89 H1
Nag Tibba 17 F2
Nag Tisba Range 17 E1
Nagur (Nagore) 101 F5
Nahala 16 A5
Nahan 16 D2
Nahapa 56 C5
Nahar 25 H2
Nahargarh (MP) 41 H6
Nahargarh (Rj) 42 D5
Nahar Sagar 41 H2
Nahata 65 G2
Nahianwala 15 G2
Nahil 28 D2
Nahna 16 D1
Nahoria 45 G5
Nahro 26 B5-6
Naihati 65 E3
Naika 56 C4
Naikaneri 96 D5
Naikul 76 C2
Nainakot 10 C4
Naini 45 G3
Nainital 18 A5
Nainpur 60 C5
Nai Sarai 43 E5
Naitola 34 D4
Najafgarh 26 A1
Najibabad 17 G4
Nakachari 36 B4
Nakapalle 85 G6
Nakartiagar 31 E4
Nakasipara 65 E1
Nakhla 51 E3
Nakhola 35 F6
Nakhtarana 54 C2
Nako 13 F4
Nako (Temple) 13 F4
Nakodar 10 D6
Nakrasar 24 D2
Nakrekal 91 H1
Naksalbari 33 E5
Nakti 55 E3
Nakur 16 D4
Nala (Jh) 63 G2
Nala (Jh) 49 F6
Nalagarh 16 C1
Nalaghat 76 A6
Nalanda 48 C3
Nalapara 51 G1
Nalatvad 90 A3
Nalbari 34 D5
Nalcha 58 A5
Nalchhiti 66 A3
Naldehra 12 C6
Naldera 12 D6
Naldhara 70 A3
Naldurg 82 A5

Nalgora 65 E5
Nalgubukla 9 G6
Nalhati 49 H5
Nalhiapur 30 A5
Nalitabari 51 E3
Naliya 54 B2
Nalkhera 58 C1
Nal Lake 56 A4
Nallamala Range 91 G4
Nallapalem 97 F2
Nallatanni Tivu 103 F4
Nallejerla 92 D1
Nallikodur 83 H5
Nallur (Ka) 95 E3
Nallur (TN) 100 B4
Nal Sarovar Bird Sanctuary
    56 B4
Nalwar 90 B1
Namada Chilume Sanctuary
    90 B2
Namagiripettai 100 C3
Namakkal 100 C4
Namanagar 86 B2
Nambiyur 100 A4
Nambol 53 E3
Namche Barwa 20 C2
Namche Bazar 32 B2
Namchi 33 E4
Namdang 36 B3
Namdapha National Park
    37 F2
Nameri Wildlife Sanctuary
    35 G3
Namgia 13 F4
Nam Hkao 36 D5
Namhta 53 H2
Namik 18 B3
Namkhana 65 E6
Namkom 63 F2
Namli 57 H2
Namoli 12 C6
Nampali 91 G1
Nampuk 37 E3-5
Nampur 70 C3
Namrup 36 D2
Namsai (Ar) 21 E6
Namsai (Ar) 37 E2
Nam Selein 37 E5
Namthang 33 F4
Namu 12 B2
Namya 53 F3
Nana 40 D4
Nanai 35 E5-6
Nanaj 81 F3
Nanak Sagar 18 B6
Nanasi 70 B4
Nanauta 17 E4
Nancherla 90 D1
Nancowry Island 104 D5
Nand 73 F4
Nanda Devi 13 F3
Nanda Devi Sanctuary 18 B2
Nandail 51 F4
Nandakini 18 A3
Nanda Kot 18 B3
Nandalali 50 B4
Nandalgaon 81 H2
Nandalur 97 E2
Nandanapur 49 F1
Nandankanan Zoological Park
    77 E4
Nandaprayag 18 A2

Nandasan 56 B2
Nandauti 25 H6
Nandavaram (AP) 90 C4
Nandavaram (AP) 97 E1
Nanded 82 C2
Nandgad 89 E5
Nandgaon (Ma) 70 B6
Nandgaon (Ma) 70 D4
Nandgaon (Ma) 72 C3
Nandgaon (Ma) 80 A3
Nandgaon (UP) 26 B3
Nandgaon Kaji 72 C4
Nandghat 74 D1
Nandia 40 B3
Nandigam 86 C2
Nandigama 92 B2
Nandigram (Ra) 50 C4
Nandigram (WB) 64 D5
Nandi Hill 96 B4
Nandi Hills 96 A5-B4
Nandikhila 51 F4
Nandikotkur 91 E4
Nandipadu (AP) 91 E6
Nandipadu (AP) 97 E1
Nandipalli 90 C2
Nandiraj 84 C2
Nandivargam 91 E5
Nandivela 68 D2
Nandnee 81 H6
Nandod 56 D6
Nandol 56 L3
Nandora 74 A1
Nandori 73 F4
Nandra (Ma) 71 F2
Nandra (MP) 58 B5
Nandul 75 G5
Nandur (Ma) 81 G2
Nandur (Ma) 81 H3
Nandura 71 H3
Nandurbar 70 C2
Nandur Shingoti 70 C6
Nandvadgi 90 A4
Nandwai 41 H4
Nandyal 91 F5
Nandya Valley 91 E4-F6
Nangal 12 B6
Nangaleswar 64 C6
Nanganji 100 B6
Nangarecha 54 C3
Nangavalli 100 B3
Nangavaram 100 C5
Nangli 96 C5
Nangloi Jat 26 A1
Nangolkot 66 C2
Nangor 54 D2
Nangtraw 52 A1
Nanguneri 102 D5
Naniarchar 67 E2
Nanjangud 99 G2
Nankatti 74 C2
Nannial 83 H2
Nannilam 101 F5
Nanpara 29 G3
Nanpur (Bi) 31 H6
Nanpur (MP) 57 G5
Nanta 42 B4
Nantaleik 37 E6
Nanur 64 D1
Naogai 62 A1
Naogaon 50 B4
Naohata 50 B5
Naojan 36 A5

Naoli 90 A4
Naorangdesar 24 B2
Naoshera 10 A1
Napasar 24 B3
Nar 56 C5
Naraharipeta 97 E5
Narahia 32 B6
Narail 65 G2
Naraina 25 E6
Naraini 44 D4
Narainpur (Chh) 74 C6
Narainpur (UP) 46 C3
Narainpur Basin 74 C6
Naraj 77 E4
Narakal 102 A1
Naran 8 B4
Narangi 85 E1
Naranjigundlapalle 95 H1
Naranpur 62 C4
Narapala 96 B1
Narasannapeta 86 B3
Narasapatnam Point 93 E3
Narasapur 93 E2
Narasapura 96 B5
Narasaroopet 92 A3
Narasimharajapura 94 D4
Narasimharaopalem 92 C1
Narasingapuram (AP) 83 G4
Narasingapuram (AP) 97 E4
Narasingarayanpet 97 E5
Narasinghpur 76 C4
Narasinhapur 66 B2
Narauli 28 A1
Naravarikuppam 97 G5
Narayanapatnam 85 H2
Narayanapur 86 B2
Narayanavanam 97 F4
Narayanganj (Dh) 66 B1
Narayanganj (MP) 60 C4
Narayangaon 80 C2
Narayangarh (Ha) 16 D2
Narayangarh (MP) 41 H6
Narayanghat 31 E3
Narayani 30 D3
Narayani (Division) 31 F4
Narayankher 82 D4
Narayanpet 90 C2
Narayanpur (AP) 91 F1
Narayanpur (Cht) 51 G6
Narayanpur (Gu) 70 B2
Narayanpur (Jh) 49 E6
Narayanpur (Rj) 25 G4
Narayanpur (WB) 49 G5
Narcondam Island 104 C2
Nardana 71 E2
Nardiganj 48 C4
Nare 15 G1
Naregal 89 G5
Narela 16 D6
Narendranagar 17 F3
Narendrapur 86 D1
Narera 25 G3
Nargaon 71 G3
Nargol 69 H5
Nargora 61 H5
Nargund 89 F4
Narharpur 74 D4
Narhat 48 C4
Narhatta 50 C4
Naria 66 A2
Nariana 10 B2

Narkanda 12 D6
Narkatia 31 F5
Narkatpalli 83 G6
Narkhed 81 G5
Narkher 73 E2
Narki 26 D4
Nar Kot 10 B1
Narlai 41 E3
Narlapur 84 B4
Narmada 57 F6, 59 E5-G3
Narmada Valley 58 D5
Narnaul 25 G2
Narnaund 16 B5
Narnuru 91 E4
Naroli 69 H4
Narona 82 B6
Narora 56 C3
Narot 10 D3
Narowal 10 C4
Narpatganj 32 C6
Narphung 34 D4
Narphung La 34 D4
Narsampet 84 A5
Narsana 40 B4
Narsapur (AP) 83 E2
Narsapur (AP) 83 E5
Narsar 24 B6
Narsi 72 A6
Narsingdi 51 F6
Narsinghgarh (MP) 58 D2
Narsinghgarh (MP) 60 B1
Narsinghpur 60 A4
Narsinji 83 E4
Narsingpur 81 F4
Narsipatnam 85 G5
Narsipur 26 A1
Narsro 24 C1
Narsu 10 C1
Nartiang 52 A1
Narundi 51 E4
Narwa 40 D1
Narwai 43 F2
Narwal 44 D1
Narwana 16 B4
Narwar (MP) 43 F3
Narwar (MP) 59 F3
Narwar (Rj) 24 D6
Naryauli 59 H1
Nasik 70 B5
Nasik Road 70 B5
Nasirabad (Cht) 51 F6
Nasirabad (Ma) 71 F4
Nasirabad (Rj) 41 G1
Nasirabad (UP) 45 F1
Nasirnagar 51 G5
Nasrapur 80 C4
Nasriganj 46 D4
Nasrullahganj 59 E4
Naswadi 57 E6
Natabari Hat 33 H6
Natadoha 65 F1
Natau 57 F1
Nateputa 81 E5
Nateran 59 F2
Nathana 15 H3
Nathdwara 41 E4
Natherpetua 66 C2
Nathnagar 49 F3
Nathusar 24 A4
National Chambal Wildlife
    Sanctuary 42 C3
National Martyr's Memorial

51 E6
Natore 50 B5
Nattam 103 F1
Nattarasankottai 103 F2
Natu La 33 F3
Naubatpur 48 B3
Naubise 31 F3
Naugachhia 49 F3
Naugarh (UP) 30 B4
Naugarh (UP) 46 B5
Nauhata 49 E1
Nauhatta 46 C5
Naukot 38 D4
Naukuchiyatal 18 A5
Naultha 16 D5
Naungkan 53 H4
Naungmo 53 G4
Naupada 86 C3
Naupadapenth 86 C1
Naupara 62 A3
Naura 62 A3
Naushahra Panwan 10 C6
Naushehra 23 H1
Nautanwa 30 C4
Navalgund 89 F5
Navalyal 89 E2
Navapur 70 B2
Navdi 88 C1
Navegaon 73 H3
Navegaon Lake 73 H3
Navegaon National Park
    73 H2
Navibandar 68 A1
Navira 86 A1
Navsari 69 H3
Navsari Plain 70 A3
Navuru 94 D5
Nawa 46 D6
Nawabandar 68 D3
Nawab Basoda 59 G2
Nawabganj (Dh) 66 A1
Nawabganj (MP) 57 H2
Nawabganj (Ra) 50 A4
Nawabganj (Ra) 50 B2
Nawabganj (UP) 28 B4
Nawabganj (UP) 28 C1
Nawabganj (UP) 29 F5
Nawabganj (UP) 29 H5
Nawabganj Aliabad 29 G3
Nawabpet (AP) 83 G5
Nawabpet (AP) 91 E1
Nawabshah 38 B1
Nawada (Bi) 48 C4
Nawada (UP) 28 D5
Nawada (WB) 50 A6
Nawadih 63 H1
Nawagam 57 E6
Nawagaon 75 E1
Nawai 42 B1
Nawalgarh 25 E3
Nawanagar (Bi) 46 D3
Nawanagar (MP) 45 H6
Nawanagar (UP) 46 C1
Nawanshahr 10 B2
Nawansharh 12 A4
Nawapara (Kh) 65 G3
Nawapara (Or) 75 F3
Nawargaon 73 G4
Nawegaon 73 H5
Nawngpuawng 53 G3
Nawngsankyin 53 G3
Nayagaon (MP) 41 G5

Nayagaon (MP) 60 A3
Nayagarh (Or) 76 C3
Nayagarh (Or) 76 C4
Nayagarh Hills 76 C5
Nayagram 64 C5
Nayakanhatti 95 G2
Nayalkal 82 D5
Nayamasti 66 D4
Naydongri 70 D4
Nayegaon 82 C2
Nayudupeta 97 F3
Nazareth 103 E1
Nazira 36 C3
Nazirabad 59 E2
Nazir Hat 67 E3
Nazirpur 66 A3
Neamati 36 B3
Nearan 41 G1
Neazipur 46 D2
Neddiguda 76 B4
Nedumangad 102 C5
Nedumbassery 102 A1
Nedumpoyil (Niduboil) 99 E2
Nedungadu 101 F5
Neelkantha Mahadev 17 G3
Neemrana 25 H3
Neermahal 66 C1
Nehra Lake 80 D5
Neibbawi 52 C6
Neihdawn 52 D6
Neil Island 104 B4
Nekarikallu 92 A3
Nekmard 49 H1
Nekonda 83 H5
Nelahalu 95 H4
Nelamongala 96 A5
Nelang 13 G6
Nellayi 99 F6
Nelligere 95 G5
Nellikkuppam 101 F3
Nellimarla 86 A4
Nellipaka 84 C5
Nellore 97 G2
Nellurapalem 97 F1
Nemawar 58 D5
Nemmara 99 G6
Neogha 72 C6
Neora 74 D1
Neora Nadi 33 F5
Neoria Husainpur 28 C1
Nepalganj 29 G2
Nepal Peak 33 E2
Nepaltar 32 B5
Nepa Nagar 71 H1
Nepokulu 99 E1
Ner (Ma) 70 D3
Ner (Ma) 72 C4
Neral 80 B2
Neravailu 97 E3
Neravy 101 F5
Neredikonda 83 E1
Nereducherla 90 D6
Nerhema 36 B6
Neri 71 F3
Nermand 12 D5
Ner Pinglai 72 D2
Nerua 17 E1
Nerur 88 C4
Nesarabad 66 A3
Nesari 88 D3
Netarhat 62 D2

Nethersole Dam 80 C2
Netra 54 C2
Netrakona 51 F3
Netrang 70 A2
Netravati 94 D6
Nettapakkam 101 F2
Neur 61 F5
Neur (River) 61 G1
Nevasa 71 E6
Nevra 88 B1
Newaj 62 D6
Newari 58 C4
New Island 65 E6
New Jalpaiguri 33 E5
New Township 64 C2
Neykuppai 103 F1
Neyveli 101 F3
Neyyar Dam 102 C5
Neyyar Wildlife Sanctuary
    102 C5
Neyyattinkara 102 C5
Ngagon Chu 21 E2
Ngalangkang 34 D3
Ngalung Ga 37 F2
Nganglam 34 D4
Ngan Tso 21 F2
Ngur 52 D6
Niagra 54 C3
Niagzu 9 G6
Niali 77 E4
Niamatpur 50 A4
Niaunyu 36 D3
Niausa 36 D3
Nibal Singhwala 15 H2
Nibra 74 B6
Nibua Raiganj 30 D5
Nichar 13 E5
Nichlaul 30 C4
Nichole 50 A4
Nichuguard 36 A6
Nidadavole 93 E2
Nidagundi 89 H4
Nidamangalam 101 E5
Nidgundi 89 H3
Nidni 82 C5
Niduboil (Nedumpoyil) 99
Nidubrolu 92 B3
Nidugal 95 H2
Nidumolu 92 C3
Nigan 64 D1
Nighasan 29 E2
Nighaw 82 D1
Nighoj 80 D2
Nigohau 29 F6
Nigohi 28 C2
Nigri 45 G6
Nihalamba 70 D1
Nihal Khera 15 F3
Nihtaur 17 G5
Nijhar 70 C2
Nij Laluk 36 A3
Nij Narajol 64 C4
Nikara 55 F5
Ni Kondapa 92 A1
Niktak 36 A1
Nikuran 16 C5
Nilakkottai 103 E1
Nilambazar 52 B3
Nilambur 99 F4
Nilambur Road 99 F4
Nilanga 82 B4
Nileshwar 98 C1

...aon 29 F4
...iri 77 G1
...iri Hills 99 G4
...iri Range 77 F1
...uda 84 B6
    75 F5
...ant (Ut) 18 A1
...ant (Rj) 40 C3
...und 94 C2
...kheri 16 D4
...hamari 50 B1
...a Hills 55 F1
...ala 55 H6
    26 D2
...ach 41 H6
...aj 41 F1
...an 25 F1
...apara 77 E4
...ba 82 A2
...bagallu 95 H1
...abehra 41 G5
...bal (Ka) 89 H1
...bal (Ma) 82 A6
...barga 82 A6
...bavda 81 E6
...bgaon Jali 70 D6
...bgaon Ketki 81 E4
...bi Jodhan 24 C4
...bli Uda 40 D2
...bod 57 H1
...bola 71 H2
...dih 63 H3
...era 25 F4
...agachhi 50 C5
...agaon 70 D4
...gong 34 C3
...i Ka Khera 42 A3
...mu 9 E5
...i Ka Thana 25 F3
...nkhar 29 E4
...khera 57 H5
...amakhandipeth 86 C1
...nmu 9 E5
...inan 62 A1
...non 70 C6
...npani 59 F6
...nri 24 C5
...ging 20 C4
...agru 37 E1
...aguani 61 G3
...ku 36 A1
...al 41 E3
...ani 88 D3
...ania 61 G6
...pani Dongri 73 G1
...phad 70 C5
...a 80 D4
...a (River) 81 E4
...akarpur 76 D5
...a Right Bank Canal 80 D4
...rath 12 D6
...aun 23 E5
...bana 15 E5
...vada 71 F2
...sampur 80 B4
...sang 16 C4
...sapui 52 C5
...sarpur 57 G6
...schintapur 50 A3

Nishanknoda 91 H5
Nithor 26 A5
Nithrana 15 H5
Niti 18 B1
Nitrur 81 H2
Nitte 94 C5
Nittur 95 G5
Nitur 82 B4
Nituria 64 B1
Niva Dongar 70 C4
Nivali 71 E1
Nivaru 43 H3
Niwari 17 E6
Niwas 60 D3
Nizamabad (AP) 83 E3
Nizamabad (AP) 91 F2
Nizamabad (UP) 46 A1
Nizamghat 21 E5
Nizampatam 92 C4
Nizampatam (River) 92 B3
Nizampet 82 D4
Nizampur 70 C2
Nizam Sagar 82 D4
Nizapur 15 E4
Noa Dihing 37 E1
Noagaon 76 D2
Nookhali 66 C2
Noamundi 63 G5
Noawan 46 C3
Nobding 34 A3
Noepeji 53 F6
Noghanvadar 69 F1
Nohar 15 G5
Nohjhil 26 B3
Nohta 60 B2
Noida 26 B1
Noinai 48 B3-D3
Noju 35 H3
Nokh 23 G4
Nokha (Bi) 46 D4
Nokha (Rj) 24 B4
Nokhra (Rj) 23 H3
Nokhra (Rj) 40 A3
Noklak 36 D5
Nokrek 51 E2
Nomal 8 B3
Non 44 C2
Nonapanji 44 B5
Nonavinkere 95 G5
Nondopuru 85 G3
Nongkhlaw 51 H1
Nongpoh 35 E6
Nongstoin 51 G2
Nongthymmai 52 A2
Noonkha 50 D1
Nora Island 54 C4
Norang 35 G2
Noria 10 B3
Norla 75 G5
North Andaman Island
    104 A3
North Bay 104 C5
North Brother Island 104 A6
North Button Island 104 B4
North Cachar Hills 52 B2
North Dum Dum 65 E3
Northern Areas 8 C3
North Guwahati 35 E6
North Karnataka Hills 94 B1
North Koel 46 C6
North Lakhimpur 36 B3
North Meawar Plain

41 G3-H3
North Reef Island 104 A3
North Salmara 34 B5
North Sentinel Island 104 A5
North-West Frontier Province
    8 A4
Nosra 40 C3
Nossam 91 E6
Nowganwa 26 A3
Nowgaon 17 F1
Nowgong 44 B4
Nowrangapur 85 G1
Noyil 99 G5
Nring 37 F1
Nrityagram 96 A5
Nua 25 E2
Nuagam 76 A5
Nuagan 76 C4
Nuagaon 77 F4
Nuakot 63 F6
Nubra 9 E4
Nugihalli 95 G5
Nugu 99 F2
Nugur 84 C1
Nuh 26 A2
Numaligarh 36 A4
Nun 8 D6
Nuna 77 F4
Nungba 52 D3
Nuni 77 E5
Nunihat 49 F5
Nurabad 43 F1
Nurganj 59 E3
Nuriala 39 F1
Nurmahal 10 D6
Nurpur (HP) 12 A3
Nurpur (Pu) 12 B4
Nurpur (UP) 17 G5
Nurpur Distributary 10 A3
Nur Sarai 48 C3
Nuruddin 10 C5
Nutalapadu 92 B4
Nutan Bazar 66 D1
Nutimadugu 96 A2
Nuwaket 30 D2
Nuzvid 92 C2
Nyachut 8 B4
Nyahalode 71 E3
Nyak Tso 9 H6
Nyalam 31 H1
Nyamati 95 E2
Nyamjahg 34 D1-2
Nyasia 36 D3
Nyerang 20 C4
Nyeying 20 B5
Nyile La 33 G2
Nyingchi 20 B2
Nyingsang La 35 E2
Nyoma Rap 13 F1
Nyorak 20 B6
Nyukmadong 35 E2
Nyuri 35 E2

Obaidullaganj 59 E4
Obalam 97 E2
Obalapuram 90 B6
Obra 46 D4
Od 56 D4
Odania 23 F5
Odepur 75 H3

Odhan 15 G4
Odiyattur 101 E2
Odugattur 96 D6
Oel Thakwa 29 E3
Ohar 42 C6
Oinamlong 52 C3
Ojat 68 B1-C2
Ojhar 70 C5
Okara 14 D1
Okha 54 C4
Okhaldhunga 32 A4
Oksu 8 C1
Olakkur 101 F1
Old Deesa 40 B6
Old Goa 115 H5
Olenchi 104 C5
Ollur 99 F5
Olpad 69 H2
Oluru 97 F4
Omalur 100 B3
Om Beach 94 B2
Omkareshwar 58 C5
Onda 64 C2
Onder 43 F6
Ong 75 F2-H2
Ongole 92 A5
Ongur 101 F1
Onkar 58 B6
Ontimitta 97 E2
Ooru 56 A3
Ooty (Udhagamandalam)
    99 G4
Oppicherla 91 H2
Oragadam 97 G6
Oragaon 76 C5
Orai 44 B2
Orampadu 97 E3
Oran 44 D3
Orang 35 F4
Orang National Park 35 F4
Orattanadu 101 E5
Orchha 43 H3
Orchha (Palaces) 43 H4
Ordeltong 84 D4
Orissa 76 D3
Orissa Coast Canal 64 C6
Ormanjhi 63 G2
Orsang 57 E5
Osam 68 C1
Osiyan 23 H6
Osmanabad 81 H4
Osmanagar 82 C2
Osmannagar (Sultanabad)
    83 G3
Ottappalam 99 F5
Ottappidaram 103 E4
Otur 80 D1
Outram Island 104 B4
Ovari Paravarnattam 103 E6
Owk 91 E6
Ozero Sasykkul 8 A1
Ozero Yashilkul 8 A1
Ozero Zorkul 8 B1
Ozhukara 101 F2

Pabai 59 F2
Pabar 13 E6
Pabel 80 D2
Pabhoi 35 H4
Pabna 50 C6

Pabram 52 D3
Pabusar 23 G3
Pachamalai Hills 100 D4
Pachar (Rj) 24 C1
Pachar (Rj) 25 F5
Pachchal 100 D1
Pachchalur 100 A6
Pachegaon 72 D3
Pacheri 25 G2
Pachhapur 89 E3
Pachhegam 56 A6
Pachh Elasin 50 D5
Pachhewar 42 A1
Pachmarhi 59 G5
Pachnai 35 F4
Pachor 58 D2
Pachora 71 F4
Pachpadra 40 B2
Pachpahar 42 B6
Pachperwa 30 A4
Padalam 97 G6
Padalur 100 D4
Padampur (Or) 75 G3
Padampur (Rj) 15 E4
Padampura 41 H4
Padana 55 E5
Padanna Kadav 98 D2
Padarri 40 D3
Paddhari 55 F5
Paderu 85 G4
Padghe 80 B1
Padhana 10 B5
Padhar 55 E3
Padigaon 75 G1
Padiv 40 C4
Padkal 91 E1
Padma 48 C6
Padma (River) 50 A5-C6,
    66 A1
Padmanabhapuram 102 C6
Padmur 84 C2
Padoli 82 A4
Padra 56 D5
Padrauna 30 D5
Padru 40 B3
Padsali 88 C2
Padua 67 E4
Padum 9 E6
Paduna 41 E6
Padwa 85 G3
Pagara (MP) 44 C6
Pagara (MP) 59 G5
Pagara (Rj) 42 A3
Pagara (Rj) 58 B1
Pagdhal 59 E5
Paget Island 104 A3
Paghachang 51 G6
Pagidyala 91 E4
Pagla 51 G3
Pagla (River) 49 H5
Paglapir 50 B1
Pagludiya 34 D5
Pah 69 E2
Paha 50 B5
Pahalgam 8 C6
Pahargarh 43 F1
Pahari (Ha) 25 F1
Pahari (MP) 45 G5
Pahari (MP) 59 G1
Pahari (Rj) 26 A3
Pahari (Rj) 26 C6
Pahari (UP) 45 E3

Paharikhera 44 D5
Paharpur 31 E6
Paharpur (Ruins) 50 B3
Pahartali 67 E3
Pahasu 26 C2
Pahaurka 15 G5
Pahla (Mu) 73 G3
Pahla (MP) 42 D3
Pahlagaon 104 A3
Pahuj 43 H2
Pahur 71 F3
Pai 16 C4
Paidhi 71 F3
Paikaulia 30 A5
Paikbara 17 G6
Paikgachha 65 G4
Paikhai 52 C6
Pail 16 B2
Pailani 44 D2
Paina 46 C1
Painavu 102 B2
Pain Kufar 17 E1
Pairi 75 E4
Pairuj 76 A4
Paisuni 45 E3
Paithan 81 G1
Pakala 97 E4
Pakari 76 A5
Paka Sarnoka 15 F4
Pakaur 49 H4
Pakhal Hills 84 B5
Pakhal Lake 84 A4
Pakhal Wildlife Sanctuary
    84 A5
Pakhriguri 34 B5
Pakhyong 33 F4
Pakkam (TN) 100 D2
Pakkam (TN) 101 F1
Pakni 81 G5
Pakpattan 14 D2
Pakpattan Canal 14 A4
Pakribarawan 48 C4
Pakridayal 31 F6
Pakri Tal 46 B1
Paksey 50 C6
Pakundia 51 F5
Pakuria (Jh) 49 G5
Pakuria (Ra) 50 C4
Pal (Gu) 55 G5
Pal (Ma) 71 G2
Pal (Ma) 80 D6
Pala (Ka) 94 C1
Pala (Ke) 102 B2
Palai (Rj) 42 B1
Palai (Rj) 42 B2
Palaiyam 100 C5
Palakkad (Palghat) 99 G5
Palakkad Junction 99 G5
Palakkodu 100 B1
Palakollu 93 E2
Palakunnu 98 C1
Palalankwe 104 A6
Palali 56 A4
Palam (De) 26 A1
Palam (Ma) 82 B2
Palamau (Bela) National
    Park 62 D1
Palamau (Daltonganj) 46 D6
Palamedu 103 E1
Palampet 84 A4
Palampur 12 B4
Palamudircholai (Pazhamud-

hirsolai) **103** F1
Palana **24** A3
Palandur **74** A3
Palang **66** A2
Palanghat **52** C3
Palangphabari **66** D1
Palani **100** A6
Palanpur **40** B6
Palanpur Plain **56** B1-C1
Palar **96** C5-6
Palari (Chh) **75** E1
Palari (MP) **60** B5
Palasa **86** C2
Palasamudram **96** A3
Palasbari **34** D6
Palasdev **81** E4
Palashbari **50** C3
Palashi (Plassey) **65** E1
Palasi **32** D6
Palasla **23** H5
Palasner **71** E1
Palasni (Gu) **57** E6
Palasni (Rj) **40** D1
Palaspal **77** E2
Palasponga **63** G6
Palasvihir **70** B3
Palattur **103** G1
Palavanettam **103** E2
Palavna **80** B5
Palayangadi **98** D2
Palayankottai **102** D5
Palchan **12** C5
Paldhi **71** F3
Palehra **60** D6
Palera **44** A4
Paleru **91** H5
Paletwa **67** G6
Palghar **69** H6
Palghat (Palakkad)
  99 G5
Palghat Hills **99** G4
Palhana **45** F3
Pali (Chh) **61** H5
Pali (Ma) **80** B3
Pali (Ma) **81** G2
Pali (Ma) **88** B1
Pali (MP) **61** E3
Pali (Rj) **40** D2
Pali (Rj) **42** C2
Pali (UP) **43** G6
Palia **29** E1
Palianawa **55** G2
Paliganj **48** A3
P'a-li Ho **13** F2
Pali Plain **40** D3
Palitana **69** F1
Paliyad **55** H5
Paliyur **100** B5
Paljori **49** F6
Palka **49** F2
Palkonda **86** A3
Palkonda Range **96** D2
Palkot **63** E3
Palk Strait **101** F6
Palladam **100** A5
Pal Lahara **76** C1
Pallamo **97** F3
Pallapatla **92** C4
Pallapatti **100** B5
Pallavaram **97** G5
Palleru **92** A1
Palleru Lake **84** A6

Pallevada **92** D2
Palli **84** B1
Pallikonda **96** D6
Pallipattu **97** E4
Pallippatti **100** C2
Pallu **15** F6
Palma **62** A2
Palmala **84** B3
Palmaner **96** D5
Palmyras Point **77** G2
Palod **102** C5
Paloha **59** H4
Paloje **80** B2
Palolem **88** C6
Palolem Beach **88** C6
Paloncha **84** C5
Palpa (Tansen) **30** C3
Palpur **43** E2
Palra **44** D3
Palri (Rj) **24** B6
Palri (Rj) **24** C6
Palri (Rj) **40** C4
Palsada **75** F3
Palsana (Gu) **69** H2
Palsana (Rj) **25** F4
Palsi **81** E6
Palsud **71** E1
Palturu **90** C6
Palugurallapalle **91** G6
Palukallu **90** D4
Palur **97** F5
Palus **88** D1
Paluvayi **91** G2
Palwal **26** B2
Pam **34** D3
Pamarru **92** C3
Pamba **102** B3
Pambadi **102** B2
Pamban **103** H3
Pamban Channel **103** H3
Pambha **16** D4
Pambiyar River **102** B3
Pambriew **51** G2
Pamgarh **61** H6
Pamidi **90** D6
Pamir **8** A1
Pamir Mountains **8** C1
Pamuduru **96** B2
Pamuru **91** H6
Panadra **54** B1
Panagar **60** C3
Panaikklam **103** G3
Panaikkudi **102** D6
Panaipakkam **97** E4
Panaji (Panjim) **115**
Panam **57** E4
Panamaram **99** F3
Panamik **9** F5
Panar **69** H3
Panari **35** E5
Panasar **24** A5
Panaspada **50** C5
Panchabhat **76** C5
Panchagarh **33** F6
Panchal **64** C2
Panchalamkurichi **103** E4
Panchanandpur **49** H4
Panchapalli **100** B1
Panchasar (Gu) **55** G4
Panchasar (Gu) **56** A2
Panchat **12** A6
Panchavada **69** F1

Panchbibi **50** B3
Panchchuli **18** C3
Panchganga **88** D2
Panchgani **80** C5
Panchgaon **73** F3
Panchhari **67** E1
Panchkula **16** D2
Panchla (Rj) **39** F2
Panchla (WB) **65** E4
Panchmura **64** B3
Panchori **24** A5
Panchun **24** A4
Pandadah **74** B2
Pandalkudi **103** E3
Pandare **81** E4
Pandaria **61** F5
Pandaul **48** D1
Pandayapura **99** G1
Pande **81** F3
Pandhana **71** H1
Pandharkawada **73** E5
Pandharpur **81** F5
Pandharwara **73** E6
Pandhurli **70** B6
Pandhurna **73** E1
Pandiam **84** B5
Pandiar **99** F4
Pandoh **12** C5
Pandoh Dam **12** C5
Pandola **42** C3
Pandrapat **62** C3
Pandridand **62** A3
Pandripada **76** C3
Pandri Shivgarh **46** A4
Pandu **34** D6
Pandu (River) **28** C6-D6
Pandua (WB) **49** H3
Pandua (WB) **65** E2
Pandua (Adina) **49** H3
Pandukeshwar **18** A2
Pandu Lena **70** B5
Pandusar **15** G6
Paneli **55** E6
Panem **91** E5
Panemangluru **94** C6
Panera **30** C5
Panera Island **54** D5
Paneri **35** E4
Panetha **56** D6
Pang **9** F6
Pangaon (Ma) **81** G4
Pangaon (Ma) **82** A3
Pangate **44** D4
Pangi **13** F5
Pangi Valley **12** B1-2
Pangong Range **9** G6
Pangong Tso **9** G6
Pangra **82** C1
Pangri (Ma) **70** C6
Pangri (Ma) **81** H4
Pangsaw **37** F2
Pangsha **50** C6
Pangthang **34** D3
Pangzawl **67** G2
Panhala **88** D2
Panhori **26** B4
Panihari **15** H4
Panihati **65** E3
Panikoilli **77** F3
Panikunda **51** F2
Pani Mines **57** E5
Panipat **16** D5

Panjappatti **100** C5
Panje **94** D6
Panjeke **15** F1
Panjhra **70** C3
Panjim (Panaji) **115**
Panjipara **49** H1
Panjrehe **45** H6
Panjwara **49** F4
Panka **34** C4
Pankhabari **33** E5
Panki **48** A6
Panna **44** C5
Panna National Park **44** C5
Panniar **43** F2
Panniwala **15** F3
Panol **10** D3
Panor **50** A4
Panposh **63** E5
Panruti **101** F3
Pansemal **70** D1
Pansina **56** A4
Panskura **64** D4
Pantalam **102** B3
Pantha **53** F5
Pantheri **40** B4
Panth Piplia **41** H6
Panth Piploda **58** A2
Pantnagar **18** A6
Pantra **54** C5
Panuria **64** B1
Panvas **88** B1
Panvel **80** B3
Panvi **56** A6
Panwad **57** F5
Panwar **42** A2
Panwari **44** B3
Panzgam **8** B5
Paoni **10** B1
Paonta Sahib **17** E2
Papagni **96** B4-C3
Papanasam (TN) **101** E5
Papanasam (TN) **102** C5
Papannapet **83** E4
Paparda **25** H6
Paphund **61** E1
Papinayakanahalli **90** A5
Papiniseri **98** D2
Papireddippatti **100** C2
Pappadahandi **85** G1
Pappambadi **100** B3
Pappampatti **100** A6
Pappinivatti **99** F6
Paprenda **44** D3
Par **36** A1
Par (River) **69** H4
Para (Ma) **81** F6
Para (Ma) **81** H3
Para (Rj) **41** H2
Para (WB) **64** A2
Paradarami **96** D5
Paradip **77** G4
Paraiya **48** B4
Paral **56** D4
Parali **70** A6
Paralkote **74** B6
Paramakudi **103** F2
Paramanandal **100** D1
Paramatti **100** B4
Parambikulam **99** G6
Parambikulam Reservoir
  99 G6
Parambikulam Wildlife

Sanctuary **99** G6
Parambul **94** C5
Parang **13** F2
Parantij **56** C2
Paraoli **40** D5
Parappanangadi **99** E4
Parapur **85** E2
Pararia **60** C3
Parasamba **86** C2
Parasgad **89** F5
Parasgaon **74** D5
Parasgaon Plateau **74** C5
Parasi (Jh) **63** G3
Parasi (MP) **61** E2
Parasia **59** H5
Parasinikadavu **98** D2
Parasnath **48** D6
Parasnath (Mount) **63** G1
Paraspur **29** G5
Parasunanpur **95** G2
Paraswani **75** F2
Paraswar **62** B2
Paraswar **60** D5
Paratwada **72** C2
Paravur **102** B4
Parbaha **31** H5
Parbal **10** D1
Parbati **42** C3-E6, **58** D4
Parbatipur **50** B2
Parbati Tal **29** H5
Parbatsar **24** D5
Parbhani **82** B1
Parbung **52** C4
Parchuri **80** B5
Pardi **69** H4
Pardi Takmor **72** B5
Parenda **81** G4
Parerkola **49** G5
Parewa Odar **29** G1
Pargaon (Ma) **80** D3
Pargaon (Ma) **81** F3
Pargi **90** D1
Pariar **28** D6
Parichha **43** H3
Parichhatgarh **17** F6
Parigi **96** A3
Parihara (Bi) **48** D2
Parihara (Rj) **24** D3
Pariharpur **31** H5
Parinche **80** D4
Paringalkuthu Reservoir
  99 G6
Parjang **76** D2
Parkachik Glacier **8** D6
Parkal **81** H4
Parlakimidi **86** B2
Parli **82** A2
Parlia **58** C2
Parlob Island **104** A4
Parmanand **10** D4
Parmandal **10** C2
Parnasala **84** C4
Parner **80** D2
Paro **33** G3
Paro Chhu **33** G3
Paro (Dzongkhag) **34** D4
Parodi **69** E1
Parola **71** E3
Paroli **41** H3
Paron (MP) **42** D4

Paron (UP) **43** H4
Paror **12** B4
Parpatia **62** B4
Parsa **62** A4
Parsabad **48** C6
Parsad **41** E6
Parsapalle **96** B1
Parsar **43** G1
Parsa Wildlife Reserve **31**
Parsendi **29** E3
Parseoni **73** F2
Parshadepur **45** F2
Parshuram **66** D2
Parsipada **69** H5
Parsol **43** F5
Parsola **57** F1
Parsoli **41** H4
Parsora **63** G6
Parsurampura **25** F3
Partabgarh **25** G4
Partabpur (Chh) **62** B2
Partabpur (Chh) **74** B5
Partabpur (Jh) **48** A6
Partappur **64** B6
Partapur **57** F2
Partibanur **103** F2
Partur **71** G6
Paruchuru **92** B4
Parumanchala **91** E4
Parur **102** A1
Paruraj **48** B1
Parvan **42** B4-D6
Parvatabad **90** B1
Parvati **12** D4
Parvatipuram **86** A2
Parvati Valley **12** D4
Parwa **24** A3
Parwaha **32** C6
Pasan **61** H4
Pasewada **84** B1
Pasighat **20** D6
Pasrur **10** B3
Passage Island **104** A5
Passu **8** C2
Pasum Tso **20** B2
Pasupugallu **92** A4
Patacharkuchi **34** D5
Patachhari **66** D2
Patagunta **97** E4
Patahi **31** F6
Pataiya **99** G3
Patakata **50** D1
Patakottacheruvu **90** C6
Patamda **64** A3
Patamdesar **24** C2
Patamunda **76** C1
Patamundai **77** F3
Patan (Chh) **74** C3
Patan (Gu) **56** B1
Patan (Jh) **46** D6
Patan (Ma) **80** C6
Patan (MP) **58** D1
Patan (MP) **60** B3
Patan (NEP) **31** H4
Patan (Rj) **25** G3
Patan (Rj) **41** G2
Patancheru **83** E4
Patansaongi **73** F2
Patapalya **96** B3
Pata Polavaram **85** G6
Patapur **76** B6
Patarbar **63** G1

...s 81 E3
...uda 25 H2
...udi (Ha) 16 A6
...udi (Ha) 26 A2
...hilokkad 99 F3
...rmeja 96 C6
...Jarha 75 E4
...i 56 A3
...anga 67 E4
...era 60 B1
...awa 75 E2
...gaon 34 A5
...gram 33 G6
...na 43 H6
...nako 42 D2
...algaon 62 B4
...halipam 36 B2
...nanamthitta 102 B3
...nankot 10 D3
...napkandi 52 B4
...nardewa 30 D6
...nardi 81 F2
...nargama 49 F4
...narghata 66 A5
...haria (Chh) 61 G6
...haria (MP) 60 A1
...hariya 51 G3
...harkhnang 51 G1
...harughat 35 E5
...havada 40 B5
...hena 26 A5
...hna 49 G4
...hoda 25 E2
...hpur 76 D4
...hrala 15 G3
...hraora 45 F6
...hri (Ma) 73 G5
...hri (Ma) 82 A1
...hro 49 E5
...hrot 72 B2
...hrul 81 G3
...hua Hills 67 F5-6
...ri 57 G6
...iala 16 C3
...iala Branch 16 B1-2
...iali 28 B3
...ihtia 45 G2
...iraj 50 A2
...iram 50 B3
...iya 67 E4
...kat Taung 37 F2
...kura 77 F4
...tikuhl 12 C4
...na (Bi) 48 B2
...na (Ka) 96 C5
...na (Or) 77 E1
...na (UP) 29 G3
...na (River) 44 C6
...tnagarh 75 G3
...tnam 96 B2
...tnitala 50 B3
...to 32 B6
...toda (Ma) 81 G2
...toda (Rj) 25 E3
...todi 40 B1
...toli 26 A5
...tonda 71 E2
...tpara 61 G1
...trapur 86 C1
...trasaear 64 C2
...tratu 63 F1
...tri 75 E6

Patroputtu 85 G2
Patrur 82 A2
Patsanda 48 D4
Patsikuri 75 G5
Patsio 12 D2
Patsul 72 A3
Patta 16 D1
Pattadakal 89 G4
Pattambi 99 F5
Pattan 72 D1
Pattanapuram 102 B4
Pattan Valley 12 B2-C2
Patti (AP) 83 H3
Patti (Pu) 10 C6
Patti (UP) 28 C4
Patti (UP) 45 G2
Pattikonda 90 C5
Pattoki 15 E1
Patua 104 D6
Patuakhali 66 B4
Patuakhali (River) 66 B5
Patuli 65 E1
Patun 63 G5
Patur 72 A4
Paturda 72 A3
Paturu 76 C6
Patwa 41 E1
Patwai 28 B1
Paud 80 C3
Pauktaw 78 D3
Paunar (Ma) 73 E3
Paunar (MP) 60 A5
Pauni 73 G3
Pauri 17 G3
Pavagada 95 H3
Pavagadh (Champaner) 57 E5
Pavagarh 57 E5
Pavagarh (Mount) 57 E5
Pawai (Bi) 46 D5
Pawai (MP) 44 C6
Pawakhali 33 E6
Pawapuri 48 C4
Pawayan 28 D2
Payagpur 29 G4
Payalakunte 91 G6
Payang 21 E6
Payan Ghat 72 B3
Payyanur 98 D2
Payyoli 99 E3
Pazhamudhirsolai (Palamudircholai) 103 F1
Pazhassy Raja Trekking 99 E2
Pechampalli 83 F6
Pechi 58 D1
Pechipara 102 C5
Pedana 92 D3
Pedda Alavalapadu 91 H5
Pedda Arividu 91 G4
Pedda Arikatla 91 H5
Peddaballe 96 C3
Peddachama 91 G4
Peddachappalle 96 D1
Peddacheruvu 91 F4
Peddu Irlapadu 91 H6
Peddakurapadu 92 B2
Peddamal 82 D6
Peddamanapuram 85 H3
Pedda Munugal 92 B1
Pedda Nayakkanpalaiyam

100 C3
Peddapalli (AP) 83 G3
Peddapalli (AP) 91 E3
Peddapariya 97 F3
Peddapasupula 96 C1
Peddapavani 92 A6
Peddapudi 93 F1
Peddapur 82 D5
Peddapuram 93 F1
Pedda Sana 86 B3
Peddatippasamudram 96 C3
Peddavagu 83 G1-H1
Peddavalasa 85 F5
Pedduru 96 D6
Pedgaon 81 E3
Peechi Dam 99 F6
Peechi-Vazhani Wildlife Sanctuary 99 G6
Peel Island 104 B4
Peermade 102 C2
Pehowa 16 C3
Peint 70 B4
Pele La 34 B3
Pelling 33 E4
Pemagatshel 34 D4
Pemagatshel (Dzongkhag) 34 D4
Pemir 36 A1
Pen 80 B2
Pen (River) 67 H5
Penagaluru 97 E2
Pench 73 F2
Pench National Park 73 F1
Pendra (Chh) 61 G4
Pendra (Ma) 57 F6
Pendra Plateau 61 G4-H4
Pendra Road 61 G4
Pendur 88 C3
Penduri 85 H5
Penganga 73 B6-D6
Pengkhua 34 A5
Pennadam 101 E4
Pennagaram 100 B2
Pennathur 101 E1
Penneri 96 A1-3
Pennur 82 C2
Pensi La 8 D6
Penta 84 D4
Pentakota 85 G6
Penuganchiprolu 92 B1
Penugonda 93 E2
Penukonda 96 A3
Penukonda (Mount) 96 A3
Penumuru 97 E4
Penur 81 G5
Peontra 17 E1
Peppara Wildlife Sanctuary 102 C5
Peralam 101 F5
Peralassery 99 E2
Perambalur 100 D4
Peranamallur 97 E6
Peravurani 101 E6
Perayur 103 E2
Perdala 94 C6
Perdur 94 C4
Peringom 98 D1
Peritalmanna 99 F5
Periya 99 E2
Periyakulam 102 D1
Periyanayakkanpalaiyam

99 H4
Periyapalaiyam 97 G5
Periyar Lake 102 C3
Periyar Plateau 102 B1
Periyar River 102 C1
Periyar Wildlife Sanctuary 102 C3
Pernampet 96 D5
Pernem 88 C4
Perulmar Par Island 98 A5
Perumal Eri 101 F3
Perumbalai 100 B2
Perumkulam 102 C5
Perumpavur 102 A1
Perunali 103 F3
Perundurai 100 A4
Perungalur 100 D6
Peruru 96 A2
Pesavar 71 F4
Pesiduvaripalle 96 D2
Peth (Ma) 102 C2
Peth (Ma) 88 D1
Pethang 33 E3
Peth Wadaj 82 C2
Petlad 56 C5
Petlawad 57 G4
Petro 22 B6
Pet Sirur 82 B6
Phacharia 69 E3
Phacona 17 G6
Phaggu 15 H4
Phagi 25 F6
Phagne 71 E3
Phagwara 12 A6
Phaiapong 104 A3
Phaileng (Mi) 52 B6
Phaileng (Mi) 52 C5
Phaiphengmun 52 D4
Phairang 67 F2
Phaiyeng 53 E3
Phakor 8 B2
Phala 55 F4
Phalasia 40 D6
Phalauda 17 F5
Phalghat 58 A6
Phalodi (Rj) 23 G5
Phalodi (Rj) 24 C6
Phalsund 40 A1
Phaltan 80 D4
Phancha 13 E5
Phanda 59 E3
Phangchogaon 35 H4
Phansidewa 33 E5
Phaphund 28 C6
Pharal 16 C4
Pharenda 30 C5
Phari 33 G2
Phariha 26 D4
Pharkia 49 F1
Pharod 24 B5
Pharrod 24 C5
Phatepur 70 D1
Phek 36 C6
Phellong 52 D2
Phephe La 34 B2
Phesar 46 D4
Phey 34 D1
Phillaur 16 A1
Phinch 40 C2
Phipsoo Wildlife Sanctuary 34 A4
Phirangipuram 92 B3

Phiringia 76 A4
Phisugaon 34 A5
Phlangmawphra 51 G2
Phobjikha 34 A3
Phodong 33 F3
Phomeje La 34 D1
Phonda 88 C3
Phongme 34 D3
Phopnar 71 H2
Photaksar 9 E5
Phuentsholing 33 G4
Phuglana 12 A6
Phugtal Monastery 12 C1
Phuitani 52 D1
Phulambri 71 F5
Phulan 34 D3
Phulaut 49 F2
Phulbani 76 A4
Phulbari (As) 50 D1
Phulbari (Ra) 50 B2
Phulbaroda 42 D5
Phulbihar 29 E2
Phulchhari 50 C3
Phuldungsei 52 B6
Phulera 25 E5
Phuljhuri 66 A4
Phulka 55 H3
Phullen 52 C5
Phulo 15 G3
Phulpur (Dh) 51 E3
Phulpur (UP) 45 G3
Phulpur (UP) 46 A1
Phulpur (UP) 46 A3
Phulsangvi 72 C6
Phulsar (Gu) 69 F2
Phulsar (Rj) 14 C6
Phulsari 62 B5
Phultala 65 G3
Phultola 49 H1
Phulwari 48 B3
Phume La 33 H3
Phungotah 12 A3
Phungyar 53 F3
Phupher 59 F1
Phurkiya 18 B3
Phursungi 80 C3
Phusibuang 52 C5
Phutta Khal 12 C4
Phyang 9 F5
Pi 24 D6
Piarewaro Tar 22 A4
Pi Chaung 67 G6
Pichavaram 101 F3
Pichhor 43 G2
Pichor 43 G4
Pidikalo 62 B3
Piduguralla 92 A2
Pieksao 34 C4
Pigeon Island 94 B3
Pihani 28 D3
Pihij 56 C4
Piklon 59 F1
Pilani 25 F2
Pilar 88 C5
Pileru 96 D4
Pili Bangan 15 F5
Pilibhit 28 C1
Pilkhua 26 B1
Pillaiyarpatti 103 F1
Pillutla 92 A2
Pilwa (Rj) 24 D6
Pilwa (UP) 28 A4

Pimi 34 C2
Pimpalgaon (Ma) 71 F4
Pimpalgaon (Ma) 80 C3
Pimpalgaon (Ma) 82 B2
Pimpalgaon Baswant 70 C5
Pimpalgaon Raja 71 H3
Pimpalner (Ma) 70 C3
Pimpalner (Ma) 81 F4
Pimpalner (Ma) 81 H2
Pimpalwandi 80 D1
Pimparkhed 71 E3
Pimparkher 81 H2
Pimpla 81 G1
Pimpri (Gu) 70 B3
Pimpri (Ma) 71 H5
Pimpri (Ma) 81 F6
Pimpri Sembala 72 B6
Pin 13 E4
Pinahat 26 D5
Pindar 18 A3
Pindari Glacier 18 B2
Pindipole 84 A6
Pindkapar 73 G1
Pindra 60 C5
Pindwara 40 D5
Pingli (Ma) 81 E5
Pingli (Ma) 82 B1
Pingna 50 D4
Pinjal 70 A6
Pinjar 72 B4
Pinjore 16 D1
Pinkapar 74 B3
Pinlebu 53 H4
Pin Parvati La 13 E5
Pin Valley 13 E4
Pin Valley National Park 13 E4
Pipalda 42 C1
Pipalgaon (Ma) 71 G6
Pipalgaon (Ma) 72 D6
Pipaljhopa 71 F1
Pipalkhera (MP) 58 A4
Pipalkhera (MP) 59 F2
Pipalkoti 18 A2
Pipalrawan 58 C3
Pipalsana 17 H6
Pipalwa 68 D2
Pipalwara 42 C1
Pipar 41 E1
Piparia (Chh) 61 H3
Piparia (MP) 60 D3
Pipariya (Bi) 31 F6
Pipariya (MP) 59 G4
Piparwani 73 G1
Piphena 15 G5
Piplawandi 85 E1
Pipli (Ha) 15 G4
Pipli (Or) 77 E4
Pipli (Rj) 41 F4
Piplia 58 B5
Piplod 71 H1
Piploda (MP) 57 H2
Piploda (MP) 58 A3
Piplu 58 A4
Piplun 64 D2
Pippara 93 E2
Pipra (Bi) 31 F6
Pipra (Bi) 49 E1
Pipra (UP) 30 B5
Piprai 43 F6
Pipraich 30 C5
Piprala 55 G2

Pipri (Ma) 71 F6
Pipri (MP) 57 H6
Piprod 60 D2
Piproda 43 E4
Pirakata 64 C4
Pirali 8 C1
Pirangut 80 C3
Pirawa 58 B1
Pirgachha 50 C2
Pirganj (Ra) 50 A1
Pirganj (Ra) 50 C2
Pirhapal 74 C5
Piria 62 A3
Piriyapatna 99 F1
Pir Kampria 15 F4
Pirmeli 84 B1
Piro 46 D3
Pirojpur 66 A3
Pirona 44 A2
Pirotan Island 55 E4
Pirpainti 49 G3
Pir Panjal Range 8 C6
Pir Parbati 12 D5
Pirthala 26 B2
Pirthipur 43 H4
Pisangan 41 G1
Pisawa 26 C2
Pishan (Goma) 9 F1
Pitar 55 F4
Pithal 76 C6
Pithalkara Caves 71 E4
Pithampur 58 B5
Pithapuram 93 F1
Pithi 81 G2
Pithora 75 E2
Pithoragarh 18 C4
Pitij 48 B6
Pitlam 82 D4
Piun 9 E4
Piyain Gang 51 H3
Plassey (Palashi) 65 E1
Plonliang 21 F5
Poahat 104 C4
Pochangat 90 D1
Pochannapet 83 G5
Podalukur 97 F2
Podile 91 H5
Podla 84 D4
Podur 90 D3
Poduru 93 E2
Pogullapalle 84 C5
Pohegaon 70 D6
Pohri 43 E3
Poini 96 D5
Point Calimere 101 G6
Pokaran 23 F5
Pokhara 30 D2
Pokharia 64 A1
Pokhra 17 H3
Pokhri 17 H2
Pokuru 92 A6
Poladpur 80 B4
Polaia Kalan 58 C3
Polang 12 C4
Polasara 76 C6
Polatala 96 D2
Polavaram 85 E6
Polem 88 D6
Pollachi 99 H5
Polur 101 E1
Pomalvadi 81 F4
Pomurna 73 G5

Ponda 88 C5
Pondi 61 H5
Pondicherry 126
Pondicherry (Union Territory)
    101 F2
Pondlo 24 B6
Ponduru (AP) 86 B3
Ponduru (AP) 92 A5
Pongchau 37 E3
Pongode 91 H1
Ponmudi 102 C4
Ponnagyun 78 D3
Ponnai 97 E5
Ponnaiyar 96 B6
Ponnamaravati 103 F1
Ponnampet 99 E2
Ponnani 99 E5
Ponnani (River) 99 G5
Ponneri 97 G4
Ponnuru 92 B3
Ponpadi 97 F5
Pookote Lake 99 F3
Poompuhar 101 F4
Poonamallee 97 G5
Poonawadu 88 D6
Poradaha 50 C6
Porahat Hills 63 F3
Poraiyar 101 F4
Porata 85 G3
Porbandar 68 A1
Porbandar Coast 68 B3
Poreya 49 F4
Porhamari 76 B6
Porka 15 F5
Porla 88 C2
Porsa 26 D6
Porsha 50 A3
Port Blair 104 A5
Port Meadows 104 A4
Porto Novo 101 F3
Porumamilla 91 G6
Posina 40 D6
Posora 76 B4
Potangi 85 H3
Potha 8 B6
Pothaiyadi 102 D1
Pothia (Bi) 33 E6
Pothia (Bi) 49 F2
Pothungoli 74 B6
Potin 36 A2
Potka 63 H4
Potkapalli 83 H3
Potlan 41 F4
Poto Chu 20 D1
Po Tsangpo 20 C1
Pottaruvagu 85 E5
Pottasingi 86 B1
Potwar Plateau 10 A2
Poundul 72 C6
Pouri 61 E1
Pozhikkara Beach 102 C5
Pragpura 25 G4
Prakasha 70 D2
Prakkilanka 93 E1
Pranhera 41 H2
Pranhita 84 A1
Prashar Lake 12 C5
Pratapgad (Pratapgarh)
    80 C4
Pratapgarh (Rj) 57 G1
Pratapgarh (UP) 45 G2
Pratapnagar (Kh) 65 G4

Pratapnagar (WB) 65 E4
Pratapur 76 C6
Prattipadu (AP) 85 F6
Prattipadu (AP) 92 B3
Pravara 70 B6
Pravara Sangam 71 E6
Pravasuni 76 B1
Prini 12 C3
Priphema 36 B6
Priya 86 B3
Proddatur 96 C1
Psiar 52 B1
Pubail 51 F6
Pudamari 76 B6
Puddukkottai 103 E4
Pudimadaka 85 H5
Pudu Chattram 100 B6
Pudukkottai 100 D6
Pudukud 99 F6
Pudumadurai 104 A3
Pudunagaram 99 G5
Puduppadi 97 E6
Pudupattai 102 D2
Puduvayal 97 G4
Puga 13 F1
Pugal 23 H1
Puh 13 F5
Puichari 67 E5
Puipani 86 C1
Pujarikaker 84 C3
Pukhrayan 44 B1
Pulain 52 A3
Pulal Lake 97 G5
Pulambadi 100 D4
Pulantod 99 F5
Pulasar 24 D2
Pulga 12 D4
Pulgaon 72 D3
Pulicat 97 G4
Pulicat Lake 97 G4
Pulinkudi Beach 102 C6
Pulivendla 96 C2
Puliyangudi 102 D3
Pulkusma 84 B4
Pullacheruvu 91 H3
Pullambadi 100 D5
Pullampet 97 E3
Pulomi 53 E1
Pulunj 81 G5
Puluvappatti 99 G5
Pulwama 8 C6
Pulyara 102 C4
Pumuleru 85 E5
Punadra 56 C3
Punahana 26 B3
Punakha 33 H3
Punakha (Dzongkhag) 33 H2
Punalur 102 C4
Punas (Rj) 24 C5
Punas (Rj) 40 B4
Punasa 58 C5
Punawas 40 B4
Punch 8 B6
Punch (River) 8 B6
Puncha 64 A2
Punchh 44 A2
Punch Riasi Hills 8 B6
Punchu 96 D3
Pundri 16 C4
Pune 80 C3

Punganuru 96 D4
Punjab (Pu) 10 C5
Punjab (PAK) 10 B3
Punjaipugalur 100 B4
Punjaipuliampatti 99 H4
Punjalkatte 94 D5
Punjapura 58 C5
Punji 59 F5
Punjur 99 H3
Punpun 46 D4
Punrasar 24 B2
Puntamba 70 D6
Punwat 73 F5
Pupri 31 H6
Pur (Rj) 41 G4
Pur (UP) 17 F4
Pura 42 D2
Purabiya Plain 46 B3
Puraini 17 G5
Purandarpur 30 C4
Purandhar 80 C4
Purandhar Hills 80 C3
Purangarh 88 B2
Puranigudam 35 G5
Puranpur 28 D1
Puras 23 E1
Purasa 39 H4
Purbahala 51 F3
Purbasthali 65 E2
Puri 77 E5
Puri Coast 77 E6
Purigal 99 H1
Purkahur 84 B1
Purkhas 16 D6
Purma 71 H3
Purmahbaba 50 A2
Purna 82 B1
Purna (River) 71 F5-H6
Purnakot 76 C3
Purnia 49 G2
Purnoor 74 A5
Purola 17 F1
Purorr 36 C6
Pursura 64 D3
Purulia 64 A2
Purulia Upland 63 H2
Puruliya Muffasil 64 A2
Purunagarh 76 C3
Purunakatak 76 B3
Purusand 77 F2
Purushottampur 76 C6
Purvachal 52 C4
Purwa 29 E6
Purwa Branch 28 D5
Pus 72 C6
Pusa 48 B2
Pusad 72 C5
Pusad Hills 72 C6
Pusar 65 H4-5
Pusesavli 80 D6
Pushkar 119
Pushpagiri 97 E6
Pushpagiri (Mount) 95 E6
Pusla 72 D1
Putaimari 34 D4
Putalapattu 97 E4
Putama 76 B6
Puthia 50 B5
Putluru 96 B1
Puttanattam 100 C6
Puttur (Ka) 94 D6
Puttur (TN) 97 F4

Puvar 102 C6
Pyambalam Beach 98 D2
Pyapali 90 D6
Pygmalion Point 104 D6
Pynursla 51 H2
Pyuthan 30 B2

Qadian 10 D4
Qadiraganj 48 C4
Qadirganj 28 B3
Qarun Koh 8 C2
Qarun Pir Pass 8 C2
Qasba Ao 26 B4
Qomolangma (Everest;
    Sagarmatha) 32 B2
Quanshuigou 9 G4
Quepem 88 D5
Querim 88 C4
Quilandi 99 E3
Quilon (Kollam) 102 B4
Qutabnagar 28 D4
Qutb Minar 26 A1

Rabang 33 E4
Rabasar 39 G3
Rabda 55 G5
Rabiraipara 52 A6
Rabkavi 89 F2
Rabupura 26 B2
Racherla 91 G5
Radagaon 25 F3
Radampahar 63 H5
Radaur 16 D3
Radha Kund 26 B4
Radhanagar 64 C2
Radhanagarf 88 C3
Radhanpur 56 A1
Radhapuram 102 D6
Radia 12 A4
Rae Bareli 45 E1
Raemalwali 24 B1
Rafiabad 28 B3
Rafiganj 48 A4
Ragauli 44 B5
Raghogarh 43 E6
Raghopur 48 B2
Raghunathbari 64 D4
Raghunathganj (MP) 45 F5
Raghunathganj (WB) 49 H5
Raghunathgarh 25 F3
Raghunathpalli 83 G5
Raghunathpur (Bi) 46 D1
Raghunathpur (MP) 42 D2
Raghunathpur (Or) 77 E4
Raghunathpur (Ra) 50 C6
Raghunathpur (WB) 64 A2
Raghu Nathpura 15 E5
Raghunathpura 41 F3
Raghurajpur 77 E5
Raha (As) 34 C5
Raha (As) 35 F5
Raha (Gu) 40 A5
Rahagun 35 G5
Rahama 77 E5
Rahata 70 D6
Rahatgaon 59 E5
Rahatgarh 59 G2
Rahawa 25 H6
Raheri 71 H5

Rahimabad 33 H5
Rahimatpur 80 D5
Rahimgarh 58 A1
Rahimyar Khan 22 C1
Rahlana 25 E6
Rahon 16 B1
Rahu 72 B1
Rahui 48 C3
Rahuri 81 E1
Rai 16 D6
Raiboga 63 E5
Raichhata 67 E4
Raichur 90 C3
Raichur Plateau 90 C3
Raidak 33 H6
Raidih 62 D3
Raigad (Raigarh) Fort 80
Raiganj 49 H2
Raigaon (Ma) 71 H6
Raigaon (Ma) 80 D6
Raigarh (Chh) 62 B6
Raigarh (Or) 75 F3
Raigarh (Raigad) Fort 80
Raigarh Basin 62 D2
Raigir 83 G5
Raigye Chhu 33 H4
Raijir Hills 48 B3
Raikal 83 F2
Raiked 82 D5
Raikera 62 D4
Raikheda 70 D1
Raikia 76 A5
Raikot 16 A2
Raila 41 G3
Raimana 34 A5
Raimangal 65 D5
Raimdra 15 E6
Raimoh 81 G2
Rain 8 A2
Raipal 83 F5
Raipalli 82 D5
Raipur (Chh) 74 D2
Raipur (Cht) 66 B2
Raipur (Dh) 51 F3
Raipur (Ha) 16 D2
Raipur (HP) 12 B6
Raipur (MP) 45 F5
Raipur (Pu) 15 H4
Raipur (Pu) 16 A1
Raipur (Rj) 41 F2
Raipur (Rj) 41 F3
Raipur (Rj) 42 C6
Raipur (UP) 17 E3
Raipur (Ut) 17 F3
Raipur (WB) 64 B3
Raipura (Dh) 51 F6
Raipura (MP) 60 D4
Raipura (UP) 45 E4
Raipur Khas 28 B4
Rairangpur 63 H5
Raireshwar 80 C4
Raisar 25 G3
Raisen 59 F3
Raisinghnagar 14 D4
Raisingpur 70 C1
Raison 12 C4
Raita 50 B6
Raitalai 72 A2
Raivada (AP) 85 H4
Raivada (Gu) 57 E2
Raiwind 10 A6
Rajabari 36 C3

a Bazar **52** C3
abhat Khawa **33** H5
abhita **63** H1
abpur **17** G6
agaon **74** D6
agarh Plain **25** F2
agriha **48** C4
a Hat **67** E3
ahmundry **93** E1
aji National Park **17** E3
akhera **26** D5
aldesar **24** D2
ale **81** E4
amatam **101** E6
amathai **23** F6
a Mayang **35** E6
ampet (AP) **83** E4
ampet (AP) **97** E2
anagaram **93** E1
anvadi **88** C2
japalaiyam **102** D3
japokhar **49** F4
japur (Cht) **66** C1
japur (Cht) **66** C2
japur (Ma) **88** B2
japur (Or) **86** C1
japur (UP) **45** E3
japur Bay **88** B2
jar **22** A6
jaram (AP) **83** G2
jaram (Ma) **84** A1
ja Ranapur **76** D5
jarhat **50** C1
ja Sansi **10** B5
jasar (Rj) **24** A1
jasar (Rj) **24** C1
jashawar **82** B5
jasingamangalam **103** G2
jasthali **67** F4
jasthan **24** D4
ja Takli **81** H1
jauli **48** C5
jaun **49** F4
jaund **16** C4
jauri **8** B6
javolu **90** D4
jawaram **91** H2
jawas **24** D1
jbari (Dh) **50** D6
jbari (Dh) **66** B1
jbari (WB) **65** F4
jbiraj **32** B6
jegaon (Ma) **81** H1
jegaon (MP) **73** H1
jendrapur **51** E5
jevadi **80** D3
jgaon **63** E5
jganj (Cht) **66** C2
jganj (WB) **33** F5
jgaon **72** B5
jgarh (Gu) **57** E5
jgarh (HP) **16** D1
jgarh (MP) **43** E3
jgarh (MP) **44** C5
jgarh (MP) **57** H4
jgarh (MP) **58** D3
jgarh (Rj) **25** F1
jgarh (Rj) **25** H5
jgarh (Rj) **41** G1
jgarh (UP) **46** A4
jgarh (Ut) **17** F1
jgarhat **32** D6

Rajgir **48** C4
Rajgoli **88** D3
Rajhara **46** D6
Rajhara Jhardandli **74** B4
Rajhat **52** C4
Rajibpur **50** D2
Rajikot **8** B3
Rajisar **15** E6
Rajja **20** A6
Raj Kanika **77** G3
Rajkot **55** G5
Rajmahal (Jh) **49** H3
Rajmahal (Rj) **42** A2
Rajmahal Hills **49** G4
Rajnagar (Bi) **32** A6
Rajnagar (Jh) **49** G6
Rajnagar (MP) **44** C5
Rajnagar (Or) **63** G6
Rajnagar (Or) **77** G3
Rajnagar (Rj) **41** E4
Rajnagar (Sy) **51** H4
Raj Nandgaon **74** B2
Rajod **57** H4
Rajoda **85** F1
Rajoli **73** G5
Rajpara **55** G5
Rajpipla **57** E6
Rajpipla Hills **70** B1
Rajpur (Ba) **66** A3
Rajpur (Bi) **31** F6
Rajpur (Bi) **46** C3
Rajpur (Gu) **56** A4
Rajpur (MP) **57** H6
Rajpur (Or) **62** D6
Rajpur (UP) **44** B1
Rajpur (Ut) **17** F2
Rajpur (WB) **65** E4
Rajpura (MP) **42** C3
Rajpura (MP) **71** G1
Rajpura (Pu) **16** C2
Rajpura (Rj) **25** E1
Rajpura (UP) **25** D2
Rajpura Hudan **24** C1
Rajsamand **41** F4
Rajsamand Lake **41** F4
Rajshahi **50** B5
Rajshahi (Division) **50** C5
Rajsitapur **55** H4
Rajula **69** E2
Rajur (Ma) **70** B6
Rajur (Ma) **73** F5
Rajura **73** G6
Rajuri (Ma) **81** F3
Rajuri (Ma) **81** F4
Rajurvadi **72** D5
Rakehti **29** E2
Rakh **12** B3
Rakhabh Dev **57** E1
Rakhaing (State) **78** C1
Rakhi **40** C2
Rakni **52** C3-4
Rakshasbhuwan **81** G1
Rakwar **44** D5
Ral **26** B4
Ralam **18** C2
Ralawal **25** G1
Raldong (JK) **13** F1
Ralegaon **73** E4
Ralol **56** A4
Rama (MP) **57** G4
Rama (Rj) **22** D6
Rama (Rj) **41** E5

Rama (Ut) **17** F1
Ramabhadrapuram **85** H3
Ramachandrapuram **93** F1
Ramagiri (AP) **96** A2
Ramagiri (Or) **86** C1
Ramagiri Udayagiri **86** B1
Ramakona **73** E1
Ramakuppam **96** C6
Ramallakota **91** E5
Raman **15** G3
Ramanagaram **95** H6
Ramanokkapeto **92** C1
Ramanapeta **83** G6
Ramanathapuram **103** G3
Ramanathpura **95** F6
Ramancheri **97** F5
Ramanguli **94** B1
Ramannaguda **86** A1
Ramanuj Ganj **62** C1
Ramanujnagar **62** A3
Ramappa Lake **84** A4
Ramapuram (AP) **97** E5
Ramapuram (Ka) **100** A2
Ramapuram (Ke) **102** B2
Ramareddi **83** E3
Ramasamudram **96** C4
Ramavaram **85** E5
Ramayampet **83** E4
Ramayapatnam **92** A6
Rambagar **52** C3
Ramban **10** C1
Rambha **76** C6
Rambhapur **57** G4
Ramchandrapur **77** E2
Ram Das **10** C4
Ramderia **39** H3
Ramdevra **23** F5
Ramdurg **89** F4
Ramdurga **90** B3
Rameshwar (MP) **42** D2
Rameshwar (Ut) **18** B4
Rameswaram **103** H3
Rameswaram Island **103** H3
Ramgad **90** A6
Ramganga (UP) **17** H4
Ramganga (Ut) **18** B4
Ramganj (Cht) **66** B2
Ramganj (WB) **33** E6
Ramganj Mandi **42** B5
Ramgaon **72** C4
Ramgarh (Bi) **46** B4
Ramgarh (Bi) **46** C3
Ramgarh (Chh) **62** A4
Ramgarh (Cht) **66** D2
Ramgarh (Jh) **49** F5
Ramgarh (Jh) **63** G1
Ramgarh (JK) **10** C3
Ramgarh (Ma) **88** C3
Ramgarh (Rj) **15** H5
Ramgarh (Rj) **22** C4
Ramgarh (Rj) **25** E2
Ramgarh (Rj) **25** E4
Ramgarh (Rj) **26** A4
Ramgarh (UP) **29** E4
Ramgarh (Ut) **18** A5
Ramgarh (WB) **64** B4
Ramgarh (Mount) **62** A3
Ramgarh Tal **25** G5
Ramgati **66** C3
Ramghat (MP) **88** D4
Ramghat (UP) **26** D2
Ramgiri **95** F3

Ramjibanpur **64** C3
Ramkanda **62** C1
Ramkandu **10** C1
Ramkola (Chh) **62** A2
Ramkola (MP) **71** E1
Ramkola (UP) **30** D5
Ramkot (Cht) **67** F6
Ramkot (JK) **10** D2
Ramkot (UP) **29** E4
Ramkrishnagram **104** B3
Ramlaitui **67** F1
Ramlala **24** A5
Rammadagu **83** G3
Rammohan **66** C1
Ramna **46** C6
Ramnagar (AN) **104** B3
Ramnagar (Bi) **31** E4
Ramnagar (JK) **10** D2
Ramnagar (MP) **45** E6
Ramnagar (MP) **60** D4
Ramnagar (Rj) **15** E3
Ramnagar (UP) **28** B2
Ramnagar (UP) **29** F5
Ramnagar (UP) **30** B6
Ramnagar (UP) **46** A3
Ramnagar (Ut) **17** H5
Ramnagar (WB) **64** C6
Ramni **18** A3
Ramnia **66** C3
Rampa Hills **85** E5
Rampaili **73** H1
Ramparda **55** H4
Rampatti **32** A6
Rampella **76** A1
Ramphal **65** H4
Rampur (AP) **84** A3
Rampur (Bi) **31** E4
Rampur (Gu) **54** B2
Rampur (Gu) **57** E3
Rampur (HP) **12** D5
Rampur (Jh) **63** G2
Rampur (MP) **43** E1
Rampur (MP) **43** E5
Rampur (MP) **43** E6
Rampur (MP) **45** E5
Rampur (MP) **45** F6
Rampur (MP) **59** G5
Rampur (Or) **61** F2
Rampur (Or) **75** H2
Rampur (Rj) **25** H4
Rampur (UP) **17** E4
Rampur (UP) **17** H6
Rampur (UP) **30** D6
Rampur (UP) **45** H3
Rampura (Ha) **15** G5
Rampura (Ha) **25** F1
Rampura (MP) **42** A6
Rampura (Pu) **15** F3
Rampura (Rj) **15** E5
Rampura (Rj) **41** F3
Rampura (Ut) **18** A6
Rampura Mandi **15** H3
Rampura Phul **15** H3
Rampur Hat **49** H6
Rampuri (Ma) **81** H1
Rampuri (Ma) **82** A2
Rampur Valley **13** E5
Ramra **23** H2
Ramrama **60** C6
Ramrama Tola **60** C6
Ramsan **40** B6
Ram Sanehighat **29** G5

Ramsar (Rj) **23** H2
Ramsar (Rj) **39** G2
Ramsar (Rj) **41** H1
Ramsara **15** H5
Ramsaratal **15** H6
Ramsen **40** C4
Ramshahr **12** C6
Ramshai **33** F5
Ramsia **24** D5
Ramsing **20** C5
Ramtek **75** G1
Ramtek (Temple) **73** F2
Ramtek Tank **73** G2
Ram Tirath Jaga **15** H3
Ramu **67** E6
Ramwao **55** F2
Ranagadh **56** A4
Ranaghat **65** E2
Ranahu **39** E2
Ranakdhar **39** E2
Ranakpur **41** E4
Ranao **22** C3
Ranapur **57** E2
Ranasan **56** D2
Ranasar (Rj) **15** F6
Ranasar (Rj) **39** G2
Ranastralam **86** B4
Ranavav **68** A1
Ranbagha **50** C4
Ranchi **63** F2
Ranchi Plateau **63** E2-F2
Rander **69** H2
Randhia **68** D1
Randhikpur **57** F4
Randia **76** C6
Randisar **23** H2
Raneh **60** B1
Raner (Gu) **56** B1
Raner (Rj) **14** D6
Raneswar **49** G6
Ranga **36** A3
Rangagora **36** D1
Rangamati (As) **35** E5
Rangamati (Cht) **67** E3
Rangamati (Ra) **50** B3
Rangamati (WB) **33** H5
Rangampet (AP) **83** E5
Rangampet (Ka) **90** B2
Ranganathittu Bird Sanctuary
  99 G1
Rangapara **35** F4
Rangapuram **91** E5
Rangat **104** A4
Rangazumi **36** B6
Rangdum **8** D6
Ranghola **56** A6
Rangia **34** D3
Rangjuli **34** C6
Rangjung **34** D3
Rangku **20** B5
Rangli **33** F4
Rangmati **55** E5
Rangpo **33** F4
Rangpur (Gu) **55** G3
Rangpur (Ra) **50** C1
Rangthong **51** G2
Rangunia **67** E3
Rangyo **12** C2
Rani (Ke) **102** B3
Rani (Rj) **40** D3
Rania (Ha) **15** G4
Rania (Jh) **63** F4

Ranibandh **64** B3
Ranibennur **95** E1
Ranibennur Blackbuck
  Sanctuary **95** C1
Ranigam **69** E2
Raniganj (Bi) **48** A5
Raniganj (Bi) **49** F1
Raniganj (NEP) **33** E5
Raniganj (Ra) **33** F6
Raniganj (Ra) **50** C4
Raniganj (UP) **29** H5
Raniganj (UP) **45** G2
Raniganj (WB) **64** B1
Ranigaon **24** D5
Ranigodam (As) **34** D6
Ranigodam (As) **51** G1
Raniguda **85** E2
Rani Jot **30** A5
Rani Kere **95** G2
Ranikhata **34** B5
Ranikhet **18** A4
Raninagar **50** B4
Ranipet **97** E5
Rani Pokhri **17** F3
Ranipul **33** F3
Ranipur (MP) **59** F6
Ranipur (UP) **44** A4
Ranipur (Ut) **17** F3
Ranipura **42** B3
Ranipur Jharial **75** G4
Rani Sagar **26** B6
Ranisar **15** G6
Rani Sawargaon **82** B2
Ranishankail **49** H1
Ranital (HP) **12** B4
Ranital (UP) **46** A6
Rani Unchegaon **71** G6
Raniwara **40** B5
Ranjangaon **81** E2
Ranjanpur **50** B4
Ranjangudi **100** D4
Ranjani **71** G6
Ranjitpura **23** G2
Ranka Kalan **62** C1
Ranod **43** F4
Ranpur (Gu) **54** D6
Ranpur (Gu) **56** A5
Ranpur (Or) **68** C1
Ranpura **62** C1
Rantarodi **73** G5
Ranthambhore **42** C2
Ranthambhore National Park
  42 C2
Ranthambhore Plateau **42** C2
Raogaon **81** F3
Raoli (Ha) **26** A3
Rooli (HP) **12** B2
Raoti **57** G3
Rapar **55** F2
Raphu **55** H2
Rapley **33** G4
Rappakudi **101** F4
Rapri **28** A5
Rapti (NEP) **31** E3
Rapti (UP) **29** H4
Rapti (Division) **30** A2
Rapur **97** F2
Rardhu **56** C4
Rari **13** F6
Ras **41** F1
Rasegaon **70** B5
Rasela **75** E3

Rashil 12 C2
Rashivda 88 D2
Rashmi 41 G4
Rasibung 53 F2
Rasidpur 26 A5
Rasin 81 F3
Rasipuram 100 C3
Rasla 23 E6
Rasol 76 D3
Rasra 46 C2
Rasua Garhi 31 G1
Rasuan 64 B1
Rasulabad (UP) 28 C6
Rasulabad (UP) 29 E6
Rasulpura 43 E6
Rasulpur Rohta 17 E6
Rasuwela 15 F4
Ratabari 52 B4
Ratadia 55 E3
Ratangarh (MP) 41 H5
Ratangarh (Rj) 24 D2
Ratannagar 25 E2
Ratanpur (Chh) 61 G5
Ratanpur (MP) 58 C5
Ratanpur (Or) 77 G3
Ratanpur (WB) 64 B3
Rath 44 B3
Rathkuria 24 B6
Ratia 16 A4
Rati Gutta 83 E3
Ratlam 57 H3
Ratnagiri 88 B1
Ratnagiri (Temple) 77 F3
Ratnal 55 E3
Rato 31 H5-6
Ratoi Tal 46 C1
Ratria 23 F6
Ratsanr 46 C2
Rattasar 39 G3
Rattihalli 94 D2
Rattusar 24 D1
Ratu (Jh) 63 F2
Ratu (Mi) 52 C5
Ratua 49 H3
Ratua (River) 32 D6
Rauha 51 E3
Raul 75 H5
Raunapar 46 B1
Rauta 49 G1
Rautara 49 G2
Rauzagaon 29 G5
Rauzan 67 E3
Rav 55 F2
Ravalgaon 70 D4
Ravangaon 81 E4
Ravangla 33 E4
Raver 71 G2
Ravi 10 B5-D4
Ravutulapudi 85 F6
Rawal 54 D6
Rawal (River) 68 D2
Rawalakot 8 B6
Rawalpindi 8 A6
Rawapur 54 C2
Rawar 41 E1
Rawatsar 15 F5
Rawu 21 F2
Raxaul 31 F5
Raya 26 C4
Rayachoti 96 D3
Rayadrug 95 G1
Rayagada 86 A1

Rayakottai 100 B1
Rayalacheruvu 90 D6
Rayalapeta 96 D4
Rayalasima Plateau 90 C5
Rayalpadu 96 C4
Rayapalli 83 G6
Rayapeta 97 G1
Rayavaram 91 G4
Raybag 89 E2
Raygad (Gu) 70 C2
Raygad (Or) 86 B2
Rayisingi 85 G3
Rayna 64 D3
Raypatan 88 C2
Razam 86 A3
Razephena 52 D1
Razole 93 E2
Rebai 44 B3
Rebra 83 H1
Reddivaripalle 96 C2
Redhakhol 76 B2
Redi 25 E1
Reef Island 104 A2
Reha 55 E3
Rehar 62 A3
Rehli 60 A2
Rehra (Jh) 46 C6
Rehra (UP) 26 D1
Rehra Bazar 29 H4
Rehti 59 E4
Reiek 52 B6
Rekong Peo 13 F5
Relangi 93 E2
Relawan 42 D4
Remidicherla 91 H3
Remina 77 G1
Ren 24 C6
Renala Khurd 15 E1
Renapur 82 A3
Rengakhar 61 E6
Rengalbera 63 F6
Rengali (Or) 76 A1
Rengali (Or) 77 C2
Rengdil 52 B5
Rengma Hills 35 H5
Rengte 52 B4
Reni 25 E1
Renigunta 97 F4
Renlawara 57 E2
Rentachintala 91 H2
Renuka Lake 17 E2
Renukut 46 A6
Renwal 25 F6
Reoti 46 D2
Reotipur 46 C3
Repalle 92 C3
Repanpalli 84 A1
Reru 9 E6
Rerwas 41 H3
Retam 41 H6
Retri 42 D5-6
Revadanda 80 A3
Revdar 40 C5
Revelganj 48 A2
Revello Channel 104 C5-D5
Rewa 45 H5
Rewad 63 E1
Rewalsar 12 C5
Rewan 34 C3
Rewa Plateau 44 D6
Rewari 25 H2
Rewari Upland 25 G2-H2

Rhatla 16 B5
Rhenok 33 F4
Rhilot 55 H1
Rhonrasa 58 C4
Riamal 76 B1
Rian 24 C6
Riang 35 G2
Riangdo 51 G1
Riasi 10 C1
Richabera 40 D6
Richha 28 C1
Richughutu 63 E2
Richwa 42 C6
Rife 34 B2
Riga (Ar) 20 C5
Riga (Bi) 31 G6
Rigauli 30 B5
Rihabari 34 C5
Rihand 46 A6
Rihand Reservoir 46 A6
Rijapur 50 A3
Rikor 20 C4
Ril 80 B6
Rilmilsar 15 E4
Rinchending 33 G4
Rinchen Zoe La 34 A2
Rind 28 B5-D6
Rindukuri 35 G4
Ringkhap Songmong 51 E2
Ringnod (MP) 57 H2
Ringnod (MP) 57 H4
Ringus 25 F4
Riponpet 94 D3
Risaliya Khera 15 G4
Riserboo 34 D3
Risgaon 75 E5
Rishikesh 17 F3
Rishivandiyam 101 E2
Risod 72 A5
Ritang 34 A3
Ritchie's Archipelago 104 B4
Rithi 60 C1
Rithora 43 G1
Rito 19 E3
Riu 20 C5
Riwara 40 B5
Riwat 8 A6
Rizong 9 E5
Roangchhari 67 F4
Robertsganj 46 A5
Roberung 9 F6
Roda 15 H2
Rodang La 34 C2
Roddam 96 A3
Rodhain 43 E1
Roghi 9 F5
Roha (Gu) 54 C3
Roha (Ma) 80 B3
Rohana 17 E4
Rohanglu 12 C5
Rohania 61 F2
Rohanpur 50 A4
Rohat 40 D2
Rohina (Rj) 24 A4
Rohina (Rj) 24 C5
Rohini (Rj) 24 B4
Rohini (WB) 64 B5
Rohisa 69 E3
Rohitpur 51 E6
Rohla 39 H3
Rohna 72 D3
Rohru 13 E6

Rohtak 16 C6
Rohtang La 12 D3
Rohtas Fort 46 C5
Roing 21 E6
Rol 25 E2
Rolla 95 H3
Rollapenta 91 F4
Rol Qazian 24 C5
Ron (Ka) 89 G4
Ron (MP) 43 H1
Rong 9 F6
Ronga 51 F1
Rong Chu 20 B1-2
Rongchugiri 51 E1
Rongjeng 51 F1
Rongmachokgiri 50 D1
Rongra 51 F3
Rongra Asimgiri 51 E2
Rongthong 34 D3
Rongtu Chu 21 G4
Ronipara 67 F4
Ronvel 70 A4
Roorkee (Reorice) 17 F3
Ropahar 22 A3
Ropar 16 C1
Rople 81 F4
Rorawad 42 D2
Rori 15 H4
Roriawan 41 F2
Roro 63 G4
Rosa 28 C3
Rosekadi 52 B4
Rosia 40 C2
Ross Island 104 A5-B5
Rotung 20 D6
Rourkela 63 E5
Rowmari 50 D2
Rowta 35 F4
Royal Bardia National Park
29 G2
Royal Chitwan National Park
31 E3
Royal Dhorpatan Hunting
Reserve 30 B1
Royal Manas National Park
34 B4
Royal Sukla Phanta Wildlife
Reserve 18 C6
Ruar 43 F1
Rubot 8 A1
Rubuki 34 A3
Rud 41 G4
Rudakota 85 F3
Rudarpur (UP) 30 C6
Rudarpur (Ut) 18 A5
Rudauli 29 G6
Rudhauli 30 B5
Rudrajupalle 84 C6
Rudranath 18 A2
Rudrangi 83 F3
Rudraprayag 17 H3
Rudravaram 91 F5
Rudri 74 C3
Rudrur 82 D3
Rugi 89 H1
Ruhea 33 F6
Rui 72 D5
Ruichattisi 81 E2
Ruju 14 D6
Rukanpura 15 F3
Rukumkot 30 A1
Ruma 67 F4

Rumkhapalong 67 E6
Rumtek 33 F3
Rumtse 9 F6
Rum Tso 9 H6
Run 24 B5
Rundi 40 B4
Rungarh 21 G6
Runija 57 H3
Runni 31 G6
Rupa 35 F3
Rupaheli 41 G2
Rupahihat 35 G5
Rupal (Gu) 56 D2
Rupal (PAK) 8 C4
Rupal (Toshain) Glacier 8 B4
Rupana 15 G2
Rupanagudi 90 B6
Rupawas 41 E2
Rupawati 56 B4
Rupbas 26 B5
Rupen 56 A2-C2
Rupganj 51 F6
Rupi 13 E5
Rupi-Bhaba Wildlife
Sanctuary 13 E5
Rupidiha 29 G2
Rupin 13 E5
Rupjhar 60 D6
Rupnagar 24 D6
Rupnarain 64 D4
Rupsa (Kh) 65 H3
Rupsa (Or) 64 B6
Rupsa (River) 65 H3
Rupsi 22 D5
Rupsu 13 F1
Rupsu Valley 13 E1
Rura 28 C6
Rurawan 44 B4
Rusera 48 D2
Rushikulya 76 B5
Rushyabari 67 E1
Russellkonda 76 B5
Rusubelpara 51 E1
Rutland Island 104 A5
Rutok 9 H6
Ruwo 25 G2

S

Sabade 53 H6
Sabalgarh 43 E1
Sabang 64 D5
Sabari 84 D5
Sabarimala 102 C3
Sabarmati 56 C1
Sabar Valley 84 D4
Sabathu 16 D1
Sabbavaram 85 H5
Sabedabari 51 H6
Sabhrai 54 C3
Sabi 25 G4
Sabla 57 F1
Sabri 104 A4
Sabrum 66 D2
Sabusi 67 F1
Sachendi 44 C1
Sachida 53 F3
Sachin 69 H2
Sach Khas 12 B1
Sachna 51 G3
Sach Pass 12 B2
Sachu 53 G2

Sadabad 26 C4
Sadalgi 89 E2
Sadali 96 B4
Sadalpur 16 A5
Sadarpur 66 A1
Sadar Samand 40 D2
Sadar Samand Lake 40 D2
Sadasar (Rj) 24 B3
Sadasar (Rj) 24 D1
Sadaseopet 82 D5
Sadashivgarh 94 A1
Sadat 46 B2
Saddle Peak 104 B3
Sade 81 F4
Sadepur 81 G6
Saderpur 29 F4
Sadhan 22 D4
Sadhaura 16 D2
Sadhli 56 D6
Sadhuhati 65 F1
Sadhu Ki Dhani 40 B3
Sadhuwala 15 E3
Sadiya 37 E1
Sadolai 24 A1
Sadra 56 C3
Sadras 101 G1
Sadri (Rj) 41 E4
Sadri (Rj) 41 F4
Sadullahganj 28 B2
Sadullahnagar 30 A5
Sadullapur 50 C2
Sadul Shahr 15 F2
Saduna 24 A4
Sadura Giri 102 B3
Safidon 16 C5
Safipur (Ba) 66 A2
Safipur (UP) 28 D6
Sagaing (Division) 53 H2
Sagar (Ka) 90 B2
Sagar (Ka) 94 C2
Sagar (MP) 59 H1
Sagara 76 A3
Sagar Collectorganj 65 E6
Sagardighi 49 H5
Sagardwip (Sagar Island)
65 E6
Sagaria 66 C4
Sagar Island (Sagardwip)
65 E6
Sagarmatha (Everest;
Qomolangma) 32 B2
Sagarmatha (Division) 32 B2
Sagarmatha National Park
32 B2
Sagarpara 50 B5
Sagar Plateau 59 G2-H2
Sagauli 31 F5
Sagbara 70 B1
Sagbara (Mount) 70 B1
Saghatta 50 C3
Sagilem 91 G6
Sagoda 75 G5
Sagolmang 53 G2
Sagong 20 C6
Sagoni 60 B2
Sagor 58 A5
Sagtala 57 E3
Sagthali 57 G1
Sagwara 57 F2
Sah 44 D2
Saha 16 D3
Sahabad 28 B1

Index **167**

...ajpur 59 H3
...ranpur 17 F4
...ar (Bi) 31 H6
...ar (Rj) 25 H6
...ar (UP) 26 B4
...hara 41 F4
...harabedi 77 F4
...haranpur 17 E3
...harsa 49 E2
...haspur (UP) 17 G5
...haspur (Ut) 17 E2
...haswan 28 A2
...hatwar 46 D2
...hawa 15 G6
...hawar 28 A3
...hdar 48 B3
...hibganj (Jh) 49 G3
...hibganj (UP) 30 C5
...hiwal 14 D2
...hiya 17 F2
...hna 15 H2
...hoo 12 B3
...hora 26 B4
...hur 72 D2
...i 28 D3-5
...idabad 45 G3
...idapet 97 G5
...idapura 97 F2
...idoke 15 F2
...idpur (Ra) 50 B1
...idpur (Ra) 50 C3
...idpur (UP) 26 C1
...idpur (UP) 46 B3
...idu 34 C2
...iha 67 G3
...ijarasar 24 B2
...ikede 70 C5
...ikhoa Ghat 36 D1
...ikul 53 E2
...ila 40 B3
...ilu (Ma) 73 E3
...ilu (Ma) 82 A1
...ingdin 78 C1
...ingkyu 53 H3
...inigunta 96 D5
...inj 12 D5
...inj (River) 12 D5
...inkheda (MP) 59 H4
...inkheda (MP) 72 D1
...intala 75 G4
...inthia 49 G6
...ir 62 A4
...aira 41 E4
...airang 52 B6
...airep 67 G2
...aitlaw 52 B5
...aiyan 26 C5
...aizawh 67 G3
...aja 74 C1
...ajeti 44 C2
...ajhauli 46 D4
...ajjan Garh 41 E5
...ajmak 8 C1
...ajnekhali 65 F5
...ajnekhali Bird Sanctuary 65 F5
...ajum 9 G6
...akaldiha 46 B3
...akardih 62 D3
...akargarh 42 A3
...akhai 36 C6
...akhalu 36 C6

Sakhan 52 A6
Sakhan Tlang 52 A5-6
Sakhari 60 A5
Sakhi 14 C6
Sakhigopal 77 E5
Sakhol 82 B4
Sakhpur 69 E1
Sakhun 25 E6
Sakit 28 A4
Sakkanurani 103 E1
Sakkarepatna 95 E4
Sakke 61 E4
Sakkt 10 B4
Sakleshpur 95 E5
Sakli 71 F2
Sakna 42 B2
Sakoli 73 H2
Sakowa 33 F6
Sakrai 25 H5
Sakrar 43 H3
Sakras 26 A3
Sakrauda 17 F3
Sakri (Bi) 48 D1
Sakri (Ma) 70 C3
Sakri (River) 61 F6
Sakripur 50 A6
Sakteng 35 E3
Sakteng Wildlife Sanctuary 35 E3
Saktesgarh 46 A4
Sakti 62 A6
Sakur 80 D1
Salagame 95 F5
Salahwas 25 H1
Salakpuram 83 G5
Salamatpur 59 F2
Salana 35 G5
Salandi 77 F2
Salanpur 63 H1
Salap 50 D5
Salar 64 D1
Salara 41 F6
Salasar 24 D3
Salatua 62 C1
Salawas 40 D1
Salaya 54 D5
Salbaka 84 B3
Salbani 64 C4
Salebhatta 75 H3
Salehji Wand 39 E1
Salem 100 C3
Salema 52 A5
Salempur 46 C1
Salewara 74 B1
Salgar 89 E1
Salgundi 90 B4
Salher 70 C3
Saligrama 99 F1
Salikha 65 G2
Salimgarh 57 G2
Salimi 85 F3
Salimpur 31 E6
Salipur 77 E3
Salivagu 83 H4
Saliwali 15 G4
Salkocha 34 B6
Sallaghat 12 C6
Sallya 18 B4
Sallyan 29 H1
Salmari 49 H2
Salo 15 G6

Salon 45 F2
Salona Tal 46 B1
Salotgi 89 H1
Saltora 64 B2
Saltoro Range 9 E4
Salumbar 57 F1
Saluni 12 A3
Salur 85 H3
Salwa 24 B6
Salwan 16 C5
Sam 22 C5
Sama 18 B3
Samadh Bhai 15 H2
Samadhiala (Gu) 55 H6
Samadhiala (Gu) 69 F2
Samadiala 68 D3
Samaguri 35 G5
Samaiyapuram 100 D5
Samakhiali 55 F2
Samalkha 16 D5
Samalkot 93 F1
Samalpatti 100 C1
Samalsar 15 H2
Samana 16 B3
Samanda 51 E2
Samani 10 A1
Samardarha 75 H1
Samardha 59 F3
Samaruma 62 B6
Samastipur 48 C2
Samattur 99 H6
Samba 10 C3
Sambalpur (Chh) 61 G6
Sambalpur (Chh) 74 B4
Sambalpur (Or) 76 A1
Sambhal 26 D1
Sambhar 25 E5
Sambhar Salt Lake 25 E5
Sambhuganj 49 E4
Sambrani 89 E5
Sambre 89 E4
Samda 25 H3
Samdrup Jongkhar 34 D4
Samdrup Jongkhar (Dzongkhag) 35 E4
Samelia 41 F2
Samesra 40 A2
Sami (Gu) 56 A2
Sami (MYA) 67 H6
Sami (River) 67 H6
Sami Veri 39 G5
Samjhia 50 B2
Samla 56 A4
Samlaji 56 D2
Samnapur 61 E4
Samoda 75 E2
Samode 25 F5
Samou Motawas 56 B1
Sampan 98 D1
Samparda 55 E3
Sampla 26 A1
Sampra 56 A1
Sampurre 36 C6
Samra 62 C6
Samrala 16 B1
Samrau 23 H5
Samri 62 C2
Samsherpur 70 C6
Samta 65 F3
Samthar 43 H2
Samthar Plateau 33 F4
Samtse 33 G4

Samtse (Dzongkhag) 33 G4
Samuapur 60 C6
Samudra Beach 102 C5
Samudram 100 C5
Samudrani 14 D1
San 12 B3
Sanand 56 B3
Sanarpatti 100 B6
Sanasar 10 C1
Sanaur 16 C3
Sanawad 58 B6
Sanawara 39 H3
Sanawra 23 F5
Sanchi 105 H6
Sanchi (Temple) 59 F2
Sanchi Hills 59 F2
Sanchor 40 A5
Sandakphu 33 E4
Sandalpur 58 D5
Sandawwa 25 F1
Sanderao 40 D3
Sandes 48 A3
Sandeshkhali 65 F4
Sandhan 54 C3
Sandhol 12 B4
Sandi 28 C4
Sandia 59 G4
Sandila 29 E5
Sandrapodu 91 F5
Sandur 90 A6
Sandur Hills 90 A6
Sanduria 30 C4
Sandwa 24 C3
Sandwip 66 D3
Sandwip Island 66 D3-4
Sanenya 104 C4
Sangacho 21 G3
Sangakhera 59 F4
Sangali 97 F1
Sangam 89 H3
Sangameshwar 80 B6
Sangameshwarpet 94 D4
Sanganer 70 C6
Sanganer 25 F6
Sangareddi 83 G5
Sangarhi 73 H3
Sangariya 15 F4
Sangarwain 8 C6
Sangau 67 G2
Sangeluma Chu 9 E5
Sanghar 38 C1
Sanghi 16 C6
Sangla 13 F5
Sangla (Baspa) Valley 13 F5-6
Sangli 89 E1
Sangma 21 G5
Sangmai 53 E3
Sangngaqoling 19 G5
Sangod 42 A3
Sangola 81 F6
Sangpang Taung 37 E3-4
Sangramgarh 45 F2
Sangrampur (Bi) 31 F6
Sangrampur (Bi) 49 E4
Sangrur 16 B3
Sang Sangbe 34 C2
Sangsangma 34 B2
Sangu 67 E4-G6
Sanguem 88 D5
Sangu Forest Reserve 67 F5

San Gumma 85 F2
Sangvi 71 E2
Sani 54 D6
Sani Bhevi 29 G1
Sanis 36 B5
Sanivarsante 95 E6
Sanjai 63 G4
Sanjari 74 B3
Sanjay Gandhi National Park 80 A1
Sanjeli 57 F3
Sanjit 42 A6
Sanju 24 C5
Sankal (Gu) 57 E6
Sankal (MP) 60 A3
Sankanpalli 84 B3
Sankar 9 F5
Sankarada 85 H1
Sankarayalapeta 96 D5
Sankarayinarkovil 102 D3
Sankaridrug 100 B3
Sankdaha 65 G3
Sankeshwar (Gu) 56 A2
Sankeshwar (Ka) 88 D3
Sankheda 57 E6
Sankher 82 C2
Sankhun 25 F1
Sankhwai 24 B5
Sankra (Chh) 74 D4
Sankra (Chh) 75 F2
Sankra (Gu) 56 A1
Sankra (Rj) 23 E6
Sankra (UP) 26 D2
Sankrail 64 B5
Sankri 13 E6
Sanku 8 D5
Sankwali 40 C3
Sanna 62 C3
Sanosra 55 G5
Santahar 85 G4
Santajuturu 91 F5
Santa Kuni 40 A4
Santaldih 64 A1
Santalpur 55 G1
Santaveri 95 E4
Sante Bachahalli 95 G6
Sante Bennur 95 F2
Santemarahalli 99 H2
Santinagar 51 H5
Santipur (AN) 104 A3
Santipur (Chh) 74 C3
Santpur (Ka) 82 C4
Santpur (Or) 75 G5
Santrampur 57 E3
Santuri 84 B2
Sanu 22 D4
Sanvarde 80 B6
Sanvordem 88 D5
Sanwar 58 B4
Sanwara 40 C5
Sanwrad 24 D4
Sanya Manji 40 A2
Saoli 73 G5
Saondalga 88 D2
Saoner 73 E2
Saonli 59 H6
Saori 55 F4
Sapahar 50 A3
Sapatgram 34 A6
Sapekhati 36 D3
Sapotra 42 D1

Saptashring 70 C4
Sapt Kosi 32 C5
Saputara 70 B3
Sar (CHI) 32 D1
Sar (Rj) 40 D2
Sar (Ut) 17 F1
Sara (Gu) 55 G4
Sara (Ra) 50 B6
Sarad 70 B4
Sarada 41 E6
Sarada (River) 85 G5
Saradhna 41 G1
Saragaon 62 A6
Sarahan (HP) 12 D5
Sarahan (HP) 13 E5
Sarahan (HP) 16 D2
Sarai (Bi) 48 B2
Sarai (MP) 43 E5
Sarai Aghat 28 B4
Sarai Ajitmal 28 B6
Sarai Akil 45 F3
Saraidana 61 F2
Sarai Ekdil 28 B6
Saraikela 63 H4
Sarai Kheta 45 H2
Sarai Khwaja 45 H2
Sarail 51 G5
Saraipali 75 F2
Sarai Rani 46 A2
Sarai Tarin 26 D1
Saralbhanga 34 A5
Saralgaon 80 B1
Saralpara 34 A4
Saramati 36 D6
Saran 41 E2
Sarana 40 B3
Saranda Hills 63 F5
Sarangagada 76 A4
Sarangarh 75 G1
Sarangi 57 H3
Sarangkheda 70 D2
Sarangkot 30 D2
Sarangpur 58 C2
Saranguar 23 H1
Sarankhola 65 H4
Sarankul 76 C2
Sarapal 76 C2
Sarapali 76 B2
Sarapdar 55 F5
Sarapgarh 62 C5
Saraskheri 43 F5
Saraswati (Gu) 55 H2
Saraswati (Gu) 68 C3
Saraswati (UP) 45 E2-F3
Saraswati (Ut) 18 A1
Sarath 49 F6
Sarauli 28 B1
Sarauth Pawayan 28 B4
Sarawan 49 E5
Sarayan 28 D3
Sarbad 8 B2
Sarbari 40 C2
Sarchpat 13 E5
Sarchu 12 D2
Sarda 28 D1
Sarda Canal 28 D1
Sardah 50 B5
Sardargarh (Gu) 68 B1
Sardargarh (Rj) 15 E5
Sardargarh (Rj) 41 F4
Sardarpur 57 H4
Sardarpura 15 E4

Sardarshahr 24 D1
Sardasagar 18 B6
Sardhana 17 E5
Sardhar 55 G5
Sardi 24 D4
Sardulgarh 15 H4
Sarendhi 26 C5
Sarenga 64 B3
Sareni 44 D1
Sareri 41 G3
Sareya 49 F5
Sargapur 82 B6
Sargaroin 13 F6
Sargigora 75 G5
Sargur 99 F2
Sarh 44 C1
Sarhed 35 H5
Saria (Bi) 48 B2
Saria (Chh) 75 G1
Sarigh Jilganang Kol 9 H5
Sarila 44 B2
Sarira 45 F3
Sarishabari 50 D4
Sarishadi 66 D2
Sariska Tiger Reserve &
   National Park 25 H4
Sarjakhanpet 90 D1
Sarjapur 96 B6
Sarjeko 88 B3
Sarju 18 B4
Sarjupar Plain 29 H4
Sarkaghat 12 C5
Sarkala 68 D2
Sar Ka Par 40 A2
Sarkari Tara 22 D3
Sarkhana 29 E2
Sarkhej 56 B3
Sarkher 35 H6
Sarla 55 H4
Sar Lake 77 E5
Sarli 40 A3
Sarmana 55 E5
Sarmera 48 C3
Sarnath 46 A3
Sarni 15 G4
Sarod 56 C5
Sarola (Ma) 81 E2
Sarola (Rj) 42 C5
Sarona 74 D4
Sarotra 40 C6
Sarpang 34 A4
Sarpang (Dzongkhag) 34 B4
Sarpataha 45 H1
Sarra 42 C6
Sarsai 68 C2
Sarsawa 17 E3
Sarsawah 8 B6
Sarseir 44 A3
Sarsiwa 75 F1
Sartam 36 A1
Sarthal 42 C6
Sartwan 15 F3
Sarunda 24 A4
Sarungia 76 A4
Saru Pathar 36 A5
Sarupsar 15 E5
Sarurpur 16 D6
Saruvapura 84 A4
Sarva 55 H5
Sarvada 88 C3
Sarvakota 86 B3
Sarwa 57 G3

Sarwad 55 F3
Sarwai 44 C4
Sarwan (MP) 57 G2
Sarwar (Rj) 56 D1
Sarwar (Rj) 24 D1
Sarwar (Rj) 41 H2
Sasa 68 C2
Sasamusa 31 E6
Sasan Gir 68 C2
Sasan Gir Wildlife Sanctuary
   68 C2
Sasaram 46 C4
Saser Brangsa 9 F4
Saser Kangri 9 F4
Saser Muztagh 9 F5
Sasha 75 E1
Saskatta 89 E3
Saslu 96 A4
Sasni 26 C3
Sasoi 55 E5
Sasthankkota 102 B4
Sasvad 80 D4
Satana 70 C4
Satangar 22 D6
Satapada 76 D6
Satapura 69 F1
Satara 80 C5
Satara Road 80 D5
Satbarwa 62 D1
Satbhaya 77 G3
Satdhara 59 F2
Satgachia 64 D2
Satgaon 65 E3
Satgawan 48 C4
Sathamba 56 D3
Sathana 41 G2
Sathla 17 F6
Sathri 29 H6
Sathupalli 92 C1
Satihal 89 H2
Satihalli 95 F6
Satiko 24 A4
Satjanda 14 D5
Satkania 67 E4
Satkhira 65 G3
Satkosia 77 E1
Satmala Hills 83 G1
Satmala Plateau 73 F6
Satna 45 E5
Satna (River) 44 D5
Satnali 25 G2
Satnuru 100 A1
Satodad 55 F6
Satola 41 G6
Satopanth 18 A1
Satpara (MP) 59 F2
Satpara (MP) 60 A1
Satpura (PAK) 8 D4
Satpati 69 H6
Satra 24 D2
Satrenga 62 A4
Satrikh 29 F5
Sattankulam 103 E5
Sattanur 100 D2
Sattavada 85 E5
Sattegalam 99 H1
Sattenapalle 92 A3
Satti 89 F2
Satti (River) 73 H4
Sattigeri 89 F4
Satun 55 H1

Satuna 82 A1
Satur (Rj) 42 A3
Satur (TN) 103 E3
Saturai 51 E6
Satwai 10 C2
Satwas 58 D5
Satyamangalam 99 H3
Satyavedu 97 G4
Saundatti 89 F4
Saunk 26 B4
Saunshi 89 F6
Saur 17 G3
Saura 49 G1-3
Sauraha 31 E3
Saurashtra (Kathiawar
   Peninsula) 54 D5-E5
Saurian 10 B5
Saurikh 28 C5
Sausar 73 E1
Savaikot 56 A6
Savalanga 94 D3
Savalgi 89 F2
Savanadurga 95 H6
Savangi 72 D4
Savantvadi 88 C4
Savanur 89 F6
Savar (Dh) 51 E6
Savar (Ma) 72 D4
Savargaon 81 H5
Savarkundla 69 E2
Savda 71 G2
Savitri 80 B4
Savlaj 89 E1
Savli 56 D5
Savrat 80 C5
Sawaddi 16 A1
Sawai Madhopur 42 C2
Sawali 72 D5
Sawang 34 C2
Sawangi Buzurg 82 B1
Sawar 41 H2
Sawargaon 72 B6
Sawi Bay 104 C3
Sayaji Reservoir 56 D5
Sayalkudi 103 F3
Sayarpuram 103 E5
Sayatkharda 72 D5
Sayla 55 H4
Sayra 50 B1
Saza 67 F2
Sazin 8 B4
Seba 26 A6
Secunderabad 83 F6
Sedam 90 C1
Sedarpalaiyam 100 B4
Seema (HP) 13 E6
Seema (Ut) 13 F6
Segaon 58 A6
Sehore 58 D3
Sehot 25 E4
Sehra 8 B6
Sehramau 28 C3
Sejakpur 55 H5
Sekhwan 10 C4
Seksih 53 E6
Se La 35 E2
Sela 65 H5
Selari 55 G2
Selarpur 60 D2
Selbari 70 C3
Sele La 33 G4
Selgaon (Ma) 82 A2

Selgaon (MP) 71 G6
Seling 52 C6
Selsella 50 D2
Selwasan 40 B5
Semapur 49 G2
Semaria 61 H2
Semariya 48 A2
Semarkhia 40 B1
Semarsot 62 C2
Semarwara 57 E2
Semli 26 A4
Semlia 41 F6
Semma 35 G3
Semradih 74 D1
Semri 59 G4
Sena 40 C4
Senapati 53 E2
Senarijagaon 35 G5
Senbag 66 C2
Sendamangalam 100 C4
Sendamaram 102 D4
Sendhwa 71 E1
Sendra 41 F2
Sendri 81 E4
Sendurai (TN) 100 C6
Sendurai (TN) 101 E4
Sendurjan 72 B4
Sendurjana 72 D1
Sengaon (AP) 73 F6
Sengaon (Ma) 72 A6
Sengar 28 A5-B6
Sengippatti 100 D5
Sengor 34 C3
Senthal 28 C1
Senvon 52 C5
Seogarh (MP) 57 G3
Seogarh (MP) 57 G4
Seohara 17 G5
Seona 71 G4
Seonath 61 G6
Seondara 28 A1
Seondha 43 H1
Seoni (HP) 12 C6
Seoni (MP) 60 B5
Seoni Chhapara 60 B5
Seoni Malwa 59 E5
Seoni Tank 73 H3
Seorinarayan 75 F1
Sepahijala Forest Sanctuary
   66 C1
Sepau 26 C6
Sephu 34 B3
Seppa 35 G3
Serai (MP) 43 G5
Serai (MP) 61 G1
Seraidikhan 66 A1
Serampore 65 E3
Serchhip 67 G1
Serhmun 52 B6
Seri 10 A1
Seriska 25 H4
Serkawr 67 G3
Sermadeva 102 D5
Serohi Nangal 25 G2
Serpura 15 E6
Serra 16 A6
Seruna 24 B2
Sesai Buzurg 43 F4
Sesaipura 43 E3

Seshachalam Hills 96 C2
Sesikhaliu 86 A2
Sesseri 20 D5
Seti 30 D2
Seti (Division) 18 D6
Setiyya 101 F3
Settigunta 97 E3
Setturu 95 H2
Sevagram 73 E3
Sevaliya 56 D4
Sevur 99 H4
Sewa (Rj) 24 D4
Sewa (Rj) 25 E6
Sewar 26 B5
Sewara 40 B5
Sewari 40 D4
Shabling 34 C2
Shad 9 E6
Shadnagar 91 E1
Shaduzup 37 G5
Shafakhana 17 H5
Shafat Glacier 8 D6
Shagsar Dabla 15 E5
Shahabad (AP) 91 E1
Shahabad (Gu) 56 D6
Shahabad (Ha) 16 D3
Shahabad (Ka) 90 B1
Shahabad (Rj) 43 E4
Shahabad (UP) 28 C3
Shahada 70 D1
Shahapur (Ma) 80 B1
Shahapur (Ma) 81 G1
Shaharwa 16 A6
Shahbazpur 10 B6
Shahdadpur 38 B2
Shahdara (De) 26 B1
Shahdara (MP) 43 E5
Shahdol 61 F3
Shahgadh 81 G1
Shahganj (MP) 59 F4
Shahganj (UP) 45 H2
Shahganj (UP) 46 A5
Shahgarh (Rj) 22 B4
Shahgarh (UP) 44 A6
Shahgarh (UP) 44 B6
Shahi 28 B1
Shahibganj 48 A1
Shahjahanpur (Rj) 25 H3
Shahjahanpur (UP) 28 C3
Shahkar 59 H3
Shahkund 49 E3
Shahnagar 60 C1
Shahparan 52 A3
Shahpur (AP) 83 G5
Shahpur (Bi) 46 D2
Shahpur (Gu) 55 G4
Shahpur (Ka) 90 B2
Shahpur (MP) 59 F6
Shahpur (MP) 60 A1
Shahpur (MP) 61 E3
Shahpur (MP) 71 G2
Shahpur (PAK) 22 A3
Shahpur (Pu) 10 C4
Shahpur (Pu) 10 D3
Shahpur (UP) 17 E5
Shahpur (UP) 26 B3
Shahpura (MP) 60 B3
Shahpura (MP) 60 D3
Shahpura (Rj) 25 G4
Shahpura (Rj) 41 H3
Shahpur Hills 90 B2
Shahpur Patori 48 C2

Shahuwadi 88 C1
Shahzadpur (Ha) 16 D2
Shahzadpur (Ra) 50 D2
Shailkupa 65 G1
Shait Gumbad 65 H3
Shajapur 58 C2
Shakargarh 10 C3
Shaksgam 8 D3
Shaksgam (River) 8 D3
Shakti 34 D2
Shalai 17 E2
Shaldat Tso 9 G6
Shali 34 D2
Shambugarh 41 G2
Shamgarh 42 A6
Shamhu 48 D3
Shamli 16 D5
Shampur (Chh) 74 D6
Shampur (MP) 42 D2
Shampur (MP) 58 D3
Shampura (Rj) 42 A4
Shampura (Rj) 42 C1
Shamsabad (MP) 59 E2
Shamsabad (UP) 26 C5
Shamshabad 83 E6
Shamshabad (UP) 26 C5
Shamsherganj 51 H4
Shan Churasi 10 D5
Shandur Pass 8 A3
Shangla Pass 8 A4
Shangpung 52 A2
Shankargarh 45 F4
Shankarpalli 83 E6
Shankarpur 73 G4
Shankrampet 82 D4
Shanmukha 100 A6
Shanmukha River 102 D1
Shanor 56 D6
Shansha 12 C2
Shantiniketan 64 C1
Shantipur 65 E2
Shapang 34 D2
Shapur (Gu) 55 G3
Shapur (Gu) 68 C1
Sharagada 76 B6
Sharavathi Sanctuary 94 C3
Shariakandi 50 C4
Shariatpur 66 A2
Sharpur 10 A5
Sharsha 65 F2
Shastri 80 B6
Shastri River 88 B2
Shatial 8 B4
Shatrana 16 B4
Shatrunjaya (Mount) 69 F1
Shatrunjaya (Temple) 69 F1
Sheakhala 65 E3
Shebi Ga 37 F2
Shedbal 89 E2
Shedhi 56 C4
Shedhumi 36 B6
Shegaon (Ma) 72 A3
Shegaon (Ma) 73 F4
Shegaria 34 A2
Shehera 57 E4
Sheikhpura 48 C3
Sheikhupura 10 A5
Shekapur 23 G4
Shekhawati 25 F3
Shelgaon 71 G3
Shelu 72 A5
Shen 60 A4
Shencottah 102 C4

endi 70 B6
endurni 71 F4
endurwara 71 E6
enwa 80 B1
eodaspura 25 G6
eoganj 40 D4
eohar 31 G6
eokar 39 H2
eoli (Ma) 71 H6
eoli (UP) 28 D6
eona 57 H1
eopur 42 D3
eopura 41 G2
eosagar 46 C4
erad 81 F2
eradhon 81 H3
erah 16 C5
eran Chak 48 D3
er Bhatoria 59 G6
ergad 68 C2
ergaon 35 F3
ergarh (Rj) 40 B1
ergarh (Rj) 42 C5
ergarh (Rj) 57 F3
ergarh (UP) 26 B3
ergarh Shera 15 F3
erghati 48 A5
eriala 24 B3
eri Chhu 34 D3
erichhu 34 D3
erkot 17 G5
ermun 67 F4
erpur (Dh) 50 D3
erpur (HP) 12 A2
erpur (Pu) 16 A2
erpur (Ra) 50 C4
erpur (UP) 28 D1
erpur (UP) 46 C3
ertallai 102 A2
ertang La 34 B3
etphal 81 G5
etrawa 23 G6
etrunji 68 D2
ethihali Sanctuary 94 D3
hevgaon 81 F1
hianagar 56 A6
hiani 56 A4
hiastaganj 51 H5
hibchar 66 A1
hibganj (Ra) 49 H4
hibganj (Ra) 50 A1
hibganj (Ra) 50 C3
higar 8 D4
higarthan 8 C4
higgaon 89 F6
hikara 60 C4
hikarpur (Bi) 31 E4
hikarpur (Ka) 94 D2
hikarpur (UP) 26 C2
hikarpur (WB) 50 B6
hikhi 36 A3
hikodabad 28 A5
hikrapur 80 D3
hilena 72 C6
hilla 13 F3
hillod 71 F4
hillong 51 H1
hillong Plateau 51 H1
Shimla (HP) 12 C6
Shimla (Rj) 24 D1
Shimla Hills 16 D1
Shimoga 95 E3

Shimoga Hills 94 D3
Shimsha 95 H6
Shimshal 8 C2
Shinde 70 B5
Shingbe 34 D1
Shingbwiyang 37 F3
Shingi 80 C2
Shingkhor 34 C3
Shingnapur 81 E5
Shingo 8 C5-D5
Shingwe 81 E1
Shipki La 13 G4
Shiradi 94 D6
Shirala 88 D1
Shiraval 82 A5
Shirawata Lake 80 B2
Shirdi 70 D6
Shirgaon 88 C3
Shirguppi 89 F5
Shirhatti 89 G6
Shirkhed 72 C2
Shirnandgi 81 G6
Shirol 89 E2
Shiroshi 80 C1
Shirpur 71 E2
Shirsala 71 E3
Shirsoli 71 F3
Shirud 71 E3
Shirur 80 D2
Shirwal 80 C4
Shishgarh 28 B1
Shiugarh 29 F6
Shiuji 33 G4
Shiv 39 H1
Shiv (River) 71 E6
Shivaganga 95 H5
Shivalingapa 82 D3
Shivalli 94 C4
Shivna 81 F6
Shivner 80 C1
Shivni (Ma) 82 C1
Shivni (Ma) 83 E1
Shivpur 15 E3
Shivpuri (Ut) 17 G3
Shivpuri (MP) 43 F3
Shivpuri Plateau 43 E3
Shobju La 34 A3
Shogi 16 D1
Shohpur 59 E5
Shokla 41 H1
Shol 20 B5
Sholapur 81 H5
Sholinghur 97 E5
Shongar Dzong 34 C3
Shongjari Chhu 34 C3
Shora 42 A1
Shoranur 99 F5
Shorapur 90 B2
Shorkot 14 B1
Shravasti 29 H4
Shrigonda 81 E3
Shrirampur 70 D6
Shuganu 53 E4
Shuhkishala 91 G2
Shujalpur 58 D3
Shukpa Kunchang 9 F4-5
Shupiyan 8 C6
Shuri 34 B3
Shyamnagar (AN) 104 A3
Shyamnagar (Kh) 65 G4
Shyok 8 D4
Sia 58 B3

Siachen Glacier 9 E4
Siajuli 36 B2
Sialkot 10 B3
Sial Sui 10 B1
Siambar 22 C5
Siana 24 A3
Siang 62 B4
Siang (Dihang) 20 C4-C5
Siasar 24 A1
Sib 50 A4
Sibbum 20 C5
Sibnagar 51 G6
Sibong 53 F4
Sibpasa 51 G4
Sibpur 51 F5
Sibsa 65 G4-H5
Sibsagar 36 C3
Sibsagar Plain 36 C3
Sibsu 33 F4
Sibutalung 52 C6
Si Chhu 33 H2
Sidar Hat 66 D2
Siddapur 94 C2
Siddapur 99 E1
Siddapura 95 G1
Siddavanahalli 95 G2
Siddha 82 D2
Siddhaur 29 F5
Siddhavattam 96 D2
Siddhma 62 B3
Siddiganj 58 C4
Siddipet 83 F4
Sidhauli 29 E4
Sidhaw 30 D4
Sidhi 45 G6
Sidhnath 71 E6
Sidhout 96 D2
Sidhpur 56 B1
Sidhpura 28 A3
Sidhwan Khas 16 A1
Sidi 61 F2
Sidlaghatta 96 B4
Sidli 34 B5
Sidmukh 15 H6
Sidsar 55 E6
Sigadam 86 A3
Sigalahalli 100 B2
Sighur 99 G3
Sigsar 68 C3
Sihawal 45 G5
Sihod 57 E5
Sihoniya 26 D6
Sihor (Gu) 69 F1
Sihor (MP) 43 G3
Sihora (MP) 60 C2
Sihora (MP) 73 H1
Sihori 56 A1
Sihunta 12 A3
Sika 55 E5
Sikandarabad 29 E3
Sikandra (Bi) 48 D4
Sikandra (UP) 26 C5
Sikandra (UP) 44 B1
Sikandrabad 26 C1
Sikandra Rao 26 D3
Sikar 25 E4
Sikarapai 85 H1
Sikaripara 49 G5
Sike 20 B4
Sikerkupa 75 G5
Sikkal (TN) 101 F5
Sikkal (TN) 103 F3

Sikkim 33 E3
Siklangso Arda 52 B1
Sikosa 74 C3
Sikrana 31 E5-F5
Sikri 17 F4
Sikri Patti 26 A4
Sikta 31 E5
Sikti 32 D6
Sil 68 B2
Silana 16 D6
Silanwad 24 C4
Silatpali 75 F3
Silaut 48 C1
Silawad 57 G6
Silchar 52 B3
Silda 64 B4
Silegaon 71 E6
Silent Valley National Park 99 G4
Sileru 84 D5
Silghat 36 C3
Silgi 60 D3
Silheti 74 B1
Siliari 74 D2
Siliguri 33 E5
Silinda 75 G4
Silipur 42 D2
Siliserh 25 H4
Siliserh Lake 25 H4
Silkuri 52 B3
Silli (Ar) 20 D6
Silli (Jh) 63 G2
Siloli 43 H1
Silon 44 B5
Silori 43 E3
Silpata 36 C2
Silpuri 42 D3
Silua 52 A4
Silvani 59 G3
Silvassa 69 H4
Silwai 63 G2
Simaltala 49 E4
Simalugura 36 C3
Simanbadi 76 A5
Simara 31 F4
Simaria (Jh) 48 B6
Simaria (MP) 45 E5
Simawat 9 H1
Simbor 68 D3
Simdega 63 E4
Simdega Plateau 63 E4
Simga 74 D1
Simhadripuram 96 B1
Similipal National Park 64 A6
Simla 50 C4
Simlapal 64 B3
Simlipalgarh 64 A6
Simra 43 H4
Simrauta 29 G6
Simri 48 C1
Simri Bakhtiarpur 49 E2
Simrol 58 B5
Simtokha Dzong 33 H3
Sina 81 G4-5
Sinche La 33 H1
Sinchula 33 H5
Sind 43 E6-G2
Sind (Province) 39 F4
Sindaota 58 C1
Sindari 40 A3
Sindewahi 73 G4

Sindgi 89 H1
Sindhauli 28 D3
Sindhnur 90 B4
Sindhor 59 H3
Sindhri 38 C2
Sindhudurg Beach 88 B2
Sindhuli Garhi 31 H4
Sindi 73 E3
Sindkhed 71 G5
Sindkheda 70 D2
Sindkher 72 D6
Sindphana 81 H2
Sindri (Jh) 63 H3
Sindri (Jh) 64 A1
Sindughatta 95 G6
Sindukchhari 87 E2
Sindurga 75 H4
Sindvani 57 F6
Singabi 29 E2
Singad 72 C5
Singadavanahalli 90 B5
Singair 51 E6
Singalila La 33 E4
Singalila Range 32 D4
Singampunari 103 F1
Singanallur 99 H5
Singanamala 96 B1
Singaperumalkoil 97 G6
Singar 24 B5
Singaraku Parbati 86 C2
Singarappettai 100 D1
Singarayakonda 92 A5
Singarbil 51 G6
Singavada 68 D3
Singgel 52 D6
Singhal 8 B3
Singhana 25 G2
Singhanwala 15 H1
Singhaur 16 D3
Singhbhum Plain 63 F4
Singheswar 49 E1
Singhora 75 G2
Singhori 60 A5
Singhpur (Chh) 74 D4
Singhpur (MP) 60 A4
Singia 48 D2
Singing 20 B4 30 A5
Singingarh 61 F3
Singla 52 B3-4
Singmarigaon 35 G6
Singnghat 52 D4
Singoli 42 A4
Singoli Plateau 41 H4
Singpur 70 B2
Singpura 41 G4
Singra 50 C5
Singra Forest Reserve 50 A1
Singramau 45 H2
Singraul 61 H1
Singrauli 45 H6
Singrimari 50 D1
Singtam 33 F4
Singwatam 91 E3
Singye Dzong 34 D1
Sinhagad 80 C3
Sini 63 H4
Sinjib Konda 85 G5
Sinli 40 B2
Sinnar 70 C6
Sinon 33 E4
Sinor 56 D6
Sinsa 84 A2

Sinwa 24 D4
Sip 42 D3
Sippighat 104 A5
Sipra 58 B4
Sipra (River) 58 A2-B4
Sipur 76 C2
Sir 30 B4
Sira 95 G3
Siraikoppa 94 D2
Sirajganj 50 D5
Sirali 58 B6
Sirampur 49 E6
Sirasmarga 81 G2
Sirathu 45 E3
Siravde 80 D6
Sird 23 G4
Sirdala 48 C5
Sirdang 18 C3
Sirdon 23 G4
Sirdukbari 51 H6
Sirgiri 75 E3
Sirhalli 10 C6
Sirhind 16 C2
Sirhind Plain (Pawadh) 16 B2-C2
Sir Hugh Rose Island 104 B5
Siriari 41 E3
Sirigeri 90 B5
Sirikonda 84 A2
Sirire 36 C6
Sirisadu 83 H4
Sirkazhi 101 F4
Sirmaur 45 F5
Sirmina 61 H3
Sir Muttra 26 B6
Sirohi 40 C4
Sironcha 84 A2
Sironj 59 F1
Sirpur (AP) 83 H1
Sirpur (Chh) 75 E2
Sirpur (Ma) 72 A5
Sirpur (MP) 71 H2
Sirpuram 84 B6
Sirpur Hills 83 H1
Sirsa (Ha) 15 H4
Sirsa (UP) 45 G4
Sirsa (River) 26 D4
Sirsa Branch 16 A5
Sirsaganj 28 A5
Sirsala 82 A2
Sirsi (Ka) 94 C1
Sirsi (Ma) 81 F6
Sirsi (MP) 57 H2
Sirsi (UP) 28 A1
Sirsi (UP) 30 B6
Sirsilla 83 F3
Sirsod 43 E3
Sirsuphal 81 E4
Sirtiso 52 B1
Sirubal 75 H4
Siruguppa 90 B5
Siruhi Kashong 53 F2
Sirumalai 103 E1
Sirumugai 99 H4
Sirupakkam 100 D3
Sirur (Ka) 89 G3
Sirur (Ma) 81 G2
Sirur (TN) 99 G3
Sirur Tajband 82 B3
Siruvallur 101 E1
Sirvel 91 F5

Sirwa 39 H4
Sirwal 90 B2
Sirwani 33 E4
Sirwar 90 B3
Sisagadh 54 D3
Sisaghat 30 D2
Sisai (Bi) 48 A1
Sisai (Ha) 16 B5
Sisai (Jh) 63 E3
Sisaiya Thana 29 F3
Sisanah 16 D6
Sisang 55 F5
Sisauli 17 E5
Sisbani 32 A5
Sisi Bargaon 36 C2
Sisolar 44 C3
Sispara 99 F4
Sissu 12 C3
Sisters, The 104 A5
Siswa 30 D2
Siswa Bazar 30 D4
Siswali 42 C3
Sita 94 C4
Sitai 50 C1
Sitakot Vihara Monastery 50 B2
Sitakunda 66 D3
Sitalakhya 51 F6
Sitalkuchi 33 G6
Sitamarhi 31 G6
Sitamata 41 G6
Sitamata Wildlife Sanctuary 41 F6
Sitamau 58 A1
Sitanagaram (AP) 85 E6
Sitanagaram (AP) 86 A2
Sitapur 29 E4
Sitapur Branch 28 D2
Sitarampuram 91 G6
Sitarganj 18 B6
Sithal 50 D5
Sithra 62 B5
Sitlaha 45 F4
Sito Ganne 15 F3
Sittannavasal 100 D6
Sittwe (Akyab) 78 D3
Siuni 61 G3
Siurajpur 44 D5
Siuri 49 G6
Sivaganga 103 F2
Sivaganga (Temple) 95 H5
Sivagiri (TN) 100 B4
Sivagiri (TN) 102 D3
Sivagunda 91 F1
Sivakasi 103 E3
Sivalaya 50 D6
Sivandippattai 102 D3
Sivane 95 F3
Sivasamudram 99 H1
Sivasamudram Falls 99 H1
Sivral 71 E5
Siwaith 45 G3
Siwala 82 C1
Siwalik Hills 10 C1
Siwalik Range 12 C6
Siwampet 83 E5
Siwan (Bi) 46 D1
Siwan (Ha) 16 C4
Siwana 40 B3
Siwana Hills 40 B3
Siwana Mal 16 C5
Siwani 16 A6

Siyana 26 C1
Siyom 20 B5-C6
Siyuh 17 E2
Skardu 8 D4
Skiu 9 E6
Skurbuchan 9 E5
Sleemanabad 60 C2
Smith Island 104 A2
Sniebal 52 C6
Soa 24 B3
Soan 12 A5
Sobala 18 C3
Sobasar 24 A2
Sobhapur 59 G4
Sodakor 23 E5
Sodaori 68 D2
Sodarpur 59 G3
Sode 63 F4
Sodra 41 H1
Sodwara Plateau 57 H2
Sofale 69 H6
Soguru 85 G3
Sohagi 45 F4
Sohagpur (Chh) 62 A5
Sohagpur (MP) 59 G4
Sohagpur (MP) 61 F3
Sohagpura 57 G1
Sohal 10 B5
Sohan 26 C6
Sohana 16 C2
Sohawal 44 D5
Sohdra 10 A3
Sohela 75 G2
Sohian 10 C5
Sohna 26 A2
Sohram Branch 10 C5
Sohrarim 51 H2
Sohryogkham 51 H1
Sohuwala Chak Rohi 15 H4
Sohwal 29 H6
Soila 24 A5
Soin 42 D2
Sointhra 40 B1
Sojat 41 E2
Sojat Hills 41 E2-F2
Sojat Road 41 E2
Sojitra 56 C5
Sojna 43 H5
Sokpao 53 E2
Solahpet 82 C6
Solan 16 D1
Solang Nullah Ski Field 12 C3
Solani 17 E3-F4
Solankuppam Mel 100 D1
Sola Singhi Range 12 B5
Sollaguda 76 A5
Sollebail 94 D4
Solu 32 A3-B3
Solur 95 H5
Som 40 D6
Som (River) 57 E1
Somala 96 D4
Somalsar 24 B4
Somanur 99 H4
Somaram 83 H2
Somasi 25 E2
Somavaram 85 F6
Sombare 33 E4
Sombrero Channel 104 D5
Sombrero Point 104 D5
Someshwar (Ka) 94 C4

Someshwar (Ut) 18 A4
Someshwar Hills 31 E4
Someswari 51 F3
Somna 26 C2
Somnath (Gu) 55 H6
Somnath (Gu) 68 C3
Somnath (Temple) 68 C3
Somnathpur 99 G1
Somra 53 F1
Samran 24 C4
Somvarpet 95 E6
Son 75 E1
Son (Lake) 52 B4
Son (River) (Chh) 46 A5-C5, 48 A3
Son (River) (Chh) 62 A6, 74 A1
Sona 18 C3
Sonabera 75 E4
Sonabera Plateau 75 E4-F4
Sonadia Island 67 E6
Sonagazi 66 D2
Sonagir 43 G3
Sonahat 33 H6
Sonahatu 63 G3
Sonahula 49 F3
Sonai 81 E1
Sonai (River) 35 F5
Sonaili Bazar 49 G2
Sonaimukh 52 C3
Sonaimuri 66 C2
Sonala 72 A2
Sonamarg 8 C5
Sonamukhi (Ra) 50 D4
Sonamukhi (WB) 64 C2
Sonamura 66 C1
Sonanadi Wildlife Sanctuary 17 G4
Sonapur (Cht) 66 C3
Sonapur (Or) 76 A3
Sonar 59 H2
Sonarbargh 66 B1
Sonargaon 66 B1
Sonari (As) 36 C3
Sonari (Ma) 81 G3
Sonari (MP) 59 F3
Sonaria 69 E1
Sonarigaon 36 C2
Sonarpara 67 E6
Sonarpur 65 E4
Sonar Wildlife Sanctuary 35 F4
Sonatala 50 D3
Sonath 82 C5
Sonbarighat 52 C3
Sonbarsa 31 G5
Sonda 94 C1
Sondad 73 H3
Sondo 73 F6
Sondur 75 E4
Sondwa 57 F6
Sonegaon (Ma) 73 E4
Sonegaon (Ma) 81 G3
Sone Ka Gurja 26 B6
Sonepat 16 D6
Sonepet 82 A2
Soneprayag 17 H2
Sonepur (Bi) 48 B2
Song 18 B3
Song (River) 17 F3
Songir (Gu) 57 E6
Songir (Ma) 70 D3

Songsak 51 E1
Songsang 52 D4
Songurh 61 G1
Sonhat 61 H2
Soni 28 A6
Soniand 41 G4
Sonkach 58 C4
Sonnapurampeta 86 D1
Sono 48 D4
Sonpar Hills 45 H6
Sonpur 74 B6
Sonpuri 69 F1
Sonria 77 E1
Sonsagar 88 D5
Sontalai 58 D5
Sonthia 42 C2
Sonua 63 G4
Sonwan 29 G3
Sonwara 40 D5
Sopona 13 F4
Sopor 8 C5
Sorab 94 C2
Sorada 76 B5
Soraon 45 G3
Sorbhog 34 C5
Soreng 33 E4
Sorkhi 16 B6
Sor Laspur 8 A3
Soro 77 G1
Soron 28 A3
Sorsan Grasslands 42 C4
Sorwa 57 F5
Sosale 99 H1
Sosonpal 85 E2
Sot 28 B2
Sota 25 H2-3
Sotha 15 G2
Sothri 54 C3
Sour Bazar 49 E2
Southada 81 F2
South Andaman Island 104 A4-5
South Brahmaputra Hills 35 E6-F6
South Brother Island 104 A6
South Dum Dum 65 E4
South Hatia Island 66 C4
South Island 104 B3
South Koel 63 E2-F5
South Salmara 50 D1
South Sentinel Island 104 A6
Savalong Forest Reserve 67 F3
Sowar 22 B5
Soyet 82 B4
Soygaon 71 F4
Spangmik 9 F6
Spike Island 104 A4
Spillo 13 F5
Spiti (Region) 13 E4
Spiti (River) 13 E4
Spiti Valley 13 E4
Spituk 9 F5
Sravanabelagola 95 G6
Sreemongal (Srimangal) 51 H5
Sribardi 50 D3
Sri Bhadria 23 E5
Sri Chhatarpur 42 B5
Sridharpur 65 G2
Sri Dungargarh 24 C2

Srigiripadu 91 G3
Sri Govindpur 10 D5
Srikakulam 86 B3
Sri Kalahasti 97 F3
Sri Karanpur 14 D4
Srikhanda 64 D1
Srikonda 83 E3
Srikurmam 86 B3
Sri Madhopur 25 F4
Srimangal (Sreemongal) 51 H5
Srimant Gudda 89 G6
Sri Mohangarh 23 E4
Srimushnam 101 E4
Srinagar (Dh) 66 A1
Srinagar (JK) 8 C5
Srinagar (MP) 60 B4
Srinagar (Rj) 41 G1
Srinagar (UP) 44 B4
Srinagar (Ut) 17 G3
Sringeri 94 D4
Srinivaspur 96 C4
Sriperumbudur 97 G5
Sripur (Cht) 66 D2
Sripur (Dh) 51 E5
Sriram 75 F4
Sriramagiri 84 D5
Sriramapur 76 A5
Sriramapura 95 F4
Srirangam 100 D5
Srirangapatnam 99 G1
Srirangapur 91 E3
Srisailam 91 F3
Srisailam Plateau 91 G3
Srivaikuntam 103 E5
Srivardhan 80 A4
Srivilliputtur 102 D3
Srungavarapukota 85 H4
St George's Channel 104 D6
St George's Island 88 C5
St Martin's Island 78 B2
Stakna 9 F6
Stalkari 49 H3
Stanley Reservoir 100 B2
Steamerghat 66 C3
St Mary Isles 94 C5
Stok 9 F6
Stok Range 9 E6-F6
Strait Island 104 B4
Stur 46 A5
Suala 12 B2
Sualkuchi 34 D6
Suar 17 H6
Suarmar 75 E3
Suatala 60 A3
Subalong 67 F3
Subalong (River) 67 F3
Subankhata 34 D4
Subansiri 19 E6-H6, 36 B1
Subarnagiri 76 A5
Subarnarekha 63 G3
Subbuk 20 D5
Subil 51 G6
Subrahmanya 95 E6
Subraved 84 A6
Suchetgarh 10 B3
Suchindram 102 D6
Sudamda 55 H5
Sudasna 56 C1
Sudda 55 H5
Sudda Koppu 97 E3
Sudhagad 80 B3
Sudh Mahadev 10 D1

Sudi 89 H4
Sudimalle 84 B5
Sudrukumpa 76 B3
Sufali 34 C4
Sugarwe 32 B6
Sugrai 64 D2
Suguturu 96 B5
Suhell Island 98 A6
Sui 24 C1
Suigam 39 H6
Suisa 83 H2
Sujanagar 50 C6
Sujanganj 45 G2
Sujangarh 24 D3
Sujanpur 10 D3
Sujauli 20 B2
Sujawal 38 A5
Sujnipur 56 B1
Sukal 77 E5
Suke 42 B5
Sukha Bhadar 55 H5
Sukhair 51 G3
Sukhata 28 C4-D3
Sukhban 30 D4
Sukhchainpura 14 D5
Sukhcharer Hat 66 C4
Sukhera 57 H2
Sukhidhang 18 B5
Sukinda Khas 77 E5
Sukjoro 49 F5
Sukma 85 E3
Sukri (Jh) 63 E1
Sukri (Rj) 40 C2-D3
Suktel 75 G3
Sulagiri 96 B6
Suldapara 85 E2
Sule Kere 95 E2
Sulgura 63 E6
Sulia 76 C5
Sulial 12 A3
Suliapada 64 B5
Sulibele 96 B5
Sulkia Tala 23 G6
Sulla 51 G4
Sultana 25 F2
Sultanabad (Osmannagar) 83 G3
Sultanganj (Bi) 49 E3
Sultanganj (UP) 28 B4
Sultanpur (Gu) 55 G6
Sultanpur (Ma) 71 H5
Sultanpur (MP) 59 F3
Sultanpur (Pu) 10 C6
Sultanpur (Rj) 42 B4
Sultanpur (UP) 45 G1
Sultanpur (Ut) 17 F5
Sultanpur Bird Sanctuary 17 F4
Sultan's Battery (Sulthanbatheri) 99 F3
Suluistyk 8 C1
Sulur 99 H5
Suluru 97 G4
Sulya 94 D6
Sumar 42 C5
Sumba 82 A4
Sumbar 10 C2
Sumdo 13 F4
Sumdu 18 C2
Sumondolo 76 C5
Sumra 13 F4
Sumur 9 F4

…zom **21** E2
…ag **89** G3
…akhala **76** D5
…akhalla **76** D4
…am **16** A3
…amganj **51** G3
…auli **30** C4
…da **40** B5
…adgarh Hills **62** D5
…dar **49** F3
…adarapandiyam **102** D2
…darapandiyanpattam **103** G2
…dardhunga Glacier **18** B2
…adarganj **50** C2
…dargarh **62** D5
…adari **46** B6
…adarpahar **49** G4
…adarpur (MP) **72** A1
…adarpur (UP) **28** D2
…adarsi **58** C3
…derbans **65** H5
…derbans Wildlife Sanctuary **65** E6
…dernagar **12** C5
…adra (Chh) **84** B1
…adra (Rj) **39** F1
…adrel **58** C4
…el **42** B6
…agarpur **25** G1
…ager **75** G6
…agri **12** D6
…ni **18** A4
…aigram **83** G4
…a Kosi **31** H2-4
…anksal **94** B1
…anambukkulam **97** G4
…npura **37** E1
…nswara **42** D3
…ntikoppa **99** E1
…nu Kothi **12** A2
…anwar **41** F5
…nwara **60** B5
…pa (Ka) **89** E5
…pa (Ma) **80** D4
…paul **49** E1
…pe **81** E2
…pegaon **82** B2
…pkhar **61** E5
…ra **46** C3-4
…raha Tal **46** D2
…rajgarh **25** F2
…rajgarha **48** D3
…rajkund **26** B1
…rajpur (Chh) **62** A3
…rajpur (UP) **26** B1
…raj Tal **12** D2
…ramangalam **100** C3
…rana **40** B4
…randai **102** D4
…ranganj **86** C1
…rangi (River) **75** F2
…rantal **43** F6
…rapur **30** A6
…raram **84** A3
…rareddipalem **92** A5
…rat **69** H2
…ratganj **29** F4
…ratgarh **15** E5
…ratkai **94** C5
…rat Plain **70** A2-B2
…urendranagar **55** H4

Surgana **70** B4
Surguja Basin **62** B3
Surgura **62** C5
Surianwan **45** H3
Suriapet **91** H1
Surihan **89** F4
Surir **26** C3
Surirnagar **83** F6
Surjagarh **74** A6
Surjagarh Hills **74** A6
Surjahsar **14** D6
Surjannagar **17** G5
Surkhi **59** H2
Surla **88** D4
Surma **51** G3-H3
Surmo **9** H4
Suroth **26** A6
Surpalia **24** C4
Surpura **40** C2
Sursand **31** H5
Sursar **32** C5-6
Sur Singh **10** B6
Surtanahu **22** B6
Suruin **10** C2
Surul **80** C4
Suruli River **102** D2
Suru Valley **8** D5
Surwaya **43** F3
Suryamal **70** A6
Susing Thach **13** F4
Susner **58** B1
Susnia **49** G5
Sutak **12** D1
Sutatha **65** E5
Suthalia **59** E1
Suti **49** H4
Sutlana **40** D2
Sutlej **13** F5-H5, **15** F2-H1
Sutlej Valley **12** D5
Sutnga **52** B2
Sutoli **18** A3
Sutrapara **68** C3
Suvali **69** H2
Suvarnamukhi **85** H2
Suvarnavati **99** H2
Suvi **55** F2
Suwasra **58** A1
Swamihalli **90** A6
Swamimalai **101** E5
Swarghat **12** C6
Swarnamukhi **97** G3
Swarna Nadi **94** C2
Swarna River **94** C4
Swarupnagar **65** F3
Sweta **100** D3
Syampur **64** D4
Sylhet **51** H3
Sylhet (Division) **51** H4

Table Island (AN) **104** B3
Table Island (MYA) **104** B2
Table Mountain (Zongphu Gang) **34** A1
Tabo Gompa **13** F4
Tada **97** G4
Tadach **69** F2
Tadali **73** F5
Tadana **23** E4
Tadas **89** F6
Tadcharla **83** H3

Tadepallegudem **93** E1
Tadi Bazaar **31** E3
Tadikal **83** G4
Tadikelapudi **92** D1
Tadikonda **92** B3
Tadimarri **96** B1
Tadivaripalle **91** G5
Tado **36** A1
Tadoba **73** F4
Tadoba-Andheri Tiger Reserve **73** F4
Tadpatri **91** E6
Tadri **94** C2
Tadubi **53** E1
Tadwalla **81** H4
Tafwap **104** D6
Taga **34** A4
Tagengs **35** H3
Tagore Lodge **50** C6
Taharabad **70** C3
Taharpur **70** A6
Tahindesar **24** C3
Tahirpur (Ra) **50** B5
Tahirpur (Sy) **51** G3
Tahrauli **44** A3
Taidyendamol **99** E2
Taimidong **67** E3
Taingapatam **102** C6
Taipudia **36** B1
Tairengpokpi **52** D3
Tajhat Palace **50** B2
Taji **36** A1
Taj Mahal **116** D4
Tajpur (Bi) **46** D2
Tajpur (Bi) **48** A1
Tajpur (Bi) **48** C2
Tajpur (MP) **58** B3
Tajpur (Ra) **50** A2
Tajpur (Sy) **51** H4
Tajpur (UP) **17** G5
Tajumuddin **66** C3
Takalghat **73** E3
Takarjala **51** H6
Takarkhera **72** C3
Takashin **104** D4
Takh **12** D1
Takhatgarh **40** D3
Takhatpur **61** G6
Taki **65** F4
Takipur **49** H5
Takirambari **52** A5
Taklamakan Desert **9** G1
Takli (Ma) **71** E5
Takli (Ma) **72** C5
Takli (Ma) **81** E1
Takli (Ma) **82** B1
Takli Dhokeshwar **80** D2
Takmak **69** H6
Takotang Tso **9** H6
Takpa Shiri **19** G5
Taktok **9** F6
Takula **18** B4`
Takum **35** H1
Takwa **80** C2
Tal **41** F3
Tala (BHU) **33** H4
Tala (Chh) **75** F1
Tala (Kh) **65** G3
Tala (Ma) **80** B4
Tala (MP) **61** E2
Talagadadivi **92** C4
Talai **100** A1

Talainayar Agraharam **101** F6
Talairi Tivu **103** G3
Talaivasal **100** D3
Talaja **69** F2
Talakad **99** H2
Talakalla **89** H5
Talala **68** C2
Talamanchipatnam **91** E6
Talanda **50** A4
Talao **42** C3
Talarah **12** A3
Talasri **69** H5
Talati **40** C6
Talavada **88** C4
Talavadi **99** H3
Talbahat **43** G4
Talbandh **64** A5
Talbid **80** D6
Talcher **76** D2
Tal Chhapar Wildlife Sanctuary **24** D3
Taldangra **64** B3
Talechi **8** C4
Talegaon (Ma) **70** C6
Talegaon (Ma) **72** D2
Talegaon (Ma) **72** D4
Talegaon Dhamdhere **80** D3
Talen **58** D2
Talera **88** C2
Talgaon **88** C3
Talgram **28** C5
Talguppa **94** C2
Talikota **90** A2
Taliparamba **98** D2
Talihari **49** G3
Talkher **81** H1
Tallak **95** G2
Tallapalem **85** G5
Tallaveru **93** F1
Tallui **53** F2
Talluru **92** B3
Talmamadi **82** D6
Talni **71** H5
Talod (Gu) **56** C3
Talod (MP) **58** A2
Taloda **70** C1
Talodhi **73** G4
Talpada **77** G1
Talpavu **84** C3
Talpona **88** D6
Talpula Gutta **83** F2
Talsana **56** A4
Talsaro **62** D5
Talugai **100** C4
Taluka **17** H3
Talung **33** E2
Talung Dzong **35** E3
Talupula **96** C2
Talvad **70** D5
Talvada **71** E3
Talwal **81** H1
Talwandi Bhai **15** G1
Talwandi Ghandhrain **10** C6
Talwandi Malak **16** B3
Talwandi Sabo **15** H3
Talwara (HP) **12** A4
Talwara (MP) **57** H6
Talwara (Rj) **57** F2
Talya **95** F3
Tamanthi **53** G1
Tamar **63** G3

Tamarakulam **102** B3
Tamarhat **34** A6
Tamaso **35** H3
Tamasvadi **71** E3
Tamba **89** H1
Tamballapalle **96** C3
Tambarahalli **89** H6
Tambdi Surha Mahadeva **88** D5
Tambeibui **104** A6
Tambe Rajuri **81** G2
Tambesra **57** F3
Tambraparni **103** E5
Tambraparni River **102** D5
Tamei **52** D2
Tamenglong **52** D3
Tamia **59** H5
Tamid Arung **20** B4
Tamil Nadu **100** D2
Tamkhor **25** E1
Tamkhung **36** D4
Tamkuhi **30** D6
Tamlor **39** F2
Tamlu **36** C4
Tamluk **64** D4
Tammampatti **100** C3
Tammileru **84** C6
Tampe Chhu **34** B2
Tamra **63** E4
Tamsa **82** D1
Tamshing Goemba **34** B2
Tamu **53** F4
Tamulpur **34** D4
Tamunga (Mn) **52** C4
Tamunga (MYA) **53** F3
Tamur **32** D4
Tan **61** H4
Tana **41** F5
Tanai **21** H5
Tanakallu **96** C3
Tanakpur **18** B6
Tanda (HP) **12** C5
Tanda (MP) **57** G5
Tanda (Pu) **10** D5
Tanda (UP) **17** H6
Tanda (UP) **30** A6
Tandadari Tal **45** H4
Tandarambattu **100** D2
Tando Urmar **10** D5
Tandava **85** G5
Tanden **21** E5
Tandi **12** C3
Tandikkudi **100** A6
Tandlianwala **14** D1
Tando Adam **38** B2
Tando Allahyar **38** C3
Tando Bago **38** C4
Tando Muhammad Khan **38** B4
Tandula **74** D3
Tandula Tank **74** C4
Tandulvadi **81** H5
Tandur (AP) **82** D6
Tandur (AP) **83** H2
Tandur (Ma) **82** B3
Tandwa **63** F1
Tang **34** C2
Tangadgi **89** H3
Tangail **50** D5
Tangan **33** F6
Tangar **10** C1
Tangaturu **97** E2

Tang Chhu **34** A2
Tangdhar **8** B3
Tangi **76** D5
Tangla **35** E4
Tangmachu **34** C2
Tangsibi **34** C3
Tangsibji **34** C3
Tanguturu **92** A5
Tanippadi **100** D2
Tanjore (Thanjavur) **101** E5
Tankara **55** F4
Tankari **56** C6
Tankaria **56** C6
Tankla **24** B5
Tankri **25** H2
Tankuppa **48** B5
Tanoria **58** B2
Tanot **22** C3
Tanrwa **46** D5
Tansa **69** G1
Tansa Lake **70** A1
Tansen (Palpa) **30** C3
Tantnagar **63** H4
Tantpur **26** B5
Tantwas **24** A4
Tanuku **93** E2
Tanur **99** D1
Tanze **12** D1
Taoli **17** E5
Taonra **24** D3
Taoru **26** A2
Tapa **15** H3
Tapaguda **83** F6
Tapan **50** A3
Taparia **62** C6
Tapi (Tapti) **70** A2-D2, **72** A2-C1
Tapkara (Chh) **62** C6
Tapkara (Jh) **63** E4
Taplejung **32** D3
Tapong **104** D5
Tapovan **17** H1
Tapovan (Town) **18** A2
Tappa **58** C4
Tappal **26** B2
Tapra **40** B2
Taptapani **76** B6
Tapti (Tapi) **70** A2-D2
Tapukrah **26** A2
Tapun **37** F1
Tarabad **87** E5
Tarabari **34** C6
Tarabganj **29** H5
Taradehi **60** A3
Taradgaon **80** D4
Taraganj **50** B3
Taragupal **83** G5
Tarahti **44** D4
Tarai **43** F5
Taraia **48** A1
Tarail **51** F4
Tarakanda **51** E3
Tarakeswar **64** D3
Taramangalam **100** B3
Tarana **58** B3
Taranga Hill **56** C1
Taranpur **49** G4
Tarapith **49** H6
Tarapur (Bi) **49** E3
Tarapur (Gu) **56** C5
Tarapur (Ma) **69** H5
Tarapur (Ma) **81** G5

Tarari **46** D3
Taras **50** C5
Tarashing **8** C4
Tarashing Glacier **8** B4
Tarasinghbari **67** E1
Tarawat **41** F5
Tarbela Dam **8** A5
Tarbela Reservoir **8** A5
Tarbha **75** H3
Tarbor **75** F3
Taregaon **61** F5
Taren Taran **10** C5
Tarepalli **92** B2
Targaon **80** D6
Taria Sujan **31** E6
Tarigonda **96** D4
Tarikere **95** E4
Tarka La **32** A3
Tarkalos **82** B2
Tarkeshwar **70** A2
Tarkulwa **30** D6
Tarla (Ma) **80** C6
Tarla (Ma) **88** D2
Tarla (Rj) **25** F3
Tarlakota **86** C2
Tarlupadu **91** G4
Tarmugli Island **104** A5
Tarna **17** E1
Tarnetar **55** G4
Tarosingi **76** B5
Tarsa Khurd **73** G6
Tarung **37** G2
Tarwa **46** B2
Tasangki **52** D1
Tasgaon **89** E1
Tashiding **33** E3
Tashigang Gompa **13** F4
Tashijong Gompa **12** B4
Tashila **34** A3
Tashithang **33** H2
Tashkurgan **8** C1
Tashtanje **35** E4
Tatarpur **25** H3
Tatarsar **15** E4
Tathni **90** B3
Taticherla **91** G5
Tato **20** B5
Tattakarai **100** A2
Tattamangalam **99** G5
Tattapani (Chh) **62** C2
Tattapani (HP) **12** C6
Tattayyangarpettai **100** C4
Taulihawa **30** B4
Taung Bazar **78** B1
Taungbyo **78** B1
Taupang **34** D2
Tauria **44** C5
Tavakere **95** G3
Tavarikere **96** A5
Tawa **59** F4
Tawai **21** G6
Tawang **35** E2
Tawang (River) **35** E2
Tawang Gompa **35** E2
Tawang Taung **37** F2
Tawa Reservoir **59** F5
Tawargiri **90** A4
Tawi **10** C2
Tawipui **67** G3
Tawitaw **52** B5
Tawkzawl **52** C5
Tawngkalawng **67** G4

Taxila **8** A6
Tayilur **96** C5
Tayyuru **97** E5
Tazhekkod **99** E4
Tedong **13** F5
Tedwa **74** A1
Teesta **33** F3-6
Teesta Bazaar **33** E4
Tegada **84** C4
Tegar **9** F4
Teghra **48** D3
Teharka **43** H4
Tehata **65** E1
Tehla **25** H4
Tehri **17** G2
Tehta **48** B4
Teidukhan **52** C2
Teinnyo **78** D2
Tejam **18** C3
Tejeswini **98** D1
Tejgarh **60** B2
Tejrawa **39** G1
Tekadhana **59** G6
Tekari **48** A4
Tekkalakote **90** B5
Tekkali **86** C3
Tekmal **83** E4
Teknaf **78** B1
Teknaf Point **78** B2
Tekra **23** F4
Tekra Tekla **55** F3
Tel **75** H3-4
Telangana Plateau **83** F4
Telecauvery **98** D1
Telepara/Satcheri Forest
  Reserve **51** H5
Telgaon **82** D2
Telhara **72** A3
Teligi **95** E1
Telkapalli **91** F3
Telkoi **76** D1
Tellamura **51** H6
Tellar **101** F1
Tellicherry (Thalasseri) **98** D3
Telsang **89** F2
Tembhurni (Ma) **71** G5
Tembhurni (Ma) **81** F4
Temisgaon **9** E5
Temla **58** A6
Tenali **92** C3
Ten Degree Channel
  104 A6, C3
Tendoni **59** G3
Tendua **61** G5
Tendukheda (MP) **59** H3
Tendukheda (MP) **60** B3
Tengakhat **36** D2
Tengapania **36** C3
Tengnoupal **53** E4
Tengpoche Gompa **32** B2
Teni **102** D1
Tenkasi **102** C4
Tenlaa **104** D6
Tenmalai **102** C4
Tentra **43** E1
Tentulikhunti **85** G1
Teok **36** B3
Teonda **59** G2
Teonthar **45** F4
Teori **23** H6
Teota **50** D6
Tera **54** C2

Terai, The **30** B3, **32** B5
Terakanambi **99** G3
Terakhada **65** H3
Terapur **53** E3
Terdal **89** F2
Terekhol Fort **88** C4
Teressa Island **104** C4
Terevadi **80** B4
Terhagachh **32** D6
Terhi Ghat **30** C4
Teri Gang **33** H1
Terkhed **81** G3
Tervada **56** A1
Tesomotelitun Hu **33** E1
Tetari **30** B4
Tetha **12** C1
Tethaliang **21** E5
Tettu **92** A6
Tetulbaria **66** A5
Tetulia **33** E5
Tetulia (River) **66** B4
Tevaram **102** C2
Tezgaon **51** E6
Tezpur **35** G4
Tezu **21** F6
Thadia **23** G6
Thadlaskein **52** A1
Thadutkon **53** H5
Thagwa **60** D2
Thaijuari **52** C1
Thair **81** H4
Thak **8** B4
Thakkolam **97** F5
Thakot **8** A4
Thakurdwara **17** H5
Thakurganj **33** E6
Thakurgaon **50** A1
Thakurgarh **76** B3
Thakurmunda **77** E1
Thakurtola **74** B1
Thala **55** H3
Thalara **18** D5
Thalasseri (Tellicherry) **98** D3
Thala Wang **21** H4
Thalera **42** B4
Thalner **71** E2
Thalora **10** C2
Thamayapeta **85** F6
Thampe La **34** A2
Thana (JK) **10** D1
Thana (Ma) **80** A1
Thana Galol **68** C1
Thanagaon **29** F4
Thana Ghazi **25** G4
Thana Hills **80** A1
Thana Kasba **43** E4
Thanchi **67** F5
Thandachhari **67** E3
Thandiani **8** B5
Thandla **57** G3
Thanela **12** A2
Thanesar **16** D3
Thangadh **55** G4
Thangaon **70** C6
Thangasseri **102** B4
Thanggu **33** E2
Thangjing **52** D4
Thangshing **33** E3
Thang Yud Gompa **13** E3
Thaniyam **99** F6
Thanjavur (Tanjore) **101** E5
Thanlon **52** D4

Than Monastery **54** D2
Thanna Mandi **8** B6
Thannamang **8** C6
Thanza **34** A1
Thaola **24** D6
Thara **56** A1
Tharad **40** A6
Tharali **18** A3
Tharangambadi (Tranquebar)
  101 F4
Tharbitia **49** E1
Tharepati **31** G2
Tharet **43** H2
Thari Pauni **72** D2
Tharoch **17** E1
Tharparkar Desert **39** E4-F4
Tharusar **24** A1
Tharuvana **99** E3
Thaska Miranji **16** C3
Thasra **56** D4
That **23** F5
Thati Kathur **17** G2
Thatri **10** D1
Thatta **38** A4
Thattekad **102** B1
Thattekad Bird Sanctuary
  102 B1
Thatthi Bhai **15** H2
Thaungdut **53** F4
Thega **34** A1
Thega (River) **67** F3
Thega Forest Reserve **67** F4
Thekkady **102** C2
Thekman **46** A2
Then **10** D3
Thengode **70** C4
Thenzawl **67** F1
Theog **12** D6
Thepa La **33** E2
Theppakadu **99** G3
Ther **53** F1
Thethaitangar **63** E4
Thethar **15** F5
Thiak **67** F1
Thikarda **42** A3
Thikri **58** A6
Thilgaon **62** A2
Thimphu **33** H3
Thimphu Chhu **33** H3
Thimphu (Dzongkhag) **33** H2
Thimri **97** E6
Thingfal **67** G3
Thingsai **67** G2
Thingsat **52** C5
Thirana **15** F6
Thirot **12** C2
Thirukkovilur **101** E2
Thirumatayhapaiem **84** A4
Thiruppapuliyur **101** F3
Thiruthuraipundi **101** F6
Thiruvaiyaru **101** E5
Thiruvananthapuram
  (Trivandrum) **125**
Thob **40** B2
Thode **33** F4
Thodikalam **99** E3
Thoha Khalsa **8** B6
Thoi **25** F4
Thoiya **15** E6
Thol **56** B3
Tholing (Zanda) **13** H5
Tholpetty **99** F2

Thombu La **33** G2
Thonde **9** F4
Thotambadu **97** F3
Thottakurichi **100** B4
Thoubal **53** E3
Thoubal (River) **53** E2
Thowada Goemba **34** C2
Thowar **8** C4
Thowbanga **35** G4
Thrissur (Trichur) **99** F6
Thrumching La NP **34** C3
Thrumshing La **34** C3
Thuamal Rampur **75** F6
Thudialur **99** H4
Thuiaungpara **67** F5
Thuillier **104** D6
Thukse **9** F6
Thunag **12** C5
Thur **41** E5
Tibbar **10** D4
Tibet **13** H4, **19** G3
Tibi **15** G4
Tiden **104** D6
Tigaon **72** D1
Tiger Hill **33** E4
Tighara Reservoir **43** F1
Tigiria **76** D4
Tigri **17** F6
Tihar **44** A1
Tijara **26** A3
Tikaitnagar **29** G5
Tikamgarh **43** H5
Tikar (Gu) **55** G3
Tikar (Rj) **42** A2
Tikarapara **75** H6
Tikaria **60** C4
Tikarpara (Or) **75** G4
Tikarpara (Or) **76** C3
Tikarpara Range **76** C3
Tikkaballi **76** B4
Tikke Zampa **34** A3
Tiklik **13** G4
Tikondi **89** G1
Tikota **89** G2
Tikra **76** B2
Tikri (HP) **12** A3
Tikri (JK) **10** D3
Tikri (UP) **17** E5
Tikri Khas **12** A2
Tikrikila **51** E1
Tikse **9** F6
Tikunia **29** F2
Tilabeh **32** B6
Tiladru **84** B6
Tilai **74** B2
Tilaiawar **74** B3
Tilaiya Reservoir **48** C5
Tilakwada **57** E6
Tilani **83** G1
Tilapara **51** F1
Tilara **86** B3
Tilarwan **40** D5
Tilasma **42** A4
Tilaurakot **30** B3
Tilda **74** D1
Tildanga **49** H4
Tildega **62** C5
Tilhar **28** C3
Tiling **13** G6
Tiljuga **32** B6
Tilonia **25** E6

Tilosingi **76** B5
Tilothu **46** D5
Tilvalli **94** D1
Tilwara **40** B2
Timajipet **91** E2
Timana **69** F2
Timba **56** D4
Timli **17** F1
Timmanayanipeta **91** E6
Timmanayudupeta **97** E5
Timmapur **83** E4
Timmapuram **85** F6
Timmaraipet **84** B6
Timmareddipalle **91** H5
Timmasamudram **97** F4
Timurni **59** E5
Tinai **17** F1
Tindauli **28** A5
Tindivanam **101** F1
Tindwari **44** D3
Tingche **32** D1
Tingli **82** C6
Tingri **32** A1
Tingtibi **34** B4
Tinkhang **36** D2
Tinkonia **67** F3
Tinmaung **36** D6
Tinnakara Island **98** A5
Tinsukia **36** D2
Tintilla **67** E1
Tin Va **67** G3-4
Tinwachaung **53** H5
Tipamia **36** D2
Tipi **35** F3
Tipkai **34** A6
Tiplai **34** C6
Tipparti **91** H1
Tipri **12** A3
Tiptur **95** G5
Tirap **37** E2
Tira Sujanpur **12** B4
Tirawari **16** D4
Tirhi **29** G4-H5
Tirkaulia **29** E1
Tirla **57** H5
Tirmalgiri **83** H6
Tirna **81** H4
Tirodi **73** G1
Tirora **73** H2
Tirpal **41** E5
Tirtamalai **100** D2
Tirth **81** G5
Tirthahalli **94** D4
Tirthari **12** D5
Tirthpuri **81** H1
Tirth Raj Prayag (Allahabad)
  45 G3
Tirtol **77** F4
Tiru **82** C3
Tirubuvanam **101** F5
Tiruchendur **103** E5
Tiruchengodu **100** B4
Tiruchirappalli (Trichy)
  100 D5
Tiruchuli **103** E2
Tirukkadaiyur **101** F4
Tirukkalukundram **97** F5
Tirukkattuppalli **100** D5
Tirumakudal Narsipur **99** H3
Tirumala **97** E4
Tirumalairayan Pattinam
  101 F5

mangalam 103 E2
mani 96 A2
mayam 103 G1
mullaivasal 101 F4
nallar 101 F5
namanalur 101 E3
nanimuttar 100 B4
nelveli 102 D5
panandai 101 F4
parankundram 103 E2
parankundram (Temple)
100 B6
pathi 97 E4
ppalaikkudi 103 G2
ppattur 103 F1
ppatur 100 D1
pporur 97 G6
ppullam 103 G3
ppundi 101 F5
ppur 100 A4
ppuvanam 103 F2
r 99 E5
rangadi 99 E4
ttangal 103 E3
ttani 97 F5
vadanai 103 G2
vadur 103 F1
valla 102 B3
vallam 97 E5
vannamalai 101 E2
vvarur 101 F5
vellore 97 G5
vengadam 102 D3
vengadu 101 F4
vennanallur 101 E2
vettipuram 97 F6
vidaimarudur 101 F5
vottiyur 97 G5
vuru 92 B1
a 12 A2
aiyanvilai 103 E5
gaon 81 F1
ta Barrage 33 G6
tamukh Ghat 50 D3
abar 36 B4
agarh 65 E3
ara 46 D1
hal 69 H4
mati 99 E2
lagarh 75 G4
oi 56 D2
ron 17 E4
tagudi 101 E4
ara Pipardhi 46 C5
sa 72 D3
u 36 C5
u Nantaleik 36 D6
cham 73 E6
da 69 F1
da Bhim 26 A5
daraisingh 42 A2
dgarh 41 F3
dupulai 102 B2
gamalai 100 C5
garakunta 96 A2
gawas 24 D1
glung Marpo 9 G5
hana 16 B4
hogaon 73 G6
ibalewe 104 A6
ibuebe 104 A6
jobum 21 F5

Tokapalle 91 G4
Toktomush 8 C1
Toku 36 A2
Toliasar 24 C2
Tolo Humma 76 C6
Tolonga 62 C5
Toludur 101 E4
To-ma-ch'u (Domar Qu) 9 H6
Tomia 62 C3
Tondangi 85 G6
Tondebhavi 96 A4
Tondi 103 G2
Tonduru 96 C1
Tongi 51 E6
Tongibari 66 B1
Tongmai 20 C1
Tonk (MP) 58 C3
Tonk (Rj) 42 B1
Tonnallur 102 B3
Tonnur 99 G1
Tons (UP) 45 E5-F4
Tons (Ut) 17 E1-F1
Tonto 63 G5
Tonzang 53 E6
Topangtoli 35 E6
Topchanchi 63 H1
Topi 8 A5
Toppur 100 B2
Topputturai 101 F6
Top Slip 99 G6
Top Station 102 C1
Toranagallu 90 B6
Tordi 42 A1
Torgal 89 F4
Tori Fatehpur 44 A3
Torkhed 70 D2
Torma Shong 34 C3
Torna 80 C4
Torpa 63 F3
Torpathar 62 A1
Torsa 33 G5
Torsa Chhu 33 G4
Torsa Strict National Reserve
33 G3
Tosbara 16 B6
Toshain (Rupal) Glacier 8 B4
Tosina 24 D5
Tosuman 34 C2
Tota Am 17 H4
Totapalle Guduru 97 G2
Toti 10 D1
Totlabasti 35 F5
Totpara 33 G5
Tottiyam 100 C5
Tousem 52 D2
Tovarankurichchi 100 C6
Tradum 96 D4
Tragbal 8 C5
Trak Island 104 D5
Trakuda 55 F6
Tralin 21 E4
Tranquebar (Tharangambadi)
101 F4
Trapaj 69 F1
Trashigang 34 D3
Trashigang (Dzongkhag)
34 E3
Trashi Yangtse 34 D2
Tremo La 33 G2
Tribeniganj 49 E1
Tribeni Ghat 30 D4
Trichur (Thrissur) 99 F6

Trichy (Tiruchirappalli)
100 D5
Trikut Parvat 49 F5
Tril 53 E2
Triloknath 12 B2
Trimbak 70 B5
Trinkat Island 104 D5
Tripunithura 102 A1
Tripura 50 H6
Tripurantakam 91 H4
Trishal 51 E4
Trisul 18 B2
Trisuli 31 G2
Trisuli Bazar 31 F2
Trivandrum
(Thiruvananthapuram)
125
Trongsa 34 B3
Trongsa (Dzongkhag) 34 B3
Trulung Chu 19 F4
Tsadumu 96 B4
Tsaka La 9 G6
Tsang Chok La 18 A3
Tsaparang 13 H5
Tsaplaw 36 D4
Tse Kang 34 C2
Tseminyu 36 B6
Tsenda Kang 33 H1
Tserim Kang 33 G2
Tseshinang 34 A2
Tsetang 33 F2
Tshenkarla 34 D3
Tsirang (Dzongkhag) 34 A4
Tsogatsalu 9 G5
Tso Kar 13 E1
Tso Kiagar 13 F1
Tso Kyun 13 F2
Tsomgo Lake 33 F3
Tsomo La 33 H1
Tso Moriri 13 F2
Tsundupalle 96 D3
Tuan 12 B1
Tuensang 36 C5
Tufanganj 33 H6
Tugapur 104 A3
Tuggali 90 D5
Tuichang 52 B6-C6
Tuidang 67 G4
Tuimang 52 D6
Tuipang 67 G3
Tuirai 52 D4
Tuisen 52 C6
Tuishong 67 F2
Tuivai 52 C5
Tuivaw 52 C3-4
Tukkath 52 B5
Tukrai 41 H4
Tuljapur 81 H4
Tulsihata 49 H2
Tulsipur (NEP) 29 H2
Tulsipur (UP) 30 A4
Tumain 43 F6
Tumba 46 D5
Tumbagad 86 C1
Tumbal 100 C3
Tumbatse 90 A2
Tumbgi 90 A2
Tumdulvadi 81 H5
Tume 34 B3
Tumgaon 75 E2
Tuminkatti 95 E2
Tumkur (Ka) 90 B2

Tumkur (Ka) 95 H4
Tumlingtar 32 C4
Tummalapenta 92 A6
Tummurukota 91 H2
Tumpung 35 H5
Tumsar 73 G2
Tumudibandh 75 H5
Tuna 55 E3
Tundi 49 E6
Tundla 26 D5
Tunga 25 G6
Tunga (River) 94 D4
Tungabhadra 89 G6, 91 E5
Tungabhadra Reservoir
89 H6
Tungaturti 83 H6
Tungipara 65 H3
Tungri 9 E6
Tunguna 12 A2
Tunka La 34 D4
Tuntili 25 F6
Tunutar 84 D2
Tupari 89 F5
Tupopdan 8 C2
Tupran 83 F5
Tura 51 E2
Turade 80 B2
Turag 51 E5
Turaiyur (TN) 100 D4
Turaiyur (TN) 103 E4
Turekela 75 F4
Turer 62 D2
Turibari 36 C2
Turkapalli 83 F5
Turkaulia 31 E5
Turkauliya 31 E5
Turki 48 B1
Turuvanur 95 F2
Turuvekere 95 G5
Turvihal 90 A4
Tushkhali 66 A4
Tuticorin 103 E4
Tutilawa 48 B6
Tuting 20 C4
Tuyungbi 53 F2
Twin Island 104 A5
Tyaga Durgam 101 E3
Tyagli 94 C2
Tyamagondal 95 H5
Tyao 67 H3

Ubhegaon 60 A6
Ubhrat 69 H3
Ubon 68 C1
Uchalon 64 D3
Uchana 16 B5
Uchchangidurgam 95 F1
Uchchhal 70 B2
Uchen 26 B5
Uchkagaon 31 E6
Udaigira 59 F2
Udaigiri (Temple) 77 F3
Udaigiri Caves 59 F2
Udai Katan 26 A6
Udainagar 58 C5
Udaipur (HP) 12 B2
Udaipur (Rj) 121
Udaipur (Tr) 66 D1
Udaipura 59 G3

Udaipurvati 25 F3
Udai Sagar 41 E5
Udaiyarpalaiyam 101 E4
Udakatla 90 D2
Udala 77 F1
Udalbania 67 E4
Udalguri 35 E4
Udampur 83 F1
Udankheri 58 C2
Udankudi 103 E5
Udarband 52 C3
Udawantnagar 48 A3
Udayagiri (AP) 97 E1
Udayagiri (Or) 76 B5
Udayagiri Caves 77 E4
Udayapur 59 F1
Uddanapalli 96 B6
Uddhoke 10 C5
Udel 56 C5
Udesar 40 C1
Udgir 82 C3
Udoyogiri 84 D4
Udramsar 24 A3
Udua 69 H5
Udumalaippettai 99 H6
Udumbanchola 102 C2
Udvada 69 H4
Ugargol 89 F4
Ughi 10 D6
Ugli 60 C5
Ugyen Chholing 34 C2
Uiar 42 C5-6
Uiphum 67 F3
Ujalpur 62 C5
Ujhana 16 B4
Ujhani 28 B3
Ujiarpur 48 C2
Ujjain 58 B3
Ujjini 95 F1
Ujlan 23 F5
Ujni 82 B3
Ukal 70 B2
Ukal Sagar 70 B2
Uker 54 B2
Ukhia 78 B1
Ukhimath 17 H2
Ukhrul 53 F2
Ukkali 89 H2
Ukkamba 86 A1
Uklanamandi 16 B5
Ukshi 88 B1
Ulans 12 B3
Ularia 66 B4
Ulhas 80 A1-B2
Ulhasnagar 80 B1
Ulindakonda 90 D5
Ulipur 50 C2
Ullah 83 E1
Ullal 94 C6
Ullalapem 92 A5
Ullapara 50 D5
Ulubam 35 E6

Ulubaria 65 E4
Ulundurpettai 101 E3
Ulusara 51 F5
Ulvi 89 E6
Umala 71 F3
Umanur 84 A2
Umarband 57 H5
Umarga 82 A5
Umargan 69 H5
Umari 56 C1
Umaria 61 E2
Umari Pir Akola 72 B4
Umarkhed 72 C6
Umarkot (MP) 58 B1
Umarkot (Or) 75 E6
Umarkot (PAK) 39 E3
Umarte 57 G4
Umatwara Plateau 58 C2
Umbargaon 69 H5
Umbapada 70 B2
Umbarthana 70 B4
Umberpada 80 B1
Umblibail 95 E3
Umbra 81 E5
Umbraj 80 D6
Umbrane 70 C4
Umdi 81 G6
Umednagar (As) 52 B4
Umednagar (Rj) 24 A6
Umedpur (Ba) 66 A4
Umedpur (UP) 28 C2
Umedpura 40 C3
Umed Sagar 41 H3
Umeta 56 D5
Umia 54 C2
Umiam Lake 51 H1
Umling 35 E6
Umra 16 B6
Umrad 81 G1
Umrala (Gu) 55 F6
Umrala (Gu) 56 D4
Umran Lake 25 H4
Umran Tal 45 G2
Umraoganj 59 F3
Umred 73 F3
Umreth (Gu) 56 D4
Umreth (MP) 59 H6
Umri (AP) 73 F6
Umri (Ma) 82 B1
Umri (Ma) 82 D2
Umri (MP) 28 A6
Umri (MP) 43 E2
Umri (UP) 43 E5
Umri (UP) 44 A1
Umsning 51 H1
Un (MP) 71 F1
Un (UP) 16 D4
Una (Gu) 68 D3
Una (HP) 12 B5
Unakoti 52 A5
Unanl 30 C6
Unao 43 H3
Unarsi (MP) 43 E6
Unarsi (MP) 59 F1
Unchahra 44 D6
Unchaira 24 B1
Unchaulia 28 D3
Unchawad 58 C4
Und 55 F5
Undangaon 71 F4
Undavalli 92 B2
Undi 92 D2

Undirgaon 70 D6
Undragedda 85 G4
Undu 40 A1
Ungaar 34 C2
Ungma 36 C5
Unhel 58 A3
Uniara (Rj) 41 H1
Uniara (Rj) 42 B2
Unjha 56 B1
Unnao 29 E6
Unnao Branch 44 D1
Upalvai 83 E3
Upla 81 H4
Upleta 55 E6
Upni 24 C3
Uppada 93 F1
Uppal (AP) 83 H4
Uppal (AP) 90 D4
Uppalada 86 B2
Uppalaguptam 93 F2
Uppalapadu (AP) 91 E6
Uppalapadu (AP) 92 A5
Upper Annab Canal 10 A5
Upper Assam Valley 36 C1
Upper Bhavani Dam 99 G4
Upper Bhima Valley 81 E4
Upper Chenab Canal 10 B3
Upper Ganges (Kanpur
    Branch) 17 E5
Upper Godavari Valley 81 F1
Upper Krishna Valley 80 D6
Upper Lake 59 E3
Upper Luni Plain 41 E1-F1
Upper Sohag Branch 14 B3
Upper Vaigai Valley 102 D1
Upper Wayanad/Muthanga
    Wildlife Sanctuary 99 F2
Uppidamangalam 100 C5
Uppiliyapuram 100 C4
Uppinangadi 94 D6
Uppugunduru 92 B4
Upshi 9 F6
Ura 34 B3
Urakam 99 F6
Uran 80 A2
Uran (River) 48 D5
Uran Islampur 88 D1
Uravakonda 90 C6
Urdigere 95 H5
Uri 8 B5
Urigam 100 A1
Urika 25 G2
Urlana 16 C5
Urmal 75 F5
Urmal (River) (MP)
    44 B4-C4
Urmal (River) (Or) 75 F5
Urpaar 16 B1
Urpad 34 B6
Ursar 24 D1
Uruli Kanchen 80 D3
Usehat 28 B3
Usilampatti 102 D1
Uska 30 B4
Usrahar 28 B5
Ustapal 76 D3
Usur (Chh) 84 C3
Usur (TN) 97 E6
Utai 75 H4
Utan 80 A1
Utangan 26 D5
Utarakosamangai 103 G3

Utarni 40 B1
Utkela 75 G5
Utkur 90 C2
Utnur 83 F1
Utpur 12 B5
Utraula 30 A4
Utrot 8 A4
Uttamapalaiyam 102 C2
Uttangarai 100 C1
Uttara 104 A4
Uttaravilli 86 A3
Uttarkashi 17 G1
Uttarpara 50 C3
Uttar Patiata 50 C5
Uttar Pradesh 29 G5
Uttarranchal 17 H4
Uttar Syampur 50 C4
Uttiramerur 97 F6
Uttukkottai 97 F4
Uttur 88 D3
Uttukuru 97 G1
Uyu 37 G6
Uyyalavada 91 E6

V

Vada 70 A6
Vada Kalbadey 88 B1
Vadakara 98 D3
Vadakkanchery 99 F5
Vadakkekara 102 B4
Vadakkevila 102 B4
Vadal 69 F1
Vadala Bhairoba 81 F1
Vadali 55 G5
Vadalibhui 70 C4
Vadamadurai 100 B6
Vadamala 97 F4
Vadangali 70 C5
Vadasinor 56 B4
Vaddadi 85 G5
Vaddanhal 95 E3
Vadi 80 B3
Vadippatti 103 E1
Vadiya 68 D1
Vadnagar 56 C1
Vadodara (Baroda) 56 D5
Vadodara Plain 56 C5-D5
Vadrupnagar 62 B1
Vaduj 80 D5
Vaed 40 D2
Vagad Hills 55 F2
Vagarpura 99 H2
Vagator Beach 88 C5
Vaghotan 88 B2
Vaghotan (River) 88 C2
Vagra 56 C6
Vagrol 40 B6
Vaha 67 G4
Vaidarbha 73 E5-F5
Vaigai 103 F2
Vaigai River 102 D1-2
Vaigaon 71 E6
Vaijapur 70 D5
Vaikam 102 A2
Vaikkattur 99 F5
Vailankanni (Velankanni)
    101 F5
Vaimsur 92 C1
Vaippar 103 E3
Vairag 81 G4

Vairowal 10 C5
Vaisali 43 H1
Vaishali 48 B1
Vaishno Devi 10 C1
Vaitarna 69 H6
Vaitarna Plateau 70 A6
Vaitheeswarankoil 101 F4
Vajapur 40 A6
Vajhur 82 B2
Vajiria 57 E6
Vajpur 70 B2
Vajreshwari 80 A1
Vakad 71 F4
Vakadu 97 G3
Vakal 70 A2
Vakav 81 G4
Vakkadar 97 F6
Valabhipur 56 A6
Valanadu 100 C6
Valangiman 101 E5
Valappadi 100 C3
Valasna 56 C1
Valatti 101 E1
Valavanni 101 F2
Valetivaripalem 91 H6
Valha 80 D4
Valia 70 A1
Valigonda 83 G6
Valikandapuram 100 D4
Valiyaparamba 98 D2
Vallabhnagar 41 F5
Vallam (TN) 97 E6
Vallam (TN) 101 E5
Vallam (TN) 101 F1
Valley of the Flowers
    National Park 18 A1
Valmiki Nagar Wildlife
    Sanctuary 30 D4
Valod 70 A3
Valparai 99 H6
Valpoi 88 D5
Valsa 71 G5
Valsad 69 H4
Valsang 89 F1
Valtoha 10 B6
Valudavur 101 F2
Valva 88 D1
Vambori 81 E1
Vamsadhara 75 H6
Vamsadhara Valley 86 B3
Vana 56 A4
Vanakbara 68 D3
Vanbawng 52 C5
Vandal 89 H3
Vandalur 97 G6
Vandavasi 101 F1
Vandheng 67 G1
Vandiperiyar 102 C2
Vandse 94 C4
Vangaon 69 H5
Vanghmun 52 B5
Vangi 81 G5
Vani 70 B4
Vanipenta 96 D1
Vanivilasapura 95 G3
Vanivilasa Sagara 95 F3
Vaniyambadi 96 D6
Vankaner 70 A2
Vankas 69 H5
Vankeshwaram 91 F2
Vankia 55 H6

Vanlaiphai 67 G1
Vannur 89 E4
Vanod 56 A2
Vansada 70 A3
Vanthli 68 C1
Vanur 101 F2
Vapi 69 H4
Varada 89 G6
Varadayyapaliyam 97 G4
Varagam 56 D3
Varahi 55 H1
Varakallu 91 E4
Varanasi (AP) 86 B2
Varanasi (UP) 117
Varandh 80 C4
Varangaon 71 G3
Varar 54 D2
Varavani 103 G2
Varca 88 C5
Vardamankot 83 H6
Vardanapet 83 H5
Vardha 85 G5
Vardha River 102 D1
Vari 70 D6
Variguntapadu 91 H6
Varkala 102 B5
Varkheda 70 B5
Varla 71 E2
Varna 88 D1
Varnu Wandh 55 G2
Varse 70 C5
Varshalai 100 C6
Vartej 69 F1
Varthara 54 D5
Varud 71 G4
Vasad 56 D5
Vasali 70 B6
Vasavad 55 G6
Vasco da Gama 88 C5
Vashi 80 A2
Vashishti 80 C5
Vasind 80 B1
Vasishta Godavari 93 E1-2
Vaso 56 C4
Vastara 95 E5
Vasu Bihar 50 C3
Vasurna 70 B3
Vatam 40 A6
Vatambra 81 F6
Vatrak 56 D3
Vattaikundu 102 D1
Vattanam 103 G2
Vattikotai Beach 102 D6
Vatul 88 C2
Vav 39 H6
Vavania 55 F3
Vavania Bandar 55 F3
Vavi 70 C6
Vayalpad 96 D4
Vayittiri (Vythiri) 99 F3
Ved 55 H2
Vedal 97 F6
Vedantangal Bird Sanctuary
    101 F1
Vedaranaiam 101 F6
Vedaranyam 101 F6
Vedasandur 100 B6
Vedavati 95 E4-F4
Vedshir 81 H4
Vedullacheruvu 91 G5
Vegamallu 96 B5
Vegavati 85 H3

Vehari 14 B3
Vejalpur 57 E4
Vekaria 68 D2
Velachha 69 H2
Velakavundanpatti 100 B4
Velanganni (Vailankanni)
    101 F5
Velapatanam 99 E2
Velapur 81 F5
Velavadar 56 A6
Velavadar National Park
    56 A6
Veldurti 90 D5
Velikonda Range 91 G6
Vellakkovil 100 B5
Vellamalai 97 E6
Vellar 101 E4
Vellaturu 96 D2
Vellore 97 E5
Vellur 100 B4
Velneshwar 80 B6
Veltur 73 G3
Veluduru 91 H3
Velugodu 91 F4
Vemalwada 83 F3
Vembanad Lake 102 A2
Vembar 103 F4
Vempalle 96 C2
Venadu 97 G4
Vengal 97 G5
Vengannapalem 84 B6
Vengurla 88 C4
Venkatachelam 97 F2
Venkatagiri (AP) 96 D5
Venkatagiri (AP) 97 F3
Venkatagirikota 96 C5
Venkatapur 83 E6
Venkatapuram 84 B4
Venkataraman Sagar 99 G4
Venkatnagar 61 G4
Vennandur 100 B3
Venu 54 D6
Venur 94 D5
Vepanapalle 96 C6
Veparate 96 C3
Veppur 101 E3
Veraiyur 101 E2
Veraval 68 C3
Verinag 8 C6
Versara 69 E1
Versova 80 A1
Ves 70 D6
Vesali (Wethali) 78 D2
Vesma 69 H3
Vetapalem 92 B4
Vettar 101 E1
Vettavalam 101 E2
Vettur 102 B5
Victoria Tank 80 D3
Vida 81 H2
Vidapanakallu 90 C6
Vidisha 59 F2
Vidisha Plateau 59 F1
Vidul 72 C6
Vidyanagar 56 C5
Vijanagar 15 E5
Vijalapuram 96 C6
Vijapur 56 C2
Vijayadurg 88 B2
Vijayanagar 56 D1
Vijayanagar (Hampi) 87 E3
Vijayanagar Plateau 89 G5

Vijaya Narayanam 103 E.
Vijayapati 102 D6
Vijayapuri (AP) 91 G2
Vijayapuri (TN) 100 A4
Vijayapuri North 91 G2
Vijayarayi 92 C1
Vijayawada 92 C2
Vijayawada Hills 92 B3
Vikarabad 82 D6
Vikramasingapuram 102
Vikrampur 59 E6
Vikravandi 101 F2
Vilad 81 E1
Vilandai 101 E4
Vilattikulam 103 E4
Villarti 85 E4
Villianur 101 F2
Villupuram 101 F2
Vinchchavad 68 D1
Vinchia 55 H5
Vindhyachal Range 44 D5
Vindhyan Scarpland 44 B6
Vinhera 80 B5
Vinjamur 97 F1
Vinjhan 54 C3
Vinnamangalam 97 E6
Vinukonda 91 H3
Vinukonda (Range) 91 H3
Viper Island 104 A5
Viraganur 100 D3
Viraghattam 86 A2
Viralimalai 100 D6
Virambakkam 97 F6
Viramgam 56 B3
Viranam Eri 101 E4
Virani 54 C2
Virapalle 96 D2
Virapandi 102 D1
Virapuram 90 C6
Virar 80 A1
Virarajendrapet 99 E2
Viravalli 92 C2
Viravdi 80 D6
Virbhadra 17 F3
Virdel 70 D2
Virgaon 70 D6
Virinchipuram 97 E5
Virpur 55 F6
Virudunagar 103 E2
Virupakelli 100 B6
Virwao 55 F4
Visakhapatnam 85 H5
Visapur (Ma) 81 E2
Visapur (Ma) 89 E1
Visarwari 70 C2
Visavadar 68 D2
Vishalgarh 88 C1
Vishamangalam 100 D1
Vishnuprayag 18 A2
Vishnupur 64 C3
Visnagar 56 C2
Visnur 83 H5
Vissannapeta 92 C1
Vita 81 E6
Vithalgadh 56 A3
Vitnalapur 56 B2
Vittal 54 D6
Viyyampeta 85 H4
Vizhinjam 102 C5
Vizianagaram 86 A4
Vizianagaram Plain 86 A4
Vogartvagu 92 A3-B4

ng **20** B5
...achalam **101** E3
...davan **26** C4
...davan (Temple) **26** C4
...vuru **92** C3
...arla **91** E3
...a **70** A2
...en Island **102** A1
...iri (Vayittiri) **99** F3

...aqai **53** E4
...oogyaung **53** H4
...Chu **21** G1
...la **80** C2
...lal **69** E2
...dala (Gu) **55** E6
...dala (Gu) **55** E3
...dali **55** E6
...dapadhar **54** C3
...bhet **57** F4
...degaon (Ma) **72** A4
...degaon (Ma) **73** H3
...dgaon (AP) **82** C4
...dgaon (Ma) **70** C6
...dgaon (Ma) **80** D4
...dgaon (Ma) **81** H4
...dgaon (Ma) **88** D1
...dgaon Sheri **80** C2
...dgira **90** C2
...dhiware **70** B5
...dhona (Ma) **72** D3
...dhona (Ma) **82** B3
...dhwan **56** A4
...di **90** B1
...djhire **80** D2
...dki **73** E4
...dner **73** E4
...dner Gangal **72** B3
...dsar **54** B2
...adwani **81** H2
...fgaon **80** C2
...agah **10** B5
...agardhrai **55** F3
...agdari **82** A5
...aghai **70** B3
...aghnagar **69** F2
...agholi **80** D5
...aghore **71** F4
...aghoria **56** D5
...aghrul **71** G5
...agidora **57** F2
...agrod **56** B1
...agye La **33** H1
...ahegaon **71** F6
...ai **80** C4
...aidhan **61** H1
...ainganga **73** G6-H1
...airagarh **73** H4
...ak **78** D2
...akching **36** C4
...akhan Corridor **8** A2-B2
...aki **80** B3
...akri **83** G1
...akro **37** F1
...alajabad **97** F6
...alajapet **97** E5
...alan **56** D6
...alandi **82** B4
...alayar **99** G5
...algaon **72** C3

Walia **50** B5
Walki **81** E2
Walong **21** G5
Walsang **81** H5
Waltair **86** A5
Walterganj **30** A5
Waluj **71** E6
Walungchung Gola **32** D3
Walur **82** A1
Walvad **81** F3
Walwad **81** G3
Wamanpalli **73** G6
Wamrong **34** D3
Wan **18** A3
Wan (River) **81** H2
Wandhia **55** F3
Wandoor **104** A5
Wandur **99** F4
Wangdue Phodrang
    (Dzongkhag) **33** H3
Wangdue Phodrang (Wangdi)
    33 H3
Wangi **81** F4
Wangjing **53** E3
Wangla **36** D3
Wangtu **13** E5
Wani **73** F5
Wankal **70** A4
Wankaner **55** G4
Wanparti **91** E3
Wan Radhu Ram **15** E1
Wansa **36** D3
Wansjalia **55** E6
Wanthali **55** F5
War **48** A5
Warangal **83** H4
Waraseoni **73** H1
Wardha (Ma) **73** E3
Wardha (Ma) **73** H4
Wardha (River) **72** D5
Wargam **56** A2
Wargaon **73** H3
Warhona **82** D1
Wari Godri **81** G1
Waris Aliganj **48** C4
Warisnagar **48** C1
Warman **40** B5
Warora **73** F5
Warsa **73** H4
Warsara **56** A1
Warshi **82** C2
Wartu **54** D6
Warud **72** D2
Waru La **12** B4
Warvad **81** F4
Warwala **54** C5
Warwania **57** G6
Wasa **40** D5
Wasai **56** C2
Wasalmari **83** F5
Washim **72** B5
Wasi **81** G3
Waskui **70** A2
Wasna **57** E6
Wataman **56** B5
Watgaon **73** E4
Wathar **80** D5
Wati **21** G6
Watnur **71** E5
Watrap **102** D2
Wazirabad (AP) **91** H2
Wazirabad (PAK) **10** A3

Wazirganj (Bi) **48** B4
Wazirganj (UP) **28** B2
Wazirpur (Ba) **66** A3
Wazirpur (Rj) **26** A6
Wedi **73** F5
Wekria **40** D5
Welhe **80** C4
Wellington **99** G4
Wer **26** B5
West Bengal **64** C2
Western Ghats **80** C4-5,
    94 D4
Western Yamuna Canal
    16 C6-D5
West Island **104** A2
West Manipur Hills **52** C4
West Palamu Hills **62** C1
Wethali (Vesali) **78** D2
Whaikhiang **78** B1
White Bein **10** D6
Whitefield **96** B5
Wihamandav **81** G1
Williamnagar **51** F2
Willingdon Reservoir **101** E3
Wintong **37** F2
Wira **92** B1
Wira Lake **84** B6
Wirur **73** G6
Wisawari **56** A3
Wobtang **34** C2
Wodapatti (Hogenakkal)
    100 B2
Wokar **19** F3
Wokha **36** B5
Wolempalle **84** D4
Wondh **55** F2
Worhanpur **48** C4
Wrightmyo **104** A5
Wujang **9** H6
Wular Lake **8** C5
Wunna **72** D2
Wyndhamganj **46** B6

X

Xinjiang **9** F2

Y

Yadagiri Gutta **83** G5
Yadala **81** G5
Yadavindra Gardens **16** D1
Yadgir **90** C2
Yadgud **89** E3
Yadi **34** D3
Yadiki **90** D6
Yadiyur **95** G5
Yadvad **89** F3
Yagachi **95** E5
Yagati **95** F4
Yagrung **20** D6
Yairipok **53** E3
Yakko **36** C5
Ya La **33** H1
Yalladabagi **95** G5
Yalvigi **89** F6
Yamanpalli **84** A2
Yamgangkopki **53** E3
Yamkanmardi **89** E3
Yamne **20** C5
Yamsing **20** C6
Yamuna **16** D4, **44** B1-D2

Yamunanagar **16** D3
Yamunotri **17** G1
Yanam **93** F2
Yangang **33** E4
Yangphu La **34** D3
Yang Song Chu **20** C4
Yangthang **13** F4
Yangtse (Dzongkhag) **34** D2
Yankanchi **90** A1
Yapola **9** E5
Yargatti **89** F4
Yargol **90** B1
Yarkand He **8** D1
Yarkhun **8** A2
Yarlung Tsangbo **19** E4-G4
Yarpur **28** C3
Yasin **8** B3
Ya Tso **35** E1
Yatung **33** F3
Yavakapudi **99** E1
Yaval **71** F2
Yavat **80** D3
Yavatmal **72** D4
Yavatmal Plateau **72** D4
Yavli **81** G5
Yavluj **88** D2
Yawpani **36** D6
Yaytah **12** D1
Yazman **14** A5
Yebarhatti **89** F2
Yebawmi **53** H1
Yedapalli **82** D3
Yedatore **99** F1
Yediuk **37** E2
Yedrami **90** A2
Yelahanka **96** A5
Yelamb **81** G2
Yelandur **99** H2
Yelatturdibbe **92** C4
Yelbara **72** D5
Yelbarga **89** H5
Yeldari **89** F1
Yelgaon **88** D1
Yelgonda **83** G2
Yeli La **33** G2
Yeljal **91** E2
Yelkaturti **83** H4
Yellaisharam **91** G2
Yellandu **84** B5
Yellapur **89** E6
Yellareddi **83** E4
Yellur **89** E4
Yendigeri **89** G3
Yengji **35** G3
Yeola **70** D5
Yercaud **100** C3
Yergara **90** C3
Yerli **71** H3
Yermala **81** H3
Yerrapahad **83** H6
Yerukalave **96** C4
Yerupalem **92** B1
Yerur **97** G2
Yeshwantnagar **90** A6
Yeshwant Sagar **58** A4
Yesvantpur **96** A5
Yingku **20** C5
Yiyu **20** B5
Yoba **35** H1
Yol **12** B4
Yoleng Chhu **34** B2
Yomcha **20** B6

Yomtain **35** H1
Yongla **34** D4
Yotang La **34** B3
Yu **53** F3-4
Yugu **8** D4
Yuksam **33** E3
Yuksom **33** E3
Yu-lung-k'o-shih Ho **9** H3
Yume Samdong **33** F2
Yumthang **33** F2
Yusuf Badgaon **81** H3

Z

Zafarabad **45** H2
Zafarwal **10** C3
Zagalnakchan **9** E5
Zahirabad **82** D5
Zaidpur **29** F5
Zainabad **56** A3
Zakhung **33** E2
Zaladanki **92** A6
Zamania **46** B3
Zamunang Tso **9** G6
Zanda (Tholing) **13** H5
Zangaredigudem **92** D1
Zangla **9** E6
Zanskar **9** E6
Zanskar (River) **9** E6
Zanskar Range **9** E5
Zawa **9** H1
Zawal **40** C4
Zawngin **52** C5
Zawngling **67** G4
Zayul Chu **21** H4
Zele La **33** G3
Zelela **34** A3
Zemu Glacier **33** E2
Zhemgang **34** B3
Zhemgang (Dzongkhag)
    34 B3
Zia International Airport
    51 E6
Ziarat **8** C2
Zira **15** H1
Zirapur **58** C1
Ziro **36** A2
Zobawk (Mi) **52** C6
Zobawk (Mi) **67** G2
Zoji La **8** D5
Zongphu Gang (Table
    Mountain) **34** A1
Zopui **52** B6
Zorawarganj **66** D2
Zuari **88** C5
Zug Shaksgam **9** E3
Zulakallu **92** A2
Zulhami **36** B6
Zungla **36** C6
Zungney **34** B3
Zunheboto **36** C6